실리콘밸리와
펜타곤의 비밀 전략실
유닛 X

일러두기

① 임시 조직이었던 국방혁신실험단(Defense Innovation Unit Experimental, DIUx)은 2018년 정식 조직으로 승격되며 실험(Experimental)을 뺀 국방혁신단(Defense Innovation Unit, DIU)으로 이름이 변경됐습니다. 이후 본문에서는 모두 약칭인 '유닛 X'로 통일했습니다.

② 금액이 100만 달러 이상인 경우 달러는 1,350원, 유로는 1,617원 기준으로 환산한 뒤 억 원 단위로 반올림했습니다.

UNIT X

펜타곤 내부자가 최초 공개하는 전쟁과 기술의 미래

실리콘밸리와
펜타곤의 비밀 전략실
유닛 X

크리스토퍼 키르히호프·라지 샤 공저 | 박선영 옮김

와이즈맵

전 국방장관 고故 애쉬 카터와
그가 독보적으로 이끌어낸 미군 혁신가들을 기리며.

그리고 분쟁지역 진입까지 불사한 우리의 모험을
묵묵히 견뎌준 유코, 마누, 존에게 감사를 전한다.

이 책에 보내온 찬사

"그야말로 거침없다! 이 책은 낡은 사고방식에서 벗어날 때 무엇이 가능해지는지 보여준다. 이는 펜타곤의 각성에 관한 이야기지만, 관성에 얽매여 활력을 잃은 기업에도 적용된다. 게다가 흥미진진하기까지 하다."

— 빈트 서프 Vint Cerf_앨런 튜링상 수상자, 인터넷 공동 창시자

"관료제하에서 벌어지는 물밑 암투부터 벤처캐피털 투자 유치까지, 이 책은 미국 군사 역사상 가장 중요한 변곡점을 생생하게 그려낸다. 최신 기술과 국가안보에 관심을 둔 사람이라면 반드시 읽어야 할 책이다."

— 에이미 제가트 Amy Zegart_스탠퍼드대학교 정치학과 교수,
　후버 연구소 선임연구원,《스파이, 거짓말, 그리고 알고리즘》 저자

"자유를 지키고자 위험을 무릅쓴 이들은 크리스토퍼 키르히호프와 라지 샤를 미국의 영웅으로 여겨야 한다. 이 책이 전하는 메시지는 분명하다. 평화를 지키는 힘은 우수한 혁신 역량에서 나온다. 이 사실은 유닛 X의 중요성을 더욱 강조한다."

— 휴 와이먼 하워드 3세 Hugh Wyman Howard III_전 미 해군특수전개발단 지휘관,
　미 해군 소장

"유닛 X는 미국의 지성을 한데 모으고, 혁신을 일으키며, 기업가 정신을 극대화한다. 이들은 평화를 지키고 자유세계를 수호하는 선구적인 조직이다!"

— H. R. 맥매스터H. R. McMaster_미 육군 예비역 중장,
　 전 백악관 국가안보보좌관, 《배틀그라운드》 저자

"그야말로 놀라운 업적이다. 라지 샤와 크리스토퍼 키르히호프는 첨단 기술로 미군을 개혁하는 싸움에서 최전선에 서 있었다. 이 책은 국방부에서 혁신 부대를 이끈 이들의 활약과 노고를 생생하게 들려주는 기록이며, 미국이 다가오는 미래와 전쟁에 대비하기 위한 청사진을 보여준다.

— 크리스천 브로즈 Christian Brose_안두릴 최고전략책임자,
　 스탠퍼드대학교 후버 연구소 객원연구원

"소름 끼치는 걸작이다!《실리콘밸리와 펜타곤의 비밀 전략실 유닛 X》는 긴장감 넘치는 이야기를 들려준다. 유닛 X가 주도하는 펜타곤과 실리콘밸리의 끊임없는 줄다리기는 앞으로 다가올 경쟁에서 미국이 승리할 수 있을지 결정할 핵심이다."

— 제임스 스태브리디스James Stavridis_미 해군 예비역 제독,
　 제16대 NATO 연합군 최고사령관, 《2034 미중전쟁》 저자

유닛 X의 결정적 순간들

───── 유닛 X의 시작 ─────

앞으로 군사력의 균형을 뒤흔들 새로운 무기가 등장한다면, 우리는 그 무기를 가장 먼저 상상해 낼 사람과 수단을 갖추고 있어야 한다.

—제임스 킬리언 James R. Killian Jr._드와이트 아이젠하워 전 미국 대통령의
　과학 고문

2010년대는 미군이 거대한 기회를 놓친 시기였다. 펜타곤은 현대적 소프트웨어 개발 방식, 클라우드 컴퓨팅으로의 전환, 민간 우주 산업의 혁명, 데이터 중심 사고의 중요성 그리고 AI와 머신러닝의 부상을 제대로 포착하지 못했다. 미국은 미래의 기습에 속수무책으로 당했다.

—크리스천 브로즈 Christian Brose_미국 상원 군사위원회 수석 보좌관

헨리 포드가 남긴 말이 떠오른다. "내가 자동차를 만들기 전에 사람들을 만나 무엇을 원하느냐고 물었더라면, 그들은 더 빠른 말이라고 답했을 것이다."

—스티브 잡스 Steve Jobs

1. 공군 조종사였던 라지 샤가 아프가니스탄 상공에서 F−16C 전투기를 조종하는 모습이다. 이 전투기 내비게이션 시스템에 조종사 본인의 위치를 알려주는 간단한 '실시간 지도'조차 없다는 것은 펜타곤이 실리콘밸리가 주도한 소프트웨어 혁신을 받아들이지 않았다는 신호였다.

2. 백악관 상황실에 자리한 전 미 국무장관 존 케리(조 바이든 옆자리)의 왼쪽 어깨 너머로 크리스토퍼 키르히호프가 보인다. 크리스토퍼는 유닛 X에서 핵심적인 역할을 맡은 뒤 이러한 고위 전략 회의에서 얻은 경험을 십분 활용했다.

3. 중동 전역의 모든 공중 전투 작전을 조율하는 연합항공작전본부CAOC에 방문했을 때, 라지는 유닛 X가 군의 막대한 시간을 절약하고 수백만 달러의 비용을 줄일 방법을 찾아냈다.

4. ISIS와의 전쟁 중에 연합항공작전본부의 미 공군은 전투기 수천 대의 공중급유 일정을 수작업으로 관리했다. 이는 매우 번거롭고 비용이 많이 드는 과정이었으며, 유닛 X는 이를 현대적인 앱으로 자동화했다.

5. 카펠라 스페이스Capella Space가 개발한 최초의 신형 합성개구레이더SAR다. 유닛 X는 북한의 이동식 미사일 발사대를 감시하기 위해 카펠라의 마이크로위성 도입을 강력히 추진했으나, 이 기술이 본격적으로 활용된 시기는 2022년 러시아가 우크라이나를 침공한 이후였다.

6. 유닛 X가 개발을 지원한 소형 자율 드론이다. 이를 통해 미군 특수작전에 참여한 병사들이 급습 전에 적진 건물 내부를 지도화할 수 있었다.

7. 유닛 X의 로그 스쿼드론Rogue Squadron은 미군 최초의 상업용 드론 부대였다. 이 부대는 아군 드론을 전장에 투입해 미군을 지원하고, 적 드론을 무력화할 시스템을 구축하는 데 특화된 조직이었다.

8. 유닛 X의 도움으로 개발된 드론 교란 장비는 현재 우크라이나를 포함한 여러 전장에서 널리 사용되고 있다.

9. 조비 항공Joby Aviation이 개발한 전기 수직이착륙기eVTOL, 즉 유닛 X의 첫 번째 '플라잉카'가 군사 시험장에 전시돼 있다.

10. 애쉬 카터의 뒤를 이어 국방장관이 된 제임스 매티스는 유닛 X의 열렬한 지지자였다. 라지와 함께 유닛 X의 본부 주변을 산책하는 모습도 자주 포착됐다.

11. 유닛 X는 수년 동안 바다에 머물 수 있는 자율 해상 드론을 널리 도입할 것을 주장했다. 이 드론들
은 해군 구축함의 감시 임무 대부분을 수행하면서도 비용은 훨씬 적게 든다.

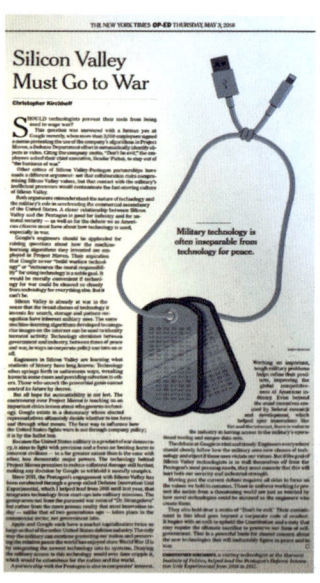

12. 2018년, 크리스는 〈뉴욕타임스〉에 〈실리콘밸리는 왜 전쟁에 참여해야 하는가〉라는 제목으로 기고
문을 실었다. 그는 국가안보를 지키기 위해서는 국방부 시스템에 최신 기술을 통합해야 하며, 이 과정
에서 꼭 윤리적 타협이 필요하지는 않다는 점을 강조했다.

13. 전 구글 CEO 에릭 슈미트와 인공지능 국가안보위원회 위원들이 백악관 집무실에서 트럼프 대통령에게 보고서를 전달했다. 이 보고서는 미국의 AI 국가 전략 수립의 기초가 되었다.

14. 리머스 300Remus 300 무인 수중 기뢰 제거 차량은 유닛 X가 주도한 첨단 AI 활용 사례였다.

15. 라지가 2019년 처음 열린 테크 트랙 2 Tech Track 2 회의에서 연설 중이다. 이 회의는 그가 공동 설립한 것으로, 펜타곤과 실리콘밸리의 고위 인사들이 비공식적으로 만나 양측의 협력 방안을 논의하기 위한 자리였다. 라지를 중심으로 사진 우측의 인물이 스탠퍼드대 학자 에이미 제가트, 좌측의 인물이 전 국가안보보좌관 H. R. 맥매스터다.

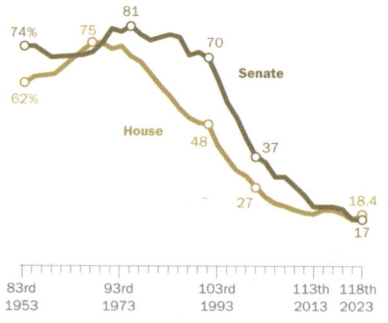

Share of members in Congress who are veterans has fallen in recent decades

% of members with previous military service

74%
75
81
70
Senate
62%
House
48
37
27
18.4
6
17

83rd 93rd 103rd 113th 118th
1953 1973 1993 2013 2023

Note: Data does not include nonvoting delegates or commissioners.
Source: Pew Research Center analysis of data from Military Times, Congressional Research Service, Brookings Institution and House Committee on Veterans' Affairs.

PEW RESEARCH CENTER

16. 문제는 군이 일반 대중과 점점 단절되고 있다는 것이다. 현재 군 복무를 경험한 시민은 극소수에 불과하다. 위의 도표는 미국 의회에서도 군 경력이 있는 의원의 수가 갈수록 줄고 있음을 보여준다.

17. 유닛 X의 팀원인 로런 데일리는 새로운 조달 경로를 통해 기술을 군에 더 빠르고 유연하게 도입하는 방식을 만들어 냈으며, 이를 통해 지금까지 700억 달러(약 94조 5,000억 원) 규모의 기술 조달이 이뤄졌다. 사진은 그녀가 백악관 웨스트윙에서 열린 미국의 혁신에 관한 간담회에 참석했던 당시 트럼프 대통령과 만나기 직전의 모습이다.

18. 왼쪽부터 마이크 브라운, 더그 벡, 라지, 크리스까지 유닛 X를 이끈 전·현직 디렉터들이 유닛 X가 총 10억 달러(약 1조 3,500억 원) 이상의 계약을 달성한 것을 기념하고 있다.

19. 2015년에 유닛 X가 창설된 이후, 국가안보 분야에 대한 벤처 자본의 관심은 폭발적으로 증가했다. 유닛 X 출신 인물들과 군 출신 인사, 기업가들이 설립한 실드 캐피털은 이러한 변화의 흐름을 주도하고 있다.

20. 전 구글 CEO 에릭 슈미트(오른쪽에서 손을 내민 인물)는 실리콘밸리 기술 전문가들 가운데 국방부를 가장 강력하게 지지하는 인물 중 한 명으로, 국방부의 주요 자문 역할도 맡고 있다. 사진은 그가 우크라이나 키이우에서 대통령비서실장 안드리 예르막, 국방장관 올렉시 레즈니코프와 회담 중인 모습이다.

21. 우크라이나에서는 전투가 드론 간의 싸움으로 귀결되는 경우가 많다. 사진은 라지와 크리스가 2023년 10월에 리비우 외곽의 시험장에서 장거리 감시 드론을 조종하고 있는 장면이다.

목차

7장 • 기술 전쟁에 뛰어드는 벤처투자자들   271

8장 • 우크라이나 사태로 보는 미래 전쟁   301

등장인물(가나다순)

- **더그 벡**Doug Beck: 애플의 전 부사장이자 해군 참전 용사. 유닛 X의 예비 군 조직을 지휘한 뒤, 유닛 X의 세 번째 책임자로 임명됨.
- **데이비드 골드파인**David Goldfein: 미 공군 제21대 참모총장.
- **로런 데일리**Lauren Dailey: 유닛 X의 조달 담당 책임자. 국방부가 스타트 업 및 기술 기업으로부터 700억 달러 규모의 하드웨어와 소프트웨어 를 빠르게 구매하고 확장 보급할 수 있는 방식을 개척함.
- **루번 소런슨**Reuben Sorensen: 핵물리학자. 합참 J-39 부서에서 북한의 핵 미사일 대응 임무를 주도함.
- **리처드 젠킨스**Richard Jenkins: 영국 출신의 모험가이자 기업가이며 세일 드론Saildrone의 창립자. 그가 개발한 자율항해 무인 함정은 해양 과학 과 미국 해군 전략에 혁신을 불러옴.
- **마이크 브라운**Mike Brown: 시만텍Symantec의 CEO 출신으로, 유닛 X의 두 번째 책임자. 중국이 미국 벤처캐피털 시장을 통해 기술을 인민해방 군에 이전하고 있다는 사실을 밝혀냄.
- **매들린 올브라이트**Madeleine Albright: 빌 클린턴 대통령 행정부 시절의 국 무장관. AI가 민주주의와 세계 질서에 위협이 될 수 있음을 일찍이 경

고한 인물 중 한 명(2022년 사망).

- **밥 워크**Bob Work: 전 국방부 부장관. 미 해병대 대령 출신이자 해군 전략가.
- **샌디 위너펠드**Sandy Winnefeld: 전 미 해군 제독, 합참차장.
- **스티브 '버키' 부토우**Steve 'Bucky' Butow: 미 공군 주 방위군 소장. 유닛 X의 우주 사업 부문을 지휘함.
- **애쉬 카터**Ash Carter: 오바마 행정부의 국방부 장관(2022년 사망).
- **에릭 슈미트**Eric Schmidt: 구글 전 CEO. 이후 국방혁신위원회 및 인공지능 국가안보위원회NSCAI 의장으로 활동함.
- **일리 바이라크타리**Ylli Bajraktari: 국가안보보좌관 비서실장 출신. 이후 인공지능 국가안보위원회 사무총장으로 활동함.
- **재러드 던몬**Jared Dunnmon: 유닛 X의 AI 부문 기술 책임자.
- **제임스 매티스**James Mattis: 트럼프 1기 행정부 시절의 국방부 장관. 미 해병대 장군 출신.
- **제프리 '코브라' 해리기언**Jeffrey 'Cobra' Harrigian: 전 미 중부사령부CENTCOM 산하 서남아시아 지역 연합공군 구성군 사령관이자 연합항공작전본부CAOC 지휘관.
- **조벤 비버트**JoeBen Bevirt: 히피 부모 아래 자급자족 공동체에서 자란 인물. 조비 항공Joby Aviation의 창립자로, 헬리콥터처럼 이착륙하고 소음이 거의 없이 비행하는 4인승 '플라잉 카flying car'를 개발함.
- **존 매케인**John McCain: 전 애리조나주 상원의원이자, 상원 군사위원회 위원장(2018년 사망).
- **존 '잭' 섀너핸**John 'Jack' Shanahan: 전 미 공군 중장. 국방부 산하 합동인공지능센터 센터장.
- **토드 박**Todd Park: 오바마 행정부 시절의 미국 최고기술책임자.

- **파머 럭키**Palmer Luckey: VR 헤드셋 제조사 오큘러스Oculus와 방산기술 기업 안두릴 인더스트리Anduril Industries라는 두 개의 유니콘 기업을 창립한 인물.

- **파얌 바나자데**Payam Banazadeh: 이란 태생의 스탠퍼드대 출신 기업가이자 전 NASA의 엔지니어. 합성개구레이더SAR 기술을 혁신적으로 발전시킨 위성 스타트업 카펠라 스페이스Capella Space의 창립자.

- **필립 빌든**Philip Bilden: 하버베스트 파트너스HarbourVest Partners의 공동 창립자이자 실드 캐피털Shield Capital의 공동 창립자.

- **H. R. 맥매스터**H. R. McMaster: 트럼프 1기 행정부 시절의 국가안보좌관. 미국의 대중국 전략을 경쟁 중심으로 재편한 핵심 설계자.

※ 본문에 등장하는 약어 목록은 373쪽 참고.

펜타곤은 왜 실리콘밸리를 선택했는가

사방이 칠흑처럼 캄캄한 새벽 3시. 2006년, 처음으로 전투 임무에 투입된 지 2주째 되던 스물일곱 살의 미 공군 대위 라지 샤$_{Raj M. Shah}$는 이라크와 이란 국경선을 따라 F-16 바이퍼 전투기를 조종하던 중에 문득 자신이 어느 쪽 영공에 있는지 분간하기 어렵다는 사실을 깨달았다. 이는 심각한 문제였다. 미국 조종사가 이란 영공을 침범하면 국제적 분쟁을 초래할 수 있고, 자칫하면 살아 돌아오지 못할 수도 있었다. F-16은 음속의 두 배로 날 수 있는 세계 최고 수준의 전투기였다. 하지만 실망스럽게도 기체에 탑재된 구식 내비게이션 시스템은 현재 위치를 실시간 지도위에 표시하지 못했다. 시속 800킬로미터로 비행하다가 영공 경계를 조금만 넘으면 1분도 안 돼 이란 영토 안으로 십여 킬로미터 이상 들어가 이란 대공포의 정조준 대상이 될 수 있었다.

게다가 내비게이션의 소프트웨어는 업데이트도 할 수 없었다. 라지는 한 가지 묘안을 생각해 냈다. 그는 이메일을 확인하거나 테트리스를 할 때 쓰는 휴대용 기기인 컴팩 아이팩$_{Compaq, iPAQ}$을 막사에 보관하고 있었는데, 이 기기에 민간용 내비게이션 소프트웨어와 디지털 지도를 설치한 뒤 전투기에 탈 때 몰래 가지고 들어가 비행 시 무릎에 묶어 두고 사용했다. 300달러짜리(약 40만 원) 기기가 3,000만 달러짜리(약 405억 원) 전투기보다 위치를 훨씬 더 정확히 알려줬다. 그때 라지는 실리콘밸리가 제너럴 다이내믹스General Dynamics나 록히드 마틴Lockheed Martin 같은 방위산업체보다 신기술, 특히 소프트웨어 분야에서 얼마나 앞서 있는지를 처음 깨달았다.

그로부터 10년이 지난 2016년, 민간인이 된 라지는 과거에 전투 임무를 수행했던 카타르의 공군 지휘센터를 다시 찾았다. 하지만 그곳에서 그는 군이 그동안 발전은커녕 오히려 더 뒤처졌다는 사실을 알게 됐다.

세상은 이미 자율주행차가 운행하고, 가상현실 헤드셋을 사용하며, 스마트폰으로 우버 호출·은행 업무·쇼핑까지 하고 있었다. "시리야, 길 좀 알려줘", "알렉사, 마일스 데이비스 음악 틀어줘"라는 말이 자연스럽게 오가는 시대였다. 하지만 이슬람 무장단체 ISIS*와의 전쟁이 한창이던 당시, 전투기 경로 조정, 공습 지휘, 전장 상공에서의 급유기 관리 등 생사가 걸린 업무를 수행하는 공군 작전통제실에서는 미군 장병들이 구식 윈도 PC와 그들이 태어나기도 전에 개발된 낡은 소프트웨어를 사용하고 있었다. 카타르의 공군 통제 요원들만 이런 구식 기술에 의존하고 있던 건 아니었다. 낡은 기술은 군 전체에 만연해 있었다. 마치 군대가 스스로 '컴퓨터 역사박물관'의 전시품이 되기를 자처한 것처럼 보였다. 과거 기술을 보고 싶으면 군 기지를 방문하고, 현대 기술을 보려면 전자제품 판매점인 베스트바이에 가면 될 정도였다.

하지만 이번 카타르 방문에서 라지는 포켓 컴퓨터를 무릎에 묶는 이상의 일을 할 수 있는 위치에 있었다. 국방부 장관이 우리(라지와 크리스)를

---

* ISIS(The Islamic State of Iraq and Syria): 2014년 시리아와 이라크 일대에서 '이슬람국가' 수립을 선언한 수니파 극단주의 무장단체.

국방혁신실험단Defense Innovation Unit Experimental, DIUx, 줄여서 '유닛 X'의 운영 책임자로 임명한 것이다. 유닛 X는 미군에 첨단 민간 기술을 도입하기 위해 실리콘밸리에 새로 만들어진 국방부의 전초기지였다. 유닛 X 운영을 맡기 전, 라지는 사이버보안 스타트업을 창업해 성공적으로 매각했고 다시 한번 새로운 도전을 찾고 있었다. 크리스는 하버드대에서 박사 학위를 받은 정치학자로, 백악관 국가안전보장회의National Security Council, NSC에서 기술 전략 총책을 맡고 있었다. 그는 10년 넘게 미국 정부 최고위에서 활동하며 백악관 상황실 회의에 참석하고 합참의장과 함께 해외 순방을 다닐 정도로 경험이 풍부했다. 우리는 서로의 배경을 이상적으로 보완해 주는 조합이었다. 라지는 기술 전문가이면서 국가안보를 이해했고, 크리스는 국가안보 전문가이면서 기술을 이해했다.

유닛 X에서 우리의 임무는 전 세계 곳곳에 배치된 미군 부대가 임무를 더 잘 수행할 수 있도록 적절한 하드웨어와 소프트웨어를 찾아주는 데 그치지 않았다. 우리의 진짜 목표는 세계에서 가장 크고, 어쩌면 가장 관료적인 조직에 실리콘밸리 특유의 민첩하고 유연한 DNA를 주입함으로써 비효율적이고 경직된 관료 시스템을 근본부터 바꾸는 것, 다시 말해 '펜타곤을 해킹하는 것'이었다.

적군의 탐지 수단에 걸리지 않는 스텔스 기능을 갖춘 전기 플라잉카를 상상해 보자. 헬리콥터처럼 수직 이착륙하고, 거의 무소음으로 비행하며, 자율적으로 적진 깊숙이 침투해 병력을 투입하거나 수송하고 보급 임무까지 수행할 수 있다면 어떨까? 초소형 AI 쿼드콥터*는 어떤가? 이 장비는 미 해군 특수부대 네이비씰Navy SEALs 팀이 공습 현장에서 문을 부수고

---

* 네 개의 회전날개를 이용해 비행, 이착륙하는 멀티콥터 비행체.

들어가기 전에 미리 건물 내부를 탐색하고 테러리스트의 얼굴을 식별해낸다. 구름을 뚫고 지상을 감시할 수 있는 마이크로위성 군집은 ISIS의 병력 이동이나 북한의 미사일을 실시간으로 추적할 수 있다. 군 구축함 한척 가격의 일부만으로 수년간 위협을 감시할 수 있는 해상 드론 함대도 상상해 볼 수 있다.

이 모든 첨단 기술과 이와 유사한 기술들은 라지가 카타르를 방문했던 2016년 당시 이미 개발되고 있었다. 이 기술들을 설계한 건 대형 방산업체가 아니라 실리콘밸리의 대담한 스타트업들이었다. 하지만 놀랍게도 미군은 이런 기술에 대해 아는 것이 거의 없었다.

이미 늦었지만 이제라도 유닛 X는 군의 무기와 기술 역량을 전면적으로 개편하는 대대적인 변화를 주도해야 했다. 이 변화는 전쟁의 승패와 수많은 사람의 생사의 갈림길을 좌우할 수 있는 중대한 문제였다. 국방 기술 분야에서 미국은 경쟁국들보다 위험할 정도로 뒤처져 있었다. 우리가 유닛 X에 합류했을 무렵, 미국이 중국과 전쟁을 벌이게 된다면 우리의 예상보다 훨씬 많은 병력 손실이 발생한다는 것이 펜타곤 내부의 공공연한 비밀이었다. 심지어 미국이 전쟁에서 완패하고 제2차 세계대전 이후 이어져 온 미국의 패권 시대가 끝날지 모른다는 우려마저 있었다.

상대가 노련한 정규군이든 교묘한 반군이든, 현대전은 더 이상 수십억 달러짜리 전함이나 항공모함, 스텔스 폭격기만으로 승패가 갈리는 전쟁이 아니었다. ISIS의 소규모 전투원들은 아마존에서 파는 취미용 드론으로 네이비씰의 작전을 효과적으로 무력화시켰다. 우크라이나인들도 마찬가지였다. 이들은 쿼드콥터와 시민들이 스마트폰으로 보내는 위치 제보를 활용해 러시아군 전차 부대의 진격을 막아냈다. 심지어 글도 모르는 아프가니스탄의 농부들조차 가장 중무장한 미군 장갑차를 박살낼 만큼 강력한 사제폭탄을 만들어 낼 수 있었다. 미군의 항공모함이 아무리 압도적인 힘을 상징한다고 해도, 전투가 벌어지면 불과 몇 분 만에 적의 극초음속 미사일 한 발에 침몰할 수 있는 시대가 된 것이다.

수십 년 동안 미국은 어느 국가보다 앞선 기술을 전장에 투입함으로써 군사적 우위를 지켜왔다. 하지만 2000년대에 들어 상황이 달라지기 시작했다. 민간 기술은 눈부시게 발전했지만 군은 제자리에 머물렀다. 미 국방부는 해마다 7,500억 달러(약 1,012조 5,000억 원)를 썼다. 이는 미국 납세자 1인당 약 5,000달러꼴의 납세액에 해당하며 사우디아라비아의 GDP보다 큰 규모의 지출이었다. 그런데도 그 막대한 예산은 잘못된 곳에 쓰이고 있었다. 국방부의 구매 목록은 여전히 값비싸고, 다루기 불편하며, 이미 구식이 된, 이를테면 실시간 지도가 없는 F-16 같은 무기들로 가득했다. 반면 경쟁국들은 훨씬 적은 비용으로 중국과 대만에서 대량 생산된 범용 부품을 활용해 새로운 기술을 개발하고 있었다.

2000년대를 넘어선 어느 시점부터 중국은 특히 5G 통신 기술에서 미국을 빠르게 추월하며 자율 시스템, AI, 감시 기술에 막대한 투자를 쏟아부었다. 그리고 2021년 10월 중국군은 세계 최초로 핵을 탑재한 극초음속 무기를 발사해 전 세계를 놀라게 했다. 이 미사일은 화살촉 모양의 티타늄 덮개로 싸여 있고, 음속의 10배 속도로 비행하며, 조기경보 레이더에도 포착되지 않는다. 무엇보다 기존의 대륙간탄도미사일ICBM과 달리 비행 중에도 방향을 바꿀 수 있어, 지금까지 알려진 모든 방어체계를 무력화한다. 이 극초음속 무기가 있으면 중국 인민해방군은 전 세계 어느 곳이든 15분 안에 타격할 수 있다. 미 합참의장은 이런 상황을 가리켜 "중국판 스푸트니크 순간"이라고 표현했다. 1957년 소련이 세계 최초로 인공위성을 발사했을 때 미국이 받았던 충격과 같다는 의미였다.

어쩌다 이런 일이 벌어진 걸까? 세계 최대 경제 규모를 자랑하고, 가장 혁신적인 기술 기업들을 보유한 나라가 어떻게 이렇게까지 뒤처지게 된 걸까?

간단히 말해 1990년대 언젠가부터 실리콘밸리와 미 국방부가 소통을 단절했기 때문이다. 2000년대에 들어 소비자 전자기기의 폭발적인 혁신이 일어났지만 국방부는 그 변화를 전혀 인식하지 못했다.

애플, 구글, 마이크로소프트, 아마존이 기술과 비즈니스 양쪽에서 거대 공룡 기업으로 성장하고 그 시가총액이 방위산업 전체를 합친 것보다 더 커졌는데도, 국방부는 워싱턴에서 '프라임primes*'이라 불리는 록히드 마틴, 노스롭 그루먼Northrop Grumman, 레이시온Raytheon 같은 몇몇 거대 방산 업체들과만 거래하는 데 만족하고 있었다. 이런 구조는 예산을 쥐고 있는 의회 의원들에게도 나쁘지 않았다. 그러한 대형 계약이 일자리와 지역 경제 효과를 지키는 데 도움이 됐기 때문이다. 국방부는 심지어 군의 IT와 소프트웨어 개발조차 이 '프라임' 업체들에 맡겼다. 이는 마치 마이크로소프트에 항공모함을 만들라고 주문하는 것과 다름없었다. 국방부의 그 누구도 AI에 대해 구글에 의견을 묻지 않았고, 클라우드 기술을 두고 아마존에 협력을 요청한 적도 없었다. 하지만 이들 기업을 포함한 다른 첨단 기술 기업들은 세계 최고의 엔지니어와 기술 인재들을 끌어모으고 있었고, 이들이 쏟아붓는 연구개발 예산은 국방부 자체 예산보다 많았다. 게다가 국방부는 수백 개의 작은 스타트업이 지금껏 아무도 상상하지 못한 놀라운 기술들을 개발하고 있다는 사실조차 제대로 인지하지 못했다.

문제는 단순히 하드웨어나 소프트웨어, 혹은 그것들을 구매하는 방식

---

* '프라임(primes)'은 미 국방부가 수십 년간 주로 거래해 온 거대 방산업체들을 가리키는 별칭으로, 기술 혁신보다는 안정성과 정치적 영향력에 기반해 국방예산을 독점해 온 기득권 집단을 의미한다.

에 그치지 않았다. 더 근본적으로는 실리콘밸리가 인재와 자본을 빠르게 유입시키며 혁신을 가속하는 새로운 방식을 택한 반면, 국방부는 그런 흐름에 전혀 적응하지 못했다는 데 있었다. 스타트업처럼 빠르고 효율적으로 기술을 혁신하는 법을 배워야 할 때, 국방부는 여전히 낡은 사고에 갇힌 과학자들이 오래된 방식으로 일하는 구식 연구소에 기대고 있었다. 그렇게 두 세계는 점점 멀어졌다. 1990년대 이후로 무려 20년 동안 국방부 장관 중 어느 한 사람도 실리콘밸리를 찾은 적이 없었다. 구글이 검색엔진을 개발하고, 애플이 아이폰을 출시하고, 페이스북이 소셜 네트워크를 만들고, 아마존이 클라우드 서비스를 시작할 때조차 말이다.

한편 실리콘밸리 역시 국방부와 손잡는 데 점점 관심을 잃어갔다. 스타트업 입장에서는 계약 체결에만 수년이 걸리고 실제로 제품을 사용해서 대금을 지급하기까지 다시 수년이 걸리는 고객은 감당하고 싶지 않은 골칫거리였다. 그 과정에서 유망한 제품들이 전쟁터에 도달하기도 전에 버려지는 경우가 다반사였다. 사람들은 시편 23편에 빗대어 그런 제품들이 펜타곤의 '죽음의 계곡'에서 사라져 갔다고 말했다. 사용되지 못한 기술들과 살아남지 못한 창업자들과 기업들의 잔해가 그곳에 쌓여 버려진다는 의미였다. 실리콘밸리의 기술 기업들은 펜타곤 내부의 권력 구조를 어떻게 뚫고 들어가야 할지 전혀 알지 못했다. 그에 비해 '프라임' 업체들은 수십 년에 걸쳐 장군들을 접대하고, 막대한 로비 조직을 구축해 놓고 있었다.

게다가 실리콘밸리의 많은 엔지니어와 기술자들은 사람을 죽이는 데 사용될 수 있는 기술을 개발하는 일에 깊은 윤리적 거부감을 느꼈고, 심지어 군이나 정보기관과는 어떤 계약도 맺지 않기를 회사에 요구했다. 실리콘밸리의 젊은 기술자들은 미군의 이라크 침공이 실패로 돌아가는 모습을 보며 자랐다. 〈라이언 일병 구하기Saving Private Ryan〉와 같은 영화를 보았을지는 몰라도 그들이 군대에 대해 품은 실질적인 기억은 이라크 아부 그라이브 교도소에서 자행된 인권 침해나 쿠바 관타나모 수용소에서의 고문, 미군의 드론 공습으로 민간인이 희생된 사건들이었다.

결정적인 단절은 2013년에 일어났다. 전직 정보요원인 에드워드 스노든Edward Snowden*이 유출한 자료를 통해, 미국 국가안보국National Security Agency, NSA이 구글을 비롯한 여러 기업의 데이터 연결망에 몰래 접속해 외국의 위협에 관한 정보를 수집해 왔다는 사실이 알려진 것이다. 그때부터 전 세계가 미국 기술 기업들을 미국 정보기관의 연장선, 즉 '첩자'로 보기 시작했다. 실리콘밸리의 기술자들은 자국 정부가 자신들을 감시하고 있었다는 사실뿐 아니라, 자신들이 일하는 기업이 사용자의 데이터를 지켜줄 것이라고 누구도 믿지 않게 됐다는 현실을 깨달았다. 미국은 물론 유럽과 전 세계의 고객들 모두가 마찬가지였다. 결국 미국 정부는 수많은 실리콘밸리 사람들의 적이 돼버렸다.

평범한 시기였다면 미국 서부의 기술자들과 동부의 정책 입안자들 사이에 벌어진 사실상의 이혼 상태가 미국의 힘을 크게 위협하지는 않았을 것이다. 캘리포니아에서는 개발자들이 여전히 코드를 짜고, 벤처투자자들이 스타트업들을 지원했을 것이다. 워싱턴에서는 정치가들이 연설하고 정책을 짜내는 일이 계속됐을 것이다. 하지만 2010년대는 그런 평범한 시기가 아니었다. 세계 각국의 군대들은 세계 질서를 떠받치고 있는 구조가 얼마나 취약한지 감지하고 있었다. 어떤 나라를 상대로 하든 미군이 절대적인 승리를 거두고 세계 평화를 유지할 수 있다는 전제가 흔들리

---

* 미국 정부의 무차별 감시 프로그램을 폭로한 전직 정보요원으로, 정보 자유와 국가안보 사이의 경계에 대한 전 세계적 논쟁을 불러일으킨 인물.

고 있었다. 러시아의 블라디미르 푸틴, 중국의 시진핑, 이란의 최고지도자 그리고 북한의 김정은까지 모두가 미국을 기술적으로 무너뜨릴 새로운 방법을 찾기 시작했다.

미국 동서부 해안의 사람들 대부분이 당시의 심각성을 제대로 인식하지 못했지만, 우리를 비롯한 몇몇 사람은 서서히 진행되고 있는 파국의 조짐을 알아차렸고 이를 막기 위해 할 수 있는 일을 찾기 시작했다.

전환점은 2015년에 찾아왔다. 버락 오바마 대통령이 애쉬 카터 Ash Carter 를 국방장관으로 임명하면서였다. 로즈 장학생 출신의 물리학자인 카터는 1990년대부터 국방부의 여러 직책을 두루 거치며 일했다. 그는 오랫동안 국방 분야도 민간 기술 중심으로 전환해야 한다고 강하게 주장해 왔다. 그에 따르면 국방부는 여전히 예산 대부분을 구식 무기체계를 유지하는 데 쓰고 있었고, 미래를 위한 기술 투자는 뒷전이었다. 카터는 2001년에 발표한 예언 같은 논문에서 이렇게 썼다. "미래의 국방 혁신은 상업적 목적을 위해 민간 기업이 개발·판매한 기술에서 파생될 것이다. … 군은 상용 기술을 국방 시스템에 가장 빠르게 적용하고 도입하는 조직이 돼야 한다." 처음에는 아무도 그의 말에 귀 기울이지 않았다. 하지만 그는 국방장관에 취임하자마자 실리콘밸리를 방문해 연설하며 기술 업계와의 관계 회복을 시도했다. 그렇다고 곧바로 환영받은 것은 아니었다. 스노든 폭로 사건에 여전히 분노하고 있던 구글은 카터가 자사 캠퍼스에 들어오는 것조차 거부했다. 결국 그는 스탠퍼드대로 향했다. 스탠퍼드대는 당시 정부 인사들에게 일종의 '스위스', 즉 중립지대 같은 곳이었다. 그곳에서 그는 세계에서 가장 가치 있는 기업들을 일군 CEO들과 영향력 있는 벤처투자자들, 이른바 '킹메이커'들 앞에서 연설했다. 카터는 국가안보국이 기술 기업들을 감시한 일로 초래된 피해를 먼저 언급하며 이야기를 시작했다. 완전한 사과는 아니었지만 그에 가까운 표현이었다.

그리고 본론을 꺼냈다. "군은 여러분의 도움이 필요합니다." 카터는 민주주의가 새로운 위협에 직면했다고 말하며 미국인이 지켜야 할 삶의 방식에 관해 이야기했다. 여기 있는 사람들이 전쟁에 대해 어떤 감정을 품고 있든, 미국이 전쟁을 치르게 된다면 지는 것보다는 이기는 편이 낫다는 데는 분명 동의할 것이다, 하지만 서로 간의 입장 차이를 제쳐두고 협력하지 못한다면 그런 결과는 불가능할지도 모른다, 우리는 지금 선택의 기로에 서 있다, 여러분도 미국이 이류 강국으로 전락한 세상에서 살고 싶지는 않을 것이다, 카터는 대략 이런 이야기들을 전했다. 그는 대놓고 우려를 표하지는 않았지만 그 자리에 있던 실리콘밸리의 인사들은 그의 메시지를 정확히 이해했다.

카터는 객석에 앉은 영향력 있는 경영자들에게 실리콘밸리의 주요 기업들 일부가 정부가 자금을 댄 연구 덕분에 성공할 수 있었다는 점도 상기시켰다. 예를 들어 구글은 미국 국립과학재단National Science Foundation, NSF의 보조금으로 시작됐고, 자율주행차 프로젝트는 국방고등연구계획국Defense Advanced Research Projects Agency, DARPA의 자율주행 기술 대회인 '그랜드 챌린지Grand Challenge' 프로그램에서 나왔다. 인터넷을 비롯해 애플의 음성 비서 '시리Siri'의 원천 기술도 국방고등연구계획국에서 개발한 것이다. 이제 실리콘밸리가 그 호의에 보답할 차례였다.

"국방부와 민간 과학 기술계 사이에 존재하는 벽을 허물어야 합니다." 카터는 이렇게 호소했다. 그는 국방부가 그동안 해오던 방식을 바꾸겠다고 약속했다. 국방부를 혁신하고, 실리콘밸리의 민첩한 비즈니스 관행을 도입하겠다고 다짐했다. 무엇보다 이제부터 실리콘밸리의 기술 제품을 실제로 구매할 계획이라고 밝혔다. 그것도 아주 많이. 정부와의 협력에 비판적이거나 냉소적인 사람들은 서구 자유주의의 질서를 지키자는 말에는 크게 감동하지 않았을지 모르지만, 돈 이야기는 달랐다. 그리고 미국 국방부는 전 세계 어느 조직보다 돈을 많이 썼다. 카터의 메시지는 분명했다. '펜타곤은 이제 실리콘밸리에서 기술 제품을 구매할 준비가 돼 있다. 거대한 쇼핑카트를 끌고 여러분 앞에 왔다.'

하지만 동부에서 서부까지 가서 '쇼핑'하는 일은 쉽지 않았다. 그래서 카터는 실리콘밸리에 일종의 대사관 겸 벤처펀드 역할을 할 조직을 구축하겠다고 발표했다. 바로 국방혁신실험단, 즉 유닛 X였다. 30명으로 구성된 유닛 X 팀은 구글 캠퍼스 바로 옆, 마운틴뷰의 옛 해군 항공기지인 모펫 필드Moffett Field 내 사무실 건물에 입주할 예정이었다.

군사 혁신가들은 이 장소가 지닌 역사적 상징성을 잘 알고 있었다. 모펫 필드라는 이름의 유래가 된 인물인 윌리엄 모펫William Moffett 제독은 1920년대에 이미 앞으로의 전쟁은 전함이 아니라 항공모함이 승패를 가를 것이라는 사실을 간파했다. '해군 항공의 아버지'로 불리는 그는 안타깝게도 1933년 당시 세계 최대 비행선이었던 USS 애크런호USS Akron의 추락 사고로 비극적인 죽음을 맞았다. 그가 해군 전략의 방향을 항공 중심으로 바꾸지 않았다면 오늘날 우리는 독일어나 일본어를 쓰고 있었을지도 모른다.

이처럼 항공 전력이 처음으로 주목받았던 장소에서 이제는 각 군을 대표하는 기술자들과 현역 장교들이 실리콘밸리 전역을 누비며 군사적 용도로 전환할 수 있는 민간 기술을 발굴할 예정이었다. 그들은 군과 민간 기술을 연결하는 일종의 현장 '중개자' 역할을 했다. 예를 들어 네이비씰 팀이 자신들의 작전을 방해하는 민간 드론을 격추할 수단이 필요하다고 하면, 유닛 X는 그 요구에 맞는 '드론 킬러'를 개발할 스타트업을 찾아내고 해군이 그 장비를 실제로 배치하는 식이었다. 또 어떤 스타트업이 획기적인 사이버보안 기술을 들고 유닛 X를 찾아오면 유닛 X는 그 제품을 구매할 군 내부 고객을 연결해 줄 수 있었다. '군이 초기 사용자가 돼주면 스타트업은 본격적인 사업 기반을 갖추게 되고, 군과의 사업을 통한 장기 수익 가능성이 보장되면 벤처투자자들도 더 적극적으로 자금을 투자한다.' 이것이 바로 카터의 비전이었다. 즉 군 자금을 기존 제품을 사들이는 데 쓰는 것이 아니라, 기업가들이 새로운 제품을 개발할 수 있도록 지원하고 벤처캐피털을 활용해 더 많은 민간 기업이 국방부에 납품할 수 있도록 뒷받침하는 것이었다. 유닛 X 덕분에 국방부는 수년 만에 처음으로 실리콘밸리의 민간 기술 기업들이 보유한 기술력과 두뇌를 직접 활용할 수 있게 된 것이다. 카터는 새로운 기술과 사고방식의 도입으로 군이 실리콘밸리의 민첩하고 효율적인 방식을 배워 예산 낭비와 기술 지연이 반복되는 문화를 개선하길 바랐다. 유닛 X는 카터가 미군 전체의 방향을 전환하기 위해 세운 지렛대와 같은 존재였다. 만약 유닛 X가 성공한다면 미군은 2020년대에 닥칠 분쟁에 대비해 남은 2010년대를 유용하게 보낼 수 있었다.

하지만 유닛 X 앞에는 힘든 과제가 놓여 있었다. 민간 기술이 국방부로 흘러 들어가게 하려면 국방부의 시스템 전반을 고쳐야 했다. 카터는 팔로알토나 마운틴뷰 등 실리콘밸리의 오피스 단지에서 개발된 혁신적인 제품들이 '죽음의 계곡'에서 길을 잃지 않고 군인들의 손에 전달될 수 있도록 국방부의 업무 속도를 높이고 위험을 회피하는 문화를 개선하겠다고 약속했다. 말은 그럴듯했지만, 30년간 방치된 죽음의 계곡은 이제 그랜드캐니언처럼 깊고 넓어진 상태였다. 임시 사무실에 모인 얼마 안 되는 인원으로 어떻게 그 거대한 간극을 넘어 핵심 기술들을 군 현장에 전달할 것인가는 막막하기만 한 일이었다.

미 국방부는 세계에서 가장 거대한 조직이다. 300만 명의 직원을 거느리고, 육·해·공군과 해병대를 총괄하는 방대한 사무 체계를 운영하며, 비잔틴 제국보다 더 복잡한 규칙과 절차, 그리고 변화를 거부하는 조직 문화가 깊이 뿌리내린 곳이다. 이곳은 조종사들이 낡은 항법 시스템이 달린 전투기를 몰고, 수십 년 된 메인프레임 컴퓨터로 작전 지휘소를 운영하며, 버그가 너무 많아 버그 위에 또 다른 버그가 얹힌 소프트웨어를 돌리는 조직이었다. 그런 조직이 이제 AI와 아이폰을 도입하겠다고 하고 있었다.

카터의 계획은 실리콘밸리의 창업자들과 엔지니어들이 기꺼이 국방부의 부름에 응할 것이라는 기대 위에 세워졌다. 하지만 스노든이 폭로한 사실처럼, 이들은 정부가 은밀하게 감시와 정보 수집에 이용했던 바로 그 당사자들이었다. 이라크 전쟁, 영장 없는 도청, 드론 공격은 실리콘밸리의 많은 사람이 반대하는 사안이었다. 군의 강한 권력에 등을 돌릴 수밖에 없었던 사람들에게, 군의 살상 능력을 높이는 일에 동참하라고 어떻게 설득할 수 있을까? 그들은 세상을 더 위험한 곳이 아니라 더 살기 좋은 곳으로 만들겠다는 이상을 품고 기술을 개발해 온 세대였다.

혁신이니, 변혁이니, 벽을 허물어야 한다느니, 말은 쉬웠다. 하지만 제정신인 사람이라면 누가 그런 힘든 일을 하겠다고 나서겠는가?

그런데, 그게 바로 우리였다.

1장

기술 혁신을 찾아 나선
국방혁신단 '유닛 X'

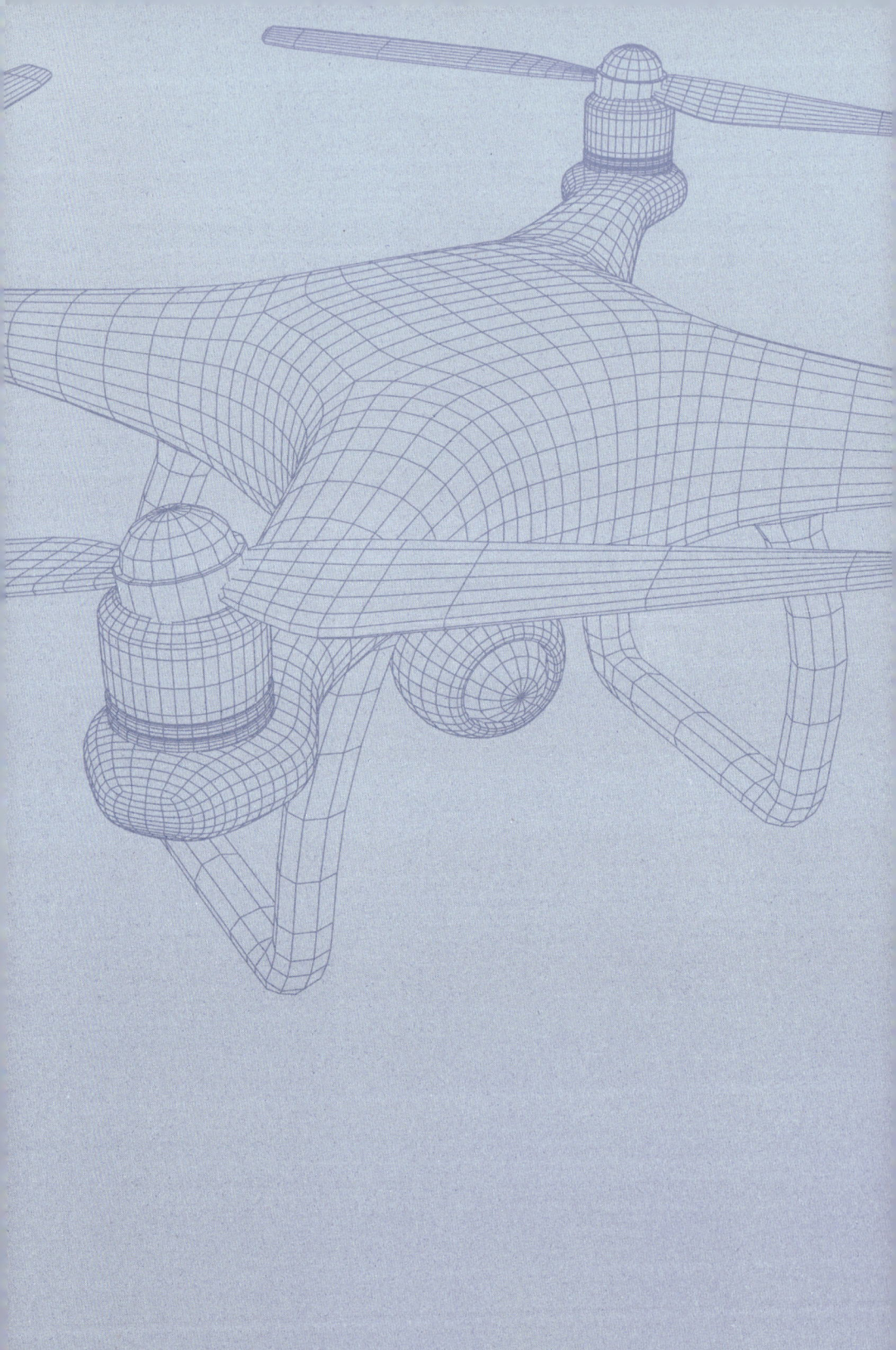

처음에는 우리 둘 다 그 일을 맡고 싶지 않았다.

유닛 X가 출범한 지 이미 6개월이 지난 시점에 애쉬 카터 국방장관은 우리에게 그 조직을 맡아 실리콘밸리에서 자신을 대신한 특사 역할까지 해달라고 요청했다. 하지만 첫 팀이 워낙 엉망으로 시작한 탓에 실리콘밸리에서는 유닛 X를 카터 장관이 실리콘밸리와의 관계를 복원하겠다고 한 약속의 빈껍데기쯤으로 치부하며 기대를 접은 상태였다. 다시 말해 어차피 '끝장난' 조직이니 괜히 얽혀봐야 득 될 게 없는 곳으로 치부됐다.

물론 공정하게 말하자면 전임자들은 애초에 좋지 않은 상황을 떠맡았고, 그것마저도 제대로 다루지 못했다. 유닛 X는 부처 차원의 핵심 과제로 처음 발표됐고 출범 당시에는 국방부 부장관인 밥 워크Bob Work가 이를 총괄했다. 그는 DIUDefense Innovation Unit(유닛 X의 정식 명칭인 '국방혁신단'의 약어)라는 이름을 만든 장본인이자, 미국이 국가안보 기술력에서 패배할 수 있다는 점을 처음으로 걱정하기 시작한 고위 관료 중 한 명이었다. 그는 '첨단 역량 및 억지력 위원회Advanced Capabilities and Deterrence Panel'라는 극비 프로젝트를 통해 국방부의 기술 낙후 문제를 점검했고, 그 결과 유닛 X를 새로 만들었다. 하지만 이후 워크는 이 조직을 국방부 내 서열상 네 번째로 높은 인물인 획득·기술 담당 차관에게 넘겼고, 이 인사는 안타깝게도 이 책임을 세 단계 아래로 내려보냈다. 그 결과 유닛 X를 관리하게 된 부서는 국방부 내에서 가장 핵심 권력층이 모여 있는 'E-링' 근처가 아니라 완전히 동떨어진 곳에 자리 잡게 됐다. E-링은 장성들과 제독들이 방탄 유리창 너머로 바깥 풍경을 볼 수 있는 유일한 곳으로, 펜타곤 내에서 가장 힘 있는 위치로 꼽힌다. 그런데 유닛 X는 그 근처는커녕 차관의 사무실 근처에도 가지 못했다. 대신 이 조직은 마치 지하 묘지의 어둡고 복잡한 미로를 찾아가듯 구불구불한 복도를 돌고 여러 개의 문을 지나야 도착할 수 있는 창문 없는 회랑 끝에 자리했다. 그곳은 사실상 펜타곤 판 '동시베리아'나 다름없었다.

이런 관료주의의 황무지 깊숙한 곳에서 유닛 X 조직을 꾸려야 했던 담당 대행은 모범 관료답게 네 단계나 위에 있는 윗선의 생각에서 크게 벗어나지 않았다. 그는 유닛 X를 '그럴싸하지만 세상을 바꿀 수준은 아닌 아이디어' 정도로 여겼다. 그 결과 실리콘밸리에 대해 거의 알지 못하고, E-링에서도 일해본 적 없는 사람들로 팀을 꾸렸다. 무에서 유를 창조할 기회가 주어졌지만, 그들은 별다른 고민 없이 가장 쉽고 뻔한 방식을 선택했다. 나중에 애쉬 카터는 자신의 회고록에 이렇게 썼다. "처음에 나는 유닛 X를 국방부의 연구개발 부서에 맡겨 조직과 인력을 구성하게 했다. 그게 곧 내 실수였다."

국방부는 실리콘밸리의 상징인 팔로알토에서 개방형 공간과 노출된 벽돌 인테리어, 듀얼 모니터를 갖춘 현대식 사무실을 임대하는 대신 유닛 X의 실리콘밸리 지부를 주 방위군 창고 건물의 한쪽 구석에 몰아넣었다. 이 창고는 옛 해군 항공기지가 있던 모펫 필드의 끝자락에 자리 잡고 있었는데 너무 조용하고 한산해서 사람들은 그런 곳이 있는 줄도 잘 몰랐다. 창고와 그 주변의 황량한 흙밭은 마치 블랙홀과 같아서 아침마다 출근길에 수많은 사람이 지나다녀도 그 안에서 무슨 일이 벌어지는지는 전혀 알 수 없는 곳이었다. 심지어 구글 지도에도 등록돼 있지 않아서 우리는 방문객들이 길을 헤매지 않도록 구글에 직접 등록 요청을 해야 했다.

펜타곤 팀이 실리콘밸리에 도착했을 때 유닛 X의 환경은 말 그대로 참담했다. 사무실에는 가구도 없었고, 인터넷 연결조차 되지 않았다. 첫 팀은 무려 6개월간 접이식 카드 테이블에서 일했고 베스트바이에서 산 4G 핫스폿을 써야 했다. 실리콘밸리 사람들은 이 조직이 돈도, 영향력도, 기술을 대규모로 도입할 계획도 없다는 사실을 필즈Philz* 카페에서 커피 한 잔을 주문하는 시간보다 더 빨리 간파했다. 벤처투자자들은 유닛 X와의 미팅을 권하기는커녕 "거기 가지 마라"라고 스타트업들에게 조언했다.

이런 상황이 카터 장관에게 전해지자 그는 토드 박Todd Park을 실리콘밸리로 보냈다. 박은 오바마 대통령의 최고기술책임자이자 실리콘밸리에서 수십억 달러 규모의 회사를 여러 차례 창업한 베테랑이었고, 워싱턴에서는 망해가던 HealthCare.gov** 웹사이트를 살려낸 사람으로 유명했다. 그는 유닛 X 사무실에 도착하자마자 카드 테이블과 베스트바이 핫스폿을 한눈에 확인했고, 책임자 두 사람과 대화를 나눈 뒤 문제의 본질을 즉시 파악했다. 그리고 워싱턴으로 돌아가 애쉬 카터 장관에게 있는 그대로 이야기했다. "이건 그냥 망한 겁니다." 그의 말투는 마치 실리콘밸리의 벤

---

* 2003년 미국 샌프란시스코에서 시작된 커피 체인점. 핸드드립 방식으로 한 잔씩 내리는 커피로 유명하며, 특히 실리콘밸리의 테크 업계 종사자들 사이에서 인기가 높아, 스타트업 문화의 상징적 공간으로도 자주 언급된다.

** 미국 연방정부가 운영하는 건강보험 가입 웹사이트. 2013년 오바마 행정부가 도입한 '오바마케어(ACA, Affordable Care Act)'의 핵심 서비스 중 하나로 개설됐다.

처투자자가 망해가는 스타트업 창업자에게 던지는 직설적인 충고 같았다. "지금 있는 사람들 다 바꾸고 새 리더를 세워야 해요. 진짜 자원과 진짜 권한을 주세요. 조용히 넘어가려 하지 마시고, 크게 다시 시작한다는 걸 대대적으로 보여주셔야 합니다. 그래야 실리콘밸리가 관심을 가질 거예요." 실리콘밸리에서는 실패를 숨기기보다는 빠르게 인정하고 다시 시작하는 편이 낫다고 토드 박은 조언했다.

이 실패한 조직은 카터 장관의 머릿속에 유닛 X 1.0 버전으로 남았다. 그는 직접 나서서 유닛 X 2.0을 감독하고 재출범하기로 했다. 새 버전에는 많은 변화가 따를 예정이었고 그 핵심에 우리 두 사람이 있었다. 라지는 총책임자, 크리스는 창립 파트너를 맡았다. 그리고 두 명의 파트너가 더 합류했다. 카터는 유닛 X를 단순히 개편하는 데 그치지 않고 직접 실리콘밸리로 날아가 유닛 X를 다시 출범시키는 행사를 주관했다.

워싱턴의 시각에서 보면 펜타곤의 새로운 조직을 이제 겨우 30대 중반인 사람들에게 맡기는 건 미친 짓에 가까웠다. 펜타곤의 민간과 군 조직을 지배하던 백전노장들은 우리를 어린애 취급했다. 이런 중책을 맡기엔 우리가 15년쯤은 더 나이를 먹어야 한다는 분위기였다. 아이러니하게도 실리콘밸리에는 우리보다 15년 가까이 어린 창업자들이 넘쳐났다. 하지만 우리 둘은 이번 개편을 위해 맞춤형처럼 준비된, 서로 보완적인 역량을 갖고 있었다.

크리스는 국가안전보장회의에서 전략기획 국장을 지냈고, 합참의장 직속 민간 수석보좌관을 맡은 바 있었다. 그의 박사 학위 연구 주제는 '국가안보 내 기술 실패'였다. 그는 펜타곤의 첫 사이버 전략을 만드는 데 기여했고, 국방고등연구계획국의 여러 성과를 지원했으며, 군이 민간 기술의 빠른 진보를 인식하도록 도왔다. 애쉬 카터와 밥 워크가 유닛 X의 구상을 구체화하던 당시 실무 팀을 이끌 책임자로 지명한 인물이 바로 크리스였다.

라지는 프린스턴대를 졸업했다. 그의 학사논문 주제는 '강압적 공중전력의 효율성'이었다. 이후 그는 이라크와 아프가니스탄에서 F-16을 몰며 전투에 참여했고, 그 과정을 통해 군사 시스템의 위력뿐 아니라 그 시스템이 얼마나 낡고 불편한지도 직접 체험했다. 이후 그는 MBA를 취득했고, 매킨지앤드컴퍼니McKinsey & Company에서 짧게 일한 뒤 사이버보안 소프트웨어 스타트업을 창업해 성공시켰다. 그 기간 내내 그는 공군 주방위군 소속으로 복무하며 주말마다 F-16 조종석에 몸을 실었다. 조지아의 시골 마을에서 인도계 이민자의 아들로 자란 그는 어릴 때부터 하늘을 나는 꿈을 품고 있었다. 그의 어린 시절 방은 그가 조립하고 색칠한 모형 비행기로 가득했다.

우리는 이미 여러 해 전부터 알고 지낸 사이였다. 처음 만난 곳은 미국외교협회Council on Foreign Relations였다. 당시 우리 둘은 정부나 민간 분야의 젊은 전문가들에게 부여되는 정회원 자격으로 활동하고 있었다. 우리는 금세 서로에게 호감을 느꼈고, 라지가 워싱턴에 올 때마다 함께 점심을 먹었다. 우리가 자주 찾던 곳은 백악관에서 세 블록 떨어진 레스토랑 파운딩 파머스였다. 우리는 정치적 성향은 달랐지만(크리스는 오바마 행정부 인사였고, 라지는 부시 행정부 출신이다) 세상을 바라보는 눈은 놀랍도록 비슷했다. 특히 워싱턴이 아직 실리콘밸리에서 일어나고 있는 기술 혁명의 지각 변동을 제대로 인식하지 못하고 있다는 데 확고한 공감대가 있었다. 우리가 힘을 합치면 이 일을 해낼 수 있을지도 모른다는 생각이 들었다. 라지는 진짜 혁신과 허울뿐인 기술을 구별할 줄 알았고 재무제표를 꿰뚫어 보는 눈도 있었다. 크리스는 백악관의 웨스트윙(서쪽 별관)과 펜타곤을

눈 감고도 돌아다닐 정도로 익숙했고, 국가안보보좌관이나 국방장관과도 이름을 부를 정도로 가까운 사이였다. 펜타곤은 약어로 가득했고, 실리콘밸리는 유행어로 가득했다. 그렇기에 우리 두 사람이라면 그 두 세계를 모두 넘나들 수 있었다.

그럼에도 우리는 망설였다. 라지는 얼마 전 첫 번째 스타트업을 팔로알토 네트웍스Palo Alto Networks에 매각한 뒤에 다음 회사 창업을 준비하고 있었다. 정부 일을 맡으면 그 계획이 늦춰질 뿐 아니라, 유닛 X가 또 실패할 경우 이제 다시는 실리콘밸리에서 자금 유치와 창업을 하지 못하게 될 가능성도 있었다. 크리스 역시 워싱턴에서 자신의 신뢰와 평판이 걸려 있었다. 이렇게 주목받는 역할에서 몇 번 실수라도 하게 되면 커리어 자체가 끝날 수도 있었다.

우리가 맡게 될 임무는 두 가지 방향으로 진행될 터였다. 먼저 실리콘밸리에서는 정부가 믿을 만한 고객이 못 된다는 깊은 불신을 극복해야 했다. 군이 그들의 기술을 도덕적으로 납득 가능한 방식으로 사용할 것임을 최고 경영진에서부터 현업 엔지니어들에 이르기까지 모두 설득해야 했다. 반면 펜타곤에서는 더 힘든 싸움이 기다리고 있었다. 군 고위층은 실리콘밸리의 개발자들이 철부지 같은 사람들이며, 이들의 안전을 지켜주기 위해 군인들이 겪고 있는 고된 현실은 전혀 모른다고 생각했다. 또한 중국에는 기술을 팔면서 국방부에는 판매를 꺼리는 실리콘밸리 기업들의 이중적 태도에 분노했고, 이 기업들이 전통 방산업체들보다 더 나은 결과를 낼 수 있는지조차 의문을 품고 있었다. 그들의 눈에 아이폰은 멋져 보일지는 몰라도 전쟁터에 들고 나갈 물건은 아니었다. 2016년 당시에도 펜타곤의 권력 중심부인 E-링에서는 이미 시작된 기술의 대전환을 제대로 이해하는 사람이 거의 없었다. 결국 우리가 성공의 기회를 잡으려면 실리콘밸리에서도, 펜타곤 안에서도 수많은 벽을 깨야 했다.

"좋아, 당신이 한다면 난 하겠어." 라지가 크리스와의 저녁 자리에서 말했다.

"그래, 나도 당신이 한다면 해." 크리스가 답했다.

하지만 우리는 잘 알고 있었다. 펜타곤판 '동시베리아'의 사무실에 출근한다면 실패가 되풀이될 것이 불 보듯 뻔했다. 국방부에는 수천 명은 될 법한 중간 관리자들이 버티고 있었고 우리가 하는 일에 언제든 "안 돼"라고 말할 수 있었지만, 우리는 스타트업 CEO들에게 "됩니다. 중요한 시점 안에 계약을 따낼 수 있어요"라고 자신 있게 말할 수 없었다. 그래서 우리는 유닛 X 2.0을 성공시키기 위해 반드시 확보해야 할 권한과 조건들을 먼저 정리했다.

미 국방장관은 전 세계 300만 명의 병력과 4,018기의 핵탄두, 70개국 800개의 군사기지를 통제한다. 미군 지휘 체계에서 국방장관 위로는 대통령밖에 없다. 국방장관은 테러리스트나 독재자, 자기 부하들과도 협상하지 않는다. 하물며 이제 막 자리를 제안한 서른대여섯 된 신참들과는 어떻겠는가? 카터 장관은 지적 위엄이 대단한 인물이었고 성격도 까다롭기로 유명했다. 하지만 이번만큼은 국방장관실이 우리와 협상해야 했다. 우리는 성공을 위한 전제 조건을 카터 장관이 확실하게 마련해 주지 않는 한 그 자리를 맡지 않을 생각이었다.

카터 장관의 비서실장인 에릭 로젠바흐Eric Rosenbach가 라지와 협상 테이블에 앉았다. 유닛 X 2.0의 운영 방식을 구체화한 '조건 합의서'를 마련하기 위해서였다. 두 사람은 장관실 옆에 있는 로젠바흐의 사무실에서 일대일로 만나거나 전화를 주고받으며 앞으로 나아갈 방향을 함께 조율했다.

"라지, 당신이 요구한 조건은 대체로 맞춰줄 수 있어. 하지만 워싱턴 출장을 위해 공군 전용기 걸프스트림을 내주는 건 무리야." 로젠바흐가 말했다.

"협상의 기본이죠. 하나쯤 양보할 조건을 넣어둬야 상대도 자기가 이긴 줄 아니까요." 라지가 답했다.

가장 재밌는 장면은 마지막에 나왔다.

"장관은 아직 채용도 안 된 사람하고 조건 합의서에 서명하는 일은 하지 않아." 로젠바흐가 단호하게 말했다.

"그래도 누군가는 해야죠. 그래야 저희도 진심인 걸 알지 않겠습니까?" 라지가 대꾸했다.

그 뒤로 법률 자문 팀이 무려 일주일 동안 조건 합의서에 누가 서명할 것인지, 과연 서명해도 되는지를 두고 머리를 싸맸다. 결국 2016년 5월 5일 로젠바흐가 직접 펜을 들었다.

조건은 꽤 인상적이었다. 우선 우리는 국방장관에게 직접 보고하기로 했다. 그의 비서실장과는 매주 정기적으로 통화하고, 우리의 업무를 지원할 특별 보좌관 한 명도 배정받기로 했다. 예산과 인력 채용은 우리가 자체적으로 관리하기로 했다. 기존 팀처럼 펜타곤의 일반 행정 인력에 해당 업무를 맡겨서 접이식 테이블과 베스트바이 핫스폿을 쓰게 되는 일은 반복되지 않아야 했다. 대신 펜타곤의 최고관리책임자가 새롭게 꾸려질 유닛 X 사무소의 설립을 직접 감독하기로 했다. 국방부의 모든 부서가 우리의 요청 시 지원에 응해야 했고, 기존 정책이 발목을 잡을 경우 우리는 그 정책의 유예를 요청할 수 있었다. 만약 요청이 거절되면 장관이 즉시 판단을 내리기로 했다. 명령 체계를 따르느라 시간을 낭비하는 일이 없어야 했기 때문이다. 또한 펜타곤의 관계자 누구든 실리콘밸리를 방문하려면 반드시 우리와 먼저 조율해야 했다.

그리고 가장 중요한 조건은 이 모든 내용을 '지침 명령서directive-type memorandum'로 작성해 국방장관이 직접 서명하는 것이었다. 지침 명령서는 국방부 내에서 가장 강력한 효력을 지니는 공식 명령문이었다.

우리가 괜히 이렇게 까다롭게 군 건 아니었다. 우리는 실리콘밸리의 속도에 맞춰 일해야 했다. 신속하게 계약을 체결하고, 대금을 지급 기한에 맞춰 전액 지급해야 했다. 그리고 이 모든 약속을 반드시 지켜내야 했다. 그렇지 않으면 우리도 이전 팀처럼 실패할 수밖에 없었다.

조건이 최종 확정된 지 닷새 뒤, 평소 부통령 전용기로 쓰이는 '에어포스 투' 보잉 757기가 앤드루스 공군기지에서 카터 장관을 태우고 샌프란시스코로 향했다. 다음 날인 2016년 5월 11일 아침, 캘리포니아 고속도로 순찰대의 경호를 받으며 장관 일행과 참모들, 자문단, 국방부 출입기자단을 태운 방탄 차량 행렬이 모펫 필드로 빠르게 이동했다.

그날 행사장에는 실리콘밸리의 유니콘 기업 창업자들과 대표적인 벤처투자자들, 그리고 이후 몇 년간 유닛 X와 함께할 핵심 파트너들이 포함된 200여 명의 초청객이 자리를 함께했다. 행사 전날 밤, 초청장에 적힌 '정장 착용' 문구를 두고 실리콘밸리 기업의 비서들로부터 문의전화가 빗발쳤다. "정말 '동부식' 복장인가요? 정장에, 넥타이까지요?" 우리는 웃으며 그들을 안심시켰다. "장관님은 정장과 넥타이를 하시겠지만 여러분은 괜찮습니다. 우리도 안 입을 겁니다." 사실 실리콘밸리에서 정장을 입고 나타나는 건 '이쪽 바닥을 모르는 사람'이라고 광고하는 거나 마찬가지였다. 초청장에 복장규정이 적혀 있다는 사실 자체가 장관의 의전 팀이 실리콘밸리 사람들에 대해 얼마나 무지했는지를 보여주는 증거였다. 우리는 청바지에 스포츠 재킷을 걸쳤다. 애플의 임원이자 유닛 X 예비군 부대의 지휘관으로 임명된 더그 벡Doug Beck은 셔츠 자락을 바지에 넣지도 않았다.

장관은 평소대로 어두운색 정장 차림에 파란색 넥타이를 매고 나타났다. 그를 수행하는 무장 경호원들과 군복 차림의 보좌관 12명은 기밀 통신장비와 작전 계획이 담긴 바인더를 들고 왔다. 언제나 그렇듯 수행 군인 중 한 명은 핵무기 지휘통제 장비가 든 잠금 가방을 들고 있었다. 이 행사는 줄지어 늘어선 TV 카메라에 담겨 펜타곤 채널을 통해 전 세계 미군 기지에 생중계됐다. 그 자리에서 카터 장관은 우리 둘과 유닛 X의 새로운 지도부를 공식적으로 소개했다. 우리는 성조기와 푸른색의 국방장관 깃발 사이에 나란히 서 있었다.

연설에서 카터 장관은 몇 달 전 이 자리에서 유닛 X를 처음 발표했음을 언급하며 당시의 시도는 기대에 미치지 못했다고 솔직히 인정했다. 하지만 유닛 X 2.0은 완전히 새롭게 거듭날 것이라고 약속했다. "지난 8개월 동안 유닛 X를 운영하면서 우리는 어떤 전략이 효과가 있었는지뿐 아니라, 어떻게 하면 그것을 더 잘 작동하게 할 수 있는가에 관해서도 많은 것을 배웠습니다. 이제 그 경험을 바탕으로 실리콘밸리 방식에서 한 수 배워, 유닛 X 2.0의 새로운 시작을 공식적으로 알리며 몇 가지 새로운 변화를 소개해 드리고자 합니다."

마무리 연설에서 그는 실리콘밸리의 기술자들이 왜 국방부와 협력해야 하는지 설명했다. 핵심은 스타트업들이 국방부와 협력함으로써 가치를 창출할 수 있다는 데 있지 않았다. 물론 그것도 가능하기는 하지만 더 본질적인 이유는 민주주의와 독재가 맞서는 세계적인 싸움에서 우리는 모두 같은 편이라는 것이었다. "이건 우리의 안보가 걸린 문제입니다. 우리는 모든 시민이 안전하게 학교에 다니고, 미래를 꿈꾸고, 자신의 삶을 살아가며, 아이들에게 더 나은 미래를 물려줄 수 있는 세상을 만들어야 합니다. 나라를 지키고 더 나은 세상을 만드는 일은 기업인, 기술자, 창업가 그리고 젊은이들이 할 수 있는 가장 고귀한 일입니다."

그 말을 끝으로 카터 장관은 에어포스 투를 타고 워싱턴으로 돌아갔다. 우리는 자리에 남아 실리콘밸리의 주요 인사들과 어울렸다. 첫 번째 실패에도 불구하고 그들은 다시 한 번 기회를 주겠다는 듯 열의를 보였다. 그날 밤 우리는 NASA 에임스 연구소Ames Research Center의 스페이스 바에 모여 '행어 원Hangar One'의 거대한 그림자 아래에서 맥주잔을 기울였다. 행어 원은 세계 최대 독립 구조물 중 하나로, 내부 면적만 약 3만 2,000제곱미터에 달한다. 이 격납고는 1930년대에 미 해군의 첫 체펠린형 비행선인 USS 애크론호를 수용하기 위해 지어진 것이다. 이 거대한 비행선은 훗날 힌덴부르크호*처럼 추락 사고로 파괴되는 운명을 맞았다. 그 사고로 항공모함 항공의 개척자로 불렸던 윌리엄 모펫 제독도 목숨을 잃었다.

본격적인 일은 그다음 날부터 시작됐다. TV 카메라가 모두 철수한 뒤 우리는 유닛 X 팀을 만났다. 우리의 첫 전체 회의는 우리가 이끌게 될 사람들의 신뢰를 얻기 위한 중요한 순간이었다. 이들은 군의 여러 분야에서 온, 기술에 열정적인 각양각색의 사람들로 구성돼 있었다. 현역 군인 중 누구도 사무실에 제복을 입고 오지는 않았지만, 짧게 자른 머리와 특유의 태도 덕분에 그곳은 마치 깔끔한 성격의 사람들이 운영하는 스타트업 같은 분위기를 풍겼다. 대부분은 밝은 표정이었지만 특수작전 부대 출신인 한 인물만은 끝까지 표정을 풀지 않았다. 팀 운영 초기에는 진짜 기술 전문가는 몇 명뿐이었고 나머지는 전투기 조종, 전차 운전, 보병 부대 지휘,

---

* 독일의 초거대 비행선으로, 1937년 미국 뉴저지 레이크허스트 해군기지에 착륙 도중 폭발했다. 이 사고는 역사상 가장 악명 높은 비행선 사고로 불리며 비행선 시대의 종말을 가져왔다.

참전 경험 같은 군사 전문성을 갖춘 사람들이었다.

우리가 이끌게 된 30여 명의 군인과 민간 인력은 이미 한 차례 큰 좌절을 겪은 상태였다. 이들은 8개월 전 같은 국방장관에 의해 세상에 발표됐지만 성공에 필요한 기본적인 도구조차 갖추지 못한 채 방치돼 있었다. 그러던 중 기습 수류탄처럼 갑작스럽게 우리가 등장했고, 그들의 이전 책임자와 지도부는 바로 해임됐다. 이 발표는 마지막 순간까지 극비리에 준비됐기에 자세한 내용을 아는 사람은 거의 없었다. 실제로 유닛 X에서 일하던 장교들과 사병, 민간 직원, 계약직 인력 대부분은 조직이 재편될 거라는 사실조차 전혀 모르고 있었다. 게다가 그 재편을 이끌 인물이 우리라는 사실은 더더욱 몰랐다.

그 순간이 오기까지 몇 주 동안 라지는 앞으로 일어날 일에 대해 충분히 설명하지 못한 채 기존 팀원들과 조용히 개별 면담을 진행했다. 그는 조직도 내 특정 부분에서 퍼져 나오는 부정적인 기류를 감지했고, 이를 해결하기 위해 단호한 조처를 취했다. 각 군에서 유닛 X로 파견한 인력을 전반적으로 검토한 결과, 대부분은 유지하기로 했지만 몇몇은 새 지도부가 도착하기 전에 철수시키기로 했다. 우리는 국방장관실과 함께 매우 정확한 타임라인을 세웠다. 발표 2주 전, 전출 대상자로 확정된 사람들에게 퇴사 통보와 함께 마지막 출근일을 전했다. 그 직후 모든 유닛 X 직원에게 곧 지도부 교체가 이뤄질 예정이라는 사실을 알렸다. 전임 책임자의 인수인계 절차를 원활히 하기 위해 전환 담당자도 지정했다. 유능한 사람이라도 때로는 어쩔 수 없는 상황에 놓일 수 있다는 점을 잘 이해했던 라지는 카터 국방장관이 공식 발표를 위해 마운틴뷰에 도착하기 직전에 전임 책임자인 조지 듀책George Duchak과 술자리를 가졌다.

그들은 카터 장관과 그의 수행단이 머물고 있던 팔로알토의 포시즌스 호텔에서 만났다. 해군사관학교를 졸업하고 P-3 정찰기 조종사를 거쳐 공군 연구개발소의 소장을 지낸 듀책은 구석진 자리에서 라지와 머리를 맞대고 조용히 이야기를 나눴다. 국방장관실 직원들이 두 사람 곁을 지나 갔지만 그 자리에서 벌어지고 있던 인수인계의 실체를 눈치챈 사람은 아무도 없었다. 듀책은 국방부가 와이파이나 가구 같은 기본적인 지원조차 하지 않은 데 대해 깊은 실망감을 드러냈고, 라지에게 경고의 말을 남겼다. "조직 안에는 낯선 걸 거부하는 저항 세력들이 있어. 자네도 표적이 될 테니 조심해."

토드 박이 우리를 영입한 이후 우리는 핵심 지도부를 구성하기 위해 두 명을 추가로 영입했고, 유닛 X 예비군 조직의 지휘관도 그대로 유지하기로 했다. 벤처투자사의 운영 모델을 참고해 핵심 지도부를 '파트너'로 불렀고, 의사결정 권한은 공유하기로 했다. 최종 책임은 총괄 파트너인 라지가 맡았지만 조직 구조는 스타트업처럼 수평적인 형태를 지향했다.

실리콘밸리 전역에서 공격적인 인재 영입 활동을 펼친 끝에 우리는 하버드대 출신의 구글 X 임원인 아이작 테일러Isaac Taylor를 영입했다. 그는 구글에서 대형 프로젝트들을 직접 운영한 경험이 있었다. 자율주행차 프로젝트 초기에 구글 캠퍼스 남쪽 고속도로에서 한 동료 엔지니어가 알고리즘을 한계 이상으로 밀어붙이는 바람에 심각한 사고를 당하기도 했지만, 거기에 굴하지 않고 이후 소비자용 증강현실 안경을 처음으로 시도한 구글 글래스 프로젝트의 리더로 나섰다. 그리고 구글의 '문샷 프로젝트 Moonshot Project'*에서 쌓은 경험을 바탕으로 유닛 X의 하드웨어 전문가 역

---

* 구글 산하의 첨단 연구소 Google X(현 X, The Moonshot Factory)에서 추진하는 실험적 혁신 과제들을 뜻한다. '달 착륙'처럼 대담하고 불가능해 보이는 목표를 기술로 해결하려는 시도를 의미하며, 자율주행차, 드론 배달, 인터넷 연결이 어려운 지역을 위한 비행 풍선 인터넷 서비스, 스마트 농업 등 다양한 프로젝트가 이곳에서 시작됐다. 일정 수준 이상의 가능성을 입증하면 독립 기업으로 분사시키는 방식으로 운영된다.

할을 맡게 됐다.

네 번째 파트너는 비샬 'V8' 하리프라사드Vishaal 'V8' Hariprasad였다. 그는 공군 훈장을 받은 사이버 작전 장교이자 과거 라지의 사이버보안 스타트업 공동 창업자였다. 'V8'라는 콜사인으로 불렸던 비샬은 영국령 가이아나 출신 부모 아래 브롱크스에서 태어났다. 이후 미 공군 사이버 전사 1기 명단에 포함될 정도로 두각을 나타냈으며 이라크에 파병돼 미군 최고의 극비 작전 중 하나를 수행했다. 그는 유닛 X의 소프트웨어 담당 전문가로서 코드가 핵심인 프로젝트를 총괄하는 역할을 맡았다.

더그 벡은 유닛 X 예비군 조직의 지휘를 계속 맡아달라는 우리의 요청에 응했다. 이 조직은 민간 기술 분야에서 일하면서 한 달에 한 번 주말마다 유닛 X 활동을 지원하는 예비군들로 이뤄져 있었다. 더그는 해군 예비역 장교로 이라크와 아프가니스탄에 파병된 경력이 있으며, 카터 장관과 마찬가지로 예일대 출신 로즈 장학생이기도 했다. 그는 애플의 CEO인 팀 쿡Tim Cook에게 직접 보고하던 직속 간부였고 유닛 X의 구상 초기부터 비공식 멤버로 참여한 인물이었다. 그는 자신과 라지처럼 민간과 군 양쪽에 능통한 예비군이 유닛 X의 성공에 핵심적인 역할을 할 것이라 보았다. 더그는 실리콘밸리에 존재하는 기회를 군 상층부에 설득력 있게 설명하는 능력이 뛰어났다. 유닛 X 1.0 출범 준비 과정에서는 당시 미출시 상태였던 애플워치 시제품을 애플의 허락하에 펜타곤 관계자들에게 직접 보여주며 큰 인상을 남긴 바 있었다.

우리는 첫 전체 회의를 철저하게 준비했다. 토드 박이 개회사로 팀의 분위기를 띄웠고, 이어서 라지가 오프닝 슬라이드 자료로 힘 있는 발표를 이어갔다. 유닛 X 1.0이 실패했던 이유 중 하나는 중개자, 외교 창구, 기술 탐색자까지 모든 역할을 한꺼번에 해내려다 방향을 잃었다는 점이었다.

라지의 첫 슬라이드는 전장에 배치된 세 명의 유닛 X 팀원, 즉 네이비씰 대원, 전투기 조종사, 사이버전 장교의 사진으로 시작됐다. "우리의 임무는 단 하나, 바로 민간의 기술 혁신을 전투원에게 전달하는 것입니다." 우리는 그들에게 지금까지 없었던 새로운 도구와 기술을 손에 쥐어주어야 했다. 그들이 임무를 더 잘 수행할 수 있게 만드는 것이 우리의 성공 기준이었고, 그들이 실제로 더 효과적으로 임무를 수행했는가가 우리의 성과를 판단하는 척도였다.

라지의 첫 번째 지시사항은 모든 회의를 중단하라는 것이었다. 우리의 앞선 팀은 회의 횟수를 성공의 척도로 간주했다. 전임 책임자가 펜타곤에 보낸 주간 보고서들을 읽다 보니 마치 '회의 실적표'를 보는 것 같았다. 보고서에는 기업, 투자자, 학계 인사들과 얼마나 많은 미팅을 가졌는지가 줄줄이 적혀 있었다. 시간이 갈수록 보고서 내용이 회의 중심으로만 흘러간 걸 보면 유닛 X 1.0을 감독하던 펜타곤 측이 이런 방식을 마음에 들어 했던 것 같았다. 이 보고서들은 산출물이 성과로 오해될 수 있다는 점, 그리고 본부가 비효율적인 행동을 오히려 강화할 수 있다는 점을 보여주는 전형적인 사례였다.

라지가 직원들에게 내린 두 번째 지시는 유닛 X 2.0을 '스텔스 모드'로 전환한다는 것이었다. 막대한 자금을 유치한 스타트업처럼, 우리는 앞으로 무엇을 해야 할지 제대로 파악할 시간이 필요했다. 목표는 분명해졌지만 그 목표를 실현할 방법이 아직 명확하지 않았다. 우리에겐 집중할 대상을 찾고 체계를 갖추는 작업이 필요했다.

그런 다음 라지는 유닛 X의 임무 수행을 위해 국방장관이 특별히 승인해 준 권한들을 공개했다. 그는 이렇게 말했다. "전투원들에게 최대한 빨리 민간 기술을 전달하려면 어떻게 해야 할까요? 우리에겐 초능력이 필요합니다. 저항 세력도 있을 겁니다. 그래서 우리는 국방장관과 직접 협상해서 다른 어떤 팀도 갖지 못한 특별한 권한들을 얻었습니다."

이어서 라지는 국방장관 비서실장이 서명한 조건 합의서를 화면에 띄웠다. 그 장면은 보는 이들에게 강한 인상을 남겼다. 유닛 X의 모든 직원에게, 이제 자신들이 수많은 장성과 제독들보다 더 강력한 운영 권한을 갖게 됐음을 보여준 극적인 순간이었다.

카터 장관이 이미 언급했듯이, 첫 번째 권한은 유닛 X는 국방장관에게 직접 보고하며 합참차장 및 국방부 부장관과 정기적으로 회의한다는 것이었다. 또한 관리·물류·인사 지원은 최고관리책임자가 맡고, 그 외 필요한 지원은 국방부 내 어떤 조직에든 요청할 수 있었다. 이 조항은 유닛 X가 필요한 것이 있다면 누구에게든 요청할 수 있고 누구든 그에 응해야 한다는 국방장관의 보증을 뜻했다. 다음 권한은 채용에 관한 것으로, 유닛 X 지도부가 내린 인사 결정은 14일 이내에 실행돼야 한다는 것이었다. 당시 민간 인력 채용에는 보통 7~9개월이 걸렸기 때문에 14일 이내 채용은 전례가 없는 일이었다. 또한 유닛 X에는 O-7 직위, 즉 준장과 준 제독급 장교를 배치할 수 있다는 조항도 포함돼 있었다.

라지는 마지막으로 가장 강력한 권한인 '면제 권한'을 꺼내 들었다.

"이건 우리의 '핵무기'입니다. 다른 것들과 완전히 차별화된 권한이죠. 우리의 임무를 방해하는 규정이나 정책이 있으면, 그 정책의 담당자에게 우리만 예외를 요청할 수 있다는 겁니다."

"그러니까… 그냥 요청만 하면, 그 규칙을 우리한테만 예외로 한다는 겁니까?" 유닛 X의 초기 팀원 여섯 명 중 한 명인 트렉 포터Trek Potter가 놀라 물었다.

"네, 맞아요." 라지가 답했다. "그렇다고 법을 어길 순 없어요. 법률에 명시된 건 따라야 합니다. 하지만 조직 내 다른 권한자들이 만든 규칙이나 관행, 절차는 정당한 사유가 있다면 반드시 따를 필요는 없어요."

"와… 이런 권한은 진짜 처음 들어보는데요." 트렉이 말했다.

"하지만 요청 절차는 있습니다. 파트너들이 요청을 승인하면 해당 규칙을 담당하는 부서에서 14일 안에 답변해야 하죠. 만약 요청이 거부되면 그 즉시 카터 장관에게 올라가서 최종 검토를 받게 됩니다. 장관은 우리에게 이 권한이 필요한 경우 적극적으로 활용하라고 했어요. 보여주기용 권한이 아니라는 거죠."

이것은 관료 시스템 안에서 쓸 수 있는 최후의 무기였다. 이 싸움은 애초부터 절대 공정할 수 없었다. 따라서 조직 내 누군가가 권력을 이용해 우리 일을 훼방하려 들 때 우리는 이를 무력화할 강력한 수단이 필요했다. 카터 장관은 형식에 얽매이는 사람이 아니었다. 그는 절차라는 이유만으로 기존 방식을 따라야 한다고 주장하지 않았다. 사실 그 '기존 절차'를 따른 것이 군사력 저하의 위기를 가져왔고, 그 문제를 해결하기 위해 유닛 X가 만들어진 것이기 때문이다.

우리가 부여받은 권한들, 특히 이 '면제 권한'은 국방부 내에서도 전례 없는 일이었다. 국방고등연구계획국의 국장조차 그런 권한은 없었다. 펜타곤의 핵·생물·화학 프로그램의 수장은 물론이고 전 세계에서 실전을 지휘하는 전투사령관들도 마찬가지였다. 심지어 국방부 산하 기관의 국장이라도 해당 차관의 허락 없이는 언론 인터뷰조차 할 수 없었다. 하지만 우리는 이 권한 덕분에 그 모든 일을 할 수 있었다.

우리는 우리의 권한을 최대한 활용하기 위해 추가 인사도 발표했다. 국방고등연구계획국의 수석 법률자문관이자 국방부 최고의 기술 전문 법률가로 꼽히는 크레인 로페스Crane Lopes가 유닛 X 2.0의 임시 법률자문으로 자원해 합류한 것이다. 그는 국방고등연구계획국의 직책을 그대로 유지하면서 이 역할을 겸임할 예정이었다. 이건 권투로 치면 무하마드 알리를 코치로 영입한 것이나 다름없었다. 로페스는 누군가가 규정집을 들이밀면 그 규정으로 상대의 얼굴을 후려칠 준비가 된 사람이었다. 이보다 더 명확하게 우리가 일을 제대로 해보겠다는 신호는 없었다.

직원들을 둘러보며 그들의 얼떨떨한 표정을 확인하는 순간 우리는 펜타곤판 '저항할 수 없는 힘의 역설', 즉 막을 수 없는 힘과 움직이지 않는 물체가 만났을 때 벌어지는 힘의 문제를 해결했다는 걸 알았다. 유닛 X는 막을 수 없는 힘이었고, 펜타곤은 그동안 꿈쩍도 하지 않던 물체였다. 우리가 서로 부딪히면 펜타곤은 이제 움직일 수밖에 없을 거라는 데엔 의심의 여지가 없었다. 적어도 우리는 그렇게 믿었다.

그 후 몇 시간 동안 터져 나온 에너지는 우리가 왜 그 자리에 있는지를 증명해 주었다. 모두가 더 크게 생각하기 시작했다. 그날 가장 크게 생각한 사람은 팀에서 가장 체구가 작았던 사람, 바로 로런 데일리Lauren Dailey였다. 우리 조직에서 완전히 무표정한 특수작전 장교 체구의 절반밖에 되지 않는 그녀는 라지를 찾아와 아이디어를 꺼내 놓았다. 개인 시간에 짧게 정리해 둔 미완성의 메모에 불과했지만, 그 내용이 실현된다면 모든 걸 바꿔놓을 수 있는 아이디어였다. 라지와 로런, 크리스는 곧 머리를 맞대고 그 아이디어를 현실로 옮길 방법을 논의하기 시작했다. 그것은 유닛 X의 첫 번째 큰 도약이 될 논의였다.

2장

관료제와
예산의 벽에 부딪힌
유닛 X의 위기

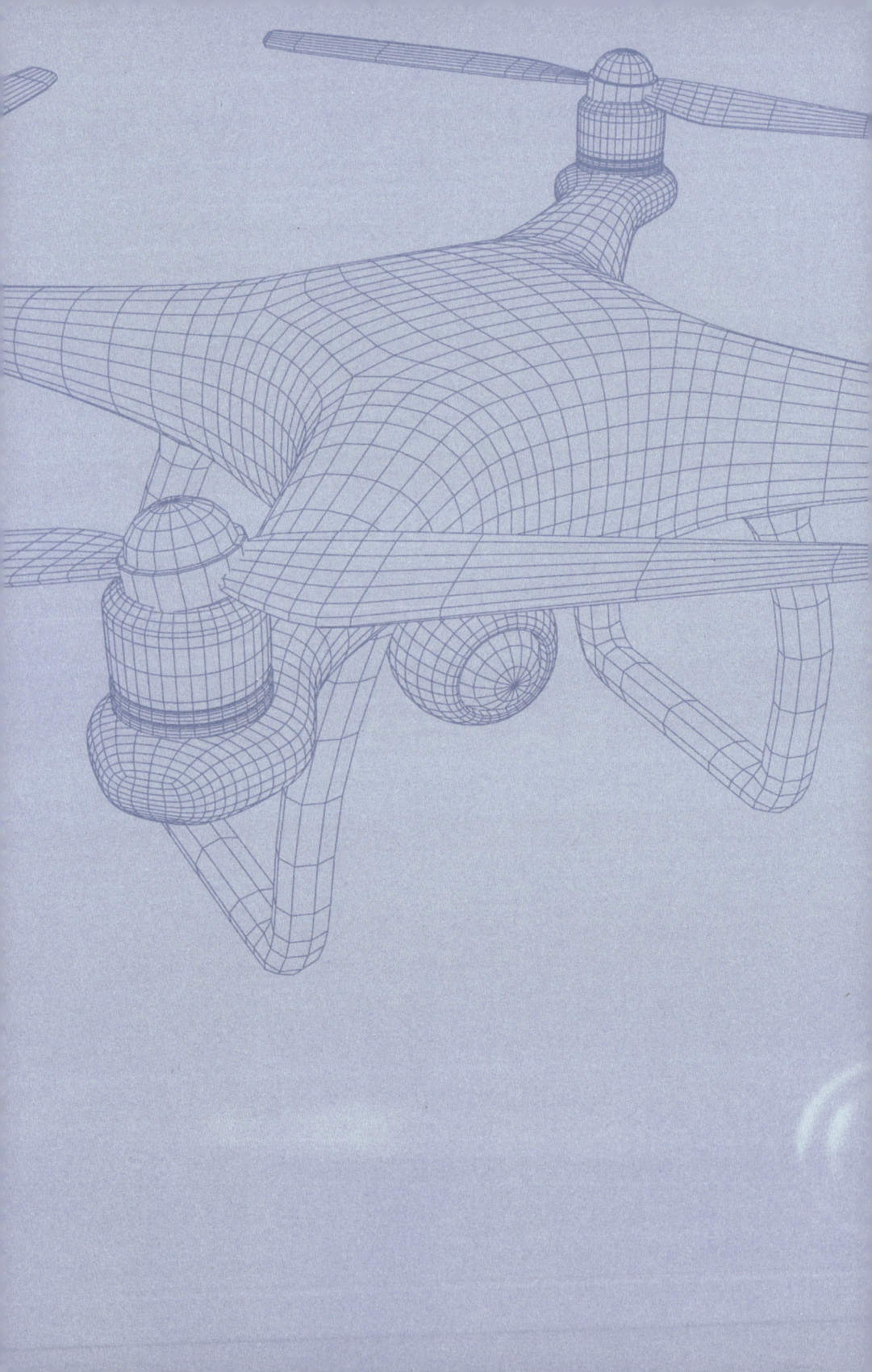

카터 장관의 방문으로 얻은 후광 효과는 오래가지 않았다. 유닛 X 2.0의 출범 발표가 있은 지 이틀 만에 지인이 전화해 충격적인 소식을 전했다. 그는 국회의사당에서 일하며 우리의 내부 소식통 역할을 했다.

"있잖아, 라지, 전해줄 말이 있어."

라지는 그의 말투에서 뭔가 심각한 일이 생겼음을 직감했다.

"방금 회의에서 나왔는데… 너희 내년 예산에 문제가 생겼어."

"그래? 얼마나 깎였는데?"

"그게 말이지, 전부 다 깎였어."

"전부 다?"

"그래, 전액 삭감이야."

우리가 다음 회계연도를 위해 확보했던 3,000만 달러(약 405억 원) 규모의 예산이 전액 삭감됐다. 이유는 알 수 없었다. 회계연도 시작까진 4개월밖에 남지 않은 상황이었다. 워싱턴에서는 이런 걸 '제로화'됐다고 한다. 이는 입법부가 행정부를 엿 먹이는 가장 강력한 방식이었다. 국방부 기자들은 군 기술을 혁신할 신세대 괴짜들이 나타났다며 우리를 치켜세우는 기사를 열심히 써대고 있었다. 우리가 물속에서 익사 직전이라는 사실은 전혀 모른 채.

—

우리의 첫 번째 워싱턴 방문은 원래 일종의 자축 행보가 될 예정이었다. 장관이 직접 나서서 우리 팀과 우리의 임무에 힘을 실어준 출범 선언을 한 직후였기에, 우리는 군과 민간의 고위 지도부를 만나 인사를 나누며 관계를 다질 예정이었다. 여기에는 각 군을 관할하는 민간 부처 장관들은 물론이고 해군 작전 사령관, 해병대 사령관, 공군 참모총장, 육군 참모총장 등 각 군을 대표하는 4성 장군들도 포함돼 있었다. 그리고 우리가 가장 큰 도움을 줄 것으로 예상되는 각 군의 조달 책임자들과의 만남도 예정돼 있었다.

이 모임의 원래 목적은 순조로운 출발을 위한 것이었지만, 이제는 위기 수습이 주목적이 돼 있었다. 예산을 되찾지 못하면 우리의 항해는 출발도 못 해보고 끝날 상황이었다. 우리를 공격한 건 의회만이 아니었다. 워싱턴으로 향하던 도중 정부 지급 신용카드가 갑자기 정지되는 바람에 호텔 측에서 새 결제 수단으로 다시 예약해야 한다고 알려온 것이다. 이 '환영 선물(?)'은 우리 전임자들에게 사무실 가구조차 마련해 주지 않았던 위대하신 행정 지원 팀의 작품이었다. 우리 조직에서 자신들이 배제됐다는 이유로 카드 계정을 이관하는 대신 아예 취소해 버린 것이다. 일종의 보복이었다.

카드 정지쯤은 세출위원회에서 날아오는 포탄에 비하면 비비탄에 불과했다. 카터 장관과 로젠바흐는 다음 회계연도 예산이 날아갈 위험에 대해 언질조차 준 적이 없었다. 그들도 몰랐기 때문이다. 알았다면 우리를 실리콘밸리 무대에 세우는 대신 발표를 미루고 입법 보좌진을 총출동시켰을 것이다.

무엇보다 시점이 최악이었다. 복잡하게 얽힌 예산 심의 과정이 이미 막바지에 접어든 상황에서는 카터 장관이라도 '제로화' 조치를 마음대로 되돌릴 수 없었다. 국방부에는 예산 통제권이 없기 때문이다. 실질적인 권한은 의회에 있다. 의회는 무엇을 지원하고 무엇을 거부할지 단계적으로 항목을 좁혀가는 방식으로 예산을 다루며, 한번 결정된 사항은 되돌릴 수 없다. 대부분 사람은 워싱턴의 봄을 생각하면 벚꽃과 수학여행을 떠올리지만, 그 시기 수천 명의 예산 담당자들이 정부 청사에 틀어박혀 거대한 퍼즐 조각을 맞추고 있다는 사실은 알지 못한다.

서둘러 정보를 캐낸 결과 우리는 유닛 X의 예산을 '제로화'하기로 결정한 인물이 하원 세출위원회 소속의 의회 보좌관 두 명이라는 사실을 알아냈다. 편의상 그 두 사람을 에벌린과 에드라고 부르겠다. 우리는 그들이 누군지 전혀 몰랐다. 그들이 7,700억 달러(약 1,039조 5,000억 원) 규모의 국방예산 중에서 겨우 3,000만 달러(약 405억 원)짜리 항목을 어떻게 발견했는지, 그리고 왜 굳이 그걸 삭제하려 했는지 도무지 이해할 수 없었다. 도대체 왜 의회 보좌관 두 명이 국방장관에 맞서 우리 조직을 무력화하려 들었을까? 이 일로 인해 우리는 기득권이 얼마나 교묘하게 반격할 수 있는지를 처음으로 실감했고, 앞으로 우리의 임무를 달성하기 위해 얼마나 영리하게 싸워야 할지를 뼈저리게 깨달았다.

예산 시즌이 되면 워싱턴에서는 '살인 미스터리극' 같은 일들이 어김없이 벌어진다. 이런 관례는 미국 건국의 아버지들이 행정부와 입법부를 동등한 정부 기관으로 설계한 권력 구조에서 비롯됐다. 국민이 선출한 대표인 의회는 행정부를 감시하고 견제하기 위해 행정부가 각종 사업에 사용하는 예산에 대해 승인할 권한을 갖는다. 하지만 실제로는 이 예산 통제 권을 놓고 하원과 상원 세출위원회에 소속된 소수의 보좌관이 연방 예산의 전반을 좌지우지하는 막대한 권력을 갖는다. 큰 틀의 결정은 백악관과 의회 지도부가 정하지만 세부적인 예산은 거의 위원회 차원에서 결정된다. 따라서 이 위원회 소속 보좌관들은 크게 도를 넘지 않는 선에서 자신이 보좌하는 의원의 신뢰를 잃지 않는 한, 사실상 어떤 견제도 받지 않고 연방 예산을 세부적으로 통제하는 막강한 권한을 행사하게 된다.

국방부의 7,000억 달러(약 945조 원) 규모의 예산을 관리하는 보좌관은 20명 남짓에 불과하다. 한 사람당 350억 달러(약 47조 2,500억 원)를 책임지는 셈인데, 개인이 맡기엔 엄청난 규모다. 이들의 시각에서 보면 자신들은 '건국의 아버지들'의 뜻을 실현하고 있는 셈이다. 그들은 말발 좋은 행정부 임명직 인사들을 견제하고, 이들이 내세우는 계획을 위원회가 연륜과 지혜로 균형 있게 조율하고 있다고 여긴다.

물론 대부분의 보좌관은 경험이 풍부하고 자신들에게 주어진 막중한 책임을 훌륭히 수행한다. 하지만 전체적으로 보면, 그들 중에는 워싱턴 밖에서 일해본 적이 없고 앞으로도 그럴 생각이 없는 사람들이 많다. 그리고 그중 적지 않은 인원이 지금 감독하고 있는 정부 기관에서 과거에 하급직으로 일했던 경험이 있다. 그런데 이런 배경은 때때로 위험한 조합이 될 수 있다. 과거의 제한적인 경험만으로 자신들이 하는 일에 과도한 확신을 갖는 경우가 많기 때문이다. 그중에서도 가장 문제가 되는 유형은 수년간 기회를 노리다가 연방 예산의 일부를 좌지우지할 권한을 쥐게 되면 한때 자신의 상급자였던 군과 민간의 고위직을 쥐락펴락하며 우쭐해 하는 이들이다. 적어도 그렇게 보일 수 있다는 얘기다.

카터 장관이 우리를 신뢰하고 아껴주기는 했지만, 그의 보호가 미치는 범위는 기대했던 것보다 훨씬 좁을지 모른다는 사실을 조금씩 깨닫기 시작했다. 우리는 유닛 X 2.0이 본격적으로 출범했다고 실리콘밸리에 이제 막 발표한 상태였다. 하지만 거기서 사업 계약을 따내러 나서는 대신 3,900킬로미터 떨어진 워싱턴에서 승산 없는 싸움을 벌이고 있었다. 첫 주가 이런 식이라면 다음 주는 또 어떤 위기가 닥쳐올까? 그때는 몰랐지만 그 후 1년 동안 우리 둘은 번갈아, 혹은 함께 거의 매주 워싱턴으로 날아가야 했다. 해결해야 할 일이 그만큼 많았기 때문이다.

라지는 유닛 X의 책임자로 일하는 2년 동안 심야 비행기만 쉰다섯 번을 탔다. 여기에 유닛 X 2.0 출범 준비 기간의 다섯 번까지 합치면 총 예순 번이다. 좌석은 모두 이코노미석이었다. 우리가 워싱턴을 너무 자주 드나든 나머지, 한번은 카터 장관이 E-링에서 2주 연속으로 두 번이나 우리를 마주쳤을 때 걸음을 멈추고 큰 소리로 이렇게 말했다. "이봐, 내가 자네들한테 월급을 주는 건 서부에서 일하라고 그러는 거야." 그러자 라지도 지지 않고 받아쳤다. "그렇죠, 장관님. 그런데 여기 안 오면 장관님의 관료들이 자꾸 우리 발목을 잡아서요."

당시 우리의 일상은 이랬다. 덜레스 공항에 도착하면 펜타곤 체육관에 8달러를 내고 샤워를 하고(호텔 조기 체크인보다 저렴해서였지만, 그마저도 비용 지원을 받지 못했다) 정장으로 갈아입은 뒤 해 뜰 무렵 또 다른 장애물을 해결하러 나가는 식이었다. 그래서 워싱턴으로 첫 출장을 떠난 그날 아침, 우리는 거의 잠도 못 잔 데다 국회의사당까지 타고 온 택시비를 공식적으로 처리할 방법도 없는 상태로 하원 사무실 건물 405호실 '세출위원회 국방 소위원회'의 문을 열고 들어섰다.

"안녕하세요, 유닛 X에서 왔습니다. 에벌린과 에드를 만나러 왔습니다." 접수 담당자에게 말했다.

"잠시만요." 그녀는 냉랭한 표정으로 우리를 훑어보고는 답했다.

잠시 뒤 우리는 로비 옆방으로 안내받았고, 곧 우리가 상대해야 할 두 사람이 들어왔다.

에벌린은 은퇴한 육군 장교로, 국방부에서 일하다 의회 보좌관이 된 인물이었다. 공보실에서 일할 당시 케이크와 군악대를 동원한 성대한 육군 창립 기념 행사를 총괄하기도 했다. 에드 역시 군 출신이었고 의회에서 일한 경력은 에벌린보다 길었다. 두 사람 모두 우리 부모 세대쯤 되는 나이였고, 예산 심사에서 까다롭기로 소문난 이들이었다.

우리는 낡고 오래된 나무 패널과 가구가 놓인 회의실로 들어섰다. 회의는 잠시 평온한 분위기가 유지되는 듯했지만 우리가 준비해 온 발표 자료를 다섯 장도 채 넘기기 전에 에벌린이 본론을 꺼냈다. 그녀는 자신이 보좌하는 하원의원이 인디애나 출신인데, 유닛 X는 인디애나에 돈을 전혀 쓰지 않기 때문에 다음 해 예산을 없앴다고 말했다. 아무리 좋게 표현해도 그건 말도 안 되는 이유였다.

"돈이 다 캘리포니아로 가고 있잖아요. 당신들은 서부 해안만 신경 쓰지, 중서부는 안중에도 없죠." 에벌린이 말했다.

우리는 스타트업 대부분이 캘리포니아에 있기 때문이라고 설명하려 애썼다. 실제로 전체 스타트업의 92퍼센트가 그곳에서 창업되니, 예산 대부분이 실리콘밸리의 베이에어리어Bay Area*에 쓰이는 건 당연한 일이었다. 만약 인디애나에도 활발한 스타트업 생태계가 있다면 우리는 그에 맞춰 예산을 쓸 것이라고 덧붙였다.

"인디애나에도 기술 회사가 있어요." 그녀가 말했다.

---

* 미국 캘리포니아주 샌프란시스코만 일대. 실리콘밸리가 위치한 미국 첨단 기술 산업의 중심지.

"그들과도 이야기할 겁니다." 크리스가 약속했다. "하지만 예산을 끊어 버리면 그럴 수가 없어요."

에벌린은 크리스를 매섭게 노려보았다. 그녀는 처음부터 그를 탐탁지 않게 여긴 듯했다. 참고로 크리스도 마찬가지였다. 두 사람 다 처음엔 감정을 자제하고 있었지만 이내 대놓고 불편한 기색을 드러내기 시작했다. 에벌린은 우리의 아이비리그 출신 학력이 전혀 인상적이지 않다고 말했다. 실제로 대학 이름까지 들먹이며 마치 인디애나가 예산 혜택을 못 받는 이유가 우리가 나온 학교 때문이라도 되는 양 몰아붙였다. 유닛 X에 대한 예산 지원 여부가 갑자기 우리의 출신 학교에 따라 결정되는 문제로 치부돼 있었다. 하지만 그건 시작에 불과했다.

"당신은 펜타곤에서 진짜 일을 해본 적도 없잖아요." 그녀가 크리스에게 말했다. "조달 시스템에서 일하거나 프로그램 오피스를 운영해 본 적이 있나요?"

"그게 무슨 말씀이죠?" 크리스가 되물었다.

"전 실제 군 복무도 했었고, 펜타곤에서도 실전 경험이 있어요. 조직이 돌아가게 만드는 일을 해봤다는 뜻이에요." 에벌린이 말했다.

우리는 그녀가 적어도 사전 조사는 해왔다는 점에 감탄했다. 하지만 국방장관 여섯 명을 보좌한 경험이 있는 크리스에게 이런 모욕적인 발언은 익숙지 않았고, 그의 얼굴에 분노가 그대로 드러났다. 라지는 분위기가 더 험악해지기 전에 급히 핑계를 대고 크리스를 회의실 밖으로 데리고 나왔다.

"대단하군." 크리스가 복도에서 비꼬듯 말했다.

"그렇지? 당신을 아주 마음에 들어 하는 눈치야."

라지는 남은 회의는 자기 혼자 들어가겠다고 했다. 그는 회의실로 돌아가 가능한 모든 방안을 제시했다. 심지어 인디애나에 유닛 X 지사를 세우는 방안도 알아보겠다고 했다. 그해 말 유닛 X는 보스턴과 오스틴에 추가 사무소를 열었다. 두 도시 모두 혁신 거점이기도 했지만 에벌린과 같은 인식을 피하기 위한 전략이기도 했다. 이후 라지가 경험을 쌓고 노련해지면서 유닛 X는 50개 주에 흩어진 예비군 중 혁신 임무에 관심 있는 인물들을 찾기 시작했고, 그들을 '활동 거점Points of Presence, PoP*'이라고 불렀다. 유닛 X가 미국 주와 선거구 대부분에 '발을 딛고 있다'는 점을 보여주기 위해서였다. 훗날 한 회의에서 에벌린이 라지에게 "장관이 직접 인디애나에 가서 그곳 유닛 X 팀의 출범을 공식 발표해 줄 수 있느냐"고 물었다. 이에 라지는 이렇게 답했다. "제가 장관님을 보좌하는 것이지, 장관님이 저를 보좌하는 게 아니기 때문에 그런 약속은 드릴 수 없습니다."

한편 에드는 카터 장관에게 개인적인 앙심을 품고 있었다. 그는 과거에 카터가 자신의 요청을 거절한 일을 여전히 잊지 못하고 있었다. 그 요청이란 의회 직원 대표단을 해외로 데려갈 때 공군 소속 걸프스트림 전용기를 사용하게 해달라는 것이었다. 그런 출장은 그 직책에서 누릴 수 있는 몇 안 되는 특권 중 하나였다. 의회 휴회 기간에 해외 군 기지를 방문하는데 이코노미석을 타고 가야 한다면 그다지 근사한 경험은 아닐 터였다. 그래서 이제 에드는 카터가 공들여 추진하던 프로젝트를 좌초시키며 복수에 나선 것이다.

"안됐네, 라지. 정말로 유감이야." 에드가 라지에게 말했다. "당신은 괜찮은 사람 같아. 이제 막 일을 시작했는데 곧 문을 닫게 생겼으니, 그건 좀

---

* 'Points of Presence'는 원래 네트워크 용어로, 인터넷 서비스 제공업체나 통신망에서 '접속 지점'이나 '거점'을 의미한다. 이 문맥에서는 유닛 X가 미국 전역에서 실질적으로 활동하고 있다는 인상을 주기 위한 전략적 표현으로 쓰였다.

억울하겠지."

라지는 사업가 출신이었다. 상대와 접점을 찾고 양쪽 모두에게 이익이 되는 해법을 끌어내는 데 익숙했다. 에드는 라지처럼 군 복무 경험이 있기에 그 역시 군에 더 나은 장비가 필요하다는 사실을 잘 알고 있을 터였다. 라지가 말했다.

"최전선에서 싸우는 군인들을 생각해 보세요. 지금 이 일에 어떤 게 걸려 있는지 말입니다. 우리는 틀림없이 해결책을 찾을 수 있을 겁니다."

그러자 에드는 '당신, 여기가 처음이지?'라는 듯한 눈빛으로 라지를 바라보았다.

—

우리는 에드와 에벌린 덕분에 완전히 코너로 몰린 상황이 돼버렸다. 이제 전화를 걸어야 할 때였다. 우리는 복도로 나와 국방부 예산 책임자들에게 이 상황을 보고하고 장관실에도 현재 상황이 심상치 않다는 사실을 알렸다. 하지만 어쨌든 그날의 승자는 뒤에서 옹졸하게 앙갚음하고 뒤통수친 사람들이었다. 펜타곤으로 돌아가는 내내 크리스는 라지에게 울분을 쏟아냈다. 그는 개인 신용카드로 택시비를 내고 있었고, 동료 공직자들에게 제대로 뒤통수를 맞은 참이었다. 그중 한 명은 아예 "당신은 국방부에서 진짜 일을 한 적이 없다"라고까지 말하지 않았던가. "그 여자, 내가 이라크에서 복무한 약력은 못 본 모양이지?" 크리스가 씩씩거리며 말했다. 라지는 비교적 침착했지만 이번 일은 그에게도 충격이었다. "그래서 당신이 캘리포니아로 가자고 했던 거군?" 그가 농담처럼 말했다.

우리가 에드나 에벌린 같은 사람들에게 휘둘릴 수밖에 없었던 이유는 유닛 X가 아직 공식 승인된 예산을 확보하지 못했기 때문이었다. 유닛 X

를 너무 급하게 출범시킨 탓에 국방부는 첫해 예산을 임시방편으로 여기 저기서 끌어모아야 했고, 장관실의 참모진은 다음 해 예산안에 이 항목을 급히 끼워 넣으면서 의회가 당연히 승인해 줄 것이라 생각했다. 하지만 그건 큰 착각이었다.

카터가 서둘러 일을 추진할 수밖에 없었던 건 국방장관의 평균 재임 기간이 3년도 되지 않는다는 걸 알았기 때문이었다. 그는 오바마 행정부 2기 임기가 2년도 채 남지 않은 시점에 지명된 터라 국방장관으로서 일할 수 있는 시간이 1년 338일뿐이었다. 그마저도 하루하루 시간이 너무 쏜살같이 흘러가서, 카터는 때때로 정신이 아찔할 정도의 속도로 일을 밀어붙였다.

그렇다 보니 유닛 X의 예산 문제도 정식 절차를 거쳐 승인받지 못한 채 추진한 것이다. 게다가 국방부를 감독하는 의회 위원회에도 유닛 X 2.0의 새로운 임무와 자원에 대해 사전 보고조차 하지 못했다. 그래서 국방부의 예산 책임자는 유닛 X 2.0이 출범하기 전에 예산을 확보하기 위해 사실상 의회의 승인을 피하는 일종의 '회계상의 눈속임'에 가까운 방식을 택할 수밖에 없었다.

"이건 매코드가 처음 예산을 짤 때부터 시작된 일이었어." 크리스가 말했다. 마이클 매코드Michael McCord는 당시 국방부의 예산 책임자였다. "매코드는 어떻게든 일을 잘 해보려 했던 거고, 우린 지금 그 대가를 치르고 있는 거지."

모든 일의 발단은 우리가 유닛 X의 리더로 공식 발표되기 전 매코드의 사무실에서부터 비롯됐다. 당시 라지는 며칠간의 광속 회의 일정을 소화하기 위해 시내에 와 있었고, 카터는 실리콘밸리에 퍼져 있던(그리고 실제로 사실이었던) '유닛 X 1.0은 계약을 성사시킬 능력이 없다'는 인식을 불식시켜야 한다는 데 동의하고 있었다. 그래서 나온 아이디어가 바로 우리가 통제할 수 있는 예산을 먼저 투입해 마중물 역할을 하게 하고, 이를 토대로 군의 다른 부처에서 더 큰 규모의 예산이 유입되게 하자는 것이었다. 유닛 X 1.0은 사실상 뼈대만 있는 조직이었다. 책임자를 포함해서 총 8명의 인원과 타 부서에서 파견된 군인, 그리고 민간 인력 24명이 전부였다. 국방장관실 식당에서 일하는 직원이 더 많았을 정도였다. 카터는 유닛 X의 실질적인 역량을 키우기 위해 기술 전문가와 군 부처별 연락장교를 더 많이 확보하자는 제안에도 동의했다. 우리가 유닛 X를 떠날 무렵에는 조직의 규모가 100명이 넘는 수준으로 성장해 있었다. 하지만 초기에는 카터가 유닛 X 2.0에 자원을 투입하겠다고 동의했음에도 그 계획이 생각만큼 빠르게 진행되지 않았다.

크리스는 마이클 매코드와 매일 아침 7시 30분 정각에 열리는 국방부 고위간부 회의에서 그의 세 자리 건너편에 앉아 업무를 공유하던 사이였다. 두 사람은 나이 차가 있었지만 둘 다 오하이오주 콜럼버스 출신이며 지구력 스포츠를 즐긴다는 공통점도 있었다. 크리스는 러닝 마니아였고, 매코드는 예산 책임자로 일하면서도 철인 3종 경기를 완주할 정도로 체력이 대단한 사람이었다.

유닛 X 2.0의 공식 출범 전까지 예산 문제를 해결하기 위해, 크리스는 매코드에게 라지와 함께하는 면담 자리를 요청했다. 화요일 아침 두 사람은 매코드의 위풍당당한 E - 링 사무실 소파에 앉아 있었다. 창밖으로는 펜타곤의 헬기장 방향 북쪽 전경이 내려다보였고 그 너머로 알링턴 국립묘지가 보였다. 크리스가 입을 열었다.

"매코드, 장관님은 우리가 실리콘밸리 현장에서 곧바로 신뢰를 보여줄 수 있도록 초기 활동 자금이 필요하다고 하십니다. 팀도 더 키워야 하고

요. 지금은 예산 사이클에서 한참 벗어나 있다는 건 아는데, 공식 출범 발표까지 3주밖에 안 남은 상황에서 어떻게 접근하는 게 가장 좋을까요?"

매코드는 유닛 X가 장관에게 얼마나 중요한 과제인지 잘 알고 있었다. 게다가 연간 8,000억 달러(약 1,080조 원) 규모의 국방예산을 관리하는 책임자로서 돈을 어디서 끌어올 수 있는지도 잘 알았다. 사실 이런 작은 규모의 예산 항목을 논의하기 위해 회의를 하는 건 그로서는 아마 처음일지도 몰랐다.

30초쯤 고민하던 매코드가 입을 열었다. "좋아, 아이디어가 하나 있어. 작년에 상원이 국방수권법 National Defense Authorization Act, NDAA*에 대규모 기술 펀드를 포함했거든." 국방수권법은 의회가 해마다 반드시 통과시켜야 하는 국방 관련 예산 법안을 말한다. "거기서 연구·개발 자금을 끌어올 수 있을 거야. 하지만 '재편성' 절차는 피해야 해." 1,500만 달러(약 203억 원) 이상을 계정 간에 옮기려면 의회의 길고 복잡한 승인을 받아야 하기 때문이다. "대신 이렇게 하지. 올해 회계연도 안에 1,400만 달러(약 189억 원), 그리고 10월에 새 회계연도가 시작되면 또 1,400만 달러를 줄 수 있어. 그러면 대략 3,000만 달러(약 405억 원) 정도는 확보할 수 있지. 그 이후는 정규 예산 절차에 따라 조율하면 될 거야."

우리는 안도의 한숨을 내쉬었다. 매코드는 우리가 가장 걱정하던 문제, 즉 첫날부터 계약을 체결할 수 있느냐 하는 문제를 해결해 준 셈이었다. "자, 이제 O&M 이야기로 넘어가지." 매코드가 말을 이었다. O&M은 인건비, 출장비, 시설 유지비 등을 포함하는 예산 항목을 말한다. "이곳 돌아가는 방식은 다 알잖아. 펜타곤에서 몇백만 달러쯤은 소파 밑만 뒤져도

---

* 미국 의회가 해마다 통과시키는 국방 관련 예산·정책 법안으로, 국방부의 예산 배정과 사업 추진의 법적 근거가 된다.

나와." 그는 우리가 앉아 있던 소파를 가리키며 농담처럼 말했다. "이렇게 하지. 10월까지 쓸 수 있게 O&M 예산으로 500만 달러(약 67억 5,000만 원)를 더 지원해 주겠네. 그리고 2017년 회계연도엔 1,500만 달러를 추가로 배정해 주지."

우리는 방금 사탕 가게에서 나온 아이들처럼 들뜬 표정으로 회의실 밖으로 나왔다. 매코드가 문을 닫자 크리스가 라지를 돌아보며 말했다. "봤지? 여기선 나만 믿으라고. 우린 뭐든 해낼 수 있다니까." 라지는 놀라움을 감추지 못했다. 그는 오랫동안 군인으로 복무하며 원칙과 규정에 익숙했던 사람이었다. 그런데 바로 조금 전, 말 몇 마디에 국방부의 최고 예산 책임자가 수천만 달러를 내주는 모습을 목격한 것이다. 라지가 몰던 F-16의 타이어 하나를 교체하는 데만도 복잡한 승인 절차와 끝없는 서류 작업이 필요했다. 그런데 매코드는 단 십여 분 만에 유닛 X 2.0의 연료 탱크를 단번에 채워준 게 아닌가? 이제 유닛 X 2.0이 3,000만 달러의 예산을 확보했다는 국방장관의 발표만 나면 실리콘밸리의 신뢰를 회복하는 건 시간문제였다.

하지만 우리는 이 일이 얼마나 큰 화를 불러올지는 꿈에도 몰랐다. 당시 예산을 좌우하던 실세들인 에벌린과 에드의 분노를 산 건 물론이고, 매코드가 손댄 기술 펀드를 직접 기획한 상원 보좌관들 역시 가만있지 않았다. 그들은 의회의 제동이 걸리지 않을 만큼만 예산을 살짝 빼 가라고 그 펀드를 애써 설계한 게 아니었다.

우리는 에벌린과 에드에게 호되게 당하고 다음 회계연도 예산을 뺏긴 채 우버를 타고 돌아가는 상황이었지만, 아직은 포기할 수 없었다. 예산을 쥔 건 의회였기 때문에 이번 일은 카터 장관조차 우리를 구해주지 못할 수도 있었다. 우리가 할 수 있는 최선은 매코드가 확보해 준 초기 자금을 이용해서 최대한 많은 스타트업과 빠르게 계약을 체결하는 것이었다. 그렇게 해서 군에 꼭 필요한 제품을 공급해 우리의 존재감을 증명해 보여야 했다. 그러면 에벌린과 에드도 결국 물러설 수밖에 없을 것이고, 우리의 다음 회계연도 예산도 돌려놓을 수밖에 없을 것이다. 우리는 그렇게 믿었다.

마운틴뷰로 돌아온 우리는 팀원들을 소집해 지금부터는 속도전에 돌입한다고 알렸다. 스텔스 모드나 유지하고 있을 때가 아니었다. 이제 본격적인 계약 성사 단계로 들어가야 했다. 우리가 처한 위기의 내막까지 자세히 설명하지는 않았지만, 팀원들에게 업체들과 기술 제안 미팅을 곧바로 잡으라고 지시했다. 팀원들은 우리가 얼마나 절박한 상황에 놓여 있는지 잘 알지 못했다. 어쨌든 그 시점에 우리 조직이 살아남을 수 있는 길은 빠르게 계약을 체결해서 군에 실질적인 도움을 제공하는 것뿐이었다.

법인카드 사용 문제와 옹졸한 의회 보좌관들과의 싸움은 시작에 불과했다. 모펫 필드에 처음 둥지를 튼 몇 주 동안은 쉽게 풀리는 일이 하나도 없었다. 국방부 산하 조직인 유닛 X가 본부와 수천 킬로미터 떨어진 곳에서 어떻게 운영될지를 누구도 제대로 진지하게 고민해 본 적이 없었기 때문이다. 우리는 당장 웹사이트도, 이메일 계정도 없었다.

국방부의 다양한 장비와 물자를 담당하는 4,000명 규모의 행정 지원부서인 워싱턴 본부 서비스는 본부에서 사용하는 이메일 시스템을 우리에게 연결해 줄 방법조차 찾지 못하고 있었다. 하지만 그건 오히려 잘된 일이었다. 우리는 그 시스템에 묶이고 싶지 않았다.

국방장관실의 이메일 시스템은 오류나 보안 사고가 하도 자주 터져서, "우리가 전쟁에서 진다면 아마 서로 이메일을 주고받지 못해서일 거다"라는 우스갯소리까지 돌 정도였다. 적은 따로 있지 않았다. 문제는 우리 자신이었다. 이 시스템이 얼마나 엉망이었냐면, 국방고등연구계획국 시절 인터넷을 공동 개발한 빈트 서프Vint Cerf가 크리스와 일할 때 서프가 보낸 이메일이 반송돼 돌아온 적도 있었다. 인터넷을 만든 사람의 메일조차 전달하지 못하는 시스템이라면 그건 정말 심각한 문제다.

그래서 우리는 생각했다. 그냥 구글의 지메일을 쓰면 되지 않을까? 실리콘밸리의 모든 스타트업은 이미 오래전부터 구글, 마이크로소프트, 아마존 같은 전문 기업들에 네트워크 운영을 맡기는 것이 훨씬 저렴하고 안전하다는 사실을 알고 있었다.

우리가 국방장관실의 서버 대신 현대적 기업의 이메일 시스템을 택했다는 건 직원들에게 출근 첫날부터 애플 노트북과 아이패드를 지급할 수 있다는 뜻이기도 했다. 당시 국방부 직원 대부분은 벽돌 두께만 한 델Dell의 정부용 노트북을 써야 했다. 국방부에서 일하는 우리 동료들은 공직 생활 내내 본인들도 질색하는 IT 시스템에 발이 꽁꽁 묶여 있었다. 그들이 쓰는 노트북이나 그 안에 깔린 프로그램, 이메일과 보안에 특화된 구형 스마트폰인 '블랙베리'까지 모두 하나같이 불편했다. 우리는 '꼭 같은 방식을 고집할 필요는 없다. 더 나은 방식도 있다'는 걸 보여주고 싶었다.

실리콘밸리의 신기술을 정부와 군대로 연결하다

이제 계약서에 서명하고 미션을 완수해 유닛 X를 지켜내야 할 때였다. 우리에겐 매코드가 마련해 준 예산이 있었고, 이메일 시스템도 잘 작동했다. 국방장관에게 직접 보고하는 체계도 갖춰져 있었다. 유닛 X 2.0이 출범한 지 한 달쯤 지나자 상황은 점차 나아지는 듯 보였다. 하지만 한 가지, 우리에겐 실리콘밸리의 속도로 기술을 구매할 방법이 없었다.

유닛 X 2.0은 벤처캐피털 펀드처럼 운용되도록 설계돼 있었다. AI와 자율 시스템, 인간 시스템human system,* 정보기술 그리고 우주까지, 이 다섯 개의 핵심 영역에 대해 각 전담 팀을 두고 유망 기술에 과감히 투자하는 방식으로 움직였다. 이 팀들은 임무 수행 방식을 개선하고자 하는 군부대들을 직접 만나고, 그 문제를 해결해 줄 수 있는 스타트업들을 탐색하고, 임무와 기술이 가장 잘 맞아떨어지는 조합을 선별한 뒤, 매주 열리는 '거래 제안 미팅'에서 그 조합들을 제안하는 일을 했다. 그리고 그 자리에서 우리는 가장 적절한 조합을 찾아 어떤 프로젝트를 밀고 갈지, 어떤 프로젝트를 접을지 결정했다. 우리가 추진하고 싶은 프로젝트는 점점 많아지고 있었다. 하지만 유닛 X 1.0의 발목을 잡았던 치명적인 문제가 우리 앞에도 똑같이 나타났다. 계약을 진행할 때마다 걸림돌이 되는 낡고 비효율적인 정부의 조달 절차가 바로 그것이었다.

알고 보니 실리콘밸리의 기술을 전장에 투입하려면 먼저 그 기술을 들여오기 위한 전쟁부터 치러야 했다. 우리가 부딪힌 첫 번째 벽은 펜타곤 자체였다. 실리콘밸리의 속도로 예산을 집행하는 걸 원천적으로 가로막고 있는 구시대적인 국방부의 조달 절차 말이다. 실리콘밸리에선 계약이 며칠 만에 끝난다. 하지만 국방부의 계약 절차는 보통 18~24개월이나 걸린다. 다음 투자 유치 전까지 수익을 내야 하는 스타트업 CEO 입장에선 지구가 태양을 두 바퀴나 도는 시간을 기다릴 여유가 없다. 우리에겐 완

---

* 웨어러블 센서, 병사의 생체 신호 모니터링, 전투 피로도 관리, 인간·기계 인터페이스(HMI) 등 병력과 기술 간의 상호작용을 다루는 분야로, 병사의 전투 효율성과 생존율을 높이기 위한 기술들을 포괄한다.

전히 새로운 방식이 필요했다.

그때 우리 팀원 한 명이 기발한 방법을 알아냈다. 계약 절차를 한 달 남짓, 어쩌면 그보다도 더 빠르게 진행할 방법을 찾은 것이다. 이 방법을 쓰면 한 번 구매한 제품을 최대 수천 개까지도 추가로 구매할 수 있었고, 복잡한 재협상도 필요 없었다.

스물아홉 살의 계약 담당자였던 로런 데일리는 유닛 X가 출범할 때 워싱턴을 떠나 유닛 X에 합류했다. 전차 승무원이었던 군인 아버지 밑에서 자란 그녀는 자기 나름의 방식으로 국가에 봉사하고자 국방부에서 일을 하게 됐다.

첫 회의에서 로런은 라지에게 이렇게 말했다. 국방부의 각종 조달 규정과 지침을 살펴보던 중 최근 의회를 통과한 법안에서 허점 하나를 발견한 것 같다고. 그 조항을 활용하면 몇 달씩 걸리던 계약을 몇 주 만에 체결할 수 있을 뿐 아니라 시범 사업을 곧바로 정식 계약으로 전환할 수 있다는 것이었다.

"아니, 그러면 왜 지금껏 아무도 그런 생각을 못 했던 거야?" 라지가 물었다.

그녀는 어깨를 으쓱였다. "아마… 안 찾아봐서겠죠?"

사실 그 말의 의미는 이랬다. 누구도 자기 시간을 들여 수천 쪽에 달하는 새 법안을 꼼꼼히 읽어보지 않았다는 것이다.

"합법이긴 한 거야?" 라지가 다시 물었다.

"아마도요?" 그녀가 웃으며 대답했다.

라지는 좋은 예감이 들었다. '이 친구, 마음에 드는데.'

"그럼, 이거 어떻게 하면 되는 건지 정리해서 알려줘." 라지가 말했다.

"이미 다 해놨어요." 그녀가 말했다.

그러고는 20쪽짜리 보고서를 건넸다. 라지는 확신이 들었다. 그녀와는 앞으로 합이 잘 맞을 것 같았다. 로런은 국방부 소속 직원이었지만 사고 방식은 실리콘밸리의 '그로스 해커growth hacker'들, 즉 적은 자원으로 빠른 성장을 이끄는 전략가들과 다를 바 없었다. 로런이 찾아낸 이 묘수는 과거의 실패를 극복하고 유닛 X 2.0이 앞으로 나아갈 수 있게 해줄 뿐 아니라, 국방부의 기술 구매 방식을 근본적으로 바꾸는 전환점이 될 수도 있었다.

로런은 2015년 10월 모펫 필드로 왔다. 당시 유닛 X의 사무실에서는 여섯 명의 직원이 접이식 테이블에서 일하며 핫스폿으로 인터넷을 연결해서 쓰고 있었다. "유닛 X에 온 걸 환영합니다." 팀원 중 한 명이 말했다. "당신이 일곱 번째 직원이에요. 오늘 회의의 주제는 '인터넷을 어떻게 설치할 것인가' 그리고 '여기에 사람을 어떻게 더 데려올 것인가'랍니다."

로런은 그 시절을 이렇게 회상한다. "그때는 우리의 임무가 뭔지도 잘 몰랐어요. 우리가 직접 물건을 구매하는 '고객'인 건지, 군 내부의 고객과 스타트업을 연결해 주는 '중개자'인 건지, 당시엔 우리의 역할이 명확하지 않았어요. 그냥 스타트업들을 만나서 문제를 안고 있는 군인들과 연결만 해주면 마법처럼 일이 착착 풀릴 거라고 막연히 기대했던 것 같아요." 하지만 현실은 달랐다. 그런 마법은 일어나지 않았다. "스타트업과 군인 고객이 대화를 나누긴 하는데, 그걸로 끝이었죠. 시제품을 시험해 보거나 기술을 직접 확인해 볼 방법이 없었으니까요."

실리콘밸리에서는 악수 한 번이면 계약이 성사된다. 서류도 빠르게 오간다. 전자 서명만 몇 번 거치면 계약은 끝난다. 하지만 정부 계약은 다르다. 시작부터 '계약 권한자'가 있어야 한다. 이 사람만이 미 연방정부를 대신해 법적 책임을 질 수 있다. 미국 대통령도 계약서에 마음대로 서명할 수 없다. 이 권한은 오직 그들에게만 있다. 문제는 유닛 X에 그런 계약 권한자가 단 한 명도 없었다는 것이다. 처음 우리와 협력하던 군부대들도 마찬가지였다. 이들은 상급 본부에 계약을 처리해 달라고 요청해야 했고, 그 본부는 다시 해당 부서의 계약 절차에 따라 순번을 기다려야 했다. 또 다른 문제는 계약 권한자들이 기본적으로 '연방조달규정Federal Acquisition Regulations, FAR'에 따라 움직인다는 것이었다. 여기에 '연방조달규정 국방 보충 규정DFAR'까지 합치면 전체 분량은 1,300쪽이 넘는다. 마치 성경을 보는 듯하다. 게다가 조달 규정 안에는 서로 상충하는 조항들이 많아서 이를 해석하기 위해 지난 수십 년에 걸쳐 다양한 학파들이 생겨났을 정도다. 아무리 노련한 계약 권한자라 해도 연방조달규정에 따른 계약은 협상에만 12~18개월, 길면 그 이상 걸릴 수 있었다.

그리고 진짜 문제는 따로 있었다. 펜타곤의 기술 구매 방식과 실리콘밸리 기업가들의 사고방식 사이에는 근본적인 차이가 존재했다. 로런은 이렇게 설명했다. "국방부는 항공모함, 미사일, 전차처럼 대형 무기를 구매하는 데 익숙해요. 이런 경우 단일 구매자로서 시장에서 주도권을 쥐게 되죠." 이런 상황을 경제학에서는 '수요 독점monopoly'이리고 말한다. 구매자가 시장의 룰을 정하는 구조다. 공급 독점과 마찬가지로 이런 구조에선 자유시장 원리가 작동하지 않는다. 국방 분야에선 그런 방식이 통했지만 기술 시장은 얘기가 다르다. 실리콘밸리를 보자. 이들은 25조 달러(약 3경 3,750조 원) 규모의 글로벌 기술 시장을 상대로 경쟁하고 있다. 국방부의 2,000억 달러(약 270조 원) 예산쯤은 그들의 눈에 들어오지도 않는다. 그것도 그다지 매력 없는 조건일 뿐이다.

연방조달규정을 기반으로 한 계약은 협상에 엄청난 시간이 걸릴 뿐 아니라, 소규모 기업들이 감당하기 힘든 의무 사항들을 부과한다. 국방부의 계약 방식은 민간 기업들과 너무 동떨어져 있어서 국방부의 계약을 따내려면 회계·감사·규정 시스템을 따로 만들어야 할 정도다. 대부분의 기업 입장에서는 그런 번거로움을 감수할 가치가 없다.

국방부 예산을 총괄하는 국방부 재무 차관실에는 1,000명이 넘는 인원이 근무한다. 이 재정 관리 체계에는 국방계약감사국Defense Contract Audit Agency, DCAA과 국방재무회계국Defense Finance and Accounting Service, DFAS이라는 기관도 포함된다. 국방재무회계국에는 무려 1만 1,000명의 직원이 있고, 국방계약감사국은 전 세계 230여 개 사무소에 3,500명의 인력을 두고 있다.

이처럼 펜타곤은 일종의 '감시 인력 군단'을 만들어 두고 항공모함 같은 대형 무기 구매 비용을 정밀하게 통제하고 있다. 방위산업은 구매자도 하나, 판매자도 하나인 경우가 많기 때문이다. 세금을 낭비하지 않으려면 세부 회계와 강도 높은 감사가 필수다(400달러짜리 망치, 600달러짜리 변기 뚜껑 사건을 떠올려 보라*). 이 시스템은 스텔스 폭격기나 핵잠수함처럼 초대형 무기를 살 때는 잘 들어맞는다. 하지만 스타트업 기술 구매에 적용하기에는 재앙에 가깝다. 로런은 이렇게 말했다. "실리콘밸리의 상황은 완전히 달라요. 국방부의 계약 방식과 문화는 지금의 기술 시장과는 전혀 맞지 않죠. 국방부가 더 나은 고객이 되려면 기존의 패러다임을 완전히 바꿀 필요가 있어요."

유닛 X 1.0은 이 문제를 어떻게 해결해야 할지 감을 잡지 못했다. 처음엔 그저 문제를 관찰하고 분석하는 수준에만 머물렀다. "실리콘밸리에서는 어떻게 거래를 맺는지 연구나 해보자." 그게 그들의 생각이었다. 하지

---

* 1983년 미 공군이 항공기에 사용되는 특수 망치와 변기 뚜껑 등을 비정상적으로 비싸게 구매한 이력이 공개되면서 정부가 세금을 낭비한다는 국민적 비판을 받은 사건이다. ― 편집자 주

만 로런은 곧바로 알았다. 연방조달규정은 버려야 한다는 걸. 실리콘밸리에선 절대 통하지 않을 방식이었기 때문이다. 그 대신 눈여겨볼 만한 방법이 하나 있었다. '기타거래권한Other Transactions Authority, OTA'이라는 잘 알려지지 않은 제도였다. 이 제도는 원래 우주 개발 시절 NASA가 소규모 공급업체에서 부품을 사기 위해 만들어졌고, 현재도 국방고등연구계획국을 비롯한 몇몇 부서에서 제한적으로 사용되고 있었다. 경직된 연방조달규정 대신 기타거래권한을 쓰면 계약 권한자와 법무 팀 모두가 익숙한 관행을 내려놓고 다른 방식을 시도할 여지가 생긴다.

하지만 기타거래권한은 실리콘밸리에서 이미 평판이 나빴다. 그중에서도 '컨소시엄 모델'이라는 형태는 특히 문제가 많았다. 이 모델은 국방부 산하 연구소나 기관이 여러 기업으로 구성된 컨소시엄과 계약을 맺고 그 컨소시엄이 기술을 모아서 제안하는 방식으로 진행되는데, 스타트업 입장에선 그 방식 자체가 문제였다. 자사의 핵심 기술이나 가격 구조가 경쟁사에 그대로 노출되는 구조였기 때문이다. 기술력이 생명인 스타트업 입장에선 절대 받아들일 수 없는 방식이었다.

기타거래권한에는 또 다른 문제도 있었다. 이 제도는 어디까지나 시범 사업에만 적용할 수 있었고, 군 전체에 확대 적용하는 본 계약에는 사용할 수 없었다. 시범 사업이 성공하면 다시 연방조달규정에 따라 새로운 입찰 절차를 밟아야 했고 이 과정에서 다른 경쟁사가 더 낮은 가격이나 로비력으로 계약을 따내는 일도 허다했다. 즉 기술력 검증에 성공해도 12~18개월짜리 입찰 경쟁을 처음부터 다시 시작해야 했다.

유닛 X는 이 악순환을 벗어나야 했다. 하지만 국방부의 조달 방식은 그때까지 바뀐 적이 거의 없었다. 이에 관한 공식 보고서의 제목조차 〈국방조달 개혁, 1960~2009 : 끝내 이루지 못한 목표〉일 정도로 암담한 수준이었다. 전환점은 로런이 2016년 국방수권법을 읽던 중 찾아왔다. 국방수권법이 통과되는 11월은 조달 전문가들에게 일종의 크리스마스 같은 시기였다. 최종 통과된 법안에는 언제나 새로운 권한이 어딘가에 조용히 숨겨져 있었기 때문이다. 로런은 법안의 깊숙한 곳, 제815조에서 눈을 의심할 만한 구절을 발견했다. 자신이 제대로 이해한 것이 맞는지 확인하기 위해 몇 번을 다시 읽어야 했다. 그 조항의 핵심은 이랬다. '기타거래권한으로 성공한 시범 사범은 추가 경쟁 입찰 없이 곧바로 본 계약으로 전환할 수 있다.' 이건 국방 계약 제도의 '독립선언'과도 같았다. 군 현장에서 기술의 효과가 입증되면, 즉 시범 사업만 성공하면 국방부 전체를 대상으로 즉시 제품을 판매할 수 있게 된 것이다.

이 새로운 조항을 법안에 넣은 사람은 빌 그린월트Bill Greenwalt라는 상원 보좌관이다. 그는 수년간 국방부의 조달 시스템을 혁신하기 위해 싸워온 인물이었다. 물론 제약은 있었다. 이 권한은 계약 금액이 2억 5,000만 달러(약 3,375억 원) 이하일 때만 사용할 수 있었고, 이를 초과하려면 국방획득 차관이 '안보상 필수 계약'임을 서면으로 보장해야 했다. 그린월트는 누군가가 이 조항을 발견해 실제로 활용해 주기를 바라고 있었다. 그리고 그 역할을 해낸 사람이 바로 로런 데일리였다.

그녀는 곧바로 새로운 형태의 기타거래권한을 구상하기 시작했다. 그녀는 이 방식을 '민간 기술 신속획득사업Commercial Solutions Opening, CSO'이라고 이름을 붙였다. 이 방식을 도입하면 유닛 X는 스타트업과 직접 계약을 맺고, 시범 사업이 성공하면 곧바로 대량 구매 계약으로 전환할 수 있었다. 더 놀라운 기능도 있었다. 국방수권법 제815조에 따르면 이미 체결된 본 계약을 바탕으로 다른 부처나 기관도 추가 구매를 할 수 있었다. 예를 들어 드론 시범 사업이 성공하면 육군이 드론을 1만 대든 10만 대든

더 사들일 수 있었다. 그것도 유닛 X가 기존에 공급업체와 맺은 본 계약을 그대로 활용해서 말이다. 이제 스타트업의 기술이 진입 장벽 없이 국방부 전체에 직접 공급되는 새로운 통로가 열린 셈이었다. 빌 그린월트가 남긴 선물을 발판 삼아, 로런이 '죽음의 계곡'을 뛰어넘는 방법을 찾아낸 것이다.

문제는 이 아이디어가 아직 로런의 머릿속에만 있었다는 점이었다. 그녀가 쓴 20쪽짜리 보고서는 국방 조달 혁명을 위한 설계도였고, 우리는 당장 이 혁명을 실행에 옮길 방법을 찾아야 했다.

크리스는 곧바로 워싱턴으로 날아갔다. 이 획기적인 정책 변화를 승인받기 위해 반드시 만나야 할 국방부의 핵심 인사들과 일일이 일정을 잡았다. 그와 로런이 처음 만난 인물은 국방부의 조달 정책 책임자인 클레어 그레이디Claire Grady였다. 그레이디는 해안경비대 조달 부서에서 경력을 쌓으며 실무 감각을 익힌 베테랑인 동시에, 성격은 따뜻하고 친근한 사람이었다.

로런은 이미 그레이디의 조직 안에 든든한 아군을 두고 있었다. 국방부의 선임 조달 분석관인 빅터 딜Victor Deal은 빌 그린월트처럼 국방부가 스타트업과 더 잘 협업할 수 있도록 제도 개선에 힘써온 사람이었다. 공군사관학교 출신에 MBA까지 마친 그는 새로운 국방수권법이 통과된 이후 줄곧 로런과 연락을 주고받아 왔다. 그도 로런처럼 법안에 담긴 새 권한을 눈여겨봐 왔고, 그레이디에게 이 아이디어를 미리 전달해 논의가 잘 풀릴 수 있도록 기름칠을 해둔 상태였다. 크리스 역시 이미 카터 장관에게 로런의 구상을 설명해 동의를 얻었고, 장관은 이를 정책으로 바로 추진하길 바란다는 뜻을 분명히 전해둔 상태였다.

로런은 그레이디를 만나러 펜타곤 3층에 있는 그녀의 사무실로 들어섰다. 로런이 그레이디를 가까이서 본 건 그때가 처음이었다. 전에는 국방부 조달 정상회의의 무대에 서 있는 모습을 멀리서 본 게 전부였다. 그레이디는 사실상 로런의 '보스의, 보스의, 보스의, 보스'였다. 그런데 이제 그레이디는 로런과 마주 앉아 로런이 준비한 보고서를 꼼꼼히 읽고 표시까지 해두고 있었다. 그날 회의는 전적으로 로런이 주도했다. 참석자들은 모두 고개를 끄덕였고 그레이디도 로런의 아이디어를 흔쾌히 받아들였다. 이제 남은 과제는 법무 팀의 승인 절차였다.

우리가 다음으로 만난 사람은 국방부의 최고 조달 법률자문관인 수전 랩스Susan Raps였다. 수전은 이미 크리스와 밤낮없이 전화 통화를 주고받으며 국방장관의 유닛 X 개편 프로젝트를 위한 수많은 문서와 연설문, 메모, 조직안 등을 함께 검토해 온 사이였다. 몇 가지 수정 사항을 제안한 뒤, 수전은 최종적으로 승인 의사를 밝혔다. 하지만 크리스는 어떤 일이든 운에 맡기는 성격이 아니었다. 그는 100여 쪽이 넘는 초안 문서를 직접 들고 수전을 찾아가 설명했고, 그녀의 전폭적인 지지를 얻어냈다. 바티칸 시스티나 성당에 교황 선출을 알리는 하얀 연기가 피어오른 것과 다름없는 상황이었다. 관련된 모든 부서에서 최종 승인이 났기 때문이다. 우리는 이 첫 번째 큰 성과를 국방장관에게 곧바로 보고했다.

이런 속도는 펜타곤 E - 링의 역사상 전무후무한 일이었다. 유닛 X는 불과 2주 만에 지난 70년간 유지돼 온 기타거래권한의 계약 구조를 뒤엎고 완전히 새로운 기술 구매 방식을 만들어 냈다. 우리는 국방부의 새 지침을 작성하는 작업에 직접 참여해 우리의 목적에 맞게 지침을 설계했다. 국방장관이 "당장 시행하라"고 지시한 덕분에, 원래라면 수년이 걸렸을 일을 몇 주 만에 끝낼 수 있었다.

로런이 작성한 보고서는 새로운 계약 방식을 실행하기 위한 실무 지침

서로 탈바꿈했다. 유닛 X의 로고를 붙여 이를 웹사이트에 올리자 전 세계에 있는 국방부 조달 담당 부서들에서 파일을 내려받기 시작했다. 두 달 뒤 국방부는 이 실무 지침서를 공식 정책 문서로 격상했고, 표지의 유닛 X 로고를 국방부 문장으로 교체했다. 2004년 이후 처음으로 기타거래권한 관련 지침이 업데이트된 것이다.

이제 우리에게 필요한 건 이 새로운 도구를 실제로 사용할 계약 권한자였다. 이 도구란 앞서 언급했듯이 로런이 '민간 기술 신속획득사업'이라 이름을 붙인 계약 방식이었다. 우리는 뉴저지의 무기 개발 및 조달 전문 부대인 피카티니 병기창에서 일하는 육군 소속 민간 계약 팀에서 첫 자원자를 찾을 수 있었다. 폴 밀렌코비치Paul Milenkowic가 이끄는 이 팀은 연방 조달규정의 틀 밖에서 일하는 데 능숙했고 기타거래권한 계약을 전문으로 다뤄왔다. 이 팀의 법무 담당관인 데니즈 스콧Denise Scott은 밝고 적극적인 인물로, 민간 기술 신속획득사업 방식의 첫 계약을 기꺼이 맡아주기로 했다. 물론 이는 가벼운 책임이 아니었다. 만약 문제가 생기면 피카티니가 법적 책임을 떠안아야 했기 때문이다. 우리는 카터 장관에게 직접 육군 조달 책임자와 피카티니 병기창장을 설득해 달라고 요청했다. 장관은 이후 피카티니를 방문해 그들을 격려했고, 군 전통에 따라 장관 직인이 새겨진 묵직한 기념 코인을 팀원 모두에게 수여했다.

그 뒤로는 모든 일이 착착 진행됐다. 피카티니의 계약 담당자들은 순번을 정해 돌아가며 뉴저지에서 마운틴뷰로 날아와 계약서에 직접 서명했다. 계약 진행 속도는 빨랐지만, 각 계약에는 수십 단계의 법적 절차가 포함돼 있어서 이를 정확하게 실행해야 했다. 이 모든 과정은 전적으로 팀워크가 만든 성과였다. 그중에서도 유닛 X의 성공을 이끈 헌신적인 팀원 중 한 사람은 최고운영책임자인 어니 바이오Ernie Bio였다. F-16 조종사 출신인 그는 라지와 함께 전장에 투입된 경험이 있었고, 이후 뉴욕대에서 MBA를 취득한 뒤 경영 컨설턴트이자 사이버 기술 전문가로 활동했다. 유닛 X의 초기 멤버이기도 했던 그는 이 프로젝트를 돕기 위해 캘리포니아로 이주하기까지 했다. 그가 임기 내내 조직이 매끄럽고 정확하게 운영될 수 있도록 조율해 준 덕분에 로런과 우리 팀은 놀라운 성과를 이어갈 수 있었다.

로런의 혁신적인 아이디어로 우리는 거의 즉시 계약을 체결할 수 있었다. 그 후 몇 년 동안 미군은 로런이 고안한 이 제도적 '해킹'을 활용해 700억 달러(약 94조 5,000억 원)에 달하는 기술을 구매했다. 로런은 하루아침에 조달 커뮤니티에서 '스타'로 떠올랐고, 나중에는 도널드 트럼프 대통령과의 면담 자리에도 초대받았다.

하지만 그 모든 일은 나중의 이야기다. 우리가 가장 시급히 해결해야 할 과제는 군에 필요한 기술을 실제로 전달하는 일이었다. 회계연도가 끝나는 10월 전까지, 더 정확히 예산이 끊기기 전까지 결과를 내지 못하면 우리 조직은 사라질지도 몰랐다.

3장

2차 세계대전에서 멈춰버린 미군의 현실

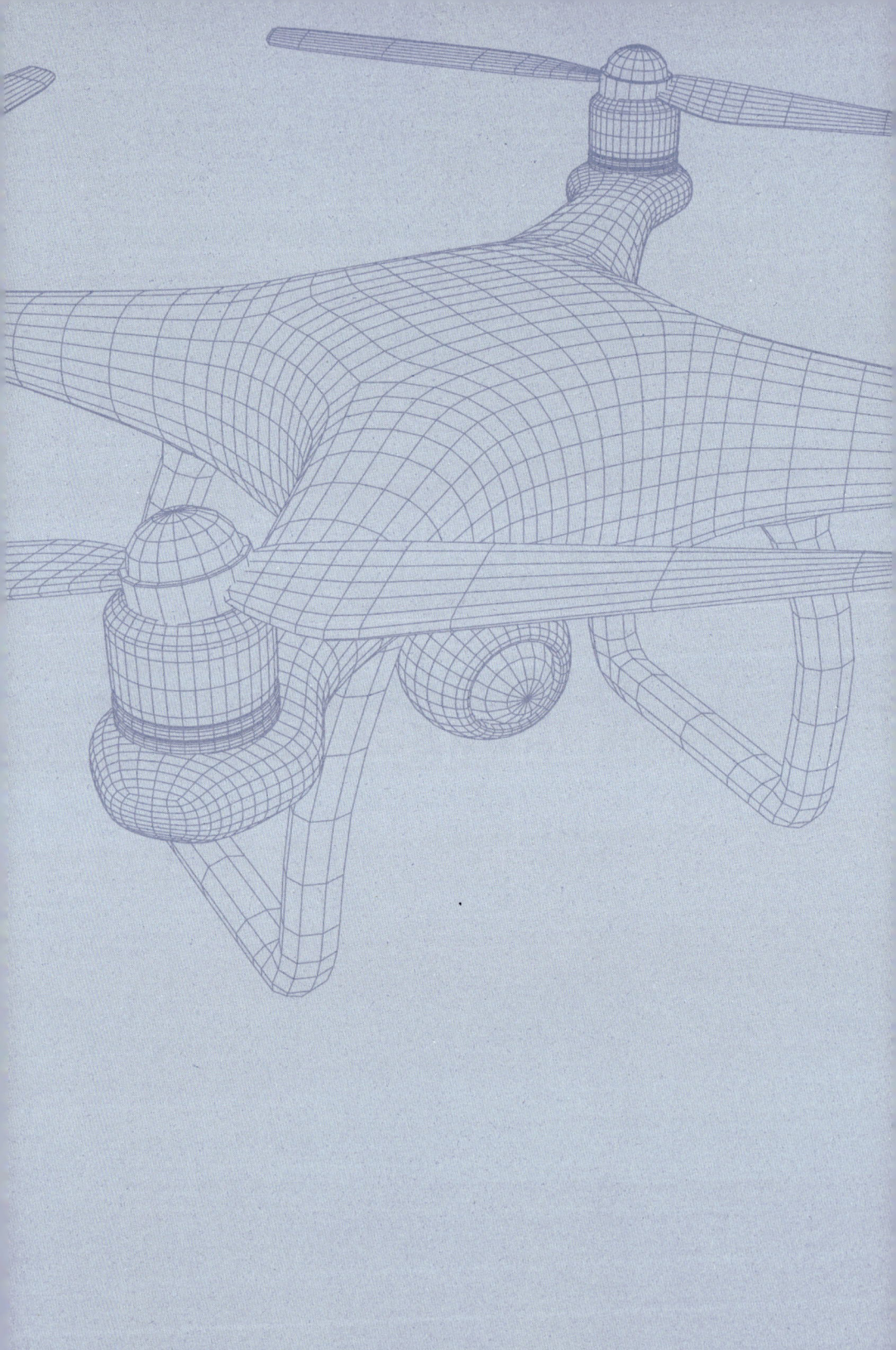

연합항공작전본부Combined Air Operations Center, CAOC는 중동 전역에서 벌어지는 미군의 모든 항공작전을 지휘하는 사령부다. 창문 하나 없이 밋밋한 외형의 이곳 건물은 카타르(페르시아만 쪽으로 뻗어 나온, 코네티컷주만 한 크기의 작은 반도 국가)의 수도 도하에서 서쪽으로 약 32킬로미터 떨어진 사막 지대, 알우데이드 공군기지 내에 자리 잡고 있다. 연합항공작전본부는 군용기 운용부터 미사일 발사에 이르기까지 공중에서 일어나는 모든 작전을 지휘한다. 그 범위는 북동 아프리카, 중동, 중앙 및 남아시아의 20개국에 이르며 면적으로는 미국 본토 48개 주를 합한 것보다 넓다. 이 시설은 2001년 9·11 테러 이후 아프가니스탄 내 미군 주둔 확대를 계기로 2002년 7월에 공사가 착공됐으며 2003년 2월에 완공됐다. 그로부터 한 달 뒤 미군은 사담 후세인을 축출하고 대량살상무기를 찾아내기 위해 '이라크 자유 작전Operation Iraqi Freedom'을 개시하며 이라크를 침공했다.

이처럼 중동 지역에 대규모 지휘통제 시설을 설치한 결정은 미군이 이 지역에 장기적으로 주둔할 것임을 뜻하는 신호였다. 동시에 카타르와의 외교 관계를 강화하겠다는 제스처이기도 했다. 연합항공작전본부는 운영을 시작한 지 20년이 지난 지금도 지중해에서 아프가니스탄의 카불에 이르는 광범위한 지역의 미군과 동맹국 공군 전력의 핵심 허브로 기능하고 있다.

2016년 10월 라지는 유닛 X에서 일한 지 다섯 달이 지난 시점이자 이라크와 시리아에서 ISIS 공습 작전이 한창일 때, 전 구글 회장 에릭 슈미트Eric Schmidt가 이끄는 자문단인 국방혁신위원회Defense Innovation Board의 일행과 함께 당시 비밀 기지였던 이곳을 방문했다. 실리콘밸리 최고의 기술 전문가들로 구성된 이 위원회는 전 세계 미군 기지를 돌며 장병들에게 어떤 기술이 필요한지 묻고 그 내용을 국방장관에게 보고하는 역할을 맡고 있었다. 국방혁신위원회와 유닛 X는 상호 보완적인 관계였다. 국방혁신위원회가 기술이 변화를 주도할 분야를 찾아냈다면, 유닛 X는 그에 대한 현실적인 해결책을 제공했다. 현장을 직접 찾는 방식은 실리콘밸리의 업무처리 방식에서 비롯된 것으로, 실리콘밸리에서는 제품 개발이 먼저가 아니라 '고객'이 먼저였다. 즉 먼저 고객의 문제를 찾아내고, 그 문제를 해결하는 방법을 거꾸로 찾아가는 방식이다.

연합항공작전본부의 내부는 언뜻 보기엔 꽤 인상적이었다. 2층 높이의 넓은 공간에 NASA의 우주비행 관제센터를 연상시키는 구조로 벽면에는 거대한 스크린들이 설치돼 있었고, 수백 명의 인원이 책상에 앉아 시리아, 이라크, 기타 분쟁지역의 상공을 비행 중인 전투기와 공중급유기, 드론, 공중조기경보통제기AWACS들을 추적하고 있었다. 하지만 자세히 들여다보니 이곳의 기술 수준은 생각보다 훨씬 뒤처져 있었다. 엄밀히 말하면, 처참할 정도로 낙후돼 있었다. 임시로 땜질하듯 유지되는 낡은 시스템 때문에 장병들은 임무를 수행하는 데 큰 어려움을 겪고 있었다. 기술은 일을 더 빠르게, 더 적은 자원으로 더 많이 처리하기 위한 것이다. 하지만 연합항공작전본부의 기술은 그 반대였다. 사람들을 방해하고, 일의 진행 속도를 늦추는 데다, 과장이 아니라 실제로 사람들의 목숨을 위태롭게 할 정도였다.

—

연합항공작전본부는 제2차 세계대전 당시 런던의 외곽 지하 벙커에 설치된 '컨트롤러 캐빈Controller's Cabin'의 현대식 디지털 버전이라 할 수 있다. 이 벙커는 벤틀리 프라이어리Bentley Priory*에 있던 전투사령부 본부와 구식 유선 전화망을 통해 연결돼 있었고, 당시 영국은 이곳에서 자국의 공군과 요격용 레이더 시스템을 지휘했다. 특히 '브리튼 전투' 기간 동안에는 이 캐빈에서 독일군 전투기를 요격하기 위한 일일 작전 계획이 수립되었다. 이곳은 방공포 진지, 방공 기구, 레이더 기지, 공중 감시 요원, 구조정, 전투기 편대 등 여러 군사 시스템을 통합 지휘하는 '신경 중추' 역할을 했다. 이 좁은 공간에서 영국 여성 보조공군부대Women's Auxiliary Air Force 요원들은 긴 막대로 커다란 구역 지도 위에 놓인 작전용 표식을 옮기며 적군 항공기와 이를 요격하러 출격한 아군 전투기의 위치를 실시간으로 표시했다. 색색의 전구는 지휘관이 현재 상황을 한눈에 파악할 수 있게 도왔다.

카타르의 연합항공작전본부는 이와 비슷한 임무를 수행했지만 훨씬 대규모로 지어진 시설이었다. 이 시설을 짓는 데 6,000만 달러(약 810억 원)가 투입됐고, 연계된 고속 회선과 광섬유케이블만 해도 총길이가 108킬로미터를 넘었다. 미 공군은 이 작전본부를 두고 '역사상 가장 첨단화

---

* 제2차 세계대전 당시 영국 공군 전투사령부의 본부가 있던 장소로, 런던 북서쪽 외곽에 자리한 저택이다.

된 작전 센터'라고 자부했다. 이라크 침공 이틀째 되는 날 연합항공작전본부는 연합군의 출격과 미사일 공격 1,700건을 이라크 목표물에 맞춰 조율했다. 시간당 71건에 달하는 대규모 공습이었다. 미국은 공중 영역에서 절대적인 우위를 점하고 있었다. 투입된 예산과 실질적 결과만 놓고 보면 연합항공작전본부는 분명히 성공적인 시스템이었다.

하지만 13년이 지난 2016년에도 연합항공작전본부는 여전히 같은 시스템으로 24시간 운용되고 있었고, 처리해야 할 작전 규모는 더욱 커져 있었다. 문제는 2003년 당시 최첨단이었던 기술들, 즉 평판 디스플레이가 이제 막 보급되고, 와이파이와 블루투스가 주목받기 시작하고, 윈도XP가 주요 운영체제였던 시기의 기술들이 이제는 완전히 낡아버렸다는 점이었다. 국방혁신위원회 일행은 마치 1990년대 전화 접속 모뎀과 AOL의 PC 통신을 사용하던 시대로 되돌아간 듯한 느낌을 받았다. 공군 요원들은 여전히 명령어를 일일이 입력해 시스템을 조작하고 있었고, 프로그램은 수십 년 된 미니컴퓨터와 메인프레임에서 돌아가고 있었다. 그 모습을 본 라지가 말했다. "여기선 소프트웨어 나이가 사람보다 많겠는걸요."

애쉬 카터 국방장관은 2016년에 국방혁신위원회를 출범시키며 에릭 슈미트와 위원들에게 국방부의 기술 역량을 평가하고 군을 현대화하여 미래 전쟁에 대비할 수 있도록 방안을 제시하라는 임무를 부여했다. 슈미트는 2008년 대선 초기부터 버락 오바마 대통령을 공개적으로 지지한 인물이기도 했다.

오바마 행정부는 워싱턴에 입성하면서 정부의 기술 활용 방식을 현대화하고 복잡한 문제를 해결하는 데 기술을 활용하겠다는 의지를 밝혔다. 하지만 그런 기술관료적 낙관론은 2013년 가을, 오바마의 건강보험개혁법Affordable Care Act의 공식 포털인 HealthCare.gov가 개설 첫날부터 다운되는 사태를 맞으며 급격히 빛이 바랬다. 이 웹사이트 오류를 해결하느라 허둥대는 모습은 기술에 밝은 행정부라는 이미지에 큰 타격을 입혔고, 훗날 유닛 X의 개편 과정에 큰 역할을 하게 되는 토드 박이 이 문제를 해결하기 위해 구조 작업에 나섰다. HealthCare.gov 개발에 처음 책정된 예산은 9,370만 달러(약 1,265억 원)였으나, 웹사이트 개설 1년 뒤 감사를 시행한 감사관실 보고서에 따르면 총비용은 17억 달러(약 2조 2,950억)에 달했다. 이는 정부의 소프트웨어 조달 방식에 심각한 문제가 있다는 뜻이었다.

이때 등장한 인물이 바로 에릭 슈미트였다. 그는 2011년 구글의 CEO 자리에서 물러나 구글 이사회 의장직을 맡으며 실리콘밸리와 워싱턴을 자유롭게 넘나들 수 있는 위치에 있었다. 그는 전쟁의 규칙을 바꿀 기술이 곧 등장할 것이며, 그것이 바로 AI라는 사실을 누구보다 잘 알았다. 구글은 창립 초기부터, 그리고 슈미트가 경영을 맡고 있는 동안 AI 연구에 막대한 자금과 인재를 투자해 왔다. 검색창 자동완성, 음성 검색과 명령, 스마트폰으로 비추기만 하면 화면상의 텍스트를 인식하고 실시간 번역해 주는 기능 등은 모두 수십 년간의 AI 연구 성과를 토대로 실용화를 이뤄낸 구글의 대표적인 사례들이었다. 구글은 자율주행 기술에서도 선두를 달렸고, AI 분야에 있어 세계 어떤 기관보다 앞서 있다는 평가를 받고 있었다.

2016년 슈미트는 국방혁신위원회의 첫 회의를 주재했을 당시, 향후 10년 안에 AI 기술이 사회에 어떤 충격과 경이로움을 안길지를 누구보다 잘 알고 있었다. 소프트웨어 엔지니어 출신인 그는 벨 연구소Bell Labs에서 프로그래머로 경력을 시작했다. 이 전설적인 연구소는 트랜지스터, 레이저, 광전지, 유닉스 운영체제, 그리고 C와 C++ 같은 프로그래밍 언어를 탄생시킨 곳이었다. 이후 그는 선 마이크로시스템스Sun Microsystems에서 소프트웨어 엔지니어링 책임자로 일하며 소프트웨어와 하드웨어 양쪽에 정통한 기술 전문가로 성장했다. 또 한때 강력한 네트워크 기업이었던 노벨Novell의 CEO로 재직할 당시에는 마이크로소프트와의 치열한 경쟁 속에서 냉혹한 비즈니스 세계의 실전 감각도 익혔다. 그러다 2001년 세르게이 브린Sergey Brin과 래리 페이지Larry Page의 영입 제안을 받아 구글에 합류하며 실리콘밸리의 주요 인물로 떠올랐다.

2016년 국방혁신위원회의 수장이 된 에릭 슈미트는 소프트웨어 엔지니어가 새로운 시스템을 설계하기 전 가장 먼저 해야 하는 일을 실행에 옮겼다. 바로 고객을 만나 그들이 겪고 있는 문제를 듣는 일이었다. 이번에는 그 중요도가 훨씬 높았다. 슈미트는 사람들의 생명을 보호하고, 국가안보를 강화하며, 중국과 같은 권위주의 정권에 맞서 민주주의를 지켜내고자 했다. 그런 그에게 중국의 기술 발전은 점점 더 큰 위기감을 안겨주고 있었다.

슈미트와 국방혁신위원회 위원들은 라지나 크리스, 에너지 넘치는 조시 마르쿠제Josh Marcuse 사무총장과 동행하며 1년 가까이 세계 곳곳의 미군 기지를 찾아다녔다. 그들은 방산업체가 개발하고 국방부가 구매한 무기 플랫폼의 최종 사용자들, 즉 현장에서 이를 실제 운용하는 육군과 해군, 공군, 해병대 병사들과 대화를 나누며 현장의 목소리를 들었다. 그렇게 수집한 의견을 바탕으로 권고안을 작성해 국방장관에게 전달했다. 그리고 특정 민간 기술이 군의 운영 방식을 획기적으로 바꿀 잠재력이 있다고 판단되면, 유닛 X가 그 기술을 실제로 구현할 수 있는 회사를 찾아 나섰다.

2016년 가을 어느 날 국방혁신위원회 일행이 알우데이드 공군기지의 연합항공작전본부를 둘러보던 중, 라지는 복도 모퉁이를 돌다가 한쪽 방을 힐끗 보고는 갑자기 멈춰 섰다. 그는 믿기지 않는다는 표정으로 슈미트에게 말했다. "말도 안 돼요. 저게 아직도 여기 있다니."

아날로그에 의존하는 최전방 전투 지휘실

브리튼 전투 당시 런던의 지하 벙커에서 긴 막대로 지도 위 표식을 옮기던 여성 보조공군부대 요원들을 기억하는가? 그런데 2016년, 세계에서 가장 규모가 크고 첨단화된 군대가 운영하는 연합항공작전본부에서도 그와 다를 바 없는 장면이 펼쳐지고 있었다. 이곳은 미국 본토만큼이나 넓은 지역에 걸쳐, 수십 개의 공군기지에서 출격하는 비행을 하루 수천 건 이상 조율하고 있었고 때로는 실전 상황에서 이 모든 작전을 수행했다. 그런데도 이곳에서는 두 명의 공군 병사가 화이트보드 앞에 서서 격자판 위로 자석 토큰을 움직이고 있었다. 토큰에는 전투기와 공중급유기의 이름이 적혀 있었다. 이들은 70년 전 2차 세계대전 당시 선배들이 사용하던 방식과 별 다를 바 없는 시스템으로 공중급유 일정을 짜고 있었다. 이들은 현대판 주판 같은 방식으로 수십 대의 급유기가 수백 대의 전투기와 공중에서 교차하며 급유할 수 있도록 아찔할 정도의 복잡한 계산을 손으로 직접 처리하고 있었다. 상황은 생각보다 훨씬 까다로웠다. 전투기마다 연료 연결장치가 달라서 특정 급유기와만 연결할 수 있었고 급유를 위한 속도와 고도, 편대 구성도 기종마다 달랐다. 다시 말해 미 공군은 아프가니스탄, 시리아, 이라크 상공에서 하루 평균 1,500건이 넘는 공중급유를 수행하면서도 이 모든 작전을 수작업에 의존하는 번거로운 방식으로 관리하고 있었다.

세계 유수의 항공사, 제조업체, 물류회사들은 이런 복잡한 물류 계산을 컴퓨터로 처리한다. 글로벌 물류회사인 UPS나 페덱스FedEx에서 화이트보드 위로 토큰을 옮기는 직원은 없다. 하지만 세계에서 가장 첨단화된 공군 조직인 연합항공작전본부의 병사는 그 일을 '손'으로 하고 있었다. 토큰을 옮기던 두 병사 옆에는 노트북을 들여다보며 엑셀 파일로 작업을 하는 병사 두 명이 있었다. 한 명이 자신의 컴퓨터 화면에 있는 숫자를 불러주면 다른 한 명은 자신의 노트북에 그 숫자를 입력했다. 말 그대로 그들은 컴퓨터 간에 데이터를 주고받을 수조차 없었다. 또 한 명은 그들 옆에서 그 숫자들을 한 번 더 확인했다. 이 작업을 총괄하는 병사는 '썸퍼Thumper', 노트북에 데이터를 입력하는 병사는 '곤커Gonker'라 불렸다. 그리고 그가 다루는 노트북은 '곤큘레이터Gonkulator'라 불렸는데, 이는 1960년대 미국 시트콤 〈호건의 영웅들Hogan's Heroes〉에 나오는 말로 쓸모없는 장비라는 뜻이었다. 이런 자조 섞인 농담은 이 시스템이 얼마나 형편없는지를 병사들 자신도 잘 알고 있다는 의미였다.

이 지역의 공군 작전을 지휘하며 연합항공작전본부의 운영을 총괄하던 제프리 '코브라' 해리기언Jeffrey 'Cobra' Harrigian도 그 사실을 누구보다 잘 알았다. 훗날 미 공군 유럽사령부의 사령관을 지내고 4성 장군으로 퇴역한 그는 이렇게 회상했다. "나도 현장을 직접 본 적이 있습니다. 그들이 어떤 장비로 일하고 있는지 보니 어이가 없더군요. 말이 안 된다고 생각했어요. 컴퓨터끼리 자동으로 처리해야 할 일을, 이들은 무려 14개나 되는 프로그램을 번갈아 쓰면서 수작업으로 처리하고 있었죠."

연합항공작전본부의 임무는 상상하기 어려울 만큼 방대했다. 2016년 라지가 방문한 미 공군은 아프가니스탄, 이라크, 시리아에서 2만 6,000회가 넘는 공격기 출격 임무를 수행했으며 하루 평균 70회가 넘는 작전을 펼쳤다. 이는 미 공군 역사상 가장 치열한 공습 작전으로, 작전이 최고조에 달했을 때는 이라크 북부 모술에 있는 ISIS 목표물을 8분마다 타격할 정도였다. 이 같은 작전을 유지하려면 연간 1만 8,000건 이상의 급유기 출격과 10만 건에 달하는 공중급유 작전이 필요했고 연간 공급된 항공유만 해도 2억 갤런이 넘었다. 이와 더불어 수만 건의 공중 수송 및 공중 투하 작전이 아프가니스탄, 이라크, 시리아에서 동시에 진행됐다. 게다가 이들은 추가로 17개국의 작전도 관리해야 했다.

"이 작전이 얼마나 복잡한지 사람들은 잘 모를 겁니다." 당시 4,900만 제곱킬로미터, 아시아 대륙 전체보다 더 넓은 지역에서 미국과 22개 동맹국의 항공작전을 지휘하던 해리기언 장군은 이렇게 회상했다. "우리는 지상에 있는 미 육군 병력과 특수작전 부대는 물론, 이라크군까지 모두 지원하고 있었습니다. 민간인과 여성, 아이들, 그 가족들을 보호하기 위해 우리가 할 수 있는 모든 일을 다 하고 있었죠. 그런데 우리가 처한 작전 환경은 굉장히 복잡해서 인간의 실수로 인한 잘못된 판단을 내릴 여지가 있었어요. 그게 제가 가장 걱정했던 부분이었죠. 우리 병사들이 사용하는 장비나 시스템이 오히려 그런 실수의 위험을 높이고 있었거든요. 그래서 나는 장비를 개선해서 위험을 줄이고 싶었습니다. 그래야 미국인뿐 아니라 우리가 지원하던 이라크군과 우호 병력도 지킬 수 있었으니까요."

이 공중급유 일정을 일일이 수작업으로 짜는 데는 전문 훈련을 받은 병사들이 매일 총 60시간을 투여해야 했다. 하지만 그마저도 완벽한 방식이 아니었다. 기상 악화, 기체 고장, 작전 중 전투기가 다른 목표나 임무로 재배치되는 등의 돌발상황이 생기면, 토큰과 화이트보드 계산 방식은 그 변화를 따라잡을 수 없었다. 그럴 때면 문제가 생긴 전투기 한 대에 연료를 공급하기 위해 예비 급유기를 긴급 출격시켜야 했다. 급유기 한 대는 보잉

767급 항공기만큼 크며 약 96톤에 달하는 연료를 싣고 다닌다. 이런 긴급 출격은 회당 25만 달러(약 3억 원)가 들었지만, 지상군에 24시간 공중 지원을 제공하기 위해 하루 세 차례 이뤄졌다. 결국 수작업에 의존한 급유 계산 방식은 매주 500만 달러(약 68억 원) 이상을 허공에 날리는 셈이었다.

그보다 더 심각한 문제는 이 비효율적인 시스템이 미국 특수부대와 그들이 함께 작전 중인 동맹 민병대 그리고 그 교전 사이에 끼어 있는 수많은 민간인의 생명을 위태롭게 하고 있다는 점이었다. 미군의 공습 대상은 이라크에서 잔혹 행위를 일삼던 ISIS 대원들이었다. 그들은 이라크에서 학살을 자행했고, 포로에게 생화학무기를 사용했으며, 수천 명의 여성을 노예로 만들었다. 모술에서는 70만 명이 넘는 이라크 민간인이 사실상 도시 안에 인질로 잡혀 있었다. 우리의 전투기와 드론은 하루 24시간 쉬지 않고 ISIS를 타격하고 있었다. 2014년에는 21세기 최악의 집단학살을 막아내기도 했다. 그때 구조된 소수 쿠르드계 종교 공동체인 야지디족Yazidis의 성인 남녀와 아이는 5만 명에 달했다. ISIS는 이들이 조로아스터교 이전의 종교를 믿는 '이단자'라며 학살 대상으로 삼았던 것이다.

이후 공습 작전으로 얼마나 많은 생명을 구할 수 있을지는 전투기의 화력이나 조종사의 실력도 중요했지만, 전장에서 수천 킬로미터 떨어진 카타르 공군기지의 창문 하나 없는 밀폐된 방에서 자석 토큰을 옮기던 열 명 남짓한 병사들의 역량 역시 그에 못지않게 중요했다.

복잡한 급유 계획을 수작업으로 계산하던 병사들은 기본적인 최적화 프로그램만 있어도 이 문제를 훨씬 더 간단하게 해결할 수 있다는 걸 알고 있었다. 그래서 누군가가 나서서 이 일을 해결해 주길 바라고 있었다. 하지만 실제로 이들이 싸워야 했던 대상은 적군이 아니라 시스템 문제 그 자체였다. 하지만 당장은 개선이 어려웠다. 연합항공작전본부가 당시 사용 중인 모든 애플리케이션과 시스템을 전면 교체하는 작업을 진행하고 있었기 때문이다. 이 프로젝트를 담당하던 곳은 알우데이드 공군기지에서 1만 킬로미터 떨어진, 시차도 8시간이나 나는 미국 매사추세츠주의 한스컴 공군기지였다. 군은 대개 이런 기술 프로젝트를 방산업체에 맡겼는데 이번에는 노스롭 그루먼이 그 일을 맡았다. 민간 기업이라면 훨씬 적은 예산으로 해결할 수 있는 프로젝트에, 군은 훨씬 더 많은 비용을 들이고 있었다. 게다가 방산업체에 맡긴 소프트웨어 프로젝트는 결과물이 부실한 데다 시간이 너무 오래 걸렸다. 연합항공작전본부는 2008년부터 이런 문제를 겪고 있었다.

노스롭 그루먼의 10년짜리 기술 개편 작업은 공군에서 25년간 복무한 뒤 정부 고위직으로 전직한 스티븐 워트Steven Wert가 총괄하고 있었다. 라지가 한스컴 기지를 방문했을 당시 이 프로젝트는 8년 차에 접어든 상태였고, 당초 계획보다 3년이나 늦어지고 있었다. 애초에 3억 7,400만 달러(약 5,049억 원)로 책정됐던 예산이 7억 4,500만 달러(약 1조 58억 원)까지 불어났지만 그에 상응하는 성과는 거의 없었다. 그런데도 공군은 의회에 6,500만 달러(약 878억 원)의 추가 예산을 요청하고 있었다.

유닛 X에서 근무하던 시절 우리는 이런 상황을 자주 맞닥뜨렸다. 단순한 문제였고 조금만 손보면 쉽게 해결될 일이었지만 군과 방산업체의 기술 개발 방식은 빠른 조치가 불가능하게 만들었다. 국방부는 실리콘밸리가 20년 전에 폐기한 '하향식top-down' 접근법을 여전히 고수하고 있었다. 즉 실제로 소프트웨어를 사용할 사람들에게 무엇이 필요한지 묻기보다는 몇몇 제품 관리자들이 어떤 기능이 들어가야 할지를 일방적으로 정했다. 게다가 사양을 정리하는 데만 1년 이상, 계약 업체를 선정하는 데 또 1년, 그리고 실제 개발과 테스트에 또 1년을 소비했다. 이런 식으로 수년에 걸쳐 완성한 소프트웨어는 정작 실제로 쓰일 시점이 되면 이미 '구식'이 돼버리는 경우가 다반사였다. 연합항공작전본부의 시스템 개편 프로젝트도 마찬가지였다. 요구사항은 한스컴 공군기지의 워트 팀이 정했고, 소프트웨어 코드는 구식 개발 방식을 고수하는 프로그래머들이 작성하고 있었다. 게다가 이들은 현장을 거의 방문하지 않았기 때문에 병사들이 실제로 어떻게 일하는지도 잘 몰랐다.

실리콘밸리에서는 이미 오래전 이런 방식을 버리고 '린lean' 방식이라는 새로운 접근법을 도입했다. 이 방법론은 유닛 X의 후원자이자 기업가인 스티브 블랭크Steve Blank가 처음 고안했는데, 유닛 X 역시 이 방식을 따랐다. 린 방식의 핵심은 간단하다. 먼저 개발자들은 소프트웨어를 사용할 사람들과 대화를 나누는 것으로 개발을 시작한다. 대규모 프로젝트를 작은 단위로 나누고, 각각을 6주 단위의 '스프린트Sprint*'로 해결해 나간다. '최소 기능 제품Minimum Viable Product, MVP**'을 만든 뒤 사용자에게 보여주고 피드백을 받아 다시 개선한 버전을 만든다. 이 과정을 반복하면서 빠르게 완성도를 높여간다. 이렇게 하면 수개월 혹은 몇 주 만에 제품 및 서비스의 실전 배치가 가능하고, 비용도 10분의 1 수준으로 줄일 수 있다.

에릭 슈미트는 화이트보드로 작전 일정을 짜는 어이없는 광경에 말문이 막혔다. 군대식 은어로 표현하자면 '푸바르FUBAR***', 말 그대로 답이 없는 상황이었다. 이런 문제쯤은 실리콘밸리의 개발 팀이라면 식은 죽 먹기라는 것도 잘 알았다. 그는 병사 한 명이 숫자를 불러주고 다른 한 명이 그

---

* 스프린트는 애자일(agile) 방식에서 사용하는 짧은 개발 주기로, 보통 1~4주 단위로 기능을 나눠 빠르게 개발하고 즉시 테스트하며 반복적으로 개선하는 과정을 말한다.

** 가장 기본적인 기능만 담은 초기 버전의 제품으로, 최소한의 노력으로 시장 반응을 빠르게 확인하기 위해 만드는 테스트용 제품.

*** 손댈 수 없을 정도로 엉망이다(F**ked up beyond all repair)라는 뜻의 군대식 은어.

숫자를 곤큘레이터에 받아 입력하는 모습을 믿기지 않는다는 듯 바라보았다. 그러고는 이렇게 말했다.

"라지, 이건 내가 본 IT 시스템 중 최악이야. 당장 고쳐야 해."

해리기언도 고개를 끄덕였다.

그래서 우리는 직접 앱을 만들기로 했다. 이 급유 스케줄링 프로젝트는 유닛 X의 역량을 보여줄 기회이자, 의회의 제로화 조치를 되돌릴 중요한 기로였다. 무엇보다 이 프로젝트는 작은 규모라 빠르고 저렴하게 결과물을 만드는 게 가능하면서도 중요한 변화를 창출할 수 있는 일이었다. 라지는 더 기다릴 것도 없이 그날 밤 호텔로 돌아가 마운틴뷰에 있는 유닛 X 팀의 공군 대령 엔리케 오티Enrique Oti에게 전화를 걸어 이렇게 말했다. "내일부터 바로 시작하면 좋겠습니다. 최대한 빨리 뭔가를 만들어 내야 해요. 엔지니어들을 연합항공작전본부로 보내서 공중급유 작전 담당자들과 얘기할 수 있도록 하고, 바로 개발에 들어가는 걸로 해보죠."

"알겠습니다." 오티는 한 치의 망설임도 없이 답했다.

오티는 이 프로젝트에 딱 알맞은 인물이었다. 40대 초반인 그는 공군사관학교를 졸업한 사이버전 전문 직업 군인이었다. 그는 다음 날 아침 바로 팀을 꾸리기 시작했다. 유닛 X에는 소프트웨어 개발 능력을 갖춘 현역 공군 인력들이 이미 몇 명 배치돼 있었다. 그중 한 명이 웨인 스타Wayne Starr였다. 그는 로체스터 공과대학을 졸업하자마자 공군 소위로 임관한 뒤 첫 부임지로 유닛 X에 배치된 상태였다. 공군은 그가 소프트웨어 엔지니어링을 전공하고 마이크로소프트에서 1년간 근무한 경력이 있다는 사실을 알고 그를 유닛 X로 보냈다. 그는 군 내에서 보기 드문 인재였다. 미군은 인력을 150개 이상의 '군사 직무 코드Military Occupational Specialty, MOS'로 나누는데, 기술 관련 MOS는 많지만 '소프트웨어 프로그래밍'에 특화된 직군은 존재하지 않는다. 그가 유닛 X에 합류한 시기는 군이 이제 막 코딩 인재의 필요성을 깨닫고 내부 인력 중에서 그런 역량을 가진 사람들을 찾기 시작하던 때였다. 스타는 이렇게 말했다. "사실 공군 안에도 코딩할 줄 아는 사람은 꽤 많습니다. 하지만 공군은 그런 사람들을 어떻게 찾아내고 발굴할지 아직 잘 모르는 것 같습니다."

엔리케 오티는 웨인 스타를 비롯한 유닛 X 소속의 개발자들 외에도, 샌프란시스코에 본사를 둔 소프트웨어 개발사 '피보탈Pivotal'에서 개발자들을 몇 명 더 추가로 영입했다. 오티는 프로그래머는 아니었지만 뛰어난 관리자였다. 그는 중국의 사이버 역량을 포함한 기술 전략에 정통했고, 중국 유학 경험이 있어서 중국어도 유창했다. 그는 우리가 유닛 X를 맡기 전인 2015년에 이미 팀에 합류해 있었고, 새 지도부 체제에서도 계속 함께하기로 한 몇 안 되는 팀원 중 하나였다.

라지가 일주일 뒤 마운틴뷰 본부로 돌아왔을 땐 오티의 팀은 이미 앱 개발 구상에 들어간 상태였다. 무엇보다 이 프로젝트는 에릭 슈미트가 직접 나서서 요청한 일이었기에 중요도가 크게 높아져 있었다. 웨인 스타는 이렇게 말했다. "그 덕분에 시스템 개선 작업에 확실히 속도가 붙었죠. 우리가 한 일이 단지 화이트보드와 엑셀로 하던 작업을 좀 더 효율적으로 만든 것뿐이었다고 해도 분명히 의미 있는 작업이었어요."

린 방식의 핵심 원칙 중 하나는 해당 소프트웨어를 실제로 사용할 사람들과 먼저 대화하는 것이다. 그러기 위해선 우선 피보탈과 유닛 X의 개발자들을 카타르로 보내야 했다. 기존 방식대로라면 미 공군 역사상 가장 격렬한 공중전을 벌이고 있는 해외 공군 지휘 본부에 자유분방한 옷차림의 실리콘밸리 개발자들을 들여보내는 데만 몇 달은 걸렸을 것이다. 하지만 '국방장관의 지시'라는 강력한 카드 덕분에 우리는 신속하게 보안 절차를 통과할 수 있었다. 문제는 또 있었다. 우리는 피보탈의 개발자들이 펜타곤에서 승인한 보안 소프트웨어와 앱이 탑재된 정부 지급용 노트북 대신, 그들이 평소에 익숙하게 사용하는 애플의 맥 컴퓨터를 쓸 수 있게 해주는 특별 허가도 필요했다. 원칙적으로 연합항공작전본부는 모든 외부 기기의 반입을 금지한다. 개인 휴대전화와 아이패드, 노트북 등은 모두 사물함에 보관해야 하며 근무 중에는 사용할 수 없다. 그렇기에 맥 컴퓨터 반입을 허용해 달라는 우리의 요청을 승낙한 해리기언 장군의 사례는 상당히 이례적인 일이었다. 유닛 X 소속의 한 젊은 병사는 아이맥을 사서 포장하고 페덱스를 통해 카타르 기지로 보내느라 꼬박 하루를 보내야 했다.

우리가 무리하게 이런 요구를 한 데는 그럴 만한 이유가 있었다. 공군 소속 개발자들만으로는 이 작업을 해낼 수가 없었기 때문에 피보탈의 개발자들을 기지에 꼭 들여보내야 했던 것이다. 게다가 우리는 공군의 개발자들이 피보탈의 개발자들과 함께 일하면서 그들의 최신 개발 도구와 방법론을 배우길 바랐다. 그리고 또 다른 목적도 있었다. 바로, 군의 문화를 뒤흔드는 것! 2015년 스탠퍼드대 연설에서 카터 장관이 말했듯이 우리는 군과 민간 사이의 벽을 허무는 작업을 시작해야 했다. 카터는 실리콘밸리의 민첩한 문화를 펜타곤에 불어넣기를 원했다. 펜타곤이라는 거대한 조직이 스타트업처럼 사고하고 행동하는 법을 배우길 바랐다. 다시 말해 과감하게 움직이고, 새로운 아이디어에 열려 있으며, 위험을 감수하고, 실패를 수용할 수 있어야 한다는 것이었다. 과거의 방식에 발이 묶여 미래로 나아갈 길을 스스로 차단하는 우를 범하지 않아야 했다.

유닛 X와 피보탈의 개발자들은 문제를 정확히 파악하기 위해 연합항공작전본부에서 일주일을 보냈다. 이렇게 해서 청바지에 티셔츠 차림의

(공군 기준으론) 단정하지 않은 복장을 한 샌프란시스코의 개발자 여섯 명과 전투복을 갖춰 입은 공군 팀원들이 현대전에서 가장 격렬한 작전이 전개되던 현장의 한가운데에서 마주 앉았다. 피보탈 개발자들에게는 다소 문화 충격 같은 경험이었다. 공군기지에 있다는 낯선 상황뿐 아니라 공군들의 직설적인 말투와 거친 분위기에도 적응해야 했기 때문이다. 피보탈 개발자들은 자신들을 피봇Pivot이라 부르며 '항상 친절하자'라는 문구가 적힌 작은 슬로건 카드를 들고 다녔고, 서로에게 늘 예의를 지켰다. 웨인 스타는 이렇게 회상했다. "공군 병사들의 눈에는 피봇들이 어떤 이상한 사이비 종교 신도들처럼 보였습니다. 점심시간도 꼭 똑같이 맞춰서 나가고, 업무 시작과 종료도 마치 신호라도 받은 듯 일사불란하게 움직였으니까요." 한편 피봇들은 공군 병사들의 거친 말투보다 그들이 사용하는 기술 시스템이 더 투박하다고 느꼈다.

스타는 이렇게 말했다. "지휘센터의 상황이 그렇게 엉망일 줄은 몰랐습니다. 곁에서 보면 공군은 최첨단 기술을 쓰는 것처럼 광고하죠. '이건 공상과학이 아닙니다. 우리가 매일 하는 일입니다'라는 식으로 말입니다. 그런데 막상 그곳에 들어가 보니 무기 시스템을 MS 오피스로 돌리고 있더군요. 솔직히 실망스러웠죠. 뭔가 첨단 기술로 무장된 시스템인 줄 알았는데, 알고 보니 그냥 일정 관리와 문서 처리 같은 사무 업무 수준에서 굴러가고 있었던 겁니다."

해리기언 장군은 피보탈의 개발자들과 공군 요원들이 함께 일하던 모습을 이렇게 떠올렸다. "가끔 그쪽 사무실에 들러 '지금은 무슨 작업 중인가? 한번 보여주게'라고 물어보면, 그 친구들은 '사령관님 또 오셨군요. 별 셋 장군님이 저희와 함께하시다니 영광입니다'라고 재밌게 말하더군요. 그들이 하는 일은 정말 놀라웠어요. 대단하다는 말이 절로 나왔죠." 특히 그가 인상 깊게 생각했던 점은 피보탈 팀이 임무에 몰입하는 태도였다. "몇몇 친구들은 완전히 현장에 녹아들어 있었어요. 우리가 뭘 원하는지 진심으로 이해하려고 했죠. 어느 순간부터 그들은 이 작전의 일부, 우리의 일원이 돼 있었어요. 그 말 말고는 달리 표현할 길이 없군요. 그들은 이 일이 단순한 프로젝트가 아니라 진지한 과업이라는 걸 분명히 이해했고, 우리에게 필요한 해결책을 제공하려 애썼습니다. 어떻게 아느냐고요? 그들의 눈빛이 그 모든 걸 말해주고 있었어요."

기지를 떠나기 전 유닛 X와 피보탈 팀은 이미 기본적인 코딩 작업을 시작한 상태였다. 마운틴뷰로 돌아가고 나서 6주 후에 그들은 최소 기능 제품을 완성했다. 초기 버전은 기본적인 사용자 인터페이스와 메뉴 구조로 구성된, 병사들이 직접 써보며 평가할 수 있는 수준의 앱이었다.

개발자들은 병사들의 피드백을 받으면 다시 코드를 수정한 다음 새 버전을 업로드했고, 또다시 피드백을 받아 수정하기를 반복했다. 스타는 이 앱이 연합항공작전본부의 기존 시스템과 완전히 독립적으로 작동할 수 있었다는 점이 특히 유리했다고 회상했다. "기존 시스템을 건드릴 필요가 없다는 게 정말 좋았어요. 독립 실행형 앱만 만들면 됐고, 다른 외부 시스템에 의존할 필요도 없었죠."

그로부터 몇 달 뒤, 정확히는 132일 만에(물론 날수를 세고 있던 건 아니지만) 그 앱은 실제 작전에 투입될 수 있는 수준에 도달했다. 처음엔 병사들이 기존 화이트보드를 계속 쓰면서 소프트웨어를 돌렸지만 몇 달 뒤에는 화이트보드를 완전히 치웠다. 웨인 스타와 연합항공작전본부의 동료들은 이 성과를 축하하며 함께 시가를 피웠다.

이 소프트웨어는 단 1분 만에 공중에 있는 전투기에 가장 적합한 급유기를 매칭할 수 있었고, 작전 계획 담당자들은 그 결과를 한 시간 이내에

검토하고 필요한 경우 조정할 수 있었다. 병사들은 이 도구를 무척 마음에 들어 했고 해리기언 장군도 마찬가지였다. 하루 급유 계획을 이처럼 빠르게 수립할 수 있게 되자 상황이 바뀌더라도 병사들은 실시간으로 일정을 다시 계산할 수 있었고, 덕분에 급하게 급유기를 띄우는 일이 훨씬 줄어들었다. 이전에는 우리 병력이 반군과 교전 상황에 들어가면 긴급한 공중급유 지원이 필요했다. 미군은 중동 지역 곳곳에 급유기와 승무원을 배치해 두고 필요시 즉시 출격시킬 수 있도록 대기 태세를 유지하고 있었고, 실제로 하루 평균 두세 차례 출격했다. 앞서 언급했듯이 이런 급박한 출격 한 번에는 대당 25만 달러(약 3억 원)의 비용이 들었다. 여기에 기체의 마모도나 승무원의 피로도까지 고려하면 실제 부담은 이보다 더 컸다.

하지만 이제 앱으로 버튼 하나를 클릭하고 1분만 기다리면 모든 게 끝이었다. 이 프로젝트에 들어간 총비용은 150만 달러(약 20억 원)였는데 이는 3일 치 작전 비용만으로도 충분히 회수할 수 있는 금액이었다. 이후 공군작전에너지국Air Force Office of Operational Energy의 분석에 따르면 이 앱은 작전 효율성을 10퍼센트 향상시켰고, 연간 약 2,500만 갤런의 항공유를 절감하는 효과가 있었다.

그 뒤로 연합항공작전본부는 다른 말썽 많은 소프트웨어들도 우리에게 맡기기 시작했다. 그중 하나가 실시간 사용 가능한 전력을 바탕으로 타격 목표를 자동으로 최적화해 주는 '동적 타격 도구dynamic targeting tool'였다. 이쯤 되면 국방부 관료들도 우리를 없애자는 말 대신, 우리 예산을 늘려주고 더 큰 프로젝트를 맡기지 않을까?

…라고 우리는 생각했지만, 현실은 그렇지 못했다.

'예산 먹는 코끼리'의 방해 공작

우리가 공중급유 소프트웨어를 개발하고 있던 바로 그 시기, 우리 프로젝트를 은밀히 저지하려 한 사람이 있었다. 베테랑 공군 장교 출신인 스티븐 워트는 한스컴 공군기지에서 노스롭 그루먼 프로젝트를 총괄하던 프로그램 매니저였다. 워트는 한스컴 공군기지에서 3,500명 규모의 국방 기술 조달 조직을 이끌었고, 자신의 프로그램에 문제가 있다는 사실을 인지하고 있었다. 아마도 그는, 어쩌면 그의 판단이 옳았을 수도 있지만, 공군이 우리가 만든 급유 앱을 설치하도록 허용하면 그걸 계기로 자신이 맡은 프로젝트 전체를 빼앗길 수 있다고 생각했던 모양이다.

워트는 자신의 프로젝트를 지키기 위해 공군 참모총장이자 공군에서 가장 고위직 인사인 데이비드 골드파인David Goldfein 장군에게 3쪽짜리 보고서를 보냈다. 그 보고서를 통해 우리가 연합항공작전본부에 들어오지 못하도록 쫓아내야 한다고 설득하려 했다. 우리는 이 사실을 평생 몰랐을 수도 있었는데, 공교롭게도 그 무렵 골드파인 장군이 보스턴의 유닛 X 사무실을 방문해 그 보고서를 라지에게 보여줬다.

라지는 급유 앱만큼은 완성하게 해달라고 장군에게 부탁했다. 유닛 X가 어떤 성과를 낼 수 있는지 보여줄 최소한의 기회만이라도 달라는 취지였다. 하지만 워트 쪽에서 먼저 공격해 온 만큼 라지도 가만있지는 않았다. 그는 만약 이번 앱 프로젝트가 성공하게 되면 연합항공작전본부의 전체 프로젝트를 한스컴 공군기지가 아닌 유닛 X에서 맡는 방안을 검토해달라고 골드파인 장군에게 제안했다.

라지는 이렇게 말했다. "이 사람들은 8년 동안 일했지만 보여준 결과가 거의 없습니다. 이미 7억 5,000만 달러(약 1조 1,250억 원)나 써놓고 말이죠. 하지만 실리콘밸리의 개발자들을 고용하면 그 시간과 비용의 10분의 1로 일을 끝낼 수 있습니다."

골드파인 장군은 그 정도까지 나서진 않았지만 급유 앱 프로젝트를 완성하는 것만큼은 허락해 줬다. 그리고 앱이 실제로 가동되자 연합항공작전본부의 모두가 그 기능을 만족스러워했다. 워트는 처음에는 달가워하지 않았지만 나중에는 유닛 X 팀이 일하는 방식을 믿고 지지해 줬다. 이 사건은 전통적인 군 조직과 민간 기술 조직, 두 세계 간에 불신과 오해가 얼마나 크게 쌓였는지, 그리고 실질적인 협업 체계를 구축하는 데 얼마나 많은 시간이 필요한지를 잘 보여준 사례였다.

"라지, 고맙군요. 이번 데모 작업은 우리 쪽 일에 많은 도움이 됐습니다." 워트가 말했다.

"데모 작업이라뇨? 지금 실제로 잘 가동 중이고, 현장 반응도 아주 좋습니다." 라지가 말했다.

"그렇긴 하죠. 하지만 이건 그냥 한번 해본 거에 불과해요. 우리가 진행 중인 다른 시스템과는 맞지 않아요. 그래도 좋은 아이디어들은 좀 있더군요. 그중 몇 가지는 우리 프로그램에 반영해 볼게요."

우리는 분노했다. 앱을 실제 사용하고 있던 공군 장병들도, 해리기언 장군도 마찬가지였다. 우리의 소프트웨어는 공군 역사상 가장 고강도의 작전을 수행 중이던 이들에게 실질적인 도움을 주고 있었다. 그걸 없애고 다시 화이트보드로 돌아간다는 건 말이 안 되는 일이었다. 하지만 공군은 기존 프로그램을 버리는 걸 극도로 꺼렸다. 물론 상황이 이렇게 흘러가는 것이 전혀 뜻밖의 일은 아니었다. 우리는 이미 펜타곤에서 꽤 오래 일해 본 터라 이 바닥의 생리를 잘 알았다. 여긴 '더 나은 쥐덫'을 만든다고 해서 사람들이 몰려오는 곳이 아니었다. 오히려 그런 유능한 사람의 집 문에 못질을 해버릴지 모르는 곳이었다. 워트의 팀은 예산을 초과한 데다 일정도 3년이나 늦어졌지만, 이 대규모 프로젝트에 무려 8년을 바쳤다. 그러니 갑자기 어디선가 나타난 외부인들이 자신들의 계획을 망치도록 내버려둘 리가 없었다.

〈스타워즈Star Wars〉의 팬이었던 라지는 유닛 X를 종종 '반란 연합군'에 비유했다. 완성한 급유 앱을 군에 전달했을 때, 우리는 마치 제다이의 전사 루크 스카이워커가 제국군의 초대형 우주 병기인 데스 스타Death Star의 배기구에 프로톤 어뢰를 쏘아 넣은 듯한 기분이었다. 하지만 그 짜릿함은 오래가지 않았다. 그 후 우리가 발을 딛고 선 곳은 은하계 저편, 눈과 얼음으로 뒤덮인 외딴 행성이었다.

장군들의 눈치 싸움과
피자게이트* 음모론

마침 그 시점, 크리스가 당시 합참의장 조지프 던퍼드Joseph Dunford를 두고 "전략적 사고가 부족하다"고 비판한 발언이 언론에 보도된 사건도 사태를 더욱 악화시켰다. 일요일 저녁 AP통신을 통해 공개된 해당 발언은 힐러리 클린턴 선거 캠프의 핵심 보좌관인 존 포데스타John Podesta의 이메일 유출

---

* 2016년 미국 대선을 앞두고 벌어진 대표적인 음모론 사건. 당시 힐러리 클린턴 캠프의 의장이었던 존 포데스타의 이메일 계정이 러시아 해커 조직 '팬시 베어(Fancy Bear)'에 의해 해킹됐고, 수만 건의 이메일이 위키리크스를 통해 공개됐다. 이 이메일 내용 가운데 '피자'라는 단어가 반복된다는 이유로, 일부 극우 커뮤니티는 '워싱턴 D.C.의 한 피자가게가 민주당 인사들의 아동 성범죄와 인신매매의 은신처'라는 허위 주장을 퍼뜨렸다. 이 근거 없는 음모론은 인터넷을 타고 확산했고, 결국 실제 무장한 남성이 해당 피자가게에 난입하는 사건으로까지 번지며 미국 사회에 큰 충격을 안겼다.

사건에서 새롭게 밝혀진 내용 중 하나였다. 보도는 이렇게 시작했다. "위키리크스WikiLeaks*가 일요일에 공개한 유출 자료에 따르면, 크리스토퍼 키르히호프는 클린턴 캠프의 고문인 포데스타에게 보낸 2015년 3월 30일 자 이메일에서 미국 군 수뇌부에 대한 거침없는 평가를 내놓았다."

이른바 '위키리크스 사건'은 사실상 2016년 미국 대선 개입을 목적으로 한 러시아의 정보 조작 작전이었다. 그해 초 '팬시 베어Fancy Bear'로 불리는 러시아의 한 해커 조직이 포데스타의 지메일 계정을 해킹했다. 그리고 트럼프 후보가 여성에 대해 모욕적으로 발언한 대화를 담은 NBC 방송의 연예프로그램 〈액세스 할리우드Access Hollywood〉의 녹음파일이 공개된 지 30분 만에, 위키리크스는 2만 쪽에 달하는 포데스타의 이메일을 한꺼번에 공개했다. 전형적인 여론 물타기 전략이었다. 이후 언론은 트럼프가 "남자들끼리의 농담"이라고 해명한 발언보다, 포데스타의 이메일에 집중해 그의 선거 전략 메모부터 리소토 요리법 같은 사소한 정보들까지 끄집어내 마음껏 떠들어 대기 시작했다.

기자들은 3주에 걸쳐 이 방대한 자료를 뒤진 끝에 크리스가 군 수뇌부를 평가한 그 민감한 이메일을 찾아냈다. 애초에 크리스는 그 메일을 포데스타의 백악관 공식 계정으로만 보낼 계획이었다. 그는 포데스타가 오바마 대통령의 수석 보좌관으로 일하던 시절 그의 밑에서 일한 적이 있었다. 군사 문제에 관심이 많았던 포데스타는 합참의장 후보 4인에 대해 크리스의 솔직한 의견을 구했고, 이에 크리스가 간단한 보고서를 작성했다. 그는 이 문건이 포데스타를 통해 오바마 대통령에게 전달될 가능성이 높

---

* 정부·기업 등의 기밀 정보를 폭로하는 웹사이트이자 국제 비영리 단체. 2010년 이후 대규모 내부 고발 자료 공개로 널리 알려졌으며, 특히 정치적으로 민감한 사안을 다루면서 정보 공개의 공익성과 정치적 의도 사이의 논란을 불러일으키기도 했다.

다는 걸 알았고, 나아가 힐러리 클린턴이 대통령이 된다면 그녀에게도 영향을 줄 수 있음을 인지하고 있었다.

포데스타가 백악관을 떠나던 마지막 날은 말 그대로 정신없는 하루였다. 다음 날 아침 그는 힐러리 클린턴 선거 캠프의 본부장으로 자리를 옮길 예정이었고, 그날 밤은 백악관에서의 마지막 업무를 처리하느라 늦게까지 분주한 하루를 보내고 있었다. 한편 그날 저녁 크리스는 자신이 작성한 보고서를 포데스타가 대충이라도 훑어보길 바라면서, 국가안전보장회의 사무실에 앉아 포데스타의 반응을 기다리고 있었다. 그 보고서에는 합참의장 후보 4명을 가까이서 지켜본 크리스의 솔직한 평가가 담겨 있었다. 하지만 밤 8시에서 11시가 지나도록 아무 소식이 없자, 결국 포데스타의 비서가 말했다. "크리스, 포데스타 수석께서 자정 전에 확인하시긴 어려울 것 같아요. 그냥 지메일로 보내세요."

크리스는 '전송' 버튼 위에 손가락을 올려둔 채 생각했다. '이건 정말 좋은 방법이 아닌데….' 그처럼 민감한 평가를 정부 공식 계정이 아닌 개인 이메일로 보내는 건 명백한 금기였다. 게다가 그는 새 상관인 국가안보보좌관과 상의도 없이, 과거 상사였던 포데스타에게 그런 평가를 보내려 하고 있었다. 그것만으로도 이미 한참 선을 넘은 셈이었다. 하지만 밤은 깊었고, 그는 지쳐 있었다. 무엇보다 그 보고서를 원한 사람이 바로 오바마의 최측근이자 힐러리 캠프의 본부장인 포데스타가 아니었던가.

AP통신의 보도를 시작으로 기사들이 잇따라 쏟아지고 기자들의 전화가 빗발치자 워싱턴 곳곳에서 크리스를 걱정한 지인들의 연락이 이어졌다. '오바마 정부의 국가안전보장회의 직원이 군 인사에 개입했다'는 식의 보도는 군 상층부에서 결코 가볍게 넘길 수 있는 사안이 아니었다.

크리스는 자신의 파트너인 라지에게 전화를 걸었다.

"라지, 문제가 생겼어."

크리스에게 자초지종을 들은 라지는 이렇게 말했다.

"당분간 던퍼드 의장님 사무실 근처엔 얼씬도 못 하겠네."

진짜 이메일과 조작된 이메일이 뒤섞여 쏟아지는 와중에 포데스타는 이미 극우 음모론 단체 큐어넌QAnon의 집중 공격 대상이 돼 있었다. 크리스는 이제 미국 정치에 흐르는 어두운 조류를 체감할 수 있었다. 그의 이메일 계정으로 살해 협박이 쏟아졌고, 개인 휴대전화로도 협박 전화가 걸려왔다. 그리고 일주일 뒤 치러진 대선에선 트럼프가 승리했다. 포데스타는 더 이상 영향력을 행사할 수 없는 처지가 됐고, 오바마 대통령이 합참의장으로 지명했던 던퍼드 장군은 유닛 X 팀이 자신을 어떻게 평가했는지를 다룬 기사들을 접했을 게 분명했다.

유닛 X는 과연 이 위기를 넘길 수 있을까?

골드파인 장군은 자신의 상관이 된 던퍼드 장군의 눈치를 살피느라 우리가 맡은 공중급유 소프트웨어 프로젝트를 접으려 할지도 몰랐다. 하지만 몇 달간 힘든 시기를 보낸 끝에 뜻밖의 기회가 찾아왔다. 워싱턴식 반전이었다. 2017년 봄, 상원의원 존 매케인John McCain의 고위 보좌관이자 전투기 조종사 출신인 맷 도노번Matt Donovan(콜사인 '고릴라')이 우연히 연합항공작전본부를 방문했다. 영리한 전략가였던 해리기언 장군은 도노번에게 우리가 만든 소프트웨어를 보여주며 설명했다. "한스컴 팀의 결과물을 8년째 기다리고 있었는데, 유닛 X 팀이 불과 석 달 만에 100만 달러(약 13억 5,000만 원) 남짓한 예산으로 이 프로그램을 완성해 줬습니다. 지금 잘 작동하고 있고, 공군 조종사들도 아주 만족해합니다." 도노번이 한스컴 조달 팀과 노스롭 그루먼이 그동안 주도해 온 시스템 개편 사업에 대해 어떻게 생각하느냐고 묻자 해리기언은 주저하지 않고 말했다. "그건

118

이제 접을 때가 됐습니다." 해리기언은 유닛 X의 소프트웨어를 계속 유지하겠다는 의사를 분명히 밝혔다. "이 프로그램은 실제로 많은 도움이 됐습니다. 병사들도 잘 사용하고 있고, 무엇보다 작전 효율성이 높아졌습니다. 그런데 왜 반대하는 사람이 있는지 모르겠습니다." 게다가 해리기언은 도노번에게 유닛 X가 연합항공작전본부에서 더 많은 프로젝트를 맡았으면 좋겠다고도 전했다. "이 프로그램은 효과가 확실합니다. 이젠 다음 단계로 끌어올릴 차롑니다. 앞으로 작전 환경이 어떻게 달라질지 확인할 좋은 기회가 될 겁니다."

국방예산을 둘러싼 의회와 유닛 X의 충돌

워싱턴으로 돌아간 도노번은 매케인 상원의원에게 우리가 어떤 조직이고 그동안 무슨 일을 했는지 보고했다. 매케인은 국방부 예산을 관할하는 상원 군사위원회의 간사였고, 마침 그 시점에 스티븐 워트와 공군이 연합항공작전본부의 시스템 개편 프로젝트를 계속 추진하기 위해 요청한 6,500만 달러(약 878억 원) 추가 예산안을 검토 중이었다.

"현재 유닛 X를 이끄는 라지라는 친구를 한번 만나보시죠." 도노번이 매케인에게 말했다. "전투기 조종사 출신인데, 들리는 말로는 불도저 같은 면이 있어서 일은 확실히 해낸다고 합니다."

"그래? 그럼 한번 만나보지." 매케인이 답했다.

국방부 직원이 매케인과 대화를 나누는 일은 마치 교황을 알현하는 데 비유될 정도였다. 보통 이런 만남을 준비하는 데만도 몇 주가 걸렸다. 상원의원실과 국방장관실의 입법 담당관들이 회의 조건과 참석자를 조율했고, 국방장관실에서는 국방부가 공개 가능한 정보를 따로 검토했다. 매케인이 국방부 예산을 쥐고 있는 만큼, 회의에 참석하는 이들은 한 치의 실수도 없도록 발언 요지와 배경 자료가 담긴 방대한 분량의 자료집을 미리 준비했다. 또한 회의 중 오가는 발언은 실무자들이 빠짐없이 기록했다.

무엇보다 중요한 점은 보통 이런 자리에서는 국방장관실의 입법 담당관들이 공군 측 입법 팀과도 내용을 공유해야 한다는 것이다. 하지만 우리가 그렇게 했다면 우리를 방해하려던 쪽에서 이 만남 자체를 무산시키거나, 우리가 전하려는 메시지를 있는 그대로 전달하지 못하게 방해자들을 들여보냈을 것이다. 그래서 우리는 그 모든 절차를 생략했다.

라지는 누구와도 사전 조율 없이, 약속된 날짜에 맞춰 홀로 워싱턴행 비행기에 올라 러셀 상원의원회관에 있는 매케인의 사무실로 향했다. 그 자리에 있던 사람은 단 두 명, 라지와 매케인의 수석 국방보좌관 크리스천 브로즈Christian Brose뿐이었다. 사무실 벽에는 매케인의 가족사진과 4성 제독이었던 아버지와 할아버지의 초상화 그리고 베트남전 당시 포로 생활을 마치고 귀환하던 그의 유명한 사진들이 걸려 있었다. 그는 전쟁 포로로 6년 동안 구타와 고문을 당한 후유증 탓에 평생 장애를 안고 살아야 했다. 이제 상원의원으로 30년 넘게 재직하며 미국 정계에서 손꼽는 실력자가 됐지만, 내면에는 '해군 장병의 기질'이 여전히 살아 있었다.

"브로즈 말로는 자네가 전투기 조종사라지?" 매케인이 말을 꺼냈다.

"예, 그렇습니다."

"해군인가?"

"공군입니다."

"공군? 뭐, 너무 부끄러워하진 말게나. 자네들, 소문만큼 물렁하진 않더군."

공군 조종사라 하면 대체로 점잖고 예의 바르며 규칙을 잘 지키고, 실전보단 책상 앞에서 편하게 근무하는 '의자 부대chair force*'란 이미지가 따라붙는다. 반면 해군 조종사들은 입이 거칠고 성격은 불같지만, 폭풍우가 몰아치는 한밤중에도 전투기를 시속 240킬로미터로 90미터짜리 항공모함 갑판 위로 처박듯 착륙시킬 줄 아는 무지막지한 요원들로 통한다.

"거기다 공군기지는 아주 근사하잖아. 골프장도 좋고 말이야." 매케인이 말했다.

"활주로도 길고요." 라지가 받아쳤다. 이런 농담은 익숙했다.

"그래." 매케인이 웃으며 고개를 끄덕였다. 그리고 브로즈를 돌아보며 말했다. "이 친구 괜찮은데? 마음에 들어."

매케인은 라지에게 맞은편 소파를 가리키며 앉으라고 했다.

"자, 이제 이야기해 보게. 자네 팀은 어떤 사람들이고, 무슨 일을 하고 있지?"

라지는 유닛 X가 만들어진 배경과 애쉬 카터 국방장관이 맡긴 임무, 즉 군을 현대화하고 실리콘밸리의 속도로 일을 추진할 방법을 찾는 일에 대해 간략히 설명했다. 이어 공중급유 앱이 어떻게 작동하는지, 그리고 공군 병사들과 연합항공작전본부를 총괄하는 해리기언 장군이 그 앱을 얼마나 만족스러워하는지도 전했다.

"그런데 지금 연합항공작전본부의 시스템 개편 프로젝트를 맡은 한스컴 팀은 자네들을 내쫓으려고 한다?"

"맞습니다."

"자네들이 만든 앱을 시연용이라고 우기고, 시스템에서 내린 다음 나머

---

* 공군을 의미하는 '에어 포스(air force)'를 비꼬는 말로, 공군을 풍자하는 언어유희가 담겨 있다.

진 예전 방식대로 하겠다?"

"예, 그렇습니다."

"그래서 자네가 원하는 건 뭔가?"

라지는 잠시 머뭇거렸다. 그 자리에서 더 큰 요구사항을 말해도 될지 망설여졌지만, 곧 마음을 굳혔다.

"솔직히 말씀드리면, 저희가 그 프로젝트 전체를 맡고 싶습니다. 이 앱 하나가 아니라 연합항공작전본부의 시스템 전체를 저희가 전면 개편하겠습니다. 2년 안에 끝낼 수 있고, 현재 쓰고 있는 예산의 10분의 1이면 충분합니다."

"정말 할 수 있겠나?"

"물론입니다. 하지만 최소한 저희가 해놓은 작업을 원상복구하려는 시도만은 막아주셨으면 합니다. 그리고 이후 개편 작업은 지금까지 세금만 축내온 낡은 방식이 아니라, 현대적인 소프트웨어 엔지니어링 방식으로 진행할 수 있게 해주셨으면 합니다."

매케인은 브로즈를 바라봤다. 브로즈는 어깨를 으쓱했다. 매케인은 잠시 생각에 잠기더니 입을 열었다.

"좋아. 그렇게 하지."

"정말입니까?" 라지는 깜짝 놀랐다.

"내가 이 사람들한테 얼마나 실망했는지 자네는 모를 거야. 지난 8년 동안 5억 달러(약 6,750억 원)를 넘게 써놓고도 지금 또 6,500만 달러(약 878억 원)를 요구하잖아. 도대체 뭘 했는지 모르겠어. 내가 보기엔 그냥 시간만 끌었어. 이제 끝낼 때가 됐지."

그리고 매케인은 자리에서 일어났다. 회의가 끝났다는 신호였다.

"지금처럼 계속 결과를 내주게. 필요한 자원은 내가 다 확보해 주지."

라지는 어안이 벙벙한 채 의원실을 나왔다. '방금 무슨 일이 일어난 거지? 이렇게 쉽게 끝났다고?' 물론 이제 입법 담당자들에게 한 소리 들을 게 뻔했다. 사전 조율도 없이 상원의원 사무실을 찾아간 건 명백한 절차 위반이었다. 그냥 모른 척할까? 아니면, 아예 정면돌파를 택한 방식이야말로 카터 장관이 자신에게 기대한 역할이라고 밀어붙일까? 허락보다 용서를 구하는 게 낫다. 그게 바로 실리콘밸리식 방식이었다.

일주일 뒤 매케인은 상원 군사위원회의 예산 청문회를 주재했다. 당시 공군 장관 대행이던 리사 디스브로Lisa Disbrow가 예산 요청 내용을 발표했다. 연합항공작전본부의 시스템 개편 프로젝트 추가 예산 6,500만 달러 항목에 이르자 매케인은 단호히 제동을 걸었다. 추가 예산은 없었다. 시스템 개편 작업은 계속할 수 있었지만 한 가지 단서가 붙었다. 스티븐 워트와 그의 팀은 유닛 X와 협력하고, 우리 식으로 일하는 법을 배워야 한다는 것이었다.

그때는 2017년 4월이었고, 그해 7월에 유닛 X가 개발한 앱을 유지하기로 하는 결정의 공식 발표가 났다. 이에 대해 매케인 상원의원과 잭 리드Jack Reed 상원의원은 성명을 내고 공군의 기존 사업을 강하게 비판했다. "지난 10년 동안 공군이 5억 달러가 넘는 예산을 쏟아붓고도 실질적인 성과를 아무것도 내지 못한 것은 매우 유감스러운 일입니다. 더 큰 문제는 이 사례가 국방부의 소프트웨어 중심 시스템 전반에서 반복되고 있는 심각한 문제 중 하나에 불과하다는 사실입니다."

이 일은 우리의 큰 승리나 다름없었다. 물론 매케인이 연합항공작전본부의 시스템 개편 전체를 우리에게 넘긴 건 아니었다. 워트와 그의 팀이 여전히 프로젝트를 주도했지만, 이제는 우리와 협력해야 했다. 당연히 어색한 상황이 펼쳐질 수밖에 없었다. 워트는 우리가 자신 몰래 매케인과 접촉한 걸 못마땅해했고, 우리 역시 애초에 그가 우리를 쫓아내려 했던 점에 불만이 있었다.

우리는 이 갈등을 풀기 위해 공중급유 앱 개발 팀을 이끈 모펫 필드의 베테랑 공군 장교, 엔리케 오티에게 도움을 청했다. 공군에서 20년간 복무한 그는 펜타곤식 외교술에도 능했다. 우리는 공군에 가르쳐 줄 것이 많았지만, 그러기 위해선 먼저 워트 팀과의 꼬인 관계부터 풀어야 했다. 오티 역시 그 점을 잘 알고 있었다. 관계를 풀기 위해 그는 워트 일행을 샌프란시스코로 초대했고, 모펫 필드의 우리 사무실에서 성대한 환대를 준비했다. 우리는 그들의 적이 아니며, 그들에게 실제로 도움이 될 수 있다는 점을 알려주고 싶었다. 우리 사무실은 스타트업 같은 분위기라 군대처럼 보이진 않았다. 청바지에 후드티셔츠 차림의 공군 소속 사병 프로그래머들이 칸막이 없는 열린 공간에서 일하고 있었고, 최신 소프트웨어 도구와 린 스타트업 방식을 이용해 프로젝트를 진행하고 있었다. 크리스의 골든리트리버가 사무실을 자유롭게 돌아다녔고, 소프트웨어 시연을 맡은 여직원은 파란색으로 염색한 헤어스타일이었다. 어딜 보나 군의 복장 규정과는 거리가 멀었다.

워트는 매케인 상원의원이 우리 편을 든 이상, 우리와 협력하는 길 말고는 다른 선택지가 없다고 판단했을지 모른다. 아니면 우리가 보여준 실리콘밸리식 업무 처리 속도에 깊은 인상을 받고 진심으로 생각이 바뀌었을 수도 있다. 이유야 어찌 됐든, 결국 그들은 우리와 협력하고 스타트업 방식을 받아들였다.

더 나아가 워트와 그의 팀은 오티와 머리를 맞대고 보스턴에 '소프트웨어 공장'을 설립하기로 계획했다. 이 조직은 민간 개발자와 공군 장병들이 함께 참여해, 현대적인 소프트웨어 개발 도구와 린 방식을 활용하는 스타트업 형태로 운영될 예정이었다. 워트는 불과 얼마 전까지 우리를 쫓아내려 했던 사람에서 우리의 든든한 지지자이자 협력자로 돌아섰다. 이런 모습을 보며 우리는 국방부 소속 사람들 대부분이 나라를 위해 제대로 일하고자 하는 애국자들이지만, 잘못된 방식과 비효율적인 관료주의에 가로막혀 앞으로 나아가지 못한다는 걸 또 한 번 느낄 수 있었다. 워트와 오티는 새 팀의 이름을 '케슬런Kessel Run'이라고 지었다. 이는 영화 〈스타워즈〉 시리즈에서 해리슨 포드가 연기한 '한 솔로'의 유명한 대사, "밀레니엄 팔콘을 못 들어봤다고? 12파섹도 안 되는 시간에 케슬런을 주파한 우주선이잖아!"에서 따온 말이다. 그만큼 빠르고 과감하게 일하겠다는 의지를 담은 이름이었다. 연합항공작전본부의 공중급유 앱 프로젝트에 깊은 인상을 받은 공군 참모총장 골드파인 장군은 엔리케 오티를 케슬런의 초대 리더로 임명했다. 이후 몇 년간 케슬런 팀과 국방부 안팎의 다른 개발자들은 워트의 전폭적인 지원을 받으며 연합항공작전본부의 시스템 전체를 재구축했고, 2022년 말쯤 그 작업을 마무리했다.

—

2021년 8월 미군의 아프가니스탄 철수 과정에서 벌어진 카불 대피 작전 당시, 아프간 여성 워라미나와 생후 닷새 된 그녀의 아들 무스타파는 미군 수송기 C-17 편으로 하미드 카르자이 공항에서 탈출해 독일 람슈타인 공군기지를 거쳐 미국으로 향했다. 이들은 무스타파의 생후 첫 나흘 동안 탈레반을 피해 탈출하려는 수천 명의 사람들과 함께 길바닥에서 지내야 했다. 겨우 미군 수송기에 오른 뒤에도 격납고 바닥에서 잠을 청하는 신세였지만, 이제 그들 앞에는 새로운 시작이 기다리고 있었다. 워라미나는 미국 공영 라디오 방송 NPR 기자에게 이렇게 말했다. "미국에서 제 아이 그리고 아이의 형제자매와 함께 새로운 삶을 시작할 겁니다."

그녀는 몰랐겠지만 그녀와 수만 명의 사람들이 카불을 빠져나올 수 있었던 배경에는 케슬런 소속의 소규모 개발 팀과 그들이 만든 소프트웨어 '슬랩샷Slapshot'이 있었다. 이 프로그램은 카타르의 연합항공작전본부에서 카불 대피 작전을 총괄하기 위해 개발한 '임무 및 공중전 출격 흐름 관리 도구'였다. 우리가 만든 공중급유 앱과 마찬가지로, 슬랩샷은 기존의 낡고 번거로운 수작업 절차를 대체했다. 그전까지 공군 병사들은 엑셀 시트와 프로젝트 일정 관리 도구인 갠트 차트Gantt chart를 이용해 복잡한 일정을 수작업으로 관리하고 있었다. 하지만 슬랩샷 덕분에 연합항공작전본부는 역사상 최대 규모의 비전투 대피 작전을 자동화된 방식으로 조율할 수 있었다. 당시 카불에서는 약 12만 명에 달하는 미국인과 아프간인들이 항공편으로 긴급 대피했고, 하미드 카르자이 공항에서는 2주 동안 45분마다 비행기가 이륙했다. 슬랩샷은 혼잡한 공역에서 항공기 위치를 실시간으로 추적하고 탑승자 명단을 관리하는 핵심 역할을 했다.

물론 미국의 아프가니스탄 철수 작전에는 여러 가지 실수가 있었다. 하지만 그런 실수와 관련해 워싱턴에서 벌어진 책임 공방 속에 묻혀버린 사실이 하나 있었다. 바로 미군의 일선 병사들이 극도의 압박과 ISIS를 비롯한 적대 세력의 지속적인 공격 위협 속에서도 역사상 가장 큰 규모 중 하나로 꼽히는 군사 수송 작전을 완수했다는 점이었다. 그러나 이들의 공로는 제대로 인정받지도, 감사받지도 못했다.

카불에서 1만 킬로미터 떨어진 보스턴의 케슬런 프로그래머들은 대피 작전 기간 내내 밤낮없이 일하며 슬랩샷 앱을 계속 업데이트하고, 실시간 상황에 맞춰 수시로 기능을 조정해 나갔다. 이들은 자신들이 만든 소프트웨어가 바로 그 순간 누군가의 생명을 구하고 있음을 실감하며 말로 표현할 수 없는 보람을 느꼈다. 구글이나 페이스북에서 일하면 돈은 더 많이 벌 수 있었겠지만, 그처럼 가슴 벅찬 순간은 경험하지 못했을 것이다.

케슬런 본부는 보스턴 금융지구 인근의 한 사무실 건물에 자리 잡고 있다. 얼핏 보면 초기 스타트업 사무실로 착각할 법한 소박한 공간이다. 2018년 공식 출범한 이후 케슬런은 한스컴과 랭글리 공군기지에도 사무실을 열었다. 현재 직원 수는 총 1,200명으로, 이 중 400명이 프로그래머다. 40명 남짓으로 출발했던 유닛 X의 초창기 시절을 떠올리면 지금의 규모는 상상 이상이다. 케슬런의 일부 개발자들은 기술 업계에서 일하다 2년 임기로 다시 현역 복무에 들어간 공군 예비역 출신들이다. 사무실 화이트보드에는 케슬런의 야심 찬, 어쩌면 대담하기까지 한 비전이 적혀 있다. "언제 어디서든 어떤 영역에서든 충돌을 감지하고 즉각 대응할 수 있는 전투 역량을 제공한다."

카불 대피 작전 당시 케슬런을 지휘한 인물은 브라이언 비치코프스키Brian Beachkofski 공군 대령이었다. 콜사인 '비치Beach'라고 불린 그는 공학 박사 학위와 MIT MBA를 보유하고 있었고, 기술 벤처캐피털과 스타트업 자문 경험도 있었다. 2021년 말 크리스가 비치코프스키를 찾아갔을 때 그는 애써 긍정적인 태도를 보여주고 있었지만, 때때로 큰 좌절감을 느낀다고 털어놓았다. 우리가 그랬듯이 그의 팀 역시 '얼어붙은 중간층'에 번번이 가로막혔다. 즉 윗선의 장군들과 현장의 개발자들이 어떤 계획에 합의해도 그 중간에 낀 사람들이 발목을 잡는 일이 반복됐다. 펜타곤의 관료제와 싸우는 일은 소모적이다. 모두가 선의로 움직인다 해도 지나치게 복잡한 구조와 수많은 계층 때문에 일을 추진하기가 어렵다. 하물며 서로 목표가 다를 땐 그 '얼어붙은 중간층'이 끊임없이 제동을 건다.

크리스를 만난 지 몇 달 뒤인 2022년 4월, 비치코프스키는 케슬런의 수장 자리에서 물러나 스포츠 베팅 회사의 최고기술책임자로 자리를 옮겼다. 그는 우리처럼 변화를 만들겠다는 각오로 케슬런의 지휘를 맡았고, 실제로 많은 변화를 끌어냈다. 하지만 애초에 기존 조직과 충돌할 수밖에 없도록 설계된 역할이 결국 그를 지치게 했다. 우리로서는 긍정적인 면에 집중하려 애쓰며, 조직 문화가 점차 바뀌기를 바랄 수밖에 없었다.

유닛 X가 연합항공작전본부에서 활동을 이어가던 동안 우주, 사이버, 로봇, 전투병 수행 능력 향상 등 수십 건의 다른 프로젝트도 동시에 추진되고 있었다. 출범 첫해 우리는 가시적인 성과를 내고, 군 현장에 혁신을 전달하며, 유닛 X의 예산을 쥔 네 개의 의회 상임위원회(이른바 '실세들')에 우리의 존재 이유를 입증하는 데 총력을 기울였다. 계약을 줄줄이 따낸 끝에 2016년에는 보스턴과 오스틴에 새 사무실을 열었다. 라지는 매주 워싱턴을 오가며 의회 보좌진들을 상대로 '매력 공세'를 이어갔다.

미국의 회계연도는 매년 10월에 시작된다. 각 부처에서 예산을 집행하려면 세출법안이 10월 1일까지 의회를 통과하고 대통령의 승인이 떨어져야 한다. 하지만 국방부 예산안이 제때 통과되는 일은 드물다. 지난 18년간 정해진 시한 안에 처리된 해는 단 네 번뿐이었다. 대신 의회는 '잠정예산 결의안Continuing Resolution'이라는 임시법안을 통과시킨다. 이 법안은 정부 셧다운을 막는 역할을 하지만, 동시에 신규 사업 착수는 허용하지 않는 제약이 따른다. 그 결과 국방부는 새로운 무기 프로그램을 제때 시작하는 데 필요한 자금 확보에 어려움을 겪는다.

2016년 예산안 논쟁과 그에 따른 잠정 예산 결의안 덕분에 유닛 X는 예산 제로화 방침을 뒤집을 수 있는 몇 달간의 시간을 벌 수 있었다. 라지는 기본적으로 의회 지도자들 역시 국방 현대화의 필요성을 이해하고 그 방향을 지지하고 있다고 믿었다. 하지만 유닛 X는 조직 안팎에서 오해와 불신을 동시에 받으며 애매하고 고립된 처지에 놓여 있었고, 그 배경에는 유닛 X 2.0이 출범하기 전부터 국방장관실 입법 담당자들이 의회와의 직접적이고 투명한 대화를 꺼려온 태도가 크게 작용했다.

2016년 가을 라지는 결정적인 성과를 하나 이뤄냈다. 텍사스 출신의 공화당 하원의원이자 하원 군사위원회 위원장을 맡고 있던 맥 손베리Mac Thornberry와의 단독 면담을 성사시킨 것이다. 손베리는 애초에 유닛 X에 호의적인 인물이 아니었다. 이미 국방고등연구계획국이 있는데 유닛 X가 굳이 왜 필요하냐며 의문을 제기했고, 그의 보좌관들 역시 유닛 X를 "군 내부의 실질적 변화를 이끌기는 어려운 전시용 프로젝트"라고 평가하고 있었다. 그럼에도 손베리는 라지에게 양측 보좌진 없이 딱 둘만 만나 한 시간 동안 이야기해 보자고 제안했다. 라지는 유닛 X의 비전과 초기 성과 그리고 민간 기술 혁신과의 연계가 왜 국가안보에 중요한지를 설명했다. 결과는 성공적이었다. 손베리는 그 자리에서 곧바로 에벌린과 에드가 주도한 유닛 X 예산 제로화 방침을 뒤집을 수 있도록 돕겠다고 약속했다. 유닛 X의 비전을 실현할 수 있도록 예산 확대를 지원하고 우리가 실제 결과를 만들어 내도록 힘을 보태겠다고 했다. 매케인과의 면담 때와 마찬가지로 이번에도 라지는 조직의 승인이나 절차에 얽매이지 않고 혼자 힘으로 의회를 움직였다.

그 만남을 회상하며 손베리는 이렇게 말했다. "나는 라지가 유닛 X에 품은 비전을 높이 평가합니다. 그리고 내 사무실까지 직접 찾아와 왜 유닛 X가 국민 세금을 투입할 만한 가치가 있는지 차분하게 설명하려 했던 그의 태도 역시 인상 깊었습니다. 그에게 힘을 보탤 수 있었던 것이 자랑스럽고, 유닛 X가 우리 장병들을 위해 해낸 일 역시 매우 의미 있는 일이었다고 생각합니다."

4장

북한의 위협을
무력화할 킬체인*

* 킬체인(Kill Chain)은 군사 작전에서 적의 위협을 탐지(detect), 식별(identify), 추적
  (track), 타격(strike)하는 일련의 과정을 말한다. '킬체인 구축'은 이러한 단계들을
  신속하고 정확하게 수행할 수 있는 체계를 의미하며, 한국과 미국은 북한의 미사일
  위협에 대비해 이 전략을 운용해 왔다.

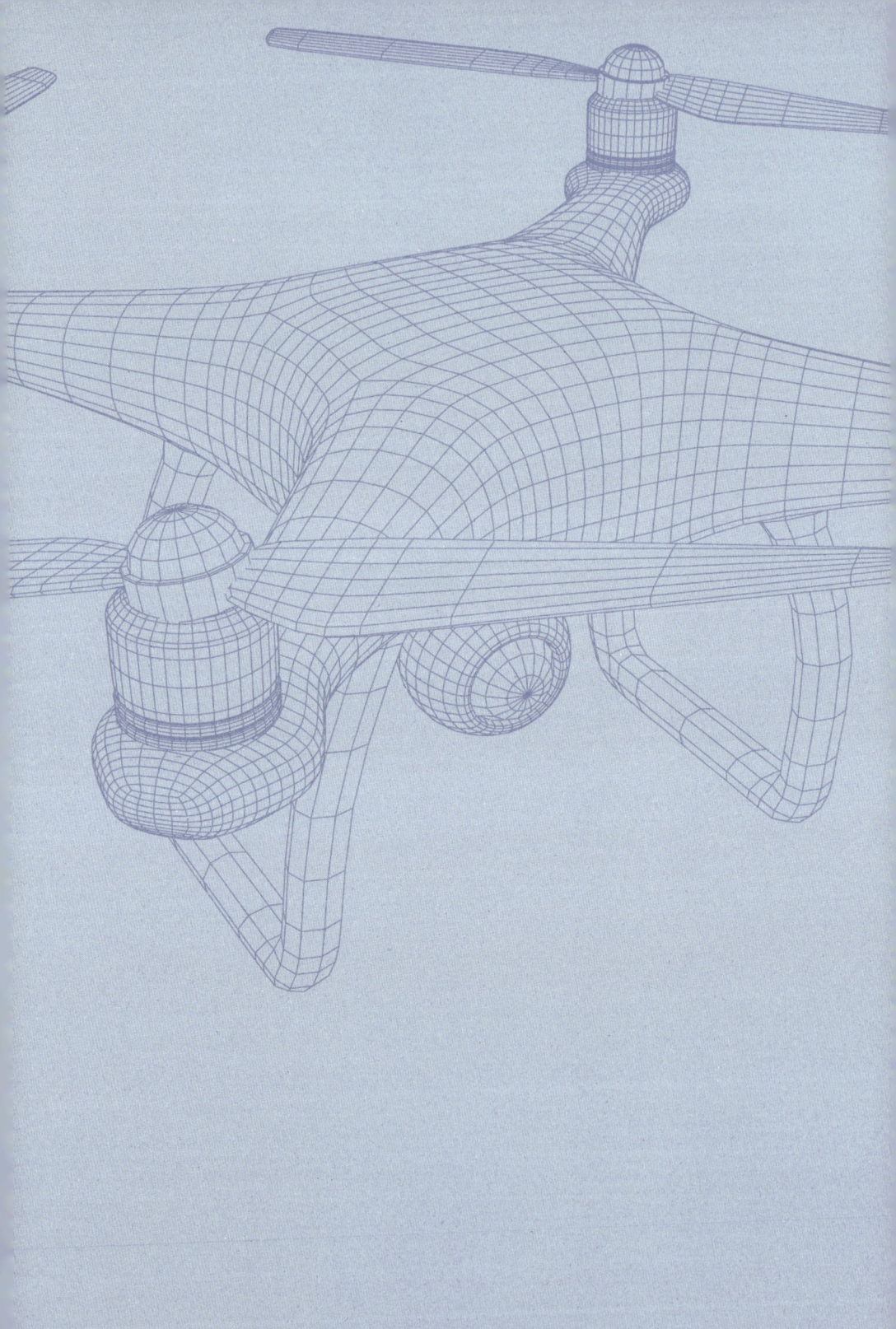

2016년 여름, 유닛 X는 극비 임무를 부여받았다. 워낙 민감한 사안이라 이와 관련된 논의는 외부 감청을 차단하고 전자·무선 신호가 새어나가지 않도록 설계된 '민감특수정보시설Sensitive Compartmented Information Facility, SCIF' 안에서만 이뤄졌다. 이번 임무는 핵미사일이 발사되기 전에 이를 저지할 신기술을 찾아 미국의 주요 도시들을 지켜내는 일이었다.

"이번 일은 대통령이 직접 밀고 있는 사안입니다. 국가안보 최우선 과제 중 다섯 손가락 안에 드는 사안이에요." 합참 부의장의 고문 루번 소런슨Reuben Sorensen이 회의를 시작하며 말했다.

루번 소런슨과 국방부 부장관의 군사보좌관으로 일하던 해군 중령, 라이언 패리스Ryan Farris는 유닛 X 창설을 지지했던 인물들이다. 두 사람은 펜타곤 내 합참 사무국의 깊숙한 곳에 있는 민감특수정보시설에서 라지와 비밀 회동을 했다. 패리스가 말했다.

"문제는 북한입니다. 북한이 핵무기를 보유하고 있다는 건 잘 알려진 사실입니다. 그런데 이제 김정은은 미국 서부 해안을 타격할 수 있는 탄도미사일까지 개발하고 있습니다."

"이게 바로 그겁니다." 소런슨이 벽에 설치된 스크린에 사진을 띄우며 말했다. "핵탄두를 탑재할 수 있는 KN-08 이동식 대륙간탄도미사일ICBM이죠. 이게 있으면 김정은은 시애틀과 로스앤젤레스까지도 초토화할 수 있어요." 소런슨은 북한의 험준한 산악지대에 자리한 평판형 이동식 발사대 위에 미사일이 실려 있는 모습의 사진을 클릭해서 띄웠다. 화강암을 파내 만든 벙커에 트럭 탑재형 ICBM을 숨겨두는 방식은 적의 선제타격을 피해 무기의 위치를 감추는 데 비용 대비 효과가 컸다.

"더 심각한 문제는 북한이 미사일을 어디에 숨겨놨는지, 얼마나 자주 옮기는지, 언제 발사 준비에 들어가는지 전혀 파악이 안 된다는 겁니다. 우리 측에선 사실상 눈을 가린 채 적과 싸우고 있는 거죠."

소런슨과 패리스는 국방부의 J-39 부서에 신설된 특수 팀 소속으로, KN-08의 위치를 정확히 추적할 방법을 찾는 임무를 맡고 있었다. 이들이 유닛 X에 도움을 요청한 이유는 북한을 상시 감시할 수 있도록 마이크로위성 군집을 쏘아 올릴 실리콘밸리 기업을 찾기 위해서였다. 그런데 이 임무를 수행하려면 당시엔 존재하지 않던 기술이 필요했다. 바로 우주에서 지표면으로 전파를 쏘아 반사된 신호로 고해상도 이미지를 생성하는 소형 합성개구레이더Synthetic Aperture Radar, SAR 센서였다. 이 SAR 센서가 있으면 이동식 미사일 발사대를 날씨와 시간에 상관없이 탐지할 수 있다.

30대 후반쯤으로 보이는 동안의 민간인인 소런슨은 미시간대학에서 원자핵공학 박사 학위를 받았다. 그는 버지니아 비치의 미 해군 특수부대를 위한 기술 대응책을 개발해 온 핵심 인재였고, 이후 합참에서 가장 첨예한 작전을 맡으며 본부로 발탁됐다. 형식상 승진이긴 했지만 속도와 실행 중심의 최전선 부대에서 관료적이고 느릿한 본부 조직으로 옮기게 된 것은 마냥 반갑지만은 않은 일이었다.

"전 우리가 북한을 언제든 들여다볼 수 있는 줄 알았어요." 라지가 말했다.

"영화처럼 말이죠?" 패리스가 웃으며 받아쳤다.

그는 북한이 1년에 200일가량 구름에 뒤덮여 있다는 사실을 상기시켰다.

패리스가 북한에 대한 미군의 위성 감시 수준이 얼마나 형편없는지를 수치로 보여주자, 라지는 충격을 받았다. 물론 그는 〈007〉 영화에서 보듯이 미국이 특정 지역 영상을 실시간으로 확대해 사람들의 움직임까지 들여다볼 순 없다는 사실쯤은 알고 있었다. '하지만 설마 이 정도라고? 이러면 북한이 우리한테 사실상 블랙홀이나 다름없는데?' 라지는 그렇게 생각했다.

1990년대 후반 북한 정권은 파키스탄의 핵 기술을 입수했다. 2006년에는 해발 2,200미터에 달하는 만탑산 지하에 갱도를 뚫고 첫 핵실험을 감행했다. 2014년 무렵 미국 정보당국은 북한이 탄도미사일에 탑재할 수 있을 만큼 소형화된 핵탄두를 개발한 것으로 판단했다. 2016년 북한은 다섯 발의 미사일을 발사하며 전력을 과시했고, 2017년에는 기존 폭탄보다 1,000배는 강력한 수소폭탄 실험에 성공했다고 주장했다. 미국과 한국의 정부 관계자들은 이 주장에 의문을 제기했지만 그 폭발물의 정체가 뭐가 됐든 간에 '위력만큼은 명백했다. 과학 저널 〈사이언스Science〉에 발표된 연구에 따르면 해당 폭발로 만탑산 표면이 바깥으로 3.6미터가량 솟구쳤고, 높이는 약 45센티미터나 내려앉았다.

문제는 북한이 핵탄두를 실은 다수의 미사일을 한꺼번에 태평양 너머로 발사할 수 있는 능력을 확보하면서부터였다. 이런 방식이라면 미군의 미사일 방어체계조차 무력화할 수 있었다. 어느 날 아침 김정은이 미국 서부 해안에 핵 공격을 감행하겠다고 결심할 수도 있는 일이었다. 미국 대통령과 국가안전보장회의는 이 문제를 주요 안보 현안으로 인식하며, 합참차장 폴 셀바Paul Selva와 수시로 의견을 주고받았다.

하지만 미사일의 위치를 포착하는 기술을 찾는 일은 유닛 X가 직면한 과제의 일부에 불과했다. 더 큰 문제는 국방부와 정보기관 내 일부 영향력 있는 인사들이 우리가 추진하던 프로젝트를 좌초시키려 했다는 점이었다. 북한의 성공을 바라서가 아니라 우리의 프로젝트가 하필 '불편한 시점'에 등장했기 때문이었다. 당시 국가정찰국National Reconnaissance Office, NRO은 이미 북한을 감시하기 위한 새로운 SAR 위성 개발 프로그램에 예산을 투입한 상태였지만, 그 사업은 계속 표류하고 있었다. 게다가 CIA 출신으로 국가정보국 수석 부국장을 맡고 있던 스테퍼니 오설리번Stepha-nie O'Sullivan을 비롯한 국방부 고위 인사들은 아직 검증되지 않은 마이크로 위성 군집에 추가 예산을 요청할 경우, 어렵사리 의회 통과 직전까지 온 기존 정찰위성 프로그램이 무산될 수 있다는 점을 우려했다.

또한 우리는 국방부가 민간 기술에 대해 품고 있는 뿌리 깊은 불신과도 마주해야 했다. 특히 정찰위성과 같은 민감한 분야에서 그러한 경향이 두드러졌다. 국방부는 전적으로 자금부터 설계 사양까지 모두 자신들의 기준에 따라, 오직 자신들만을 위해 제작된 이른바 '비스포크(맞춤형)bespoke' 장비를 선호했다. 민간 기업이 만든 영상 정보를 구입하는 데도 거부감을 가졌다. 동일한 데이터를 제삼자에게도 판매할 수 있다는 점이 그 이유였다. 국방부 정보 분야의 고위 간부들 다수는 실리콘밸리산 기술이 실패할 가능성이 높다고 여겼다. 핵무기 감시처럼 실패가 용납되지 않는 분야일수록 그러한 우려는 더 강했다.

그럼에도 실리콘밸리 기술에는 확실한 강점이 있었다. 더 적은 비용으로 더 빨리 제품을 생산할 수 있다는 것이었다. 소런슨과 패리스는 유닛 X

가 미사일 위치를 포착할 수 있는 적절한 마이크로위성을 찾아준다면 민간 기술을 활용한 자신들의 새로운 방식이 기대 이상의 성과를 낼 수 있으리라고 확신했다. 더는 지체할 시간이 없었다.

"기존 방산업체들은 이 문제를 해결하는 데 수십억 달러가 들 거라고 하더군요." 소런슨이 말했다.

"그 말은 실제론 60억 달러(약 8조 1,000억 원)쯤 든다는 뜻이겠죠." 라지가 끼어들었다.

"아니면 100억 달러(약 13조 5,000억 원)일 수도." 패리스도 고개를 끄덕이며 맞장구쳤다.

"게다가 개발에 7년에서 10년은 걸린다고 해요." 소런슨이 덧붙였다.

"사실상 못 만든다는 얘기죠." 패리스가 말했다.

"어쨌든 10년씩이나 기다릴 수는 없어요. 진작 나왔어야 했죠." 소런슨이 단호하게 말했다.

마침 유닛 X의 우주 프로젝트 책임자였던 스티브 '버키' 부토우_{Steve 'Bucky' Butow} 대령이 KN-08 미사일 문제를 해결할 수 있는 SAR 위성을 설계 중인 작은 스타트업을 찾아낸 상태였다.

"우리가 그걸 해드릴 수 있습니다." 라지가 말했다.

"정말입니까?"

"기존 업체들이 쓰는 비용의 1,000분의 일로, 1년 안에 가능합니다."

"솔직히 그건 불가능해 보이는데요?" 패리스가 말했다.

"그게 바로 유닛 X가 하는 일입니다. 불가능을 가능으로 만들어 내는 것이죠."

하지만 그때는 몰랐다.

라지는 물론 유닛 X의 그 누구도 우리가 얼마나 거센 반발에 직면하게 될지 전혀 예상하지 못했다.

—

지난 70년간 하늘에서 벌어지는 첩보 활동은 국가안보의 핵심에 있었다. 미국 공군은 소련이 최초의 인공위성 스푸트니크 1호를 발사하기 2년 전인 1955년부터 정찰위성을 개발하기 시작했다. 미국 최초의 정찰위성인 'KH-1 코로나'는 촬영한 사진을 필름 보관용 통에 담아 낙하산에 매달아 지구로 떨어뜨렸고, 특수 개조된 공군 항공기가 공중에서 이를 포착해 회수했다. 이후 스파이 위성 기술은 디지털화됐고 광학 기술을 넘어 탄도미사일 발사나 핵폭발을 감지하는 센서, 상대국의 통신을 감청하는 장비로까지 확장됐다. 이처럼 스파이 위성은 여전히 강대국들이 보유한 가장 강력한 기술 중 하나이며, 그 개발 과정과 성능은 최고 수준의 기밀로 유지되고 있다.

미국은 북한이 현재 보여주는 이런 위협에 대비해 오래전부터 탄도미사일 방어체계 구축에 막대한 예산을 쏟아부어 왔다. 1953년에 등장한 '나이키 방공 시스템Nike Air Defense System'은 미국의 초기 미사일 방어 전략을 떠받친 핵심 기술이었다. 이후 수십 년 동안 다양한 변형 모델과 새로운 프로그램들이 잇따라 개발됐다. 그중 가장 야심 찬 계획은 일명 '스타워즈Star Wars'였다. 1983년 로널드 레이건 대통령이 발표한 이 '전략방위구상Strategic Defense Initiative'은 궤도를 도는 킬러 위성에 레이저와 입자 빔 무기를 장착해 적의 미사일을 공중에서 격추한다는 발상의 프로그램이었다. 몇 년 뒤, 스타워즈가 실현될 경우를 상상한 인상적인 삽화들이 공개됐지만 1987년 미국물리학회는 해당 기술들을 실제 작전에 투입하기까지는 수십 년이 더 필요하다는 결론을 내렸다. 그리고 이 계획이 지나치게 이상적이라는 점을 밝혀낸 핵심 인물 중 한 명이 바로 유닛 X를 만든 우리의 후원자, 애쉬 카터였다.

1980년대 후반 '스타워즈'는 '브릴리언트 페블스Brilliant Pebbles'라는 개념으로 진화했다. 킬러 위성에서 다수의 소형 요격체를 발사해 각각이 목표물을 자동으로 추적해 격추하는 일종의 '지능형 산탄'으로 운용한다는 발상이었다. 하지만 이 역시 실전 운용 단계에는 이르지 못했다. 그러나 2016년 미국은 새로운 방어체계를 실제로 배치했다. 이는 알래스카를 중심으로 한 지상 발사대와 요격 미사일, 미사일 발사를 탐지하는 우주 기반 위성 네트워크로 구성된 시스템이었다. 스타워즈와 달리 이 시스템은 실제로 작동했다. 모든 요격이 성공한 것은 아니었고 비용도 막대했지만, 성공률은 상당히 높은 편이었다.

그럼에도 우리의 우려는 줄어들지 않았다. 라지가 소런슨, 패리스와 만났을 당시 북한은 KN-08 미사일을 한 번에 10기, 많게는 20기까지 동시 발사할 수 있는 수준에 도달해 있었다. 그럴 경우 미국의 방어체계는 과부하가 걸릴 수 있었다. 북한의 미사일 대부분은 요격할 수 있을지 몰라도, 전부 막아내기는 어려웠다.

미사일 방어망이 뚫리지 않게 하는 가장 확실한 방법은 북한의 미사일이 지상에서 발사되기 '이전'에 제거하는 것이었다. 펜타곤 용어로는 이를 '발사 작전 교란left-of-launch'이라고 한다. 하지만 북한이 이동식 발사대를 은폐처에서 꺼내 발사를 준비하는 과정을 우리가 포착할 수 있는 시간은 극히 짧았다. 발사대를 드러내고 연료를 주입한 뒤 미사일을 쏘기까지 걸리는 시간은 몇 분에 불과했다. 그동안 북한은 발사 징후를 감추는 데 매우 능숙해졌다. 미사일과 자주포를 산악 지형의 동굴에 숨기고 수시로 위치를 바꾸며 발사대보다 훨씬 많은 은폐처를 운용해 왔다. 미국과 한국의 정보당국은 그 은폐 전략을 뚫기 위해 사투를 벌였지만, 북한은 오랜 세월 전쟁에 대비한 편집증적 준비 끝에 이동식 발사대를 숨기고 옮겨 다니며 야바위 놀음 같은 기만전술을 펼치고 있었다.

상황이 시급해지자 샌디 위너펠드Sandy Winnefeld(합참차장 폴 셀바의 전임자) 제독 같은 미군 수뇌부는 북한을 최우선 군사 대응 과제로 삼았다. 위너펠드 제독은 이렇게 회상했다.

"우리는 탄도미사일 방어체계와 같은 '발사 이후 요격right-of-launch' 대응책은 잘 갖추고 있었지만, 북한이 미사일 수량 면에서 우리를 앞지를 가능성을 우려했습니다." 그의 참모진은 북한의 KN-08 미사일 보유량 증가 추세와, 이에 대응해 우리가 요격할 수 있는 미사일 수의 증가 추세를 비교한 그래프를 만들었다. 그 그래프에 따르면 머지않아 북한은 미국의 방어망을 압도할 만큼 충분한 수의 KN-08 미사일을 보유하게 될 것으로 나타났다. 이러한 요지의 주장은 수십 년 전에도 똑같이 제기된 적이 있었다. 1960년대 중반, 당시 국방장관이었던 로버트 맥나마라Robert McNamara는 나이키 탄도탄 요격 시스템에 회의적인 시각을 갖게 됐다. 그 요격률로는 소련이 미사일 수를 늘리기만 해도 방어체계가 무력화될 수 있다는 사실을 확인했기 때문이다.

위너펠드 제독은 발사 이후 대응만으로는 부족하다 여기고 '발사 작전 교란' 전략을 정교하게 완성하는 것이 유일한 해법이라 믿었다. 그는 이렇게 설명했다. "북한이 미사일을 동굴에서 꺼내고 준비하고 발사하는 그 짧은 순간에 개입할 수 있는 수단이 필요했습니다." 북한의 미사일을 발사 전에 제거하는 발사 작전 교란 전략을 실현하려면 이들의 움직임을 정밀하게 추적할 수 있는 더 나은 정보 수집 시스템이 필요했다.

위너펠드 제독은 기존 방식처럼 몇 대의 '정밀 위성', 즉 성능은 뛰어나지만 제작비가 천문학적으로 드는 프라임 방산업체의 위성에 의존하는 방식에는 한계가 있다고 생각했다. 그가 제안한 해법은 기능이 다소 떨어지더라도 저비용 위성을 대량으로 빠르게 개발해서 몇 년간 운용한 뒤에 더 우수한 센서와 기술을 갖춘 차세대 위성으로 교체하는 방식이었다. 그가 가장 중시한 것은 북한 상공을 훨씬 자주 관측할 수 있는 능력이었다. 펜타곤 용어로는 이를 '재방문율'이 높다고 표현한다.

사실 항공우주 산업의 판도는 빠르게 바뀌고 있었다. 한때 우주 발사와 위성 운영은 NASA와 군이 독점했지만 스페이스X SpaceX, 플래닛 랩스Planet Labs, 블루 오리진Blue Origin 같은 새로운 민간 기업들이 등장하며 우주 산업의 근간이 흔들리기 시작했다. 이제 정부는 더 이상 머큐리나 아폴로 계획 때처럼 위성을 직접 제작하지 않는다. 2010년대에 접어들면서 정부는 NASA보다 훨씬 저렴한 비용으로 우주에 탑재체를 쏘아 올릴 수 있는 민간 발사 기업의 여러 고객 중 하나가 됐다. 스페이스X는 록히드 마틴과 보잉의 합작사인 유나이티드 론치 얼라이언스United Launch Alliance, ULA보다 훨씬 적은 비용으로 발사를 수행할 수 있었다. 이처럼 자금력을 갖춘 발사·위성 스타트업들이 매달 새로운 기술을 앞세워 등장했고, 과거에는 상상도 할 수 없었던 능력들을 하나둘 구현해 가고 있었다. 이 흐름은 계속 이어져, 2023년에는 전 세계 우주 발사 물체의 80퍼센트를 스페이스X가 담당했다.

그래서 위너펠드 제독은 소런슨과 패리스가 이끄는 J-39 특임 대응 팀을 조직해 전 세계를 뒤지며 대안을 찾게 했다. 정보기관들이 제시하는 기존 해법으로는 북한의 핵 타격 능력 향상 속도를 따라잡을 수 없다고 판단했기 때문이다. 소런슨과 패리스는 정보기관들만큼 높은 기술 기준을 고집하지는 않았지만, 대신 재방문율이 높고 데이터를 충분히 확보할 수 있는 시스템을 원했다.

미 합참은 북한의 공격에 대비하기 위해 가장 먼저 빅데이터와 머신러 닝에 눈을 돌렸다. 새로 등장한 고성능 컴퓨터칩과 알고리즘을 동원해 북 한의 일상적인 움직임을 보여주는 민간 데이터를 포함한 방대한 자료를 수집하고 분석했다. 그리고 이 데이터를 끊임없이 학습한 시스템을 통해 북한의 미사일 발사 준비와 관련된 신호들을 포착하고자 했다. 이 실험적 시스템의 이름은 '데이터 허브Data Hub'였다. 소런슨은 J－39 내부에 이 시 스템을 구축했고, 유닛 X 포트폴리오 기업들의 기술을 활용해 1년 넘게 정교화 작업을 이어갔다. 데이터 허브가 가동된 이후, 다음 과제는 여기에 대량의 영상 데이터를 입력해 시스템을 더욱 강화하는 일이었다. 그래야 북한의 미사일 발사 준비 징후를 더 미세하게 감지할 수 있기 때문이었다.

눈이나 구름 속에서도 실시간에 가깝게 지속적으로 감시하는 것은 기 존의 광학 위성으로는 사실상 불가능하다. 하지만 SAR은 전자기 신호의 반사파를 수집하고 이를 영상으로 가공하는 방식으로 그 일을 해낸다. 박 쥐가 음파로 주변의 모습을 '그려내듯', SAR은 지상에 전파를 쏘고 반사 돼 되돌아오는 데 걸리는 시간을 측정해 지형의 형태와 위치를 추론해 낸다.

SAR은 새로운 기술이 아니었다. 제2차 세계대전 직후, 타이어 제조사 로 잘 알려진 굿이어Goodyear는 군수 분야의 자회사를 통해 SAR 기술의 초기 연구를 시작했다. 당시 레이더 안테나는 집 한 채 크기였다. 이후 1950년대부터 록히드 마틴이 연구개발을 이어받아 최초로 지형지물을 영상화한 SAR 시스템인 '다우저Douser'를 시험했다. 초기에는 약 150미터 이상의 물체만 식별할 수 있었지만, 곧 어둠이나 구름 속에서도 15미터 크기의 물체까지 포착해 내는 수준으로 발전했다. 1960년대에는 록히드 마틴이 SR-71 블랙버드 정찰기에 SAR 센서를 탑재해, 약 24킬로미터 고도의 상공에서 음속의 세 배로 비행하면서도 160킬로미터 떨어진 곳에 있는 지름 9미터의 물체까지 볼 수 있게 됐다. 이후 SAR 기술은 정글의 수풀을 뚫고 나무줄기와 적의 곡사포를 구분할 수 있을 만큼 정밀도가 향상됐다.

문제는 가격 경쟁력과 소형화였다. SAR 위성은 워낙 크고 고가여서 제작 대수 자체가 극히 적었다. 패리스는 이렇게 회상했다. "가장 큰 문제는 정보기관들이 데이터 허브에 필요한 수준만큼 SAR 데이터를 충분히 제공하지 못했다는 점이었죠." 그 무렵 캘리포니아의 팔로알토에는 바로 그 문제를 해결하기 위해 도전장을 던진 야심 찬 젊은 창업가가 있었다. 그의 이름은 파얌 바나자데Payam Banazadeh. 스탠퍼드대에서 대학원 과정을 막 마친 그는 밤하늘에서 여섯 번째로 밝은 별의 이름을 따서 '카펠라Capella'라는 회사를 창업해 초기 자금을 확보해 둔 상태였다. 유닛 X의 우주 분야 포트폴리오를 맡고 있던 스티브 버키 부토우가 발견한 회사가 바로 이 회사였다.

부토우는 50대 초반의 공군 주 방위군 대령이었다. 특수작전용 수송기 C-130의 조종사로 경력을 시작해 아프가니스탄에서 미군 구조 작전을 총괄하는 항공단을 지휘했고, 외계 지적 생명체 탐사 연구소SETI와 NASA 에임스 연구소에서도 일하며 화성 토양 분석용 탐사 장비 개발에 참여한 적도 있었다. 실리콘밸리 기술을 군 임무에 접목할 가능성을 초기에 포착한 인물 중 한 명으로 2010년부터는 투자자, 스타트업 창업자, 군 관계자들과 매달 맥주 모임을 열어 교류해 왔다. 한편 그는 유닛 X가 출범했을 때 가장 먼저 합류한 고위 군 간부이기도 했다. 우주 분야 포트폴리오를 이끌며 뛰어난 성과를 인정받아 준장으로 진급했고, 2023년에는 소장까지 달았다.

"카펠라가 1년 안에 위성을 납품할 수 있을까요?" 워싱턴에서 돌아온 라지가 부토우에게 물었다.

부토우는 바나자데가 뛰어난 아이디어를 갖고 있으며, 그것이 구현된다면 엄청난 전환점이 될 거라고 설명했다. "하지만 아직 프로토타입도 없고 설계도 완성되지 않았습니다. 게다가 그는 회사를 세워본 경험도 없고, 아직 스물네 살밖에 안 되긴 해요."

"딱 좋군요." 라지가 말했다.

바나자데는 이란 출신 이민자로, 뛰어난 공학자였다. 텍사스대 오스틴 캠퍼스에서 항공우주공학을 전공했고, 학부 시절에는 화성에 탐사 로봇차를 보내고 태양계 끝자락까지 탐사선을 보낸 것으로 유명한 NASA 제트추진 연구소Jet Propulsion Laboratory, JPL에서 인턴으로 일했다. 졸업 후에는 JPL에 정식 입사해 심우주 탐사 임무를 이끌었다. 이후에는 소형 위성 설계 분야의 최첨단 연구기관인 스탠퍼드대의 스페이스 랑데부 연구소Space Rendezvous Lab로 자리를 옮겨 SAR 기술을 배우는 동시에 그곳에서 '경영과학 및 공학' 석사 학위를 취득했다.

그가 SAR 위성에 관심을 두게 된 것은 2014년 3월 말레이시아항공 370편이 남인도양 상공에서 실종된 사건에서 비롯됐다. 당시 항공기에는 승객 227명과 승무원 12명이 타고 있었다. 수색 팀은 이후 3년에 걸쳐 잔해를 찾아다녔지만 끝내 실패했고 결국 수색을 중단했다. 당시 JPL에서 우주 위성 관련 업무를 하고 있던 바나자데는 그 사건에 큰 충격을 받았다. "우주를 연구하는 사람으로서 강한 의문이 들었어요. 우리는 지금 우주에서 지구를 어떻게 감시하고 있는 거지? 최첨단 기술이 있다면서 왜 바다를 찍은 사진을 24시간 매일 확인할 수 없는 걸까? 그리고 수색과 구조 작업에 왜 위성 자산이 제대로 활용되지 못하는 걸까? 그 의문의 실마리를 따라가다 보니 우리의 우주 기반 감시 능력이 생각보다 형편없다는 사실을 깨달았어요."

실제로 수백 기의 위성이 지구 궤도를 돌며 지상을 관측하고 있었지만 지구 전체를 감시하는 수준은 여전히 제한적이고 미흡했다. 바나자데는 말레이시아항공 370편의 실종과 그 뒤 몇 주간의 무의미한 수색 작전을 일종의 도전 과제로 받아들였다. "광학 위성은 수가 점점 늘고 있고, 앞으로도 계속 발사될 겁니다. 하지만 광학 위성에는 분명히 한계가 있어요. 밤에는 아무것도 볼 수 없고, 구름에 가려진 곳도 들여다보지 못하거든요." 대신 그는 SAR 기술에 주목했다. SAR은 훨씬 안정적으로 영상을 획득할 수 있는 방식이었다. 가능성을 발견한 그는 SAR 기술과 창업을 동시에 배우기 위해 스탠퍼드대로 향했다. 스탠퍼드대는 세계 최고 수준의 SAR 연구 팀을 보유하고 있었다. 바나자데는 그들의 회의에 참석하며 기술의 원리와 한계를 하나하나 파악해 나갔다. 그는 이렇게 회상했다. "저한텐 일종의 개인적인 여정이었어요. 아직 개념적인 수준이긴 하지만, 기존의 수천억짜리 대형 위성이 아니라 소형 위성으로도 SAR을 구현할 수 있다는 아이디어를 떠올릴 수 있었죠."

전통적인 SAR 설계에는 대형 안테나와 많은 전력이 필요했다. 이 때문에 SAR 위성은 덩치가 크고 발사 비용도 클 수밖에 없었다. 2000년대 이후 실리콘밸리의 민간 위성 기업들이 수천 기의 소형 위성을 쏘아 올렸지만, SAR 영상 기능을 갖춘 위성은 극히 일부에 불과했다.

JPL에 근무하던 당시 바나자데는 소형 위성에 최대한 많은 기능을 집어넣는 방안을 연구했다. 그가 참여한 프로젝트 중 하나는 캠핑 배낭만 한 크기의 소형 위성을 달로 보내는 '루나 플래시라이트Lunar Flashlight'였다. 이때 사용된 위성은 태양광으로 추진력을 얻는 '태양 돛solar sail'으로 움직이도록 설계되었다. 그는 이 개념을 응용해 소형 SAR 위성에 전력을 공급하는 태양광 패널을 개발할 수 있겠다고 판단했다. 이런 식으로 위성이 작아지면 가격이 낮아질 뿐만 아니라 더 많은 위성을 발사할 수 있다고 본 것이다. 만약 성공하면 SAR 위성도 상업용 우주 산업처럼 대량 생산과 저비용 구조를 갖춘 모델로 전환할 수 있었다.

바나자데는 스탠퍼드대 근처 유니버시티 애비뉴의 한 카페에서 부토우를 만나 자신이 구상하고 있던 계획을 설명했다. 이야기를 들은 부토우는 스탠퍼드대에서 열리는 '국방 해킹Hacking for Defense' 강좌를 들어보라고 권했다. 유닛 X가 후원하고 린 스타트업의 창시자로 잘 알려진 스티브 블랭크가 직접 강의하는 수업이었다. 바나자데는 스탠퍼드대 석사과정의 마지막 학기였던 2016년 봄부터 이 수업에 참여했다.

블랭크는 베트남 전쟁 당시 '와일드 위즐Wild Weasel' 전투기에 탑승했던 정비병 출신의 공군 참전 용사였다. 와일드 위즐은 전자전을 수행하는 전투기였는데, 'YGBSM'이라는 모토가 기체에 새겨져 있었다. 이 표현은 작전에 투입된 조종사가 임무 내용을 처음 들었을 때 너무 말도 안 되는 일이라며 반사적으로 내뱉은 말, "You Gotta Be Shittin' Me!(장난해요?)"에서 유래했다. 그 임무란 바로 일부러 적의 방공망에 접근해 소련제 지대공 미사일SAM을 자기 전투기에 조준하게 만든 다음, 미사일이 날아오기 전에 적의 레이더 기지를 파악해 유도 미사일을 먼저 발사해 제거하는 것이었다. 즉 자신이 미끼가 돼 적의 미사일을 끌어낸 뒤 선제공격으로 방공망을 무력화하는 고위험 전자전 작전이었다. 그때 날아오는 지대공 미사일은 전봇대만큼 크고 치명적인 무기였기에, 조종사가 내뱉은 그 한마디는 이후 이 작전을 상징하는 말로 남았다.

1978년 전역 후 대학에 진학하지 않고 곧바로 사회에 나온 블랭크는 군에 정찰 및 정보 수집 시스템을 납품하던 방산업체 ESL에서 경력을 시작했다. 이후 실리콘밸리에서 8개의 회사를 공동 창업하여 성공시켰고 그중 하나는 상장까지 이뤄냈다. 현재 일흔이 된 그는 부스스한 흰 머리에 턱수염을 길러 자유분방한 스타일의 교수처럼 약간 흐트러진 인상을 풍긴다. 국방 분야에 깊은 애정을 지닌 그는 실리콘밸리의 원형은 군과 정보기관에 기술을 판매하던 기업들로 구성돼 있었다는 점을 사람들에게 늘 강조하곤 했다. 그는 이와 같은 역사를 〈숨은 역사의 재발견: 실리콘밸리의 비밀 연대기 Hidden in Plain Sight : The Secret History of Silicon Valley〉라는 발표 자료로 정리해 소개해 왔다. "우리의 뿌리는 국방입니다." 베트남전과 ESL에서의 경험 덕분에 그는 실리콘밸리가 맡아온 국가안보의 역할을 깊이 인식했고, 유능한 젊은 엔지니어들이 국가안보에 기여할 수 있는 기술 개발을 외면하는 현실을 안타깝게 생각했다.

블랭크의 '국방 해킹' 수업은 스탠퍼드대에서 시작해 수많은 스타트업을 탄생시켰고, 여기서 나온 수업 모델은 이후 미국 전역의 대학들로 퍼져나갔다. 그가 학생들에게 가장 강조하는 점은 제품 아이디어에서부터 출발하는 실수를 피하라는 것이다. 대신 그는 고객을 만나 이야기를 듣고 그들이 진짜로 필요로 하는 제품을 만들어야 한다고 가르친다. 실리콘밸리에서는 이를 '고객에서부터 거꾸로' 접근한다고 표현한다. 그는 자신의 수업 교재이기도 한《깨달음에 이르는 네 단계 Four Steps to the Epiphany》라는 책에서 기존 기업은 비즈니스 모델을 '실행'하는 데 집중하는 반면 스타트업은 비즈니스 모델을 '탐색'하는 존재라고 구분했다. 이 '탐색과 실행의 구분'이야말로 현대 창업론의 핵심 개념이라고 그는 말한다.

바나자데는 스탠퍼드대에서 블랭크의 지도를 받으며 한 학기를 보내는 동안 SAR 기술을 정부 기관에서 어떻게 활용할 수 있을지를 파악하기 위해 100여 명이 넘는 관계자들을 인터뷰했다. 이 과정을 통해 그는 값비싸고 거대한 위성이 아니라 상대적으로 저렴한 소형 위성을 수십 기 발사해 지구 전체를 감시할 수 있는 '전자 눈Electronic Eyes' 위성군을 구축한다는 아이디어를 떠올렸다. 학기가 끝날 무렵 그는 벤처투자자들로부터 20만 달러(약 2억 7,000만 원)의 초기 자금을 확보했고, 이를 바탕으로 자신의 회사인 '카펠라 스페이스'를 창업했다.

부토우는 바나자데의 발전 과정을 꾸준히 지켜보았다. 2016년 6월 그는 라지와 함께 바나자데의 마지막 수업에 참석해 그가 발표한 기술 아이디어와 사업 모델을 직접 확인했다. 부토우는 물론 블랭크도 그의 발표에 깊은 인상을 받았다. 몇 달 뒤 부토우는 반가운 소식을 들고 바나자데를 다시 찾아갔다. "국방부에서 SAR 데이터를 구매하고 싶어 해요." 그는 북한이나 J-39 특임 대응 팀에 관한 이야기는 빼고 말했다. "곧 조달 공고가 나올 테니 제안서를 한번 내보세요. 카펠라라면 충분히 경쟁력이 있고, 유닛 X와의 계약도 노려볼 만합니다."

2016년 9월 유닛 X는 조달 공고를 냈다. 카펠라는 제안서를 제출한 여러 기업 중 하나였다. 워싱턴으로 돌아간 부토우와 라지는 소런슨과 패리스에게 SAR 위성을 제작해 줄 유망한 공급업체를 찾았다고 보고했다. 그들은 카펠라의 기술이 합참이 원하던 북한 문제 해결의 돌파구가 될 수 있다는 확신을 바탕으로 추가 예산 확보에 나섰다. 소런슨은 바나자데의 설계안을 검증하기 위해 외부 분석 업체에 정밀 검토를 의뢰했다. 결과는 긍정적이었다. 바나자데가 내세운 기술적 주장은 기능과 크기, 비용 면에서 기존 SAR 업계는 불가능하다고 말하는 혁신을 실현할 가능성이 있다는 평가를 받았다.

카펠라 스페이스 투자와 관료주의의 역습

2017년 초 라지와 부토우는 다시 워싱턴으로 향했다. 이번에는 국방부와 정보기관 고위 관계자들을 만나 카펠라 프로젝트에 대한 자금 지원을 요청하기 위해서였다. 회의는 밥 워크 국방부 부장관과 폴 셀바 합참차장이 공동 주재했다. 카펠라의 예산 지원 여부는 그 두 사람의 결정에 달려 있었다.

회의에는 국방정보차관과 각 정보기관의 대표들, 공군, 국방고등연구계획국의 관계자들도 참석했다. 소런슨과 패리스는 카펠라가 시제품 위성을 제작할 수 있도록 국방부가 1,500만 달러(약 203억) 규모의 계약을 체결해야 한다고 주장하며 워크와 셀바를 설득했다. 그들은 이 위성이 데이터 허브 AI 시스템을 보완해 북한 감시에 활용될 수 있다고 설명했다. 계획이 순조롭게 진행될 경우 총 5,000만 달러(약 675억 원) 규모로 투자를 확대할 수 있다는 구상도 함께 제시했다.

유닛 X의 위성 전문가였던 부토우는 회의 참석자들에게 카펠라가 설계 중이던 시제품 위성에 관해 설명했다. 이 위성은 배낭 크기의 소형 위성이며, 태양광을 동력으로 사용할 예정이었다. 부토우는 바나자데가 이미 항공기에 탑재한 SAR 센서의 지상 실험에 성공했고, 다음 단계는 위성 시제품을 제작해 실제 우주에 발사하는 것이라고 덧붙였다.

라지는 국방부 입장에서 보면 1,500만 달러는 말 그대로 '무시해도 될 수준의 금액'이라는 점을 강조했다. 수십억 달러를 들여 제작하는 다른 맞춤형 정찰위성들에 비하면 그야말로 껌값 수준이었다. 국방부가 계약을 맺겠다고 약속만 하면 바나자데는 민간 벤처투자자들로부터 수백만 달러를 조달해 개발비를 충당할 수 있었다. 사실상 국방부가 부담해야 할 연구개발비의 대부분을 실리콘밸리 투자자들이 대신 부담해 주는 셈이었다. 카펠라가 실패하더라도 국방부가 잃을 건 1,500만 달러뿐이었다. 하지만 성공하면 우리는 핵 공격을 감지하고 대비할 수 있는 초소형 위성망을 확보할 수 있었다.

그러나 즉각 반대가 터져 나왔다. 문제는 돈 때문이 아니었다. 회의에 모인 이들 대부분은 최근 의회의 요청으로 진행된 SAR 관련 예산 검토에 깊이 관여했던 사람들이었다. 정보기관들과 군의 요구를 얼마나 반영할지 결정하는 작업이었지만, 상·하원 보좌진은 이 과정에 지쳐 있었다. 누가 어떤 기능을 원하고, 비용은 얼마나 드는지를 놓고 계속 엇갈린 보고가 들어왔기 때문이다. 전체 그림이 그려졌다고 생각할 무렵이면 또 다른 긴급 임무를 위한 추가 요청이 들어오는 식이었다. SAR 기술 개발과 운용에는 많은 비용이 들었다. 따라서 의회와 행정부는 제한된 예산 내에서 어떤 역량에 투자할지를 매번 고민해야 했다.

의회는 SAR 관련 예산이 다시 논의될 때마다, 예산이 계속 초과하고 일정도 지연되고 있는 수십억 달러짜리 SAR 위성 프로그램을 계속 끌고 갈 가치가 있는지 재평가했다. 한편 소런슨과 패리스는 지금 당장 북한 관련 데이터를 확보해야 했기 때문에 기존 SAR 위성 프로그램의 대체 수단이 절실하게 필요했다. 하지만 이 대형 프로젝트를 계속 진행하도록 정보기관들이 의회를 가까스로 설득해 낸 게 불과 얼마 전의 일이었다.

그렇다면 이 모든 상황은 북한의 KN-08 미사일 탐지를 위한 유닛 X의 노력에 어떤 영향을 미쳤을까? 결과적으로 회의에 참석한 사람들 대부분이 이에 반대했다. 1,500만 달러에 불과한 우리 측의 파일럿 프로젝트가 만에 하나 성공하면 의회가 기존 대형 사업에 대한 지원을 재고할 수 있었기 때문이다. 실제로 이 프로젝트는 비용이 훨씬 적게 들면서도 일부 동일한 기능을 구현할 수 있었고, 그만큼 기존 프로그램의 대체재로 비칠 가능성이 있었다. 게다가 위성 정찰 분야의 공고한 기득권층인 정보 기관으로서는 검증되지 않은 민간 기술로 수준 낮은 실험을 벌이는 것 자체가 애초에 실패할 수밖에 없는 시도라는 인식이 강했다. 설령 성공한다 해도, 자신들의 정치적 입지가 흔들릴 수 있기에 굳이 그런 위험을 감수할 이유가 없었다.

스타트업과 손을 잡는다는 건 확실히 리스크가 따르는 일이었다. 국방부가 카펠라와 계약을 맺게 되면 위성 자체가 아니라 위성에서 수집된 데이터에 대한 접근 권한만을 사게 되는 구조였다. 기존 방산업체들과 달리 카펠라는 그 데이터를 다른 고객들에게도 판매할 수 있었다. 민간 기업은 물론 미국 정부의 허가만 있으면 동맹국의 정보기관과 군에도 판매가 가능했다. 이런 식의 데이터 판매 구조는 펜타곤 입장에선 불안 요소가 될 수 있었고, 그런 시각도 무리는 아니었다.

"정말 예민한 사안이었습니다. 고작 이 정도 예산을 두고 이렇게까지 시끄러웠던 건 처음이었죠." 소런슨이 말했다.

하지만 뜻밖에도 이 모든 반대의 목소리는 일시에 힘을 잃었다.

밥 워크 국방부 부장관은 흔들리지 않았다. 그의 생각에 실리콘밸리의 우주 산업 스타트업들은 이미 첨단 기술을 선도하고 있었고, 앞으로도 그럴 것이 분명했다. 그는 카펠라의 기술을 실제 궤도에서 검증해 보자는 유닛 X의 제안을 승인했다. "진행하는 게 좋겠습니다." 폴 셸바 합참차장도 동의했다. 워크와 셸바는 그 자리에 있던 인사들 중 가장 영향력이 컸고, 사실상 미국 정부를 통틀어 손꼽히는 실세였다. 더 이상의 논의는 필요 없었다. 국방부는 라지에게 자금을 보내기로 결정했다.

그날 저녁 부토우는 라지와 우버를 타고 공항으로 가는 길에 바나자데에게 전화를 걸었다. "허가가 떨어졌어요. 곧 계약서가 갈 겁니다."

바나자데는 기쁨을 감추지 못했다. 우리 역시 마찬가지였다. 유닛 X에게는 엄청난 성과였다. 우리는 카터 장관이 우리에게 맡긴 임무, 즉 실리콘밸리의 역량을 활용해 전투 현장에 꼭 필요한 새로운 기술을 전달하는 일을 제대로 해내고 있었다.

한편, 그때까지만 해도 우리는 어떤 역경이 우리를 기다리고 있을지 전혀 눈치채지 못하고 있었다. 워싱턴을 떠나올 때는 모든 일이 잘 풀리고 있다고만 믿었다. 하지만 싸움은 이제부터가 시작이었다.

한반도를 둘러싼 현실적 위기 시나리오

지구 반대편, 크리스는 따뜻한 토요일 저녁 서울의 거리를 걸으며 그날 낮에 들은 기밀 브리핑 내용을 곱씹어 보았다. 브리핑은 당시 주한미군 사령관이자 한미연합사령부의 지휘관이었던 빈센트 브룩스Vincent Brooks 장군과 함께한 회의 자리에서 이뤄졌다. 브룩스는 미 육군사관학교인 웨스트포인트에서 생도 최고 계급인 '퍼스트 캡틴' 자리에 오른 최초의 아프리카계 미국인이었고, 이후 미 육군 역사상 최연소 장군이 된 인물이었다. 육군에서 36년간 복무한 베테랑 군인으로 막중한 책임을 지니고 있음에도 의외일 정도로 조용하고 차분한 말투를 지닌 사람이었다.

크리스가 한국을 찾은 이유는 유닛 X가 카펠라와 함께 해결하려는 과제를 직접 눈으로 확인하기 위해서였다. 당시 국방혁신위원회의 일행도 한반도의 안보 문제를 해결할 수 있는 기술적 기회들을 평가하기 위해 함께 방문한 참이었다.

보안을 위해 회의는 창문 하나 없이 밀폐된 공간인 브룩스의 회의실에서 이뤄졌다. 그 자리에서 브룩스는 자신이 가장 우려하는 위협이 무엇인지, 그리고 왜 카펠라의 SAR 위성이 판도를 바꿀 수 있는 기술인지 설명했다. 그는 유닛 X와 카펠라를 지지하며 국방부에 그 필요성을 전달하고 있던 여러 전투사령관 가운데 한 사람이었다. 심지어 그는 일을 더 빠르게 진행하기 위해 서울 사령부 내에 유닛 X의 지부를 설치하자고 제안하기도 했다.

브룩스는 이렇게 말했다. "북한은 서울을 조준한 로켓과 대포를 수백 기나 보유하고 있습니다. 산악지대에는 미사일을 숨겨두고 있고, 지하 벙커도 갖추고 있죠. 수십 년에 걸쳐 비밀리에 이런 시설들을 건설해 온 겁니다. 우리의 위성 감시망이 충분치 않기 때문에 언제든 긴장이 고조될 수 있어요. 게다가 우리는 정보 우위도 확보하지 못한 상태예요." 그의 이야기는 매우 불안한 전망을 담고 있었다. 회의가 끝난 뒤 크리스와 국방혁신위원회 일행은 부산 공군기지의 정보 부대를 방문했다. 그곳 군은 냉전 시기에 제작된, 조종사의 부모보다도 나이가 많은 기체에 최신 센서를 장착한 U-2 정찰기를 여전히 운용하고 있었다. 이후 이들은 북한과 해상으로 접한 지역에 있는 한 한국군 기지도 찾았다. 수년 전, 남한의 군사 훈련에 대한 보복으로 북한이 포격을 감행한 곳이었다. 다음 날에는 비무장지대DMZ를 찾았다. DMZ는 1953년, 공식적인 종전은 아니지만 교전을 중단하기로 합의한 정전협정에 따라 남북한 사이에 설치된 완충 지대다. 군사분계선을 중심으로 약 4킬로미터 폭에 걸쳐 설정돼 있으며 양측 군이 긴장 상태로 대치하고 있다. 또한 세계에서 가장 중무장한 지역으로 꼽히며, 해마다 탈북자들이 이곳을 넘으려다 목숨을 잃는 일이 벌어진다.

1990년대 중반 이후 남북한의 관계는 점점 더 긴장 국면으로 접어들었다. 1994년 김정일은 국제 핵사찰단을 추방하고 한국을 "불바다"로 만들겠다고 위협했다. 2010년 3월 서해에서 대한민국 해군 초계함 천안함이 침몰해 46명이 목숨을 잃으면서 상황은 다시 격화됐다. 북한은 책임을 부인했지만 국제 조사단은 북한 어뢰에 의한 공격이라는 결론을 내렸다. 2010년 11월에는 연평도 인근 분쟁 수역에서 실시된 한국군의 포사격 훈련에 대한 대응으로 북한군이 연평도에 170발의 포탄과 로켓을 퍼부었다. 이에 한국군도 대응 사격을 가했다. 이 교전으로 4명이 사망하고 22명이 부상을 입었으며 섬에도 상당한 피해가 발생했다. 크리스와 국방혁신위원회 일행은 그 현장도 직접 둘러보았다. 이 사건은 북한이 새로운 우라늄 농축 시설을 공개한 지 불과 며칠 만에 일어났다. 이 위협은 그만큼 심각했기에, 당시 한국 정부는 미국에 전술핵 재배치를 요청하는 방안을 진지하게 검토하기도 했다. 그 직후 김정일은 자신의 후계자로 아들 김정은을 지명했다.

2017년 크리스가 방한했을 당시에 브룩스 장군은 김정은이 아버지 김정일이나 할아버지 김일성보다 더 위험한 인물이라고 평가했다. "김정은은 선대 지도자들보다 더 예측 불가능하고 위협적인 인물입니다." 브룩스는 이렇게 덧붙였다. "그들의 체제 특성상, 북한과의 관계가 안정되기는 힘들 겁니다. 이건 정말 다루기 힘든 문제예요."

미군 지휘부는 북한 전력에 대해 상당한 정보를 확보하고 있었다. 서울은 국경에서 불과 48킬로미터 떨어진 인구 1,000만 명 규모의 도시로, 북한의 위협에 항상 노출돼 있었다. 서울에만 시간당 1만 6,000발을 퍼부을 수 있는 북한의 포격 능력은 수많은 위협 중 하나에 불과했다. "제가 밤잠을 설치는 진짜 이유는 따로 있습니다. 바로 생화학무기 때문이죠." 브룩스가 말했다.

미군은 북한이 얼마나 많은 로켓 발사기를 보유하고 있는지, 또 전쟁이 발발했을 때 한국 민간인들이 대피소로 대피하는 데 시간이 얼마나 걸릴지도 알고 있었다. 이 수치를 바탕으로 추정하면 전쟁 발발 초기 몇 시간 만에 민간인 사상자가 수백만 명에 이를 가능성도 충분히 존재했다. 이야기는 점점 더 어두운 주제로 흘렀다. 김정은이 실제로 공격을 감행할 경우, 얼마나 많은 시신을 수용할 수 있어야 할지에 대한 논의까지 이어졌다.

"그들이 공격 태세에 들어가기 전에 막지 못한다면 인명 피해는 엄청날 겁니다." 브룩스가 말했다. 그에게는 SAR 소형 위성을 활용한 '발사 작전 교란' 대응책이 절실했다.

그날 밤 크리스와 국방혁신위원회 일행은 서울의 번화가에서 미 대사관 직원들과 주한미군 관계자들의 환대를 받으며 저녁식사를 함께했다. 식사 후 크리스는 강변과 도심 거리를 거닐며 활기 넘치는 서울의 토요일 밤 분위기를 만끽했다. 엄밀히 말하면 전쟁이 끝나지 않은 상황임에도, 수많은 사람이 거리로 나와 민주국가의 평범한 일상을 자유롭게 즐기고 있었다.

이렇게 눈부시게 화려한 도시가 언제든 잿더미가 될 수 있다는 걸 알면서도 사람들은 어떻게 일상을 살아가는 걸까? 위험이 존재한다는 사실은 누구나 알고 있었지만, 크리스와 그 일행이 기밀 브리핑에서 마주한 복잡한 현실까지 깊게 들여다보고 고민하는 사람은 드물었다. 브룩스와 나눴던 대화를 떠올리자 크리스는 다시 한번 소름이 돋았다. 동시에 그는 유닛 X의 일이 얼마나 중요한지 더욱 실감했다. 유닛 X의 일은 단지 미국뿐 아니라 미국이 제공하는 안보 우산 아래 살아가는 전 세계 수많은 사람을 위한 일이기도 했기 때문이다.

위성 기술로 구축하는
새로운 북한 감시 체계

2017년 3월, 라지와 부토우는 마운틴뷰에서 카펠라와 계약을 체결했다. 계약 조건은 이미지 제공이나 시스템 작동 입증 등 단계별 목표를 달성할 때마다 유닛 X가 총 1,040만 달러(약 140억 원)를 분할 지급한다는 내용이었다. "보통은 기초부터 천천히 단계를 밟으며 진행하는 식이지만, 우리는 그 일정을 18개월 이하로 확 줄여버렸습니다." 소런슨이 말했다.

유닛 X의 지급금은 지분 투자 성격이 아니었다. 계약 구조는 카펠라가 위성으로 데이터를 수집하면 국방부가 이를 구매하고 그 대금을 유닛 X가 대신 지급하는 형태였다. 카펠라 입장에서 이 계약은 안정적인 수익원이자 투자자들에게 크게 어필할 수 있는 매우 강력한 무기였다. 말 그대로 그들의 사업에 '터보 엔진'을 다는 셈이었다. 실제로 계약 체결 직후 카펠라는 유명 딥테크deep-tech 벤처캐피털인 DCVC와 스파크 캐피털Spark Capital이 주도한 시리즈 A 투자*에서 1,270만 달러(약 171억 원)를 유치했다. 7월에는 〈뉴욕타임스〉 1면에도 소개됐다. 〈실리콘밸리의 초소형 위성, 북한 미사일 추적 도울 수도〉라는 제목 아래, 라지가 "2017년 말이나 2018년 초까지 펜타곤이 카펠라의 위성을 사용할 수 있을 것"이라고 언급한 내용이 인용됐다. 〈뉴욕타임스〉의 베테랑 안보 전문 기자인 데이비드 생어David E. Sanger는 "카펠라의 레이더 위성군이 성공적으로 배치되면 주요 표적을 시간 단위로 감시할 수 있을 것"이라고 보도했다.

---

* 시리즈 A 투자는 스타트업이 제품과 서비스의 시장성을 어느 정도 입증한 뒤, 본격적인 사업 확장을 위해 받는 초기 단계의 벤처투자다. 보통 투자 유치는 시드 투자, 시리즈 A, B, C 등 단계로 나뉘며, 각 라운드에 따라 투자 목적과 규모가 다르다.

당시 SAR 기술 분야는 그야말로 활기가 넘쳤다. 카펠라는 미국 최초로 상업용 SAR 기능을 제공하는 기업이 될 준비를 마친 상태였다. 바나자데 측은 그해 여름 내내 인력을 확충하며 우리에게 보여줄 시제품 제작에 매진했다. 모든 일이 순조롭게 흘러가는 듯했지만, 한 가지 문제가 있었다. 카펠라의 유일한 고객인 우리가 약속한 자금을 지급하지 못하고 있었다.

뭔가 이상한 일이 벌어지고 있었다. 워싱턴에서 보내기로 한 자금이 끝내 들어오지 않은 것이다. 처음엔 크게 걱정하지 않았다. 부토우가 상황을 계속 예의주시하고 있었고, 서류상 문제가 있다거나 추가 승인이 필요하다는 식의 설명을 들었다. 담당자가 바뀌었다며 다른 사람에게 떠넘겨지는 일도 있었다. 사람들은 이렇게 말했다. "원래 그렇잖아요. 펜타곤은 일이 느려요."

하지만 실상은 달랐다. 워크와 셀바가 정보기관들의 반대를 무릅쓰고 사업 추진을 지시한 그 순간, 비밀 정찰위성 예산을 쥔 실세들 사이에서 '자가면역 반응'이 시작돼 조용하고도 빠르게 퍼져나갔다. 전투사령관 세명이 공식적으로 관심을 표명했고, 주한미군 사령관인 브룩스 장군도 지지를 명확히 했으며, 워크와 셀바가 직접 추진을 지시했고, 북한의 상황에 대한 우려가 날로 커지고 있었다. 그러나 카펠라에 전달돼야 할 자금은 여전히 워싱턴에서 움직이지 않고 있었다.

불길한 예감은 점차 현실로 드러났다. 누군가가 자금 지급을 막고 있거나, 적어도 지연시키고 있는 게 분명했다. 나중에 알게 된 사실이지만 이 모든 상황은 우리를 방해하려는 계획의 일부였다.

봄이 되자 예산관리국은 우리에게 다시 1,500만 달러의 필요성을 설명하라고 요구했다. 반대 세력은 교묘하게 우리 프로젝트를 SAR 예산 전반을 둘러싼 더 큰 갈등에 끌어들였고, 그로 인해 의회 예산 재편성 기준에 걸리게 만들었다. 그 결과 이 변경안이 통과하려면 군 관련 예산을 감독하는 의회 상임위원회 네 곳 모두의 승인을 받아야 하는 상황이 돼버렸다.

다른 의회 위원회는 이 예산 요청에 별다른 반대가 없었지만 단 한 곳인 하원 국방 세출위원회, 바로 에벌린과 에드의 진영만은 달랐다. 처음부터 유닛 X를 없애려 했던 바로 그들이었다. 이번에 우리 측에서 의회에 출석한 사람은 육군 중장인 토니 이에라르디Tony Ierardi였다. 그는 이라크 전쟁과 아프가니스탄 전쟁을 모두 겪었고 육군 제1기병사단을 지휘했으며, 말년에는 합참의 전력 구조·자원·평가 담당 부서인 J-8 부서의 국장을 맡았다. 그의 부하직원만 해도 1,000여 명에 가까웠다. 그날 이에라르디 장군과 부토우는 정부 관용차를 타고 의회 의사당으로 향했다. 두 사람이 들어선 곳은 우리가 예전에 유닛 X의 존폐를 놓고 사활을 걸며 드나들던 바로 그 하원 세출위원회 사무실이었다. 부토우는 이렇게 회상했다. "제 인생에서 가장 끔찍한 경험이었습니다. 이에라르디 장군이 브리핑 자료를 펼쳤는데, 첫 슬라이드조차 넘기지 못했어요. 그 뒤로 3시간 동안 유닛 X와 국방부 전체를 향한 비난이 쏟아졌습니다. 멈추지도 않고, 내내 말이죠."

라지와 크리스가 에벌린과 에드를 상대로 싸웠던 장면이 다시 펼쳐지고 있었다. 이번에는 합참 최고 프로그램 담당 장군이 북한의 핵미사일을 정밀 타격할 수 있도록 도와달라고 직접 요청하러 온 자리였는데도 말이다. "이에라르디 장군이 그러더군요. '이거 보니 당신들한테 이 일이 굉장히 감정적인 문제 같군요.'" 회의는 원래 45분간 진행될 예정이었지만 결국 밤늦게까지 이어졌고, 회의가 끝났을 땐 운전기사가 퇴근한 뒤였다. 결국 두 사람은 펜타곤까지 우버를 타고 돌아가야 했다. 당시를 떠올리며 부토우는 이렇게 말했다. "우린 정복 차림으로 우버 뒷좌석에 붙어 앉아

갈 수밖에 없었습니다. 정말 어처구니가 없었죠."

7월에는 훨씬 더 큰 난관이 닥쳤다. 펜타곤 고위급 회의가 갑자기 소집되는 바람에 우리는 불과 4시간 전에 통보받고 급히 심야 비행기에 올라야 했다. 다음 날 아침 국방부 부장관 회의실에서 국가정보국 수석 부국장 스테퍼니 오설리번은 워크와 셀바에게 카펠라 프로젝트 전체를 당분간 중단해 달라고 요청했다. 그녀는 의회에서 입장을 설득할 시간이 필요하다며 KN-08 미사일을 추적하는 전술 프로그램을 멈춰달라고 국방부 부장관과 4성 장군에게 요구한 것이다. 크리스는 라지를, 라지는 소런슨을, 소런슨은 패리스를 바라보았다. 우리 네 명 모두 이런 상황은 처음이었다. 하지만 워크와 셀바는 국방부와 정보기관들 간의 관계 그리고 자신들의 개인적 업무 관계를 고려해 그녀의 요청을 받아들였고, 다시 기다림의 시간이 이어졌다.

전쟁 상황에서 기다림은 대개 잘못된 선택이다. 유닛 X에 합류한 첫 주, 우리는 제임스 '스네이크' 클라크James 'Snake' Clark를 만난 적이 있었다. 그는 군 특수작전을 주도하던 인물로, 9·11 이전 오사마 빈 라덴을 제거하기 위한 작전을 준비하던 시기에 단 61일 만에 헬파이어 미사일을 프레데터 드론에 장착하는 방법을 찾아낸 사람이었다. 첫 시험 발사는 2001년 2월 16일에 이뤄졌다. 클라크는 이 기술을 더 빨리 실전에 투입할 수도 있었는데 관료제의 벽에 막혀 속도를 내지 못했다. 그와 그의 팀은 9·11이 일어나기 전, 미국이 빈 라덴을 제거할 수 있는 전력을 갖추기 직전까지 갔었다. 만약 몇 주만 더 빨랐더라면 세계 역사는 완전히 달라졌을지도 모른다. 그는 우리에게 두 가지 말을 전했다. "힘들어 보여도 목표를 높게 잡게. 단, 그렇게 하면 저항이 따르기 마련이니 그 점도 각오해야 해." 과거 F-4 전투기 조종사답게 그는 우리가 공격에 직면했을 때 어떤 기분일지를 거침없이 설명해 줬다. 표현이 너무 노골적이라 여기에 옮기긴 어렵지만, 남성의 신체 일부와 믹서기를 빗댄 비유였다.

워크, 셀바, 오설리번과의 회의를 마치고 샌프란시스코로 돌아올 때 우리의 심정이 딱 그랬다. 그리고 2017년 10월, 결정타가 날아왔다. 워크가 처음 지시했던 자금 이체는 여전히 이뤄지지 않고 있었고, 누군가가(늘 그랬듯 우리는 그가 누군지도 몰랐다) 이번엔 형식상의 절차를 문제 삼아 우리를 조사하겠다고 협박했다. 우리가 예산을 받기도 전에 카펠라와 계약을 체결했기 때문에 국방부 조달 규정 중 하나인 '예산 초과 집행 금지법Anti-Deficiency Act'을 어겼다는 이유에서였다. 1870년대에 제정된 이 법은 행정부나 군이 의회의 승인 없이 민간 업체와 계약을 체결하는 것을 금지한다. 의회의 예산 승인 없이 계약부터 체결하면 상업 부문에 대한 '강제성 있는 채무coercive deficiencies*'를 만들게 된다는 이유에서였다. 하지만 이 법이 시행된 150년 동안 실제로 이 규정을 위반했다는 이유로 처벌받은 사례는 단 한 건도 없었다.

그럼에도 우리는 법적 처벌을 받을 수 있다는 협박을 당했다. 결국 우리는 물러설 수밖에 없었고, 카펠라에 '업무 중단'을 지시해야 했다. 자금이 실제로 이체되기 전까지는 더 이상 위험을 감수할 수 없었다. 우리를 노린 함정이었을까? 그렇게 느껴졌다. 하지만 언제나 그렇듯, 진실은 알 수 없었다.

업무 중단 명령은 카펠라에 더 큰 문제를 안겼다. 바나자데는 유닛 X로부터 수익이 들어올 거라는 약속을 바탕으로 벤처투자를 유치했지만, 이제 그 수익이 무기한 연기되거나 아예 사라질 수도 있었다. 투자자들에게

---

* 행정부가 의회의 승인 없이 계약을 맺을 경우, 민간에 대한 지불 의무가 발생해 결과적으로 의회가 예산을 강제로 배정해야 하는 상태.

이 상황을 어떻게 설명할 수 있을까? 부토우는 직접 나서서 카펠라의 투자자들에게 연락하겠다고 했다. 이 문제가 카펠라의 기술 때문이 아니라 국방부 내부의 농간 때문이라는 점을 설명해 주겠다고 말이다. 하지만 이런 설명이 투자자들에게 위안이 되는 건 아니었다. 유닛 X가 정식으로 체결한 계약조차 지켜내지 못하는데, 누가 우리의 말을 믿어주겠는가?

바나자데는 이렇게 회고했다. "카펠라 입장에서는 정말 치명적이었어요. 쉽지 않았습니다. '존폐 위기'라는 표현까지 쓰고 싶진 않지만, 창업 초기에 자금이 빠듯한 상황에서 약속한 결과를 꼭 내야 하는 시기에 이런 일이 생기면 어떤 문제든 생존과 직결되는 위기처럼 느껴지거든요. 당시 상황도 확실히 그런 위기감을 줬습니다. 게다가 업무 중단 명령이 왜 내려졌는지도 불분명했어요. 전체 예산 규모에서 보면 그렇게 큰돈도 아닌데 말이죠. 모든 게 불투명했고, 불확실했어요. 우리로서는 가장 중요한 고객이라고 생각했던 쪽에서 '업무 중단 명령'을 받게 된 셈이니, 정말 버거운 일이었죠."

카펠라로서는 기술 개발이 지연된 것도 문제였지만, 계약이 멈추면서 회사 전체의 자금 운용이 흔들리는 바람에 큰 곤욕을 치러야 했다. 결국 회사는 기업 가치를 낮춰 잡은 상태에서 다시 투자자들을 찾아야 했고 그 과정에서 지분 희석이라는 뼈아픈 대가도 치러야 했다. "결국 우리는 지분을 더 내주게 됐고, 첫 위성 발사도 연기해야 했어요. 그런데 이 발사 지연이 정말 치명적이었습니다. 위성이 올라가 있지 않으면 다음 투자 유치도 불가능하거든요. 이런 일들은 다 맞물려 있는 법이죠." 바나자데가 말했다.

이 사건은 유닛 X 2.0이 실리콘밸리에서 신뢰에 큰 타격을 입은 첫 번째 사례였다. 수년 동안 기술 업계에는 "국방부와는 계약하지 마라. 계약서를 받기 힘들고, 설령 받더라도 돈이 언제 들어올지 알 수 없다"는 식의 말이 돌고 있었다. 유닛 X는 그런 고정관념을 깨겠다며 등장한 조직이었다. "우리는 다르다, 우리는 실리콘밸리의 속도로 일한다"는 것이 우리의 약속이었다. 그러므로 카펠라의 작업을 중단하게 한 지시는 우리에 대한 신뢰를 무너뜨릴 수 있는 사안이었다.

몇 달 뒤인 2018년 7월에도 예산이 지급되지 않자, 라지와 부토우는 유닛 X의 설립 초기에 카터 장관이 특별히 마련해 준 '비공식 운영비'를 꺼내 카펠라를 지원했다. 그 자금은 바로 유닛 X의 예산을 제로화하려 했던 의회 보좌관들인 에벌린과 에드의 분노를 산 문제의 돈이었다. 원래는 다른 프로젝트에 배정된 돈이었지만 실리콘밸리에서 우리의 체면을 지키고 유망한 기술이 사장되는 걸 막으려면 어쩔 수 없는 선택이었다. 덕분에 부토우는 카펠라에 다시 '작업 재개'를 요청할 수 있었다. 바나자데로서는 반가운 일이었지만 이후 그는 정부를 대하는 관점이 완전히 달라졌다고 말했다. "그 일을 겪고 나선 정부를 더 이상 믿을 수 없게 됐어요. 국방부와 계약을 맺을 땐 '어차피 돈은 안 들어올 거다'라는 각오로 임해야 했죠. 실제로 돈이 들어오면 그건 행운이고, 안 들어온다고 해서 그게 회사의 존폐를 좌우하는 일이 돼선 안 되겠다고 생각했습니다."

그 무렵 소런슨과 패리스는 국방부를 떠나 '오비털 이펙츠Orbital Effects'라는 위성 회사를 직접 창업했고, 밥 워크도 얼마 지나지 않아 퇴임했다. 다행히 카펠라에 있어 이 사태는 그저 잠깐의 고비였을 뿐이었다. 2018년 말 카펠라는 첫 시험 위성을 우주에 쏘아 올렸고, 2020년에는 상업용 위성을 발사해 첫 고객을 유치했다. 아이러니하게도 그 첫 고객은 우리 우방국의 정보기관이었다(바나자데는 국가명은 밝히지 않았다). 이후 카펠라는 추가로 7기의 위성을 성공적으로 발사했고 사업은 더 빠르게 성장했다. 2022년에는 벤처 자금으로 9,700만 달러(약 1,310억 원)를 유치한 데이어, 불과 몇 달 뒤 또 다른 투자사로부터 6,000만 달러(약 810억 원)를 추가로 확보했다.

북한의 KN-08 미사일 문제를 해결하기 위해 처음 시작된 '데이터 허브' 시범 프로그램은 이후 더 발전된 AI 기반 조기경보 프로젝트들로 통합됐다. 다만 카펠라의 위성 영상 데이터는 그 후속 작업에는 반영되지 않았다. 그러다 러시아의 우크라이나 침공을 계기로 카펠라는 비로소 국방부로부터 추가 계약을 따내 미 국가정찰국에 위성 데이터를 판매하기 시작했다. 부토우는 이번 우크라이나 전쟁에서 민간 우주 기술이 결정적으로 활용된 사례를 계기로, 그가 원래 카펠라 프로젝트를 통해 촉발되길 기대했던 대전환이 일어나길 바라고 있다.

오설리번을 비롯한 사람들이 그토록 지키려 애썼던 수십억 달러 규모의 위성 프로젝트의 경우, 계약을 따낸 업체가 2023년까지도 제대로 작동하는 위성을 하나도 납품하지 못했다. 이에 따라 펜타곤은 다른 주요 방산 업체들을 대상으로 새로운 입찰을 받기 시작했다. 하지만 이 사업은 '블랙 프로그램'으로 분류돼 있어서 얼마나 많은 예산이 낭비됐는지, 무엇이 잘못됐는지, 누구의 책임인지는 알 길이 없다. 전부 기밀이기 때문이다.

한편 김정은은 여전히 도발적인 군사 행동을 이어가고 있었다. 2022년 12월에는 북한의 무인기 다섯 대가 한국의 방공망을 뚫고 남쪽으로 내려왔고, 그중 한 대는 서울까지 진입했다. 한국군은 이를 격추하지 못한 데 대해 공식적으로 사과했다. 당시 윤석열 대통령은 방공망 강화를 지시하고 "감시 역량을 보강하겠다"고 밝혔다.

브룩스 장군이 요청했던 유닛 X의 한국 사무소는 민간 기술이 계속해서 새로운 가능성을 열어주고 있는 만큼 언젠가 현실이 될 수도 있을 것이다.

5장

유닛 X,
실험 조직에서
공식 조직이 되다

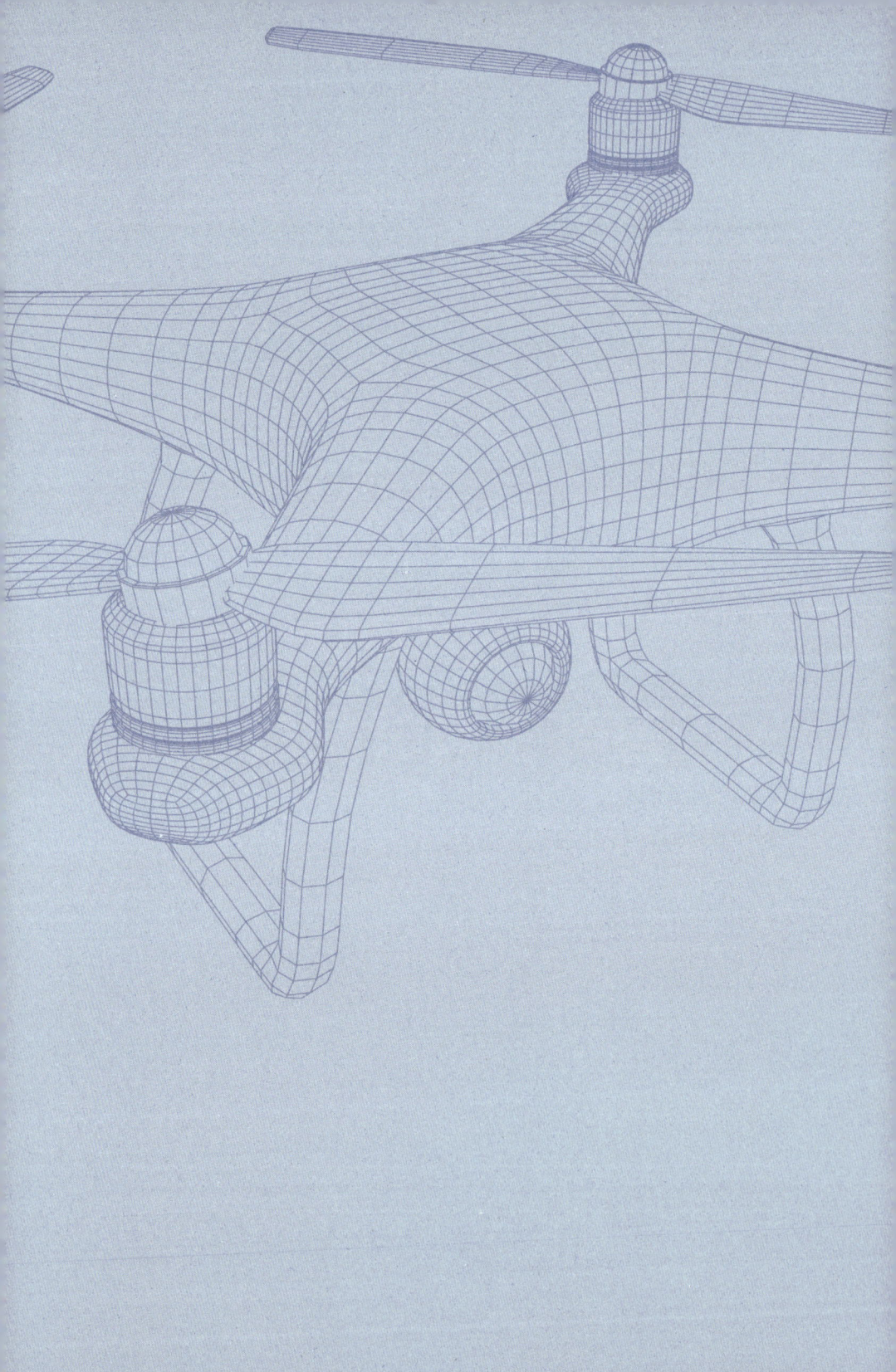

2017년 말까지 유닛 X는 30여 개 군 기관에서 확보한 8,400만 달러(약 1,134억 원)의 예산으로 48개 프로젝트의 계약을 체결했다. 또한 '기타거래권한'이라는 우회 방식을 활용해 평균 60일 만에 계약을 성사했다. 스타트업 입장에서 우리와 계약을 맺는다는 건 첫 걸음에 불과했다. 소규모 자금을 지원받아 시범 프로젝트나 개념 검증을 진행한 뒤, 성과를 입증하면 비로소 실제 군 내 조직들과 정식 생산 계약을 맺었다. 전통적인 펜타곤 조달 절차에서는 이 파일럿 단계에서 생산 계약으로 넘어가는 데 수년이 걸리기도 한다. 하지만 우리는 이 과정을 몇 달 만에 해냈다. 2017년에는 두 건의 프로젝트를 파일럿 단계에서 생산 단계로 전환했다. 그중 하나는 육군 통신망을 담당하는 '육군 네트워크기술사령부NETCOM'에 사이버 보안 기업 태니엄Tanium이 서비스를 제공하는 3,500만 달러(약 473억 원) 규모의 계약이었다. 국방부 기준으로 보면 이는 말도 안 되는 속도였다.

카터 장관의 구상대로, 유닛 X가 포트폴리오 기업에 국방부와의 향후 계약 가능성을 열어주면 벤처캐피털들이 이를 보고 투자를 결정했다. 실제로 유닛 X 포트폴리오에 포함된 기업들은 총 18억 달러(약 2조 4,300억 원) 규모의 벤처투자를 유치했다. 실리콘밸리가 군용 기술을 개발하도록 유도하려는 카터의 구상은 현실이 돼가고 있었다.

우리는 AI, 자율 시스템, 인간 시스템, 정보기술, 우주까지 다섯 개 분야에 걸쳐 전략적으로 투자를 집행했다. AI 분야에서는 C3.ai라는 기업과 협력했다. 이 회사의 소프트웨어는 항공기 정비 시점을 예측해 공군의 예산 수백만 달러를 절감해 주었고, 더 많은 항공기를 작전에 투입할 수 있도록 도왔다. 우리 AI 팀에서는 '메이븐 프로젝트Project Maven'도 추진했다. 이 프로젝트에는 아마존, 마이크로소프트, 구글이 참여해 '컴퓨터가 사물을 볼 수 있는 코드', 즉 컴퓨터 비전 알고리즘을 개발함으로써 미군의 ISIS 전투원 추적 능력을 크게 향상시켰다. 인간 시스템 분야에서는 작전 실패의 주요 원인 중 하나인 탈수 문제를 해결하기 위해, 정찰 부대 병사들의 탈수 정도를 모니터링하는 웨어러블 기술을 개발한 기업과 협력했다. 또 다른 스타트업은 골전도 방식의 초소형 이어폰인 이어버드를 개발해 전투 환경처럼 소음이 심한 상황에서도 병사들이 서로 원활하게 의사소통할 수 있도록 도왔다. IT 팀은 네트워크 보안에서 의미 있는 성과를 거두었고, 국방부가 현대적인 소프트웨어 개발 기법을 도입하는 데도 기여했다.

유닛 X의 포트폴리오에서 특히 눈에 띈 기업 중 하나는 '포올시큐어ForAllSecure'였다. 이 회사는 카네기멜런대 컴퓨터공학과 교수 데이비드 브럼리David Brumley와 그의 대학원생 몇 명이 창업한 회사였다. 2016년 브럼리 팀은 라스베이거스에서 열린 국방고등연구계획국의 '그랜드 챌린지'에 참가했다. 이 대회는 각 팀이 자율 사이버보안 소프트웨어를 슈퍼컴퓨터에서 작동시켜 사람의 개입 없이 사이버 공격을 얼마나 효과적으로 방어하는지를 겨루는 행사였다. 브럼리 팀이 개발한 '메이헴Mayhem' 소프트웨어는 수백만 줄의 코드를 스스로 분석하고 취약점을 찾아낸 뒤 자동으로 수정할 수 있는 기능을 갖추고 있었다. 사이버보안 전문가들이 수개월, 길게는 수년에 걸쳐 해내는 작업을 메이헴은 몇 시간, 혹은 몇 분 만에 끝냈다. 유닛 X의 사이버 팀은 이 기술이 군의 무기체계를 보호하는 데 큰 잠재력이 있다는 사실을 단번에 알아보았다. 브럼리 팀이 메이헴을 이용해 수십 팀의 경쟁자들을 제치고 그랜드 챌린지에서 우승하자, 우리는 포올시큐어가 국방부 내 여러 고객을 대상으로 파일럿 프로그램을 운영할 수 있도록 주선했다. 그중 한 프로그램은 포올시큐어가 육·해·공군에 메이헴을 제공하는 4,500만 달러(약 608억 원) 규모의 정식 계약으로 이어졌다.

그 뒤 주목받은 또 다른 기업은 '실드 AI Shield AI'였다. 이 회사는 두 형제가 공동 창업했다. 형 브랜든 쳉Brandon Tseng은 네이비씰 출신이고, 동생 라이언 쳉Ryan Tseng은 MIT에서 공학을 전공한 엔지니어였다. 이들이 처음 개발한 제품은 브랜든이 아프가니스탄에 파병했을 당시의 경험에서 착안한 아이디어를 바탕으로 만들어졌다. 당시 네이비씰 부대는 건물 내부에 적이 있는지 여부를 알 수 없는 상태에서 강제 진입을 해야 했다. 브랜든은 실내로 진입해 내부를 촬영하는 소형 드론을 만들 수 있다면 작전에 큰 도움이 될 것이라 생각했다. 2016년 우리는 직원이 다섯 명에 불과했던 실드 AI를 발굴했고, 자율 시스템 포트폴리오를 통해 계약을 체결했다. 이후 2018년 이 회사의 '노바Nova' 드론은 실제 전투 임무에 투입되기 시작했다. 이 드론은 AI를 기반으로 자율적으로 작동하며 건물 내부를 스스로 탐색하는 기능을 갖추고 있다. 유닛 X의 지원 덕분에 실드 AI는 이후 수억 달러 규모의 벤처투자를 유치했고, 기업 가치는 20억 달러(약 2조 7,000억 원) 이상으로 평가받았다. 이후 공군과 해군에서도 계약을 따냈으며 〈월스트리트저널Wall Street Journal〉은 실드 AI의 기술을 "실전에 투입된 최초의 자율 로봇"으로 보도했다.

2017년 한 해 동안 유닛 X는 민간 부문에서 유능한 인재들을 적극적으로 영입했다. 연말까지 마운틴뷰, 보스턴, 오스틴 등 지역 사무소 네 곳에 수십 명의 전담 인력을 갖춘 조직을 구축했고, 여기에 예비군과 주 방위군 인력 55명도 합류했다.

한편 실리콘밸리의 투자자들과 창업가들은 펜타곤과 일하는 데 점점 더 관심을 보이기 시작했다. 유닛 X가 진입장벽을 낮추고 수많은 프로젝트를 빠르게 추진했기 때문만은 아니었다. 국방 분야를 겨냥한 다른 대형 스타트업들도 점점 주목받으며 성과를 내고 있었기 때문이다. 빅데이터 분석 기업인 팔란티어Palantir와 우주 발사체 기업인 일론 머스크Elon Musk 의 스페이스X도 빠르게 성장하며 정부 계약을 따내고 있었다. 특히 안두릴Anduril은 라지가 창업 전부터 경영진을 만났던 기업으로, 드론 요격 기술 개발 계획을 진행하고 있었다. 이후 이 회사는 2017년 창업과 동시에 빠르게 투자를 유치했고 벤처캐피털들은 기꺼이 자금을 조달했다. 2019년, 안두릴은 기업 가치가 10억 달러(약 1조 3,500억 원)에 이르렀고, 실리콘밸리식 표현대로 '유니콘' 기업 반열에 올랐다.

우리의 혁신적인 업무 처리 방식과 '스타트업 속도'로 일하는 문화는 미군 전반으로 점점 퍼져나갔다. '곤큘레이터' 프로젝트에서 출발한 공군의 케슬런 팀도 점점 탄력을 받고 있었다. 공군은 AFWERX(에이프웍스)라는 기술 혁신 부서도 새로 출범시켰다. 이 조직은 기업가적 역량을 지닌 장병을 발굴하고 기술 기업들과 협력해 자율운용 기술을 군 작전에 활용할 방법을 모색하는 것을 목표로 삼았다. 유닛 X의 영향을 받아 육군도 마크 밀리Mark Milley 육군참모총장의 주도로 정부와 민간이 함께 운영하는 기술 창업 육성 조직인 '육군 미래사령부Army Futures Command'라는 조직을 창설했다. 육군의 현대화를 위한 조치였다. 텍사스 오스틴에 본부를 둔 미래사령부는 2018년 12명의 인력으로 출발해 2019년에는 2만 4,000명 이상의 규모로 성장했으며, 수십억 달러의 예산을 운용하는 조직으로 자리 잡았다. 이런 모든 변화는 펜타곤에 실리콘밸리의 기술과 사고방식을 이식하려는 흐름의 일부였다.

그해 최대의 분기점이자 유닛 X의 운명을 가른 순간은 2017년 8월 제임스 매티스James Mattis 국방장관의 방문이었다. 그는 시애틀과 실리콘밸리 지역을 사흘간 순회하며 유닛 X 사무소를 둘러보았고 그 일정에는 아마존, 마이크로소프트, 구글 방문도 포함돼 있었다. 우리는 도널드 트럼프 대통령이 당선되고 유닛 X의 후원자였던 애쉬 카터 국방장관이 퇴임한 뒤 매티스가 후임으로 들어선 이후로 숨죽인 채 지내고 있었다. 새 행정부의 출범은 늘 그렇듯 불확실성과 긴장의 연속이었다. 우리는 이제 막 본궤도에 오르던 참이었지만 조직이 문을 닫을지도 모른다는 불안 속에서 몇 달을 버텨야 했다. 펜타곤 내에 우리가 쌓아온 모든 인맥과 지지는 사라졌고, 카터뿐 아니라 그를 보좌하던 참모진과 각 군의 장관들도 모두 떠난 상태였다. 우리는 모든 과정을 처음부터 다시 시작해야 했고, 국방장관 직속 보고 체계를 유지할 수 있을지도 불투명했다.

매티스 장관과 관련해서는 또 하나의 난관이 있었다. 그는 중동 전선에서 해병대를 지휘하다 전역한 뒤 스탠퍼드대 연구 펠로우 자리를 맡았다. 이라크의 라마디와 팔루자에서 동료 해병들이 목숨 걸고 싸운 참혹한 전장을 뒤로하고, 말쑥한 차림의 대학생들이 스쿠터를 타고 햇살 가득한 캠퍼스를 누비는 전혀 다른 세상으로 들어선 것이다. 이후 실리콘밸리에 자리 잡은 그는 피 한 방울로 모든 건강 정보를 진단할 수 있다고 홍보하던 스타트업인 '테라노스Theranos'의 이사회에 합류했다. 그런데 이 회사는 창업자 엘리자베스 홈스Elizabeth Holmes가 사기를 저질렀다는 사실이 드러나면서 큰 스캔들에 휘말렸다. 매티스는 2017년 1월 국방장관으로 취임하면서 이사직을 사임했지만, 그 경험은 실리콘밸리에 대한 큰 불신을 남겼다. 심지어 그는 공개석상에서 실리콘밸리를 "허풍쟁이와 사기꾼들로 가득한 곳"으로 묘사하는 발언을 한 적도 있다.

매티스가 유닛 X를 방문하기 전날 밤, 우리는 그를 저녁 식사에 초대했다. 이 자리에는 실리콘밸리의 기술계 거물들도 함께했다. 따로 마련된 방에서 그는 유명 벤처캐피털 회사인 '앤드리슨 호로위츠Andreessen Horow-itz'의 창립자 마크 앤드리슨Marc Andreessen 그리고 스타트업 인큐베이터*인 '와이 콤비네이터Y Combinator'를 세운 샘 올트먼Sam Altman을 만났다. 올트먼은 이후 오픈AI OpenAI**를 설립해 2022년 AI 혁신을 촉발한 챗GPTChatGPT를 선보인 인물이기도 하다. 이 자리에서 앤드리슨은 매티스에게 이제 벤처캐피털들은 국방 분야 기술에 투자할 의향이 충분하다고 말했다. 오랫동안 실리콘밸리는 펜타곤과의 협업을 기피해 왔지만 유닛 X가 이런 분위기를 바꿔놓았다고 했다. 실제로 라지는 매주 유닛 X 포트폴리오 기업에 투자하고 싶다는 벤처캐피털들의 연락을 받고 있었다. 앤드리슨은 매티스에게 이렇게 덧붙였다. "지금 처음으로 펜타곤 내에 기술을 이해하고 기업가들과 협업하며 빠르게 움직일 수 있는 팀이 만들어졌습니다. 유닛 X를 지지해 주세요. 이건 수십 년간 국방부에서 한 시도 중

---

* 유망한 초기 창업 기업을 선발해 자금과 멘토링을 제공하는 스타트업 육성 기관.

** 2015년, 일론 머스크, 샘 올트먼, 그렉 브록먼, 일리야 수츠케버 등을 포함한 기술 기업인들과 연구자들이 AI의 안전한 개발과 활용을 목표로 설립한 AI 연구소다. 초기에는 비영리 조직으로 시작했지만 이후 일부 상업적 구조를 도입해 연구 자금을 확보했다. 대표적인 기술로는 언어 생성 모델인 챗GPT, 이미지 생성 모델인 DALL·E 등이 있다.

가장 가치 있고 중요한 일입니다."

그날 밤 행사 덕분에 매티스 장관은 우리를 신뢰하게 됐다. 다음 날 아침 그는 유닛 X를 찾아와 반나절 동안 우리 프로그램에 대한 보고를 받았고, 그 자리에서 확신을 굳혔다. 그중에서도 특히 그의 눈길을 끈 건 우리가 드론과 관련해 진행 중이던 프로젝트였다. 매티스는 시리아와 아프가니스탄에 있는 지휘관들로부터 드론이 심각한 위협이 되고 있다는 이야기를 계속해서 듣고 있었다. ISIS와 반군 세력은 중국 기업 DJI*가 만든 값싼 드론을 몇백 달러에 구입해 미군 정찰 및 공격 유도에 사용하고 있었다. 심지어 이라크 모술에서는 드론을 떼로 띄워 미군에 수류탄을 투하하기도 했다. 실제로 그로 인해 사망자가 발생한 사례도 있었다.

매티스 장관은 이 문제를 해결해야 한다는 사실을 잘 알고 있었다. 당시 국방부가 보유한 주요 드론은 보잉이 제작한 '스캔이글ScanEagle'과 제너럴 아토믹스General Atomics가 제작한 '프레데터Predator'였다. 스캔이글 한 대 가격은 약 100만 달러(약 14억 원), 프레데터는 3,000만 달러(약 405억 원)에 달했으며 네바다에 15명의 운용 팀이 있어야 쓸 수 있었다. 각각의 플랫폼은 나름의 장점이 있었지만 ISIS와의 교전 중에 병사들이 군용 배낭에서 바로 꺼내 사용할 만한 무기는 아니었다.

또 다른 문제는 미군이 전투 현장에서 중국산 DJI 드론을 사용하는 것을 원치 않았다는 점이다. DJI 드론은 미군의 위치와 정찰 대상 정보가 중국 서버로 전송될 위험이 있었기 때문이다. 육군은 장병들에게 DJI 드론을 전투나 훈련에서 사용하지 말라는 지침을 내렸지만, 병사들은 여전히 사비를 들여 구입해 ISIS 진지를 정찰하는 데 사용하고 있었다. DJI가 소

---

* 중국에 본사를 둔 세계 최대 민간 드론 제조업체.

형 드론 시장을 사실상 장악한 상황에서 미국산 드론 중에는 쓸 만한 대안이 없었다.

우리는 유닛 X의 드론 팀인 '로그 스쿼드론Rogue Squadron*'의 프레젠테이션으로 매티스의 마음을 얻었다. 이 팀은 두 명의 기술 전문가가 이끌고 있었다. 공군 중령인 마크 제이콥슨Mark Jacobsen은 화물기 조종사로 군 생활을 시작했고, 시리아 내전에 관한 연구를 거쳐 스탠퍼드대에서 정치학 박사 학위를 받은 인물이었다. 또 한 명인 라이언 비얼Ryan Beall은 해군 헬리콥터 조종사 출신의 젊은 기술자로, 드론 마니아이자 소프트웨어 천재였다. 두 사람이 지금까지 진행해 온 작업을 보여주자 매티스의 얼굴이 환하게 밝아졌다.

비얼과 제이콥슨은 모펫 필드의 유닛 X 사무실 옆, 낡은 창고에 실험 팀을 꾸렸다. 이 창고는 한때 무기를 보관하던 철망 울타리들이 미로처럼 얽혀 있어 '철창The Cages'이라고 불릴 정도로 시설이 열악했고, 수도와 냉·난방 시설도 없었다. 여름엔 숨이 막힐 듯 더웠고 겨울엔 살을 에는 듯 추웠으며, 내부에는 실험용 책상과 컴퓨터 단말기, 모의 전장과 연결된 드론·대드론anti-drone** 장비의 실시간 통신 시스템 등이 빼곡하게 들어차 있었다. 두 사람이 보유한 드론만 해도 제조사와 모델을 가리지 않고 거의 50대에 달했다. 그들은 배트맨의 비밀 기지처럼 장비를 갖추겠다며 그 드론들을 유닛 X에 기증하겠다고 했지만, 법무 담당자가 그럴 수 없다고 알려주었다. 유닛 X는 '기부 수령 권한gift authority'이 없기 때문에 무상으

---

* 〈스타워즈〉 세계관에서 루크 스카이워커가 이끄는 반란군의 정예 X-윙 전투기 부대의 이름이다. 이 부대는 기존의 틀을 벗어난 전술, 탁월한 전투 능력, 강한 독립성과 창의성, 불가능해 보이는 임무를 수행하는 것으로 유명하다.

** 드론을 탐지하고 무력화하는 방어 시스템.

로 물품이나 서비스를 받는 건 규정 위반이라는 것이었다. 법무 담당자는 눈치채지 못했겠지만 비얼과 제이콥슨은 그런 말에 전혀 개의치 않고 일단 드론을 기증해서 사용한 뒤, 점차 유닛 X 예산으로 같은 모델을 사서 교체해 썼다.

로그 스쿼드론의 첫 번째 과제는 드론 스타트업들이 내세우는 기술력을 검증하는 일이었다. 기업 관계자가 시제품을 가지고 오면 제이콥슨과 비얼은 시험장에서 그 장비로 모의 교전을 벌였다. 이때 로그 스쿼드론의 대드론 시스템이 '적군' 역할의 레드 팀을 맡고 스타트업 측은 '아군' 역할의 블루 팀을 맡아 실전처럼 테스트했다. 이런 적군 시뮬레이션 테스트도 흥미로웠지만, 로그 스쿼드론의 본격적인 임무는 그다음에 시작됐다. 바로 DJI 드론의 소프트웨어를 분석해 백도어backdoor*와 보안 취약점을 찾아내는 일이었다.

중국산 드론을 사용하는 데 거부감이 없었던 건 아니지만, 현장 운용자들은 DJI 제품이 성능 면에서 타의 추종을 불허한다는 걸 잘 알고 있었다. 미 육군과 해병대가 최전방에 배치한 휴대용 드론보다 여러 세대 앞선 기술이었다. 우리는 DJI 드론을 안전하게 활용할 방법을 찾아야 했다. 그러던 중 비얼은 DJI 운영체제의 취약점 하나를 발견해 드론의 정보 송신 기능을 차단하는 해킹 코드를 직접 개발했다. 이 코드를 적용하면 드론의 데이터가 중국 서버로 전송되지 못하게 막을 수 있었기에 미군은 안심하고 현장에서 DJI 드론을 쓸 수 있었다. 로그 스쿼드론 팀은 이 해킹 코드를 정부의 보안 사이트에 공개했고, 1년 안에 국방부 산하 200개 이상의 기관이 이를 내려받아 자신들이 사용하는 DJI 드론에 설치했다.

---

* 사용자의 눈을 피해 시스템에 침투할 수 있는 일종의 비밀 통로.

로그 스쿼드론의 또 다른 야심 찬 프로젝트는 유닛 X 사무실의 로비에서 우연히 나눈 한 대화에서 시작됐다. 혁신가와 혁신가가 만났을 때만 나올 수 있는 그런 대화였다. 유닛 X에 처음 출근한 날 아침, 비얼은 로비에서 우연히 해군 특수부대 네이비씰의 대원 옆에 앉게 됐다. 그는 비얼에게 이렇게 말했다. "아프간에서 막 복귀한 참입니다. 요즘 그쪽 상황이 꽤 복잡해졌어요. 드론이 아주 골칫거리가 되고 있거든요. 우리가 적의 드론을 간혹 회수하는데, 문제는 그걸 조종한 자를 못 잡는다는 겁니다." 당시엔 적의 드론을 확보해도 그 정보를 활용하려면 드론 기체를 실험실로 보내야 했고, 분석 결과가 나오기까지 몇 주씩이나 걸렸다. 드론이 어디서 떴는지, 조종자가 어디에 있는지 실시간으로 추적할 방법이 전혀 없었다.

그 네이비씰 대원은 병사들이 적의 드론을 회수했을 때 조종자의 위치를 추적할 수 있는 안드로이드 앱을 만들어 줄 수 있는지 비얼에게 물었다. 비얼은 '와이어샤크Wireshark'라는 네트워크 트래픽 분석 도구를 활용해 DJI 드론이 사용하는 통신 프로토콜을 역설계하기 시작했다. 그리고 2주 만에 그 앱을 완성해 냈다. "그 도구는 저도 처음이었어요. 그냥 드론을 연결하고, 그 안의 소프트웨어가 뭘 하는지 알아내려고 있는 힘껏 파고들었죠." DJI 소프트웨어의 프로토콜을 설명해 주는 매뉴얼 같은 건 존재하지 않았다. 다행히 비얼에게는 수천 줄의 코드를 샅샅이 뒤져 프로그램의 작동 방식을 스스로 알아내는 일종의 천재적인, 자신도 잘 설명하지 못하는 그런 특별한 능력이 있었다. 그는 이렇게 말했다. "마치 매트릭스를 읽는 느낌이었어요. 그냥… 이해가 되더군요."

제이콥슨의 말처럼 적군 드론 조종자의 위치를 추적해야 할 필요성은 점점 더 커지고 있었다. 전 세계 곳곳의 미군 기지와 항만이 지속적으로 드론의 감시를 받고 있었기 때문이다(군사 용어로는 드론을 '무인항공기 체계Unmanned Aircraft System, UAS'라고 하고, 이를 방어하기 위한 시스템은 '무인기 대응Counter-UAS' 솔루션이라 한다). 제이콥슨은 한 '함대 주간Fleet Week' 행사에서 벌어진 일을 떠올렸다. 함대 주간은 해군이 수십 척의 함정을 항구에 정박시켜 일반에 공개하는 행사다. 제이콥이 말하길 "그날 하루에만 드론 침입이 40건이나 있었다"고 한다. 물론 대부분은 취미로 드론을 띄운 민간인일 가능성이 높았지만, 이런 민간 드론이 무기화된다면 진주만 사태 같은 일이 다시 벌어질 수도 있었다.

드론 조종자의 위치를 추적할 수 있는 로그 스쿼드론의 소프트웨어는 굉장한 성과였다. 하지만 시간이 지나자 일종의 밀고 당기는 싸움이 벌어졌다. 적들도 우리가 드론을 어떻게 해킹하는지 파악한 뒤에 곧바로 소프트웨어를 바꿔 우리가 만든 해킹 도구가 더 이상 통하지 않도록 만들었기 때문이다. 그러면 우리는 처음부터 다시 시작해야 했다. 사실상 양측의 소프트웨어 개발자들이 눈에 보이지 않는 전쟁을 벌이고 있는 셈이었다. 이제 전쟁은 더 이상 탱크나 미사일이 아니라, 노트북과 코드 줄로 치러지는 시대였다. 결국 더 뛰어난 프로그래머를 가진 쪽이 이기는 싸움이었다.

비얼은 대부분의 해킹 작업을 직접 수행했지만 외부 인재를 끌어들이는 창의적인 방법도 함께 시도했다. 세계 최고의 드론 해커들이 모여 코드를 공유하는 온라인 게시판에 가입한 것이다. 그는 자신이 미군 소속이라는 사실은 밝히지 않은 채 단지 '동료 해커'로서 자신이 개발한 코드를 공유하며 해커들 사이에서 신뢰를 쌓았다. 그런 끝에 그는 일부 해커들을 DJI 소프트웨어 프로젝트에 참여시키기도 했다. 유닛 X의 목표는 민간 부문과 협력하는 것이었지만 이렇게 '윤리적 해커'와 '악성 해커'의 경계에 있는 사람들까지 끌어들이는 방식은 꽤 극단적인 사례였다. 하지만 그것이 현장 병사들에게 더 나은 기술을 제공할 수 있는 길이라면, 우리는 얼마든지 규칙을 유연하게 적용할 각오가 돼 있었다.

제이콥슨의 시각에서 볼 때 DJI 드론을 해킹하는 방식은 근본적인 해결책이 될 수 없었다. 비얼이 특정 세대의 드론 코드를 뚫어내긴 했지만 DJI는 계속해서 새로운 모델을 출시하며 기존 드론의 소프트웨어를 끊임없이 업데이트하고 있었다. 이런 방식으로는 해킹에 해킹만 반복해야 할 뿐이었다. 제이콥슨이 생각한 더 나은, 하지만 훨씬 더 대담한 해법은 미국 내 창업가들을 설득해 DJI보다 뛰어난 드론을 직접 만들게 하는 것이었다. 말하자면 드론 산업 자체를 다시 일으키자는 구상이었다. 제이콥슨은 이렇게 말했다. "DJI 관련 작업은 어디까지나 임시방편이라고 생각했어요. 장기적으로는 통하지 않을 겁니다. 미국산 제품 대신 DJI 드론을 날리는 건 결국 옳은 방향이 아니니까요."

한때 미국에도 여러 드론 제조사가 있었지만 대부분 DJI에 밀려 사라졌다. 제이콥슨은 DJI의 독점을 깨려면 미국 정부가 부품, 예를 들어 자동항법장치나 데이터 링크 같은 핵심 구성 요소부터 시작해 완제품 드론까지 단계적으로 대규모 투자를 해야 한다고 생각했다. 이에 따라 유닛 X는 육군의 쿼드콥터 개발 팀과 협력해 군용으로 적합한 신규 드론 설계를 공모했는데, 이 전략은 실제 성과로 이어졌다. 유닛 X의 자금을 지원받은 기업 중 하나인 스카이디오Skydio는 미군의 주요 감시용 드론 공급업체로 자리 잡았다. MIT 출신의 청년 세 명이 2014년에 창업한 이 회사는 앤드리슨 호로위츠 같은 벤처투자자들의 후원을 받아 22억 달러(약 2조 9,700억 원) 규모의 미국 최대 드론 제조사로 성장했다. 우리는 그렇게, 무너져 가던 미국 드론 산업을 다시 일으켜 세웠다. 누가 봐도 불가능해 보였던 일을 해낸 셈이었다.

국방부는 이 노력을 확대해 '블루 UAS Blue UAS'라는 프로그램으로 발전
시켰다. 이는 국방부 기준에 부합하는 드론 목록을 발표해, 미국 정부 내
누구나 안심하고 구매할 수 있도록 한 일종의 인증 제도였다. 미국의 대
표적인 소비자용 품질 보증 마크인 '굿 하우스키핑 인증Good Housekeeping
Seal of Approval'의 군용 버전이라고 할 수 있었다.

2017년 매티스 장관이 유닛 X를 방문했을 때, 제이콥슨은 로그 스쿼드
론 팀이 DJI 드론의 보안 취약점을 보완해 미군도 안전하게 사용할 수 있
도록 만든 소프트웨어를 시연했다. 이를 본 매티스는 전장의 판도를 바꿀
중대한 돌파구가 열렸음을 직감했고 전폭적인 지지 의사를 밝혔다. "이거
정말 대단하군. 이 일을 최우선 과제로 삼게나. 속도 내고, 범위도 키우고,
반드시 완성하게. 자금은 우리가 델 테니 곧바로 시작해. 그리고 전 부처
로 확대해서 추진하게."

회의가 끝나자 매티스 장관의 수행원들이 제이콥슨에게 달려와 필요
한 자원이 있으면 뭐든 지원하겠다고 말했다. 그 방문 이후 로그 스쿼드
론은 향후 3년간 300만 달러(약 41억 원)의 예산을 받게 됐다. 팀이 시작할
때 받은 2만 5,000달러(약 3,375만 원)에 비하면 엄청난 증액이었다. 제이
콥슨은 이 자금을 활용해 민간 소프트웨어 개발자들을 고용했고, 매티스
가 요청한 속도와 규모에 맞춰 프로젝트를 확장해 나갔다.

우리는 매티스 장관에게 로그 스쿼드론 외에도 몇 가지 다른 프로젝트
를 소개했고, 그는 그 프로젝트들 역시 인상 깊게 본 것 같았다. 방문 일정
이 끝난 뒤 라지가 매티스를 수행 차량까지 직접 배웅하자, 장관은 다시
한번 전폭적인 지지를 약속했다. "지금 하고 있는 일들을 계속해 주게나.
하지만 좀 더 빨리, 더 크게 키워야 해. 내 도움이 필요하면 언제든 전화하

게. 펜타곤에도 꼭 한번 들르고."

이후 매티스 장관은 기자회견을 열고 유닛 X에 대한 공개적인 지지 의사를 밝혔다. "유닛 X는 분명 존재를 계속 이어갈 것이며, 그 영향력과 국방부 내 파급력은 더욱 커질 것입니다. 저는 이 조직을 진심으로 열렬히 지지합니다. 무엇보다 미래를 내다보고 이런 조직을 만들 결단을 내린 카터 장관에게 감사를 표합니다." 그는 심지어 자신이 항상 들고 다니는 가죽 수첩 앞면에 유닛 X의 로고 스티커를 붙이기까지 했다. 이후 몇 주 동안 유닛 X 팀은 매티스 장관이 사우디아라비아의 왕세자 등 세계 각국의 지도자들과 만나는 장면 속에서 우리의 로고가 자주 포착되는 것을 기쁘게 지켜봤다. 얼마 지나지 않아 매티스는 유닛 X에 대한 지지를 더욱 확실히 보여줬다. 유닛 X의 정식 명칭인 DIUx에서 'x'를 떼고 이제 'DIU'라는 이름으로 부르기로 한 것이다. 여기서 'x'는 실험experimental을 의미했다. 매티스는 유닛 X가 더 이상 실험적인 조직이 아니라 국방부의 정식 일원이 됐음을 알리고자 한 것이다. 물론 공식적으로는 'x'를 뗐지만, 우리 마음속에서 우리 조직은 여전히 '유닛 X'였다. 다른 부서에서는 감히 시도하지 못할 기술을 실험하고 위험을 감수하는 실험 정신은 계속됐기 때문이다.

그러나 몇 년 뒤 제이콥슨과 비얼은 로그 스쿼드론을 떠날 수밖에 없었다. 군 인사 시스템이 비전통적인 임무를 높이 평가하지 않았기 때문이다. 시스템은 그들에게 다른 보직으로 옮기도록 요구했다. "2년에 한 번씩 스타트업 경영진을 다 교체해야 한다고 상상해 보세요." 제이콥슨은 그렇게 말하며 아쉬움을 드러냈다. 그는 앨라배마 맥스웰 공군기지 내 공군 교육센터로 자리를 옮겨, 현재는 장교들에게 창업과 기업가 정신을 가르치는 프로그램을 운영하고 있다. 한편 드론을 해킹하느라 헬기를 몰지 않았다는 이유로 진급에서 두 차례 누락된 비얼은 해군을 떠나 안두릴에 합류했다. 그리고 2023년에는 군용 드론을 개발하는 자신의 스타트업을 창업했다. 로그 스쿼드론은 이후 유닛 X에서 분리되어 국방부 내의 다른 부서로 소속이 옮겨졌다.

제이콥슨의 회고에 따르면 로그 스쿼드론의 성과는 절반의 성공이었다. 다른 수많은 프로젝트와 마찬가지로 그들의 행보도 국방부 내부의 관료주의와 암투 때문에 여러 차례 발목이 잡혔다. 한번은 이런 사례가 있었다. 한 정부 기관이 로그 스쿼드론이 만든 앱을 요청했고, 비얼은 이에 응했다. 그런데 얼마 지나지 않아 그 기관이 외부 계약 업체에 의뢰해 만든 경쟁 앱에서 비얼이 만든 역설계 코드를 한 줄 한 줄 그대로 복제하여 사용한 사실이 드러났다.

그뿐만이 아니다. 매티스 장관은 로그 스쿼드론에 3년에 걸쳐 300만 달러를 지원하겠다고 약속했지만, 실제로는 그 돈의 대부분이 지급되지 않았다. 하원 세출위원회의 에벌린과 에드 쪽 인사들이 국방부가 요청한 유닛 X의 예산을 깎아버렸기 때문이다. 당시 유닛 X는 더 이상 매티스 장관에게 직접 보고하는 위치가 아니었다. 게다가 장관의 사무실에 '작은 예산 문제'를 들고 찾아가는 건 쉬운 일도, 현명한 선택도 아니었다. 유닛 X는 다른 경로로 예산을 확보해 보려 했지만 그 요청은 이 부서 저 부서를 떠돌기만 했다. 누군가가 일부러 방해한 것은 아니었다. 다만 국방부의 복잡한 행정 체계 속에서 때로는 국방장관의 지시조차 제대로 실행되기 어렵다는 점을 보여주는 또 하나의 사례일 뿐이었다. 제이콥슨은 그 시기를 떠올리며, 외부 계약 인력들의 대금을 지급하느라 정신이 없었다고 이야기한다. "어떻게든 조직이 살아남게 하려고 많이 애썼죠."

해군 임무를 수행하는 무인 선박, '세일드론'

매티스 장관의 관심을 끈 또 다른 스타트업은 세일드론Saildrone이었다. 유닛 X가 처음 투자한 포트폴리오 회사 중 하나였던 세일드론은 자체 동력으로 수개월간 바다에 머무르며 자율항해가 가능한 함정을 개발 중이었다. 이 배들은 대당 20억 달러(약 2조 7,000억 원) 이상이 드는 구축함을 건조하고 투입하는 비용의 극히 일부만으로 해양 감시 임무를 수행할 수 있었다.

세일드론의 창업자인 리처드 젠킨스Richard Jenkins 역시 만만치 않은 인물이다. 영국 출신인 그는 2009년 바람의 힘만으로 달리는 육상 요트인 '그린버드Greenbird'를 몰아 육상 풍력 속도 세계 신기록을 세우며 이름을 알렸다. 당시 젠킨스는 캘리포니아 모하비 사막에서 시속 약 203킬로미터로 달리는 데 성공했다. 그는 모험을 즐기는 성격으로, 열네 살에 비행을 배우고 열여섯 살에 대서양을 횡단한 열정적인 조종사이자 선장이었다. 그린버드는 사실상 비행기 날개 하나에 바퀴만 달아놓은 탄소 섬유 구조물에 불과했지만, 그런 허술해 보이는 물체에 몸을 묶고 달리는 일쯤은 그에겐 전혀 특별한 일이 아니었다.

젠킨스는 훗날 바다로 눈을 돌려 풍력 기반 자율항해 무인 선박(자율항해 드론)을 개발하게 되는데, 그린버드는 그 기술의 초기 형태라 할 수 있었다. 2012년 그는 캘리포니아 알라미다로 이주한 뒤 세일드론을 설립했고, 샌프란시스코에서 하와이까지 32일간 항해한 무인 선박을 1년 만에 만들어 냈다. 2014년에는 미국 해양대기청NOAA과 손잡고 해양 데이터를 수집하며 수산자원 보존을 위한 어장 조사에 나섰다. 애초 그의 사업 계획은 기후 변화의 영향을 측정하기 위해 바다를 연구하는 것이었다. 하지만 그는 곧 자율항해 무인 선박이 국방 분야에서도 큰 잠재력이 있다는 점을 깨달았다. 이후 젠킨스는 유닛 X를 소개받았고, 유닛 X는 그의 기술을 애쉬 카터 국방장관에게 전달했다. 그러자 카터는 직접 프레젠테이션을 요청하며 젠킨스를 워싱턴으로 불러들였다.

젠킨스는 당시를 이렇게 회상했다. "전 그때 국방장관이 누군지도 몰랐습니다. 어떤 사람이 저보고 '자네 이제 애쉬 카터 앞에서 발표하는 거야'라고 하길래, 그 사람이 누구냐고 제가 되려 물을 정도였죠."

워싱턴에 도착한 젠킨스는 자신을 포함해 다섯 명의 창업가가 카터 장관과 프랭크 켄들Frank Kendall(당시 국방부 획득·기술·물류 담당 차관이자 전 공군 장관) 앞에서 발표할 예정이라는 사실을 알았다. 카터는 과학자로서 탁월한 두뇌를 가졌지만 예민하고 날카로운 성격으로도 명성이 자자했다. 젠킨스는 이렇게 말했다. "연단에 올라가기 직전에 공군 제복을 입은 큰 체구의 남자가 제게 다가와 '조언 하나 해줄까'라고 묻더군요. 그래서 제가 '그럼요'라고 했죠. 그랬더니 그가 이러더라고요. '망치지만 마.' 그러곤 제 등을 한 대 '탁' 치고 연단으로 밀어내더라고요."

젠킨스는 걱정할 필요가 없었다. 카터와 켄들은 세일드론이 개발 중인 기술의 잠재력을 즉각 알아보았고, 몇 주 뒤 펜타곤은 북태평양을 감시할 자율항해 드론 함대를 꾸리려면 비용이 얼마나 들겠느냐고 젠킨스에게 물었다. 각 드론에는 통신 장비가 탑재되고 네트워크로 여러 대가 함께 작동할 수 있도록 설계될 예정이었다. 하지만 불과 몇 주 뒤 트럼프가 대통령으로 당선되면서 카터와 켄들은 자리에서 물러났고, 이 프로젝트는 흐지부지 사라져 버렸다. 그러나 유닛 X를 통해 또 다른 기회가 생겼다. 2017년 미 남부사령부SOUTHCOM의 시범 프로그램을 운영하게 된 것이다. 이를 계기로, 수중 음파 탐지 장비를 탑재한 세일드론이 마약 밀매업자들이 사용하는 고속정과 소형 잠수정을 추적할 수 있으며 사실상 이 임무에 한해서는 구축함에 맞먹는 능력이 있다는 점이 드러났다.

젠킨스는 곧 깨달았다. 세일드론의 진짜 가치는 드론 자체가 아니라 드론이 수집하는 데이터에 있었다. 기술 팀은 5초마다 사진을 찍는 카메라를 드론에 장착해 방대한 이미지 데이터를 수집했고, 이를 분석할 수 있도록 머신러닝 모델을 훈련시켰다. 젠킨스는 다음과 같이 말했다. "사람들은 세일드론을 하드웨어 회사로 보지만, 실제로 하드웨어는 전체의 20퍼센트에 불과해요." 그는 포드 트럭을 연상시키듯 세일드론의 세 가지 모델에 각각 F-150, F-250, F-350이라는 이름을 붙였다. "트럭은 현장으로 이동하기 위한 수단일 뿐이죠. 진짜 가치는 트럭에 무엇을 실었느냐에 달려 있습니다. 우리가 고객에게 제공하는 것도 결국 그 데이터로 무엇을 해내느냐에 달린 것이지요."

현재 세일드론은 조류, 해양 포유류, 고래, 돌고래, 빙산, 선박 등 다양한 대상을 촬영한 수십억 장의 이미지 데이터를 축적하고 있다. 자율항해 무인 선박의 성능도 점점 더 정교해지고 있다. 2019년에는 세일드론이 무인 항해체로는 최초로 남극 일주에 성공했다. 2021년에는 허리케인 샘Sam의 중심부로 선박을 투입해 시속 217킬로미터 이상의 강풍과 30미터가 넘는 파도를 견디며 역사적인 영상을 촬영해 냈다.

유닛 X와의 계약 덕분에 젠킨스는 세일드론 창업 초기에 3,000만 달러(약 405억 원)의 벤처 자금을 유치할 수 있었고, 현재까지 세일드론이 유치한 총투자금은 2억 달러(약 2,700억 원)에 육박한다. 또한 유닛 X의 기타거래계약 시스템 덕분에 정부 기관들이 손쉽게 세일드론과 계약을 체결할 수 있었다. 현재 세일드론은 군사 및 민간 기관 여러 곳에 서비스를 제공하고 있다. 260명의 직원이 근무 중이며, 이 가운데 상당수가 소프트웨어 엔지니어다.

　세일드론이 전 세계 뉴스에 등장한 건 2022년 홍해에서 감시 임무를 수행하던 세일드론 두 척을 이란 해군이 압수했을 때였다. 젠킨스와 그의 팀은 세일드론의 카메라 화면을 통해 실시간으로 그 상황을 지켜보고 있었다. 긴장감 도는 대치와 몇 차례의 교섭 끝에, 세일드론 두 척은 미 해군 측에 무사히 돌아왔다. 이 사건은 당시 이란과 미국 해군 간의 갈등을 상징하는 사건으로 떠오르며 세계 주요 언론의 주목을 받았다. 하지만 젠킨스는 결과적으로 그 사건이 회사에 굉장히 도움이 됐다고 말했다. "그 일을 계기로 정부 내에서 우리의 이름이 알려졌어요. 그 전까지는 펜타곤 안에서도 세일드론에 대해 들어본 적 없는 사람들이 많았고, 알고 있던 사람들도 그저 시범 프로그램용 프로토타입 정도로만 생각하고 있었죠. 불과 4년 전만 해도 세일드론을 해군에 제안하면 돌아오는 반응은 이랬어요. '당신들이 만드는 건 장난감 수준이야. 너무 작고 쓸모도 없어. 우리는 진짜 배, 항공모함을 쓰거든.' 하지만 이제 상황이 완전히 바뀐 겁니다. 그때부터 소형 무인 해상 함정이 해낼 수 있는 일의 가치를 사람들이 제대로 보기 시작했으니까요."

　이란과의 충돌은 젠킨스가 줄곧 주장해 온 한 가지 사실을 더 강력하게 뒷받침해 줬다. 이런 무인 함정은 언젠가는 반드시 포획당하게 돼 있다는 것이었다. "이렇게까지 오랫동안 잡히지 않았던 게 오히려 신기할 정도예요"라고 젠킨스는 말했다. 그렇다고 큰 문제가 되는 건 아니었다. 하드웨어 자체에 특별한 기술이 들어간 것도 아니었고, 데이터는 암호화되거나 삭제되기 때문이다. 이란 해군의 압수 사건은 무인 함정이 '접근 제한 지역'에서 작동할 때 어떤 일이 벌어질 수 있는지를 배우는 계기가 됐다. "저는 오래전부터 무인 시스템은 언젠가 반드시 포획된다고 말해왔어요.

지키겠다는 적극적인 의지가 없다면, 막을 방법은 없습니다. 그래서 애초에 수출 규제 대상이 아닌 범용 기술로 만들어져야 하는 거예요. 기술력이 뛰어난 적의 손에 들어가도 그들이 얻을 수 있는 건 아무것도 없어야 하니까요."

젠킨스의 역할도 바뀌고 있다. 그동안은 기술 개발에 주력해 왔다면, 이제는 국방 전략에서 무인 시스템이 어떤 역할을 할 수 있는지에 대해서도 조언하는 입장이 된 것이다. "처음 몇 년 동안은 항상 이런 생각이 들었습니다. '이 기술을 어떻게 활용해야 하는지까지 내가 말해도 될까? 그건 군이 더 잘 아는 일 아닌가?' 그런데 3~4년쯤 지나고 나서였어요. 한 제독에게 우리가 할 수 있는 일과 해결할 수 있는 문제를 설명하자, 그가 이렇게 말하더군요. '당신네는 우리가 나아가야 할 방향에 대해 우리 생각보다 훨씬 앞서 내다보고 있군요.' 세상이 빠르게 변할 때, 정부는 관성에 발이 묶여 있는 경우가 많습니다."

우크라이나 전쟁 또한 해상 드론의 위력을 각인시키는 계기가 됐다. 우크라이나는 대함 미사일과 해상 드론을 결합해 흑해에 배치된 러시아 함정들을 격침했다. 여기에는 승조원 510명이 탑승한, 길이 183미터에 달하는 러시아 흑해함대*의 기함旗艦** 이자 유도탄 순양함인 모스크바Moskva도 포함돼 있었다. 해군조차 보유하지 않은 우크라이나가 러시아의 흑해함대를 사실상 무력화한 셈이었다. 러시아의 40척 규모 함대는 이제 '존재하기만 할 뿐 실질적 위협이 되지 않는 상태'로 전락했다. 이 전쟁은 많은 이들에게 해상 전쟁의 미래가 달라지고 있다는 사실을 각인시켰다. 극

---

* 러시아 해군이 운영하는 5개 주요 함대 중 하나. 그 외에 태평양함대, 북방함대, 발트해함대, 카스피함대가 있다.

** 흑해함대에서 사령관이 탑승해 지휘하는 중심 전투함.

186

초음속 무기와 대함 미사일이 해군 함정을 손쉽게 파괴할 수 있는 시대에 구축함과 전함에 수십억 달러를 투입하는 일은 더 이상 합리적이지 않았다. 젠킨스는 전 합참차장 샌디 위너펠드 제독의 말을 되짚으며 이렇게 말했다. "대함 극초음속 미사일에 대한 해답이 나오기 전까지는 우리보다 기술이 앞선 적과의 분쟁에 함정을 보내는 일은 더 이상 없을 겁니다. 함정은 평화 시기에는 힘의 과시 수단으로서 의미가 있지만 실제 전투 상황에서는 매우 취약하거든요."

공중에서 전투기를 대신해 드론이 임무를 수행하는 것처럼, 앞으로는 해상에서도 대형 해군 함정들이 맡았던 역할을 드론이 대신하게 될 것이다. 젠킨스는 미래의 해상 분쟁은 잠수함과 장거리 미사일, 그리고 수면 위와 수중에서 네트워크로 연결된 무인기 함대에 크게 의존하게 될 것이라고 내다본다. 이 모든 전력의 기반에는 데이터를 분석하고 실시간 표적 식별을 가능하게 하는 머신러닝과 AI 기술이 자리 잡게 될 것이다.

물류와 수송의 판도를 바꾸는 조비 항공의 드론택시

2016년 우리 파트너 중 한 명이자 구글 혁신 실험실인 구글 X의 '문샷' 연구소 출신인 아이작 테일러는 산타크루즈 산맥의 한 목장 헛간에서 작업 중이던 젊은 발명가 조벤 비버트JoeBen Bevirt와 그의 팀을 발견했다. 그들은 비버트가 캘리포니아의 외딴 히피 공동체인 라스트 찬스Last Chance 에서 자라며 어린 시절부터 꿈꿔온 플라잉카를 만들고 있었다. 전문 용어로 '전기 수직이착륙기(eVTOL, '이비톨'로 읽음)'로 불리는 이 기체는 디자인과 기술력 면에서 압도적인 존재감을 자랑했다.

테일러와 유닛 X는 비버트의 회사인 조비 항공Joby Aviation이 캘리포니아 몬터레이 인근 졸론에 있는 헌터 리겟 육군기지에서 eVTOL 시제품을 시험 운항할 수 있도록 허가를 받아주는 방식으로 지원에 나섰다. 비버트는 당시를 이렇게 회상했다. "우리는 기지 외곽의 오래된 부지를 활용해 테스트 팀이 작업할 임시 격납고와 시설을 마련했어요." 처음에는 축소형 시제품부터 시험 비행을 시작했지만, 2017년에는 실제 크기의 기체 제작과 테스트에 돌입했다. 비버트는 이렇게 덧붙였다. "그 시설 덕분에 항공기 개발과 시험 속도가 급격하게 빨라졌고, 회사 성장의 단단한 기틀이 마련됐죠."

조비 항공에서 개발 중인 eVTOL은 유닛 X의 다른 많은 프로젝트처럼 '민·군 겸용' 제품으로 설계됐다. 조비 항공은 우버 등과 함께 도심의 교통 체증을 피할 수 있는 단거리 에어택시(드론택시)를 개발하는 여러 기업 중 하나였다. 하지만 유닛 X는 이 기술이 군사적으로도 활용 가능성이 크다고 판단했고, 네이비씰과 공군 조종사들 역시 같은 생각을 했다. 그들은 곧 헌터 리겟 기지를 찾아가 조비의 기체를 살펴보며 병력과 물자 수송에 이를 활용할 수 있는지 타진하기 시작했다.

보는 사람의 관점에 따라 이 eVTOL은 대형 드론처럼 보이기도 하고, 소형 헬리콥터처럼 보이기도 한다. 수평 방향으로 설치된 여섯 개의 전기 모터가 이륙 시 기체를 들어 올리고, 이후 90도 회전해 추진용 프로펠러 역할을 한다.

이 항공기는 조종사 한 명과 승객 네 명을 태울 수 있다. 최대 시속 약 330킬로미터로 비행하며 맨해튼 미드타운에서 JFK 공항까지 단 7분 만에 도착할 수 있다. 한 번의 충전으로 최대 240킬로미터까지 비행할 수 있으며, 운항 시 소음도 매우 적어 은밀한 군사 임무에도 적합하다.

2018년 조비 항공은 도요타 AI 벤처스Toyota AI Ventures로부터 1억 달러 (약 1,350억 원) 규모의 벤처투자를 유치했다. 유닛 X가 잠재적인 군 계약을 연계하고 있었던 점도 투자에 긍정적인 영향을 미쳤다. 이어 2020년에는 도요타를 포함한 투자자들로부터 추가로 5억 9,000만 달러(약 7,965억 원)를 유치했다. 그 무렵에는 eVTOL 기체 설계를 완료하고 캘리포니아 마리나의 마리나 시립공항에 제조 시설까지 구축한 상태였다. 같은 해 조비 항공은 우버의 에어택시 사업부이자 경쟁사였던 우버 엘리베이트Uber Elevate를 인수했다.

2023년 조비 항공은 첫 양산형 기체를 공개하며 미 공군에 eVTOL 항공기를 납품하는 1억 3,100만 달러(약 1,769억 원) 규모의 계약을 발표했다. 이로써 미군은 조비 항공의 첫 유료 고객이 됐다. 같은 해 말에 첫 기체가 인도됐고, 2025년부터는 실전에 배치될 예정이다. 그렇게 되면 산타크루즈 산맥 헛간에서 출발한 시제품 기체가 불과 10년 만에 군용 항공기로 실전 배치되는 셈이다. 이는 군용 항공기 개발 역사에서 놀라울 만큼 빠른 진행 사례다. 참고로 록히드 마틴의 F-35 전투기는 1990년대에 구상된 이후, 수많은 지연과 예산 초과를 겪고 나서 2015년에야 실전 배치됐다.

조비 항공은 2021년 기업공개를 완료했고 현재 기업 가치는 약 55억 달러(약 7조 4,250억 원)에 이른다. 조비 항공은 작고 민첩하며 상대적으로 저렴한 제품을 빠르게 시장에 선보여 대형 방산업체들을 능가한 실리콘밸리 스타트업의 성공 사례로 꼽힌다.

메이븐 프로젝트,
펜타곤과 빅테크 기업의 파트너십

우리의 상대는 펜타곤과 대형 방산업체들만이 아니었다. 때로는 실리콘 밸리와도 충돌했다. 메이븐 프로젝트Project Maven가 그 대표적 사례다. 이 프로젝트는 유닛 X와 아마존, 구글, 마이크로소프트를 포함한 일부 민간 소프트웨어 기업들이 공동으로 참여한 협업으로, 현대 군사 작전에 있어 AI의 중요성을 펜타곤 내부에 각인시키는 데 큰 역할을 했다.

메이븐 프로젝트의 공식 명칭은 '알고리즘 전쟁 교차기능 팀Algorithmic Warfare Cross-Functional Team, AWCFT'이다. 2017년 밥 워크 국방부 부장관의 주도로 출범된 이 프로젝트는 드론이 촬영한 영상과 이미지를 분석하는 머신러닝 소프트웨어를 개발해 미군과 연합군을 보호하고 민간인 피해 및 부수적 피해를 줄이는 것을 목표로 했다. 군이 직면한 과제는 대테러 및 반군 소탕 작전에서 수집되는 영상 데이터의 양이 방대해 인간의 분석만으로는 감당할 수 없다는 점이었다. 미국은 정보를 수집할 수 있는 훌륭한 센서와 카메라를 개발했지만, 이 장비들이 모은 수백만 시간 분량의 영상 데이터를 분석할 방법은 찾지 못하고 있었다. 그러던 중에 AI 알고리즘으로 페타바이트PB* 단위의 영상 데이터를 신속하게 분류해 놓으면 군 분석가들이 더 정확하게 판단할 수 있을 거라는 기대가 생겨났다. 이 소프트웨어는 자율적으로 작동하는 것은 아니며, AI가 선별한 데이터를 인간 분석가가 최종적으로 검토하는 방식이다. 목표는 영상 정보 분석 정확도를 높여 ISIS 등 적대 세력과의 전장에서 우위를 점하는 것이었다. 예

---

* 1PB는 약 1,000테라바이트(TB), 즉 약 100만 기가바이트(GB)에 해당하는 방대한 데이터 용량으로, HD 영화 수십만 편을 저장할 수 있을 정도다.

를 들어 이 소프트웨어는 ISIS 전투원의 위치와 움직임을 추적해 테러 공격을 사전에 차단하는 데 기여할 수 있었다.

메이븐 프로젝트의 더 큰 목표는 국방부가 AI를 더 폭넓게 활용하도록 이끄는 파일럿 역할을 수행하는 것이었다. 당시만 해도 국방부 내부 인사들 대부분은 민간 기업들이 AI와 머신러닝을 통해 어떻게 비즈니스를 혁신하고 있는지 제대로 이해하지 못하고 있었다. 이 프로젝트를 총괄했던 사람은 공군 중장, 존 '잭' 섀너핸John 'Jack' Shanahan이다. 그는 과거 F-4, F-15 전투기의 무기체계 장교로 복무한 경험이 있었다. 섀너핸은 메이븐 프로젝트에 대해 이렇게 설명했다. "메이븐은 국방부 전체에 AI의 불씨를 지피고 머신러닝 통합을 가속하는 시범 사업이자 개척자, 점화제 역할을 하도록 설계된 프로젝트입니다."

유닛 X가 메이븐 프로젝트에 참여하게 된 계기는 브렌던 매코드Brendan McCord라는 인물 덕분이었다. 그는 잠수함에서 복무한 전직 해군 장교로, 전역 후 민간 분야로 전향해 보스턴 지역의 스타트업인 이볼브 테크놀로지Evolv Technology에서 일하고 있었다. 그는 라지에게 편지를 보내 당시에 자신이 일하고 있던 회사에서 진행 중인 프로젝트에 대해 설명했다. 이 회사는 빌 게이츠와 CIA 산하 벤처투자기관인 인큐텔In-Q-Tel의 투자를 받은 곳으로, AI를 활용해 대형 경기장 등에서의 보안 위협을 감지하는 이미지 분석 기술을 개발하고 있었다. 매코드는 이 회사에서 소프트웨어 및 정보 담당 이사를 맡고 있었고 MIT에서 공학 학위, 하버드에서 MBA 학위를 받은 인재였다. 그는 유닛 X에 관해 들어 알고 있다가 마침 유닛 X가 그의 모교가 있는 케임브리지에 새 사무소를 연다는 소식을 들었다. 이에 라지가 그를 개소식에 초대했다. 그 자리에서 애쉬 카터 장관이 AI, 특히 컴퓨터 비전 분야의 진전을 촉구하는 연설을 했다. 매코드는 이 연설을 "AI 발전, 특히 컴퓨터 비전 분야에서 진전을 이뤄야 한다는 강력한 외침"으로 기억했고, 이는 그가 하고 있던 일과 정확히 맞아떨어지는 내용이었다.

매코드는 이후 에릭 슈미트와 몇몇 실리콘밸리의 저명한 기술자들, 예컨대 구글의 최고 AI 과학자이며 곧 애플의 AI 연구 책임자가 될 존 지아난드레아John Giannandrea 등이 메이븐 프로젝트 계획에 대해 논의하는 회의에 참석하면서 더 큰 영감을 받았다. 당시 이라크, 시리아, 아프가니스탄에 파병된 미군 병사들은 제한된 정보만으로 전장을 파악해야 할 때가 많았다. 뿐만 아니라 미군의 작전 지역 전반을 분석할 수 있는 인력이 턱없이 부족해 어려움을 겪고 있었다. 예컨대 한반도에서 새로운 긴장이 발생하면 분석관들은 기존에 하던 업무를 중단하고 그쪽에 투입돼야 했다. 매코드와 그 회의에 참석했던 사람 모두는 컴퓨터 비전 기술이 이 문제를 해결할 수 있다는 걸 잘 알고 있었다.

이 때문에 매코드는 보스턴으로 돌아가 약혼자를 설득해 함께 샌프란시스코로 이주했고, 결국 유닛 X 팀에 합류할 수 있었다. 그는 민간 기업에서 억대 연봉을 받던 사람이었지만 유닛 X의 사명에 공감해 과감히 그 보수를 포기했다. 사실 유닛 X 팀원 대부분이 민간에서 받을 수 있는 보수에 비하면 훨씬 적은 보수만 받고 일하고 있었다. 그들은 자신들이 수행하는 임무의 가치를 믿었기에 그 자리에 있었던 것이다.

매코드는 먼저 실리콘밸리의 컴퓨터 비전과 AI 분야의 최고 인재들, 즉 구글과 같은 대형 기술 기업이나 작은 스타트업, 학계에서 활동하던 이들을 불러 모아 최신 컴퓨터 비전 연구 동향을 파악하기 시작했다. 곧이어 그의 팀은 국방부가 기존에 보유했던 어떤 기술보다 뛰어난 AI 모델 세트를 개발해 냈다. 메릴랜드의 에버딘 시험장에 있는 육군 슈퍼컴퓨터 센터를 방문했을 당시, 매코드는 구글이 2011년부터 운영한 AI 연구 팀인 구글 브레인Google Brain과 오픈AI의 인프라를 구축했던 엔지니어 한 명을 함께 데려갔다. 매코드는 당시를 이렇게 회상했다. "우리는 그곳이 얼마나 뒤처져 있는지를 보고 충격을 받았습니다. 그들은 우리와 시스템 얘기를 하는 대신, 자신들 건물이 너무 낡아서 강가 쪽으로 점점 내려앉고 있다는 얘기만 하더군요."

바로 그 무렵 매코드는 백전노장의 풍모를 지닌 한 해병대 대령과 손을 잡게 된다. 그의 이름은 드루 쿠커Drew Cukor. 쿠커는 이라크와 아프가니스탄 전쟁의 가장 치열한 전투에서 싸우며 동료들을 잃은 경험이 있는 인물이었다. 강단 있는 지휘관이었던 쿠커는 '광역 동영상 감시Wide-Area Motion Imagery' 기술을 연구하던 구글 내부 팀에 협력을 요청했다. 이 기술은 도시 전체를 한 번에 촬영하면서 특정 물체를 세밀하게 식별하고 추적하는 매우 까다로운 과제를 수행했다.

예를 들어 트럭과 구급차를 구분하고 이들의 이동 경로를 따라가며 실시간으로 추적할 수 있어야 했다. 그들이 다룬 센서 중 하나는 이름이 고르곤 스테어Gorgon Stare였다. 상대를 쳐다보면 돌로 변하게 만드는 그리스 신화 속 세 자매의 이름에서 따온 것이다. 이 센서는 총 368대의 카메라가 구球 형태로 배열된 카메라의 집합체로, 드론에 탑재돼 고도 약 7,600미터 상공에서 디즈니월드만 한 넓이를 초당 18억 픽셀로 촬영한다. 메이븐 프로젝트 이전에는 공군 분석가들이 이 데이터의 5퍼센트 정도만 실시간으로 겨우 분석할 수 있었다. 소프트웨어가 완성 단계에 접어들자 쿠커와 매코드, 메이븐 팀은 아프가니스탄에서 해병대와 함께 이 장비를 테스트했다. 그들은 엔비디아NVIDIA의 프로세서 240개가 들어간 특수 컴퓨터 장비를 컨테이너 하나에 가득 싣고 칸다하르로 공수했다. 예상대로 소프트웨어는 잘 작동했고, 병사들은 이를 통해 테러 용의자들의 위치와 이동 경로를 추적할 수 있었다.

한편 펜타곤에서는 유닛 X의 소수 정예 AI 전문가 팀이 기적 같은 성과를 내고 있다는 소문이 퍼지고 있었다. 이에 합참의장 조지프 던퍼드(존 포데스타 이메일 유출 사건 당시, 크리스의 직언이 담긴 보고서에도 전혀 불편한 기색을 보이지 않았던 바로 그 장군이다)는 매코드에게, 북한과 무력 충돌이 벌어졌다는 가정 아래 AI를 활용해 초기 대응 전략을 15단계 시나리오로 예측해 보도록 요청했다. 그리고 어느 날 아침, 샌프란시스코에서 밤새 비행기를 타고 온 매코드는 펜타곤에서 합동참모본부 전체를 대상으로 북한과의 전쟁 시나리오를 발표했다. 그의 인생에서 한 번도 상상해 본 적 없는 일이었다.

메이븐 프로젝트는 무기 개발과는 아무 관련이 없었다. 펜타곤식 표현으로 말하자면 이 프로젝트는 단지 차량이나 사람 같은 객체를 컴퓨터 비전으로 식별하는 '비공격적' 용도에 쓰이도록 설계된 것이었다. 하지만 2018년 기술 전문 매체 〈기즈모도Gizmodo〉가 구글이 미 국방부와 협력 중이라는 사실을 보도하면서 상황은 걷잡을 수 없이 나빠졌다. 기사 내용에는 메이븐 프로젝트가 이미지 인식 소프트웨어와 관련된 것이라는 점이 명시적으로 서술돼 있었지만 〈구글, 국방부의 드론용 AI 구축에 협력 중〉이라는 기사 제목은 마치 구글이 자율운용 무기를 개발 중인 듯한 오해를 불러일으켰다. 기사가 보도된 지 한 달 뒤인 2018년 4월 구글 직원 3,000명은 자신들이 서명한 공개서한을 발표하며 구글이 메이븐 프로젝트에서 손을 뗄 것을 요구했다. 그 서한에는 "우리는 구글이 전쟁 사업에 관여해서는 안 된다고 믿습니다. … 따라서 메이븐 프로젝트를 중단하고, 구글 및 그 협력업체가 향후에도 결코 전쟁 기술을 개발하지 않을 것임을 명시하는 명확한 정책을 수립·공개·준수할 것을 요구합니다"라는 내용이 담겨 있었다.

우리로선 어처구니없는 반응이었다. 우선, 구글은 무기를 만들고 있지 않았다. 전혀 관련이 없었다. 또 하나, 우리는 구글을 포함한 기술 기업들이 전장에서 군인들을 위한 솔루션을 개발하든, 사이버 공격으로부터 국민과 기업·정부·군을 보호하든, 미국과 그 동맹국의 방위를 돕는 일에 참여하는 것은 너무나 당연한 일이라고 믿었다. 크리스가 〈뉴욕타임스〉에 기고한 〈실리콘밸리는 왜 전쟁에 참여해야 하는가〉라는 글에서 공개적으로 밝힌 입장도 바로 그런 내용이었다. 복무 경험이 있는 라지에게, 메이븐 프로젝트를 반대한 3,000명의 구글 직원은 순진하다 못해 무책임하게까지 보였다. 고연봉을 받고 서구 민주주의의 혜택을 누리면서도 그 자유를 지키는 일에는 나서지 않으려는 사람들로 느껴졌다.

결국 2018년 6월, 구글 클라우드 사업부의 사장 다이앤 그린Diane Greene은 메이븐 프로젝트를 둘러싼 내부 갈등을 이유로 2019년 계약 종료 이후에는 프로젝트 협업을 더 이상 연장하지 않겠다고 공식 발표했다. 이러한 결정은 인터넷 개척자인 빈트 서프와 같은 기술 업계 원로들의 반대에도 불구하고 감행되었다. 서프는 "메이븐 프로젝트는 전장에서 상황 인식을 제고하고, 사제폭탄을 설치하는 테러리스트를 식별하는 데 도움을 주는 기술"이라고 프로젝트의 순기능을 주장했다. 또한 "공공 부문, 특히 군과 협력하는 일이 가져올 수 있는 긍정적 효과에 대해 많은 오해가 있다"고 말했다.

우리의 시각에서 보자면 구글이 메이븐 프로젝트에서 손을 뗀 것은 커다란 실수였다. 실제로 그렇게 느낀 구글 개발자들도 많았다. 공개서한에 서명한 직원들과 달리, 메이븐 프로젝트에 직접 참여했던 구글 개발자들은 자신들이 수행하던 임무의 중요성을 깊이 인식하고 있었다. 라지가 메이븐 프로젝트의 엔지니어들을 만나기 위해 구글을 방문했을 때, 많은 이들은 이렇게 말했다. "구글에서 했던 일 중에 가장 의미 있는 프로젝트였습니다. 아니, 제 경력 전체를 통틀어 가장 보람 있는 일이었어요." 그들이 개발 중인 소프트웨어는 분석가들이 더 나은 판단을 내릴 수 있도록 도와줌으로써 미군과 동맹군은 물론 민간인의 생명까지 구하는 데 실질적인 도움이 될 수 있었다.

이 프로젝트에 참여한 엔지니어 중 일부는 권위주의 정권에서 미국으로 이주한 이들이었다. 그들에게는 이 일이 더욱 각별한 의미가 있었다. 다행히 구글이 손을 뗀 뒤로도 메이븐 프로젝트는 중단 없이 이어질 수 있었다. 그리고 실제로 섀너핸 장군이 예상한 대로 이 프로젝트는 국방부 전반에 AI 개발을 확산시키는 불씨 역할을 했다. 2018년 섀너핸 장군은 국방부 전반의 AI 개발을 총괄할 조직을 신설해야 한다며 직접 로비에 나섰다. 당시 국방부에서는 600건이 넘는 AI 관련 프로젝트가 부처별로 흩어져 진행되고 있었다. 그는 이들을 하나로 묶는 조직을 구상했고, 이를 '합동인공지능센터 Joint Artificial Intelligence Center'로 명명했다. 약어로는 JAIC, '제이크'로 발음했다. 이름만 보면 딱딱한 기술 조직 같지만 부르기는 마치 사람 이름처럼 친근했다. 섀너핸은 매코드에게 이 조직을 창설할 방안을 구상하도록 지시했다. 이에 매코드는 구글 브레인을 이끌었던 앤드루 응 Andrew Ng을 비롯해 민간 부문에서 대규모 AI 조직을 만든 사람들과 직접 접촉했다. 매코드는 이렇게 회상했다. "우버에서 머신러닝 플랫폼을 구축했던 사람들부터 페이스북의 컴퓨터 비전 책임자까지 핵심 인물들을 곧장 찾아갔습니다."

매코드는 자신이 구상한 계획을 들어줄 만한 고위 인사라면 누구든 찾아가 설명했다. 그중에는 과거 NASA의 국장을 지낸 마이크 그리핀Mike Griffin, 당시 국방부 연구·공학 담당 차관도 포함돼 있었다. 그리핀은 성격이 까다롭기로 유명했고 메이븐 프로젝트나 유닛 X 전반에 크게 호의적인 인물은 아니었지만, 메이븐 프로젝트를 빠르게 진행한 것만큼은 높이 평가했다. 그리핀은 매코드에게 이렇게 말했다. "메이븐에서 무슨 일을 했는진 잘 모르겠지만, 어쨌든 일을 빨리 처리했다는 점만큼은 확실하더군. 제대로 했는지는 몰라도 아무튼 빠르긴 했어. 그러니까 계속 그렇게 밀고 나가게. 딴 사람들한테 휘둘리지 말고." 매코드는 그리핀이 자신을 일정 부분 지지하긴 했지만, 두 사람의 관계가 따뜻하다고 보긴 어려웠다고 회상했다. 어느 날 그리핀은 그를 복도 한쪽으로 불러 세운 뒤 이렇게 말했다.

"AI를 잘 아는 사람이 필요해."

"저를 말씀하시는 겁니까?"

"달리 누가 있겠나."

매코드는 칭찬이라고 하기엔 좀 애매한 말이었다고 언급했다.

다음 과제는 정보 담당 국방차관인 조지프 커넌Joseph Kernan의 지지를 얻는 일이었다. 매코드는 자신이 준비한 설명을 빠르게 마쳤고, 커넌은 기술 전문가는 아니지만 전직 네이비씰 출신답게 직관적으로 결정을 내렸다. "자네 말이 무슨 말인지는 잘 모르겠지만 메이븐 팀 사람들이 자네가 잘 안다고 하더군. 그러니 해보세."

그렇게 해서 합동인공지능센터는 국방부 내 또 하나의 강력한 혁신 엔진으로 탄생할 수 있었다. 국방혁신위원회는 AI가 책임감 있게 활용될 수 있도록 인권 단체들과 협력해 원칙을 마련했고, 2019년에 이를 공식 발표했다. 마침내 국방부는 데이터를 기반으로 AI가 주도하는 군 조직을 진지하게 구축하기 시작했고, 그 과정 역시 책임 있게 진행하고자 했다. 그런 점에서 보자면 메이븐 프로젝트는 단순한 임무를 지닌 작은 프로젝트에서 국방부 전체를 변화시키는 수준으로 성장한 것이다. 우리로서는 크나큰 성공이었다. 우리는 이를 하나의 '승리'로 기록했다.

팔란티어의 피터 틸과 국방 유니콘 기업들의 등장

실리콘밸리 내에서는 창업자들과 투자자들 사이에 퍼져 있던 반反펜타곤 정서가 점차 사그라들고 있었다. 그 배경에는 피터 틸Peter Thiel의 벤처 캐피털 회사인 파운더스 펀드Founders Fund가 투자한 기업들이 제기한 두 건의 대형 소송이 있다. 이 소송들은 전통적인 정부 납품업체들이 독점하고 있던 조달 시장의 구조를 깨기 위한 법적 전략이었다. 피터 틸은 흥미롭지만 논란도 많은 인물이다. 독일에서 태어나 남아프리카공화국과 캘리포니아에서 자랐으며, 스탠퍼드대에서 철학을 전공한 뒤 스탠퍼드 로스쿨에서 법학 학위를 받았다.

1998년 틸은 페이팔PayPal을 공동 창업했고, 이후 실리콘밸리에서 큰 영향력을 행사하는 인물들을 일컫는 '페이팔 마피아'의 일원이 됐다. 이 그룹에는 현재 테슬라와 스페이스X 등 여러 회사를 이끄는 남아공 출신의 일론 머스크, 그리고 링크드인LinkedIn을 창업하고 유명 벤처투자자가 된 리드 호프먼Reid Hoffman도 포함돼 있다. 틸은 페이팔에서 벌어들인 자금으로 투자자의 길로 들어선 이후 페이스북의 초기 투자자로 큰 성공을 거뒀다. 이 이야기는 영화 〈소셜 네트워크The Social Network〉에도 등장한다.

이후 그는 팔란티어를 설립해 미국 정보기관에 데이터 마이닝data mining*
역량을 제공했고, 파운더스 펀드를 세워 팔란티어와 안두릴에 투자했다.

2014년 틸은 오랜 친구인 일론 머스크가 설립한 스페이스X가 미 공군
을 상대로 소송을 제기하는 데 힘을 보탰다. 공군이 110억 달러(약 14조
8,500억 원) 규모의 군사 위성 발사 계약을 유나이티드 론치 얼라이언스
ULA라는 단일 업체에만 몰아준 데 대한 소송이었다. ULA는 록히드 마틴
과 보잉이라는 두 대형 방산업체가 공동 출자해 만든 회사였다. 이 소송
은 2015년에 공군이 향후 군사 위성 발사 사업에 더 많은 업체가 참여할
수 있도록 경쟁 체제를 도입하겠다고 약속하면서 마무리됐다.

2015년에는 팔란티어가 미 육군을 상대로 소송을 제기했다. 육군 통합
정보 시스템인 DCGS－ADistributed Common Ground System–Army의 소프트웨
어 입찰에서 팔란티어가 배제됐기 때문이다. 당시 육군은 이 소프트웨어
를 내부적으로 자체 개발하길 원했고, 이미 수십억 달러의 예산이 투입된
상태였다. 하지만 유닛 X가 익히 경험해 왔듯이, 실제로 이 소프트웨어를
사용해야 하는 군인들은 불만이 많았다. 시스템에 버그가 많고 사용하기
불편하다는 이유에서였다. 현장에서 소규모로 팔란티어의 소프트웨어를
사용해 본 일부 부대는 매우 만족스러워했고, 더 폭넓게 도입해 달라고
요청했지만 육군에서 이를 허용하지 않았다.

2016년 판사는 팔란티어의 손을 들어주며, 팔란티어의 '고담 플랫폼
Gotham Platform'은 육군의 요구 조건을 충족할 뿐 아니라 펜타곤에서 자체
개발하는 것보다 비용도 적게 든다고 판시했다. 이로써 팔란티어는 다른
대형 방산업체인 레이시온과 함께 해당 프로젝트 입찰에 공식적으로 참

---

* 방대한 데이터를 분석해 숨겨진 패턴이나 유의미한 정보를 찾아내는 기술.

여할 자격을 얻었고, 결국 2019년에 10년에 걸친 약 10억 달러(약 1조 3,500억 원) 규모의 계약을 따냈다.

이런 소송들이 하나둘 쌓이면서 펜타곤은 기존 조달 방식을 다시 생각하지 않을 수 없었다. 국방부의 낡고 폐쇄적인 조달 방식이 소송을 통해 외부에 드러나고 망신을 당하면서 변화의 압박이 커진 것이다. 훗날 폴 셀바의 후임으로 합참차장에 오른 공군 장성 존 하이튼John Hyton은 이렇게 회상했다. "스페이스X가 미국 공군과 사업을 하기 위해 어떤 일까지 감수했는지를 보면서 우리는 정말 체면을 구겼습니다. 어느 부처 장관이든 공개적으로 그런 일을 겪고 싶어 하진 않죠."

한편 파운더스 펀드가 투자한 세 번째 회사인 안두릴 역시 국방부의 조달 방식을 뒤흔들기 시작했다. 안두릴의 창업자인 파머 럭키Palmer Luckey는 스물한 살의 나이에 가상현실 헤드셋인 '오큘러스 리프트Oculus Rift'를 개발한 자신의 첫 번째 회사, 오큘러스VR을 2014년 페이스북에 20억 달러(약 2조 7,000억 원)에 매각했다. 몇 달 후 그는 파운더스 펀드가 캐나다 브리티시컬럼비아에서 주최한 워크숍에 참석했다가 전직 정보 분석가이자 팔란티어 임원 출신인 트레이 스티븐스Trae Stephens를 만났다. 스티븐스는 방산 분야에 특화된 벤처기업에 투자할 목적으로 파운더스 펀드에 합류한 인물이었다.

실리콘밸리의 인물들 대다수처럼 트레이 스티븐스도 기술업계로 들어온 경로가 다소 특이했다. 그는 조지타운대에서 지역 및 비교학을 전공한 뒤 정보기관에 들어가 컴퓨터 언어학 관련 업무를 맡았다. 최첨단 지휘통제 센터에서 실시간 정보 분석 시스템을 활용해 일하게 될 줄 알았던 그는 그곳의 실제 기술 수준을 확인하고 크게 실망했다. 카타르 공군 지휘 센터에서 라지가 처음 목격했던 상황처럼, 미 정보기관의 분석가들 역시 서로 호환되지 않는 데이터베이스를 가지고 따로따로 작업하고 있었다. 그 모습을 본 스티븐스는 큰 충격을 받았다. "업무 시간의 20퍼센트는 말 그대로 검색하고 파일을 합치는 데만 보냈어요. 매주 하루를 그런 일에 날렸던 거죠. 처음엔 〈007〉 영화처럼 슈퍼컴퓨터나 애스턴 마틴의 자동차 키쯤은 받을 줄 알았는데… 알고 보니 현실은 웃음밖에 안 나오는 수준이었어요."

스티븐스는 팔란티어가 개발한 소프트웨어 같은 현대적인 기술을 도입하자고 제안했지만 상부에서 이를 받아들이지 않았다. 계속해서 의견을 내다가 결국 "입을 다물라"는 말까지 들었다. 그래서 그는 퇴사하고 곧바로 팔란티어에 합류했다. 팔란티어는 2004년, 9·11 테러를 계기로 세워진 회사였다. 스티븐스의 말에 따르면 창업자들은 9·11 조사위원회의 보고서를 읽고 나서 "문제는 정보 부족이 아니라 연결의 실패였다. 데이터는 있었지만 그것들을 한데 모을 줄을 몰랐다"는 사실을 깨달았다. 팔란티어를 창업한 기술자들은 그런 연결 작업에 익숙했다. 페이팔에서 수년간 사기 거래를 추적하며 해온 일이 바로 그런 일이었기 때문이다. 스티븐스는 이렇게 설명했다. "그들은 자신들이 배운 걸 바탕으로, 그런 기능을 제품으로 만들어 정부에 팔 수 있겠다고 판단한 겁니다."

문제는 그들이 정부를 상대하는 법은 전혀 몰랐다는 것이다. 팔란티어는 정부와 긴밀한 관계에 있는 투자기관인 '인큐텔'의 투자를 받아 시범사업을 일부 수주하긴 했지만, 이를 정식 프로젝트로 전환하는 데는 계속 실패했다. 스티븐스는 이렇게 말했다. "실리콘밸리에서는 제품·시장 적합성만 찾으면 고객이 따라옵니다. 마치 영화 〈꿈의 구장Field of Dreams〉과 같다고 할까요. '일단 좋은 제품만 만들면 고객이 온다'는 식인데, 정부는 그렇지 않아요. 만들어도 안 옵니다." 팔란티어가 결국 입찰 기회를 얻기 위해 육군을 상대로 소송을 벌여야 했던 일을 떠올리며 그는 이렇게 덧붙였다. "팔란티어는 전쟁터에 나가기 위해, 먼저 전쟁을 벌여야 했습니다. 육군은 철통같은 방어 태세로 문을 걸어 잠그고 무조건 팔란티어를 막으려 했죠."

이후 스티븐스와 파머 럭키는 방산 기술 스타트업을 함께 창업하기로 결심했다. 둘은 유닛 X의 사무실을 찾아가 라지와 90분 동안 아이디어를 주고받았다. 그때는 어떤 회사를 세울지, 어떤 제품을 만들지도 정해지지 않은 상태였지만 현장의 문제를 찾아내고 거기서 출발하고자 했다. 또 한 가지 우려도 있었다. 국방부와 사업을 시작하면 계약을 따내고 실제 수익을 내기까지 시간이 너무 오래 걸릴 수 있다는 점이었다.

"이 일을 정말 시작해도 될까요? 여기에 에너지를 쏟을 만한 가치가 있을지 모르겠어요. 정부와 일하는 걸 회의적으로 보는 사람들이 꽤 많더라고요." 스티븐스가 라지에게 이렇게 물었다.

라지가 답했다. "아니에요, 지금은 정말 변화가 일어나고 있어요. 유닛 X에서 일하는 직원만 해도 50명은 되지만, 이게 전부가 아닙니다. 육군은 '미래사령부'라는 자체 혁신 조직도 새로 만들고 있고, 다른 군 조직들도 우리를 따라 움직이기 시작했어요."

유닛 X에서 1년 넘게 일해온 라지는 국방부에 스티븐스와 럭키 같은 혁신가들이 얼마나 절실하게 필요한지를 이야기했다. 그는 두 사람에게 몇 가지 조언을 건넸고, 그들이 처음 생각했던 아이디어에 대해서도 함께 논의했다. 그 아이디어란 미국 남부 국경선을 따라 센서를 설치해 불법 이민자의 월경을 막겠다는 것이었다. 쉽게 말해 트럼프가 세우려던 물리적 국경 장벽의 디지털 버전이었고, 곧 많은 논란을 불러일으켰다. 진보적인 성향이 강한 실리콘밸리에서 국토안보부Department of Homeland Security, DHS의 국경 정책은 혐오스럽다는 인식이 강했다. 그런 상황에서 몇몇 창업가들이 자발적으로 국경 장벽 구축에 참여하려 하는 것은 기이한 광경이었다. 블룸버그 통신은 이를 두고 안두릴을 "기술 업계에서 가장 논란이 많은 스타트업"으로 표현했다.

럭키와 스티븐스가 구상했던 또 다른 아이디어는 적 드론을 격추하는 시스템 개발이었다. 첫 번째 브레인스토밍 미팅에서 그들은 라지에게 이런 구상을 설명했다. 박스 형태의 장비가 열리면 내부에서 드론 떼가 쏟아져 나와 적 드론을 격추한 뒤 다시 박스로 돌아와 충전하거나 연료를 보충하는 시스템이었다. 이 아이디어가 실현된 건 2023년에 이르러서였지만 안두릴은 이보다 훨씬 이른 시점에 국경 지대와 군사기지에 설치할 수 있는 감시 타워를 설계해 의미 있는 성과를 거두었다. 안두릴은 이후 전투용 드론들도 개발했다. 대표적인 예가 '앤빌Anvil'이다. 이 드론은 컴퓨터 비전 기술을 활용해 적 드론을 식별한 뒤 시속 320킬로미터로 들이받아 파괴한다. 또 다른 드론 '고스트Ghost'는 배낭에 넣고 다닐 만큼 작고 조용한 스텔스 드론으로, 미군뿐 아니라 국토안보부와 세관국경보호청CBP에서도 활용하고 있다. 안두릴의 사업에서 핵심 기술이라 할 수 있는 건 '래티스Lattice'라는 AI 소프트웨어다. 이 프로그램은 각종 센서에서 수집한 방대한 데이터를 실시간으로 분석하는 기능을 갖추고 있다.

스티븐스는 안두릴이 스페이스X와 팔란티어가 제기한 소송 덕분에 반사이익을 봤다고 말한다. 그는 인큐텔 콘퍼런스에서 국토안보부 관계자가 왜 안두릴과 계약을 맺기로 했는지 설명하는 말을 우연히 들었던 것을 회상했다. "안두릴은 팔란티어나 스페이스X를 만든 사람들이 세운 회사입니다. 적어도 앞으로 10년간은 더 이상 소송에 휘말리고 싶지 않아요. 이 사람들, 결코 만만한 자들이 아니에요." 스티븐스의 말에 따르면 팔란티어나 스페이스X는 연 매출 1,000만 달러(약 135억 원)를 달성하는 데 5년이 걸렸지만, 안두릴은 이를 22개월 만에 해냈다고 한다.

2021년 말 안두릴의 연 매출은 2억 달러(약 2,700억 원)에 달했다. 2022년에는 미 특수작전사령부로부터 10억 달러(약 1조 3,500억 원)의 계약을 따냈고, 같은 해 15억 달러 규모의 벤처투자 유치에도 성공해 기업 가치가 85억 달러(약 11조 4,750억 원)에 이르렀다. 안두릴은 가장 성공적인 국방 기술 중심 스타트업으로 평가받는다. 파머 럭키의 장기 목표는 안두릴을 록히드 마틴과 같은 전통 방산업체를 대체할 기업으로 키우는 것이다.

안두릴의 성공은 실리콘밸리 투자자들 사이에서 국방 기술에 관한 관심을 불러일으켰다. 2020년 팔란티어가 기업공개를 단행하며 기업 가치 165억 달러(약 22조 2,750억 원)를 기록한 것도 큰 역할을 했다(현재 팔란티어의 기업 가치는 300억 달러(약 40조 5,000억 원), 연 매출은 20억 달러(약 2조 7,000억 원) 수준이다). 여기에 2023년 기준 스페이스X의 기업 가치가 1,370억 달러(약 184조 9,500억 원)에 이르렀다는 점도 투자자들에게 큰 동기 부여가 됐다. 스티븐스는 이렇게 말했다. "지난 20년 동안 지금처럼 시장의 관심이 높았던 적이 없습니다. 벤처캐피털이 국방 분야에 투자해서 돈을 벌 수 있는 명확한 패턴을 보기 시작하면 '무기 산업에 연루되기 싫다'는 감정적인 반감은 자연스럽게 사라지게 되죠. 요즘 잘나가는 국방 기술 스타트업들은 결국 팔란티어와 스페이스X가 먼저 길을 닦아둔 덕을 보고 있는 셈이에요."

스티븐스는 구글이나 마이크로소프트 같은 민간 기술 기업은 국방부와 일하지 말아야 한다고 주장하는 실리콘밸리 사람들에게 전혀 공감하지 않는다. 그는 이렇게 말했다. "이 일이 왜 중요한지 이해하지 못하는 몇몇 목소리 큰 사람들이 있어요. 메이븐 프로젝트에서 구글이 빠지게 만든 사람들처럼 말이죠. 전 세계 공급망을 걱정한다면, 국가안보에도 관심을 가져야 합니다. 이동통신 기술이 중요하다고 생각한다면, 국가안보도 중요하게 생각해야 합니다. 표현의 자유를 소중히 여긴다면, 그것 역시 국가안보와 연결돼 있음을 알고 국가안보를 소중히 여겨야 합니다. 유닛 X가 해낸 일 중 하나는 이런 논의를 가능하게 만든 '대화의 장'을 열었다는 겁니다."

신기술 중심으로 재편되는 세계 최강의 군대

우리가 진행 중인 프로젝트들은 점점 성과를 내고 있었지만, 그만큼 소모적인 일이기도 했다. 특히 라지는 다시 창업에 도전할 수 있는 시간이 얼마 남지 않은 게 아닐까 하는 걱정을 하기 시작했다. 새 대통령의 즉흥적이고 자유분방한 스타일은 기존 제도권 인사들에게 충격을 줬다. 백악관의 혼란은 아래로 번져나가, 혁신 기술을 도입하기 위해 우리가 협력 중이던 군부대들까지 혼란에 빠뜨렸다. 라지는 트럼프 대통령과의 회의에 초대받았는데 그 경험은 무척 기이했다. 미국 주요 기술 기업의 CEO 수십 명이 백악관에 모였고 대통령과 내각, 대통령의 딸 이방카와 사위 재러드 쿠슈너까지 참석했다. 이 회의는 원래 한 시간 동안 진행되며, 대통령과 참모들에게 주요 신기술에 대한 브리핑이 이뤄질 예정이었다. 그러나 첫 25분은 인사들 소개와 트럼프에 대한 칭찬으로 허비됐고, 트럼프는 그 찬사를 흠뻑 즐기기만 했다. 트럼프는 기술 관련 본론에는 거의 관심을 보이지 않았다. 사실상 전혀 흥미가 없어 보였다.

실리콘밸리의 기술 기업 케스프리Kespry의 CEO는 드론을 시연했고,

AT&T의 CEO 랜들 스티븐슨Randall Stephenson은 5G에 대해 간단히 발표했다. 그런데 회의가 절반쯤 진행됐을 무렵 트럼프 대통령이 갑자기 자리를 털고 일어났다. 아직 발표 순서가 남아 있었지만 그는 더 머물 생각이 없었다. "여러분은 정말 훌륭한 일을 하고 있습니다. 대단한 기술을 개발하고 있어요. 다음 주엔 우리가 구상 중인 멋진 건강 보험 계획도 발표될 겁니다."

그렇게 말하곤 대통령과 내각은 자리를 떠났다. 상무장관 윌버 로스Wilbur Ross만 남아 그 회의를 위해 워싱턴까지 날아온 CEO들과 20분간 더 대화를 나눴다. 이후 발표는 더 이상 이어지지 않았다. 이 일화는 새로운 행정부 체제 아래에서 우리가 감수해야 했던 현실을 단적으로 보여준 사례였다.

하지만 국방부의 관료주의는 초당적 문제로, 어떤 행정부가 들어서든 늘 존재해 왔다. 우리와 실리콘밸리의 동지들은 끊임없이 국방부, 그리고 기존 방산업체들과 맞서 싸우는 느낌이었다. 우리는 그저 도움이 되고 싶었을 뿐이었다. 우리의 유일한 목표는 미군이 최고의 기술로 무장하여 더욱더 경쟁력을 갖추도록 돕는 것이었다. 라지에게 이 일은 특히 개인적인 의미가 컸다. 그에겐 이라크와 아프가니스탄에서 함께 복무했던 친한 전우들이 있었는데 그들은 여전히 군복을 입고 전투원으로 복무했다. 우리의 사명은 어찌 보면 너무도 단순하고 명확했다. 군을 위해 우리가 할 수 있는 최선을 다하는 것, 그게 전부였다.

우리는 뛰어난 인재들로 팀을 꾸렸고, 위험을 무릅쓰고 창업에 도전한 기술자·기업가들과 함께 일했다. 그들은 우리를 믿고 도와달라고 손을 내밀었다. 우리는 미래의 전쟁이 기술 중심으로 재편될 것임을 알고 있었고, 실리콘밸리에는 그 문제를 해결할 아이디어가 넘쳐난다는 것도 잘 알고 있었다. 군 수뇌부도 그것을 모르진 않았다. 하지만 우리는 가는 길마다 격렬한 저항에 부딪혔다. 카펠라 스페이스 사태가 대표적인 사례다. 우리는 생명을 구할 수 있고 비용도 훨씬 적게 드는 시스템을 국방부에 가져갔지만, 그 보석 같은 기술은 결국 제대로 눈길 한 번 받지 못한 채 버려졌다.

이라크 현장부터 백악관의 국가안전보장회의까지 안보 분야에서 고강도의 업무를 13년간 쉼 없이 이어온 크리스는 2017년 11월 매티스 장관이 유닛 X를 방문해 격려한 직후 조직을 떠나기로 결심했다. 오하이오주의 워싱턴 출신인 그가 단거리 경주처럼 시작한 공직 생활은 어느덧 울트라마라톤이 돼 있었다. 세 명의 대통령을 거치며 일해온 여정은 그의 개인적인 삶에 큰 대가를 치르게 했다. 이미 위태롭던 13년간의 결혼 생활은 더욱 균열이 심해졌고, 결국 얼마 지나지 않아 끝을 맺었다. 물러날 때가 된 것이다. 그리고 4개월 뒤인 2018년 3월 라지도 조용히 유닛 X를 떠났다. 약속했던 2년의 임기를 채운 그 역시 감정적으로 극도로 지친 상태였다. 그의 멘토 중 한 명은 이런 조언을 해주었다. "공직에 염증이 나기 전에 그만둬야 나중에 다시 돌아올 수 있어." 조직은 점차 규모를 키우고 있었다. 계약도 착실히 이행되고 있었으며, 유닛 X의 모델은 이미 자리를 잡은 상태였다. 떠나기에는 아주 적절한 시점이었다.

라지는 질서 있는 지도부 이양 계획을 세우려 했지만 새로 부임한 국방부 연구·공학 담당 차관인 마이크 그리핀이 그를 가로막았다. 유닛 X는 곧 그리핀의 조직 산하로 배속되는 '관료적 강등' 수순을 밟게 됐다. 문제는 그리핀의 팀 안에 과거 카터 장관의 지시로 인해 라지가 결정을 뒤엎을 수밖에 없었던 여성이 포함돼 있었다는 점이었다. 보복의 기회를 노리고 있던 그녀는 그리핀에게 유닛 X는 '통제가 필요한 문제 조직'이라 주장했고, 그리핀은 라지를 만나보거나 유닛 X를 방문해 보지도 않은 채 그녀의 말만 받아들였다. 그는 라지가 추천한 후임자 후보들과의 면담조차 거부했다. 물론 인사 결정은 새 리더의 권한이지만, 그리핀은 그 과정을 터무니없이 느리게 진행했다. 그 결과 유닛 X는 선의를 가졌으나 '대행'이라는 직함 때문에 업무에 제약을 받는 해군 장교에게 맡겨졌고, 국방장관의 공식적인 보호도 받지 못하는 처지에 놓였다. 결국 2018년 9월 시만텍Symantec의 전 CEO 마이크 브라운Mike Brown이 유닛 X의 새로운 총책임자로 취임하면서 조직은 다시 정식 지도부를 갖추게 됐다. 아쉬움이 남는 이별이었지만 우리는 유닛 X에서 이뤄낸 성과에 자부심을 느꼈다. 또 다른 곳에서 이 사명을 이어갈 각오 또한 변함없었다. 이제는 바통을 넘길 시간이었다.

유닛 X를 떠난 뒤, 크리스는 하버드 정치연구소에서 강의를 맡았다. 이후 에릭 슈미트와 손잡고 슈미트 퓨처스Schmidt Futures의 선임 이사로 일을 시작했다. 이 역할을 통해 그는 점점 부상하고 있는 중국의 위협에 대응하고, 인공지능 국가안보위원회National Security Commission of Artificial Intelligence, NSCAI의 활동에 기여했다. 미국 반도체 산업을 재건하고 중국 의존도를 줄이기 위한 '미국 반도체 지원법CHIPS Act*' 추진에도 힘을 보탰다.

라지는 유닛 X 출신인 비샬 하리프라사드와 함께 사이버 보험 스타트업인 '리질리언스Resilience'를 공동 창업해 초대 CEO가 됐다. 이와 동시에 초기 단계 스타트업이나 기술력을 갖춘 창업 초기 기업에 자금을 대는 엔젤 투자도 시작했다. 한편 그는 방산 관련 유망 스타트업을 발굴할 인재

---

* 미국의 반도체 산업 경쟁력 강화를 위해 2022년 제정된 법률. CHIPS는 Creating Helpful Incentives to Produce Semiconductors의 약자로, 미국 내 반도체 제조 및 연구·개발을 촉진하기 위해 제정된 법이다. 이 법은 약 520억 달러(약 70조 2,000억 원) 규모의 보조금과 세액공제를 통해 중국 등과의 기술 격차를 줄이는 것을 목표로 한다.

를 찾고 있던 벤처캐피털 회사들로부터 여러 제안을 받기도 했다. 당시 방위산업이 주목받기 시작하면서 많은 벤처캐피털 회사가 이 분야에 투자하려 했고, 펜타곤과 군 조직을 이해하며 유망 기업을 가려낼 역량이 있는 파트너를 필요로 했다. 일부 벤처캐피털 회사는 파트너직을 제안하기도 했지만, 라지는 망설였다. 언젠가 자신만의 벤처캐피털 회사를 차릴 생각은 있었지만 아직은 때가 아니었다. 그는 우선 리질리언스에 온전히 몰두할 필요가 있었다.

지난 2년은 매우 소모적인 시간이었지만 크리스와 라지는 여전히 낙관적인 마음을 품고 있었다. 국방부는 민간 기술에 점차 개방적인 태도를 보이기 시작했다. 실리콘밸리 역시 국방부와 협력하는 데 좀 더 적극적인 분위기로 바뀌고 있었다. 비록 더디고 불안정한 걸음이긴 했지만 양측은 분명 서로에게 다가서고 있었다.

유닛 X가 투자한 포트폴리오 기업들은 실제로 성과를 내기 시작했다. 이들 기업의 위성과 드론, 센서들이 널리 활용되며 군인들의 디지털 눈과 귀 역할을 하고 있었다. 또 이를 통해 수집한 방대한 데이터를 강력한 AI 소프트웨어가 순식간에 분석해 냈다. 모든 것이 아직 과도기 상태이긴 했지만, 판이 기울기 시작하는 흐름이 느껴졌다. 세일드론의 무인 수상정은 바다를 누비며 마약 밀매자를 탐색했다. 실드 AI의 드론은 초기 시제품 단계부터 가능성을 보여줬다. 네이비씰 부대가 공습을 위해 문을 파괴하거나 테러범의 은신처를 제압할 수 있도록 돕는 장비를 이 스타트업이 개발해 낼 것이라는 기대도 컸다. 블루 UAS 프로그램을 통해 제작된 드론들은 군부대에 점차 보급되고 있었다. 라이언 비얼이 개발한 안드로이드 앱은 특수부대 요원들이 적의 드론을 되려 적을 타깃으로 쓸 수 있게 해줬다. 조비 항공은 생산시설을 준비 중이었다. 우리는 몇 년 안에 이 회사의 항공기가 정찰 임무를 수행하고, 화물을 나르며, 어쩌면 전투 지역까지 병력을 수송하게 될 거라고 확신했다.

유닛 X의 다른 기업들도 국방부의 낡은 IT 시스템을 현대화하고 있었다. 이러한 작업은 더 나은 소프트웨어, 더 강력한 사이버보안 그리고 함대 유지보수 같은 평범하지만 필수적인 작업에서 막대한 비용을 절감해주는 스마트 알고리즘을 통해 이루어졌다. 포올시큐어와 태니엄의 소프트웨어는 무기체계와 주요 기반시설을 보호했다. 팔란티어는 정보기관들이 더 나은 결정을 내릴 수 있도록 지원했다. 안두릴은 군사기지의 경계 방어 방식을 새롭게 바꾸고 있었으며, ISIS의 드론을 공중에서 격추하는 새로운 시스템도 구상 중이었다.

구글은 메이븐 프로젝트에서 손을 뗐지만 아마존과 마이크로소프트는 계속 참여했다. 민간 기술 업계도 국방부와의 협업에 장기적으로 임하고 있었다. 꼭 애국심 때문만이 아니라 그것이 사업적으로도 유리했기 때문이다. 워싱턴에서는 국방부가 기술 분야에 수백억 달러를 투입하기 시작했다. 이는 유닛 X의 3,000만 달러(약 405억 원) 예산과는 비교도 안 되는 규모였다. 합동인공지능센터는 국방부 전체에 AI 역량을 구축하고 있었다. 공군은 케슬런과 기술 혁신 부서인 AFWERX를 출범시켰다. 텍사스 오스틴에 있는 육군 미래사령부는 소프트웨어 개발 기술을 국방부 프로그래머들에게 교육하고, 수백 개의 대학에 연구 자금을 지원하며, 민간 기업들과 손잡고 극초음속 미사일부터 레이저 요격 무기, 로봇 전투 차량에 이르기까지 다양한 기술을 결합하고 있었다.

2018년 말 무렵 유닛 X와 그 포트폴리오 기업들은 마침내 펜타곤이라는 요새의 벽을 허물기 시작했다. 비효율과 느릿한 관료주의, 발목 잡기, 끝없는 내부 싸움, 기존 방산업체들과 로비스트들의 방해에도 불구하고 국방부는 디지털 시대로 진입하기 위해 한 발짝 나아가고 있었다. 애쉬 카터가 그렸던 민·군 협력의 비전은 점차 현실로 바뀌고 있었다. 눈을 가늘게 뜨고 상상력을 조금만 보태면, 빠르고 유연하며 기술로 무장한 새로운 형태의 군대가 희미하게나마 보이기 시작했다.

6장

미·중 기술 패권 전쟁의 승자는 누구인가

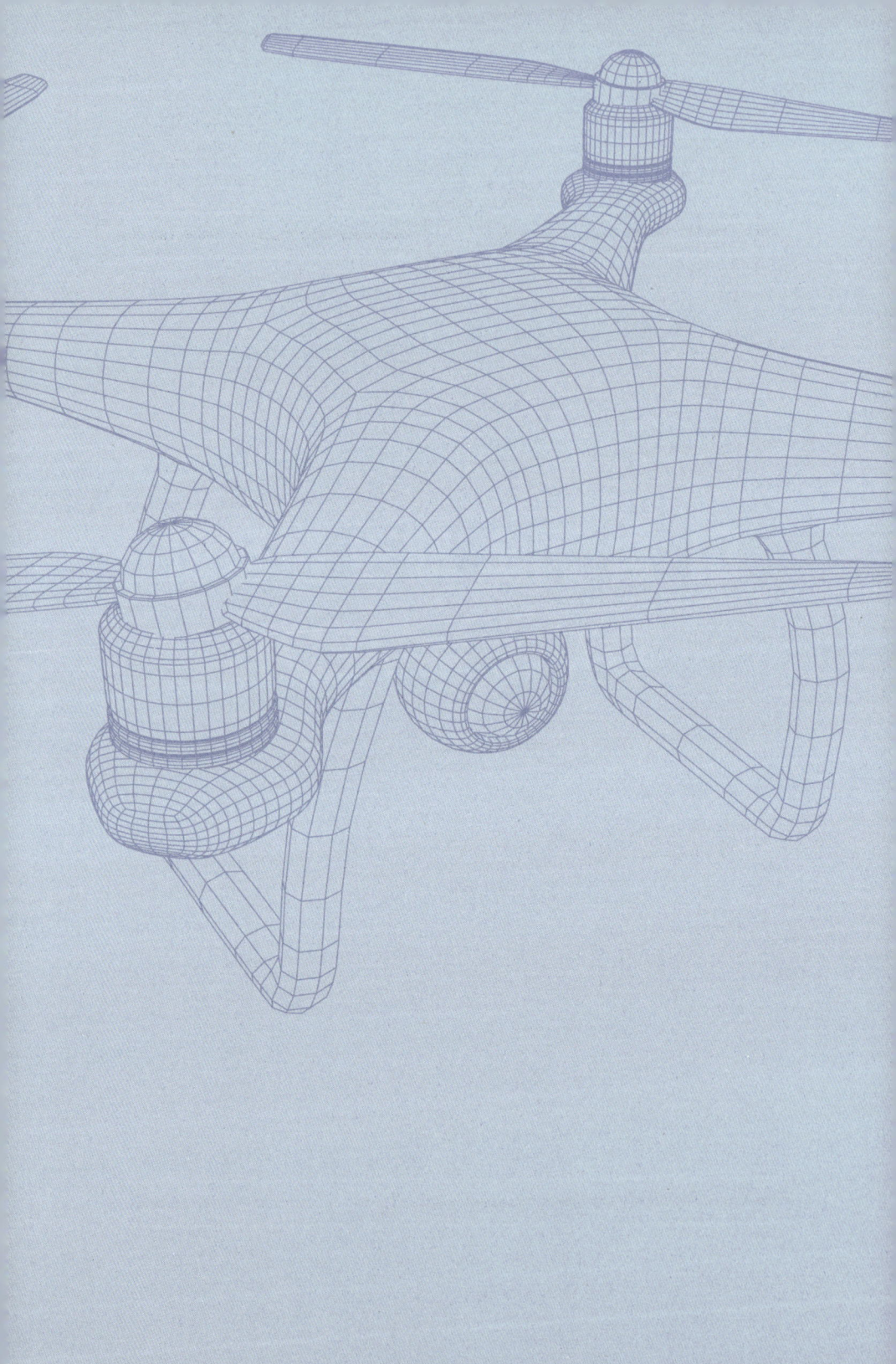

"미국은 망했어." 매들린 올브라이트_{Madeleine Albright} 전 국무장관은 미국이 AI 분야에서 중국과 비교해 어느 위치에 서 있는지에 관한 설명을 들은 뒤, 이렇게 말했다.

날카로운 통찰과 정치적 메시지를 담은 브로치로 1990년대 미국 외교를 대표했던 미국 최초 여성 국무장관인 올브라이트는 그날 국제민주연구소_{National Democratic Institute, NDI}의 이사장 자격으로 AI 및 지정학 전문가들과 함께 자리에 앉아 있었다. 화려하고 개성이 뚜렷하지만 언제나 품위를 잃지 않았던 그녀는 유닛 X가 수년간 직면해 온 문제와 맞닥뜨리고 있었다. 신기술, 특히 AI가 세계 질서를 뒤흔들고 있다는 냉엄한 현실이었다.

2018년 여름 무렵에는 워싱턴의 정책 결정자들도 기술 분야의 격변이 단순한 흥밋거리 쇼가 아니라는 사실을 점차 깨닫기 시작했다. 첨단 센서와 고성능 컴퓨터칩의 빠른 확산은 세계 정치 질서를 그 어떤 변화보다 더 빠르게 뒤흔들고 있었다. 중국이 여러 기술 분야에서 미국을 추월하려는 야망을 실현할지 모른다는 전망이 점점 더 현실감 있게 다가왔다. 한때 절대적이던 미군의 위상은 더 이상 그렇게 우월해 보이지 않았다. AI

는 권위주의 정권들이 자국민을 억압하는 데 활용되고 있었다. 한 세계적인 AI 전문가는 "AI가 영원히 지속 가능한 독재 정권을 만들 수 있다"고 경고하기도 했다.

이 문제들이 얼마나 시급하게 다뤄지고 있었는지를 보여주듯, 애스펀 전략 그룹Aspen Strategy Group은 그해 여름 회의 주제로 '기술과 국가안보: 미국 우위 유지'를 선정했다. 외교관, 정치인, 안보 전문가 등으로 구성된 초당적 고위급 인사들의 모임인 이 그룹은 매년 여름 5일간 현 정부의 국가안보 팀과 함께 회의를 연다. 보통 국무장관과 국방장관(또는 그 차관들), 대통령 국가안보보좌관 등이 이 자리에 참석한다. 이처럼 많은 고위 인사들이 모였다는 사실을 짐작하게 하는 단서는 애스펀 공항 활주로에 줄지어 선 '에어포스 원' 도장의 공군 걸프스트림 전용기들뿐이다. 회의 도중 참석자들이 미국 대통령의 전화를 받기 위해 종종 자리를 비우는 일이 있을 정도로 고위급 모임이다.

2018년 회의에는 두 전직 국무장관인 콘돌리자 라이스Condoleezza Rice와 매들린 올브라이트를 비롯해 애쉬 카터 전 국방장관, 데이비드 퍼트레이어스David Petraeus 전 CIA 국장, 그 외 수십 명의 상·하원의원과 대사, 전직 장관들이 참석했다. 오랫동안 이 회의에 참석해 온 크리스는 유닛 X의 예비군 지휘관이자 애플의 부사장인 더그 벡과 함께했다. 에릭 슈미트도 멀리서 비행기를 타고 날아왔다. 슈미트를 다시 만난 그 순간이 크리스에게는 더욱 각별하게 다가왔다. 바로 일주일 전 그는 슈미트의 제안을 받아들여 새로운 자선 사업체인 '슈미트 퓨처스'를 함께 만들어 가기로 했기 때문이다.

이번 회의의 첫 세션 주제는 '지각 변동: 미국의 힘을 재편하는 기술 변화'였다. 이 세션은 기술 변화가 왜 본질적으로 기하급수적 성격을 띠는지, 그래서 미래를 예측하는 일이 얼마나 어려운지를 짚어보는 자리였다. 토론은 정보고등연구계획국Intelligence Advanced Research Projects Activity, IARPA 의 국장 제이슨 머시니Jason Matheny와 전 해군 장관 리처드 댄지그Richard Danzig, 두 명의 노련한 전문가가 이끌었다. 두 사람은 기술 변화가 거대한 파도로 변해 모든 걸 집어삼키기 전까지 그 조짐을 알아차리기가 얼마나 어려운지를 보여주기 위해 인상적인 비유를 들었다.

댄지그가 말했다. "한번 상상해 봅시다. 미시간호가 완전히 말라 있다고 가정해 보는 겁니다. 둘레만 2,600킬로미터에 달하는 그 거대한 분지 한가운데에 30밀리리터 정도의 물을 떨어뜨립니다. 만약 그 양이 매년 두 배씩 늘어난다면, 1940년부터 시작해 호수를 가득 채우는 데는 몇 년이 걸릴까요?"

그 자리에 있던 쟁쟁한 인사들은 답을 생각하느라 초조한 기색을 보이기 시작했다. 크리스는 그 질문이 마치 "이 방에 젤리가 몇 개나 들어갈까요?"와 같은 황당한 면접 질문처럼 느껴졌다. 그래서 자기 바로 뒤에 앉은 매켄지 방위산업 부문의 책임자가 제일 먼저 손을 들지 않을까 생각했다. 하지만 누구도 선뜻 답을 내놓지 못했다. 한동안 정적이 흐른 뒤 댄지그가 비유를 이어갔다.

"1950년이 되면 호수의 물은 3.8리터쯤 됩니다. 1960년에는 570리터, 그리고 1970년쯤 되면 약 6만 리터, 웬만한 수영장 하나는 채울 정도가 되죠." 댄지그가 이야기 전개 속도를 높이며 이어갔다. "2000년이 돼도 호수 바닥에 물이 살짝 번들거릴 정도고, 2010년쯤 돼야 여기저기 물이 몇 센티미터씩 고이기 시작합니다." 그러고는 모두가 속으로 생각하고 있던 말을 꺼냈다. "말이 안 되는 얘기죠. 70년이 지나도 금붕어 한 마리를 띄우지 못하니까요. 이쯤 되면 이 작업은 헛수고라는 생각이 들 법도 합니다. 하지만 잠깐만 기다려 보세요." 댄지그가 목소리에 힘을 주며 말을 이었다. "포기하고 싶은 마음이 드는 그 순간, 갑자기 상황이 달라집니다. 2020년이 되면 수심이 갑자기 12미터까지 차오르고, 2025년이면 호수가 완전히 가득 차게 되죠."

회의장이 정적에 휩싸였다. 댄지그와 머시니는 청중을 압도했다.

"70년간 거의 아무 일도 없다가, 단 15년 만에 모든 게 끝나버리는 겁니다." 댄지그가 명쾌하게 정리했다.

이후 두 사람은 인간의 삶을 송두리째 바꿔온 기술 분야의 기하급수적 변화를 보여주는 슬라이드를 차례로 넘기기 시작했다. 이 이야기의 요지는 분명했다. 기하급수적 성장의 법칙이 현실을 언제 뒤바꿔 놓을지는 아무도 정확히 알 수 없다는 것.

정책 입안자들은 기술사技術史 연구자들이 오래전부터 알고 있던 사실을 비로소 깨닫고 있었다. 우리는 종종 어떤 획기적인 기술이 개발된 이후 그 잠재력이 완전히 실현돼 일상으로 자리 잡기까지의 긴 공백기, 이른바 '전환기의 시기'를 살아간다. 예컨대 에디슨이 전구를 처음 발명한 뒤 20년이 지나도록 미국 인구의 3퍼센트만이 전기를 사용했다. 하지만 그로부터 얼마 지나지 않아 전기는 전 세계 어디서나 사용되는 보편적인 인프라가 됐다.

따라서 우리는 과거의 '선형적 발전'이 앞으로도 계속 이어질 것이라고 믿어선 안 된다. 미국은 제2차 세계대전부터 냉전과 걸프전을 거쳐 최근에 이르기까지 기술 강국의 자리를 지켜왔다. 그러나 기하급수적 변화의 법칙을 미국보다 먼저 꿰뚫고 활용하는 나라가 등장한다면, 그 우위는 언제든 뒤바뀔 수 있다.

그리고 지금, 중국이 바로 그 자리를 노리고 있다.

미국을 턱밑까지 추격하는 중국

2018년 애스펀 전략 그룹 회의가 열릴 당시 미국과 중국의 관계는 1998년 여름 에어포스 원이 중국에 착륙했던 때와는 완전히 달라져 있었다. 1998년 빌 클린턴은 1989년 천안문 사태 이후 처음으로 미국 대통령으로서 중국을 방문해 "미국과 중국은 세계의 미래에 특별한 책임을 지고 있다"고 선언했다. 당시 미국은 중국을 국제 사회로 깊숙이 끌어들이면 중국 역시 자국민에게 더 많은 자유를 보장하고 다른 나라들과 조화롭게 행동할 것이라 기대했다. 이 아름다운 이상은 1972년 헨리 키신저 전 국가안보보좌관과 리처드 닉슨 전 대통령이 처음 그려낸 것이었다.

하지만 이제 그 이상은 정책 입안자 대다수의 머릿속에서 사라지고 있었고, 국가안보 분야에서는 완전히 죽은 이야기나 다름없었다. 중국은 점점 더 공격적인 행보를 보이고 있었다. 시진핑 주석은 스스로 종신 집권을 선언하고 홍콩의 자치를 억압했다. 정권에 반대하는 반체제 인사와 기업가들을 '실종'시켰고, 중국 서부의 소수민족인 위구르족에 대한 집단학살을 자행했다.

그러한 잔혹한 행보는 해외에서도 예외가 아니었다. 중국은 남중국해의 영토를 불법 점유하고, 대만 침공을 가정한 군사 훈련을 벌이는 한편 자국의 경제력을 이용해 약소국들을 굴복시켰다. 심지어 해외로 도피한 반체제 인사들을 쫓기 위해 타국의 중국 대사관과 영사관에 자국 경찰 인력을 배치하기까지 했다.

시진핑은 군사력 증강에도 놀라운 속도로 박차를 가하고 있었다. 트럼프 1기 행정부가 출범할 즈음 워싱턴에는 초당적 공감대가 형성돼 있었다. 중국은 더 이상 '전략적 경쟁자'라는 모호한 존재가 아니라, 명백한

'적'으로 인식되기 시작한 것이다. 미국의 가장 중요한 무역 상대국인 동시에 가장 위험한 적일 수 있다는 현실이 받아들여지고 있었다. 이러한 인식의 전환은 너무도 급격하게 일어났다. 오바마 행정부의 대표적 대중국 전문가였던 커트 캠벨Kurt Campbell은 이 상황을 반성하며, 외교 전문지인 〈포린 어페어스Foreign Affairs〉에 〈중국을 직시하다: 베이징은 어떻게 미국의 기대를 무너뜨렸는가?〉라는 제목의 글을 기고하기도 했다.

중국의 야망은 이미 공공연한 현실이었다. 시진핑 주석은 수년 전부터 미국과의 기술 경쟁에서 어떻게 승리할 것인지 구체적인 계획을 공표해 왔다. 워싱턴의 '중국통'들은 '중국 제조 2025', '2030년까지 AI 세계 1위', '2035년까지 국제표준 제정 기구 장악' 등 중국의 계획들을 줄줄 외울 정도였다. 중국은 AI, 차세대 네트워크, 반도체, 첨단 제조, 합성 생물학, 바이오의약, 양자컴퓨팅, 핵융합 에너지에 이르기까지 분야별로 구체적인 목표를 세우고 있었다. 반면, 미국은 아무런 계획도 없었다.

중국은 이런 전략들에 막대한 자금을 쏟아붓고 있었다. 1991년부터 2015년까지 연구·개발 예산을 무려 30배나 늘린 것이다. 달러 기준으로 보면 그리 큰 금액이 아니었지만, 구매력 기준으로 환산하면 얘기가 달라졌다. 중국에서는 1달러의 투자로 미국의 2달러만큼의 효과를 낼 수 있었기 때문에 사실상 중국의 연구·개발비 지출은 미국의 88퍼센트 수준에 이르렀다.

중국의 전략적 성과는 과학기술 분야에만 국한되지 않았다. 시진핑 주석이 제시한 전략에 따라, 중국은 전 산업 영역에 정부가 직접 개입하며 '국가 챔피언' 기업들을 육성해 세계 시장 점유율을 장악해 나가고 있었다. 이미 5G 분야에는 화웨이Huawei, 안면 인식 기술에는 센스타임Sense-Time, 드론에는 DJI, 전자상거래에는 알리바바Alibaba가 주역으로 자리 잡고 있었다. 그리고 얼마 지나지 않아 틱톡TikTok이 중국을 대표하는 국가 챔피언 기업으로 떠올랐다.

이들 기업은 이미 미국의 경쟁사들을 앞서가고 있었다. 이는 부분적으로 중국 정부의 전폭적인 지원 덕분이었다. 정부는 이들 기업에 성장 자금을 보조하고, 알고리즘 고도화를 위한 데이터를 제공했다. 자국 내 대규모 고객 기반은 물론 해외시장까지 보장해 줬다. 2015년 세계에서 가장 가치 있는 기업 20곳 중 2곳이 중국 기업이었지만, 6년 뒤에는 7곳으로 늘었다. 산업 생산 능력은 중국이 미국보다 10배나 컸다. 심지어 미국이 아시아·유럽의 동맹국들과 연합하더라도 제조 역량은 여전히 중국이 세 배 이상 우세했다.

그중 AI는 가장 파급력이 큰 분야로 떠오르고 있었다. 다른 분야의 기하급수적 발전을 가능케 하는 열쇠이기 때문이다. AI는 인간 언어처리, 자율주행차, 단백질 구조 예측, 핵융합 플라스마 제어 등 지금껏 풀기 어려웠던 난제들을 해결할 수 있을 것으로 보였다. 게임의 판도가 분명해지고 있었다. AI를 대규모로 먼저 정복하는 나라가 과학과 산업은 물론 군사력까지 손에 넣게 되는 시대가 온 것이다. 자율주행차는 자율주행 전차로 이어진다. 신호를 감지하는 알고리즘은 스텔스기를 무력화시킬 수 있다. 과거에는 화약과 증기선, 철강이 제국의 흥망을 갈랐다면 앞으로는 AI가 지정학적 패권을 좌우할 것이다.

중국은 이 분야에서도 이미 오래전부터 준비를 해왔다. 시진핑 주석은 이를 "군민 융합"이라 불렀다. 그가 이 정책을 처음 발표한 날, 크리스는 워너펠드 합참차장과 함께 실리콘밸리를 방문 중이었는데 당시는 유닛 X가 창설되기 전이었다. 시진핑 주석은 중국에 있는 모든 기업의 기술은 인민 해방군이 활용할 수 있어야 한다고 선언했다. 또한 군 간부들을 민간 기업 이사회에 파견하며, 군에 적용 가능한 기술은 육군과 해군에 직접 통합하겠다고 밝혔다. 애초에 중국 체제 안에서는 공산당과 기업의 경계가 흐릿했다.

"방금 시진핑 주석의 발표 보셨죠?" 크리스가 팔로알토 호텔에서 나와 차량에 탑승하며 워너펠드 제독에게 물었다. 두 사람은 방금 국방부 고위 인사들에게 매일 제공되는 뉴스 요약본인 〈얼리버드Early Bird〉를 읽은 참이었다. 어깨에 네 개의 별, 가슴에 여러 줄의 훈장을 단 군 서열 2위인 위너펠드 제독이 고개를 끄덕이며 대답했다. "봤지. 그런데 우린 지금에서야 벤처투자자들과 스타트업들이랑 얘기를 해보겠다고 나서고 있으니, 참⋯."

워싱턴 일각에서는 미국이 경제와 군사 양면에서 한순간에 우위를 잃게 될 수도 있다는 우려가 퍼지고 있었다. 중국은 미국이 만든 게임의 법칙을 정면으로 활용하고 있었다. 스푸트니크 충격 이후 미국이 고안했던 국가 주도의 연구·개발 모델을 활용해, 냉전 이후 이를 방기한 미국을 추월하는 데 써먹은 것이다.

그렇다면 이제 우리는 무엇을 해야 할 것인가?

패권을 좌우할 핵심 기술은 무엇인가

애스펀 전략 그룹은 2018년 회의 전체를 미국의 기술 전략에 집중했다. 전해 여름의 한 세션에서 느낀 불안감이 결정적인 계기가 된 것이다. 2017년 국가안보보좌관 H. R. 맥매스터H. R. McMaster 중장은 트럼프 1기 행정부 출범 7개월째에 애스펀을 찾아 연설했다. 미 육군사관학교 출신의 전투 베테랑이자 미국사 박사 학위를 지닌 저명한 군사 전략가인 그는 린든 존슨 대통령과 참모들이 베트남전을 어떻게 잘못 이끌었는지를 비판한 저서인 《직무 유기 Dereliction of Duty》로도 유명했다.

맥매스터는 자신이 연설할 차례가 되기 직전에 도착해 '기술의 쓰나미'라는 세션을 청중석에서 지켜보았다. 다음 차례는 크리스였다. 당시 유닛X에 몸담고 있던 크리스는 〈더 평평해진 세계: 기술은 어떻게 세계 질서를 재편하고 있는가〉라는 제목의 보고서를 발표했다. 그는 과학 기술의 세계적 확산이 '힘'의 양상을 어떻게 바꾸고 있는지 조명했고, 이런 변화 속에서 왜 미국이 가장 큰 피해를 볼 수 있는지에 관해 이야기했다. 그는 회의장 맨 앞자리에 앉은 고위 관료들을 향해 발표를 이어갔다. 글로벌 기술 경쟁의 무대가 평준화되고 있다고 설명하며 아마존의 알렉사 Alexa 나 애플의 시리 같은 AI 기술이 위성 영상 데이터를 분석하고 군사 표적을 식별하는 데도 똑같이 활용될 수 있다는 점을 예로 들었다. 또한 자유무역과 개방 국경은 오랫동안 세계 인재들을 미국과 유럽으로 끌어들였지만, 이제는 그 흐름이 반전돼 외국인 박사와 박사후 연구원들이 베이징과 상하이로 돌아가고 있다는 점도 지적했다.

크리스가 작성한 발표문의 마지막 문장은 이러한 흐름의 전환을 간결하게 요약하고 있었다. "기술은 한때 자유주의 세계 질서의 명확한 비교 우위였지만, 이제는 그 질서를 무너뜨리려는 세력에게도 똑같이 힘을 실어주고 있다."

그날 맥매스터는 국가안보보좌관실의 수석 전략가인 나디아 샤들로 Nadia Schadlow 박사와 함께 애스펀에 도착했다. 냉전사에 정통한 학자였던 샤들로는 트럼프 1기 행정부 국가안보 전략의 초안을 책임졌는데, 이 전략은 미국이 중국에 어떻게 대응할지를 제시하는 공식 로드맵을 담고 있었다. 따라서 회의장에 모인 사람들은 그 전략에 어떤 내용이 담겨 있을지 궁금해하고 있었다.

당시 맥매스터는 미국의 대중국 정책과 AI 전략을 전면 수정하는 중대한 전략을 막 구상하기 시작한 단계였다. 하지만 그날 그의 발언은 회의 참석자들이 기대한 만큼 깊이 있는 답변이 되지 못했다. 청중석에서는 날카로운 질문들이 이어졌다.

"전쟁이 과거처럼 막대한 비용과 인명 피해를 수반하지 않게 된다면 우리는 어떻게 대응해야 합니까?"

"우리의 실패를 인정하고 전략을 재정비해야 할 때가 아닐까요?"

대부분은 중국과 기술에 관한 질문들이었다. 맥매스터가 질문 세례를 받는 동안, 크리스는 과거에 함께 일한 샤들로에게 몸을 기울여 이렇게 물었다.

"제가 2016년 국가안전보장회의에 있을 때, 백악관의 과학기술정책실과 함께 만든 기술 전략 보고서를 본 적 있으세요?"

"그런 걸 만들었다고요?" 그녀가 되물었다.

크리스는 당혹감에 얼굴이 굳어졌다. 정권 이양 과정이 너무나 엉망이었던 탓에, 기술 전략 보고서 같은 핵심 자료가 새 행정부의 안보 정책 담당자들에게 전혀 전달되지 않았다는 사실을 그제야 알게 된 것이다. 그 기술 전략은 크리스가 미국 최고기술책임자인 메건 스미스Megan Smith와 공동 주도했다. 18개 부처와 기관에서 모인 100여 명에 달하는 전문가들이 참여한 작업이었다.

"그 안에 AI 관련 내용도 많이 담겨 있습니다." 크리스가 덧붙였다.

이 전략 보고서는 세계적인 전문가들의 견해를 수렴해 만든 것이다. 구글 딥마인드Google DeepMind의 공동 창업자 무스타파 술레이만Mustafa Suleyman도 백악관에 초대돼 하루 동안 조언을 제공했다. 술레이만은 백악관 상황실에서 국가안보 팀을 상대로 딥마인드의 알고리즘이 인간보다 더 뛰어나게 게임을 학습하는 영상을 시연했다. 이 브리핑은 내부적으로 '로봇이 온다'라는 제목으로 불렸다.

크리스는 메건과 함께 그 기술 전략을 국가안전보장회의와 백악관 비서실장, 그리고 오바마 대통령에게까지 직접 보고했다. 하지만 국가안전보장회의에서 자신이 한 가장 중요한 일이 정권 이양 과정에서 완전히 묻혀버렸다는 사실을 오늘에야 알게 된 것이다.

"그 전략 보고서는 'A' 전환 바인더에 넣어뒀습니다." 크리스가 말했다. 여기서 말하는 바인더는 이전 행정부가 핵심 정책 메모와 연구 자료, 보고서를 정리해 차기 행정부에 인계하는 문서를 모아놓은 것이다. 맥매스터가 발언을 이어가는 동안 크리스는 노트북을 열어 샤들로의 이메일 주소를 확인한 뒤 해당 전략의 비기밀 버전을 보내줬다.

미국의 국가안보 전략을 세워야 할 트럼프 행정부 측 인사에게 오바마 행정부가 남긴 핵심 정책 자료들이 제대로 전달되지 않았다는 것은 심각한 제도적 실패였다. 그날 세션이 모두 끝났을 때도 풀리지 않은 질문들이 워낙 많았기에 애스펀 전략 그룹은 이듬해 회의의 주제를 '기술'에 집중하기로 결정했다.

맥매스터와 샤들로는 혼란스러운 행정부 상황 속에서도 정부의 시선을 가장 시급한 전략 과제로 돌렸다. 그것은 바로 중국 공산당과 정면으로 맞서야 한다는 필요성이었다. 수십 년에 걸쳐 양국 간에 경제적 통합이 이뤄진 데도 불구하고 시진핑 체제의 중국은 공정한 규칙을 따르지 않았고, 민주주의 국가들에 대한 실질적인 위협으로 떠오르고 있었다. 이제는 이 불편한 진실을 직시해야 할 때였다.

그 후 몇 달 동안 맥매스터와 샤들로는 수십 년간 유지해 오던 미국의 대중국 정책을 크게 바꿔놓았다. 이런 혁신적인 변화는 헨리 키신저 시절 이후 처음 있는 일이었다. 이 변화는 매슈 포틴저Matthew Pottinger의 도움을 받아 추진됐다. 포틴저는 중국어에 능통한 전직 해병대 장교로, 〈월스트리트저널〉의 중국 특파원을 거쳐 국가안전보장회의의 중국 담당 선임 국장을 맡고 있었다. 트럼프 1기 행정부는 그의 도움으로 오바마 시절의 접근방식에서 벗어나 대중국 정책의 방향을 전환했다. 그전까지는 중국을 강압적 조치 없이도 관리할 수 있는 국가로 여겼지만, 이제는 경제적·군사적 위협으로 간주하며 본격적으로 견제하기 시작한 것이다. 중국의 공격적인 행보에 대응해 형성된 초당적 공감대는 미국 역사상 유례없는 정책 전환을 가져왔다.

한 세대에 걸쳐 미국의 대중국 정책은 양국 간 경제 관계를 증진하는 데 초점이 맞춰져 있었다. 그러나 이제 중국이 '파트너'에서 '적대적 존재'로 바뀐 이상, 기존 정책을 되돌릴 필요가 있었다. 즉 중국이 미국을 겨냥해 활용할 수 있는 첨단 기술에 접근하지 못하도록 차단하는 전략이 필요해진 것이다. 맥매스터는 바로 이 '기술적 봉쇄 전략'의 설계자였고, 그 전략은 바이든 행정부로 이어져 더욱 확장됐다. 그가 다음 해 다시 애스펀에 모습을 드러냈다면 지난 1년간의 성과를 입증하는 자리가 됐을 것이다. 하지만 그 무렵에 트럼프 1기 행정부는 더욱 혼란에 빠져 있었고, 맥매스터는 경질돼 존 볼턴John Bolton이 그의 자리를 이어받았다. 하지만 볼턴은 애스펀에 참석하지 않았고, 자신을 대신할 사람조차 보내지 않았다.

신냉전 국면에 들어선 글로벌 패권 경쟁

애스펀 전략 그룹의 최고 원로였던 매들린 올브라이트는 미국이 냉전 초기의 위기 수준에 처해 있다고 점점 더 강한 목소리를 내기 시작했다. 그녀는 "국제 사회에 없어서는 안 될 국가"라고 자신이 묘사한 미국이 AI 시대에도 우위를 지킬 수 있을지 확신이 없었다.

제2차 세계대전 직전 프라하에서 태어난 올브라이트는 민주주의와 인권을 강력하게 지지한 인물이었다. 올브라이트는 147센티미터의 작은 체구에도 불구하고, 전 세계 독재자와 폭군들에게 두려운 존재였다. 그녀는 사담 후세인과 맞서 싸웠고, 유고슬라비아 내전과 민간인 학살에 책임이 있는 전 세르비아 대통령 슬로보단 밀로셰비치를 몰아냈다. 핵미사일 문제를 두고 북한의 김정일과 협상한 경험도 있었다. 그녀는 세계의 어두운 면을 누구보다 잘 알고 있었다. 그리고 이제 그녀의 내면에서 경고 사이렌이 요란하게 울리고 있었다. 그녀는 AI가 중국 같은 독재국의 손에 들어가면 민주주의를 약화시키고 독재 정권을 강화하며, 역사의 흐름을 바꿀 수 있다는 사실을 꿰뚫어 보았다. 사실상 AI는 세계 질서를 흔드는 변화구(실리콘밸리발 변화구)를 던지고 있었다.

올브라이트는 기술 분야도 낯설어하지 않았다. 유닛 X를 찾은 첫 고위급 방문객 중 한 명이었던 그녀는 전직 외무장관 20명을 이끌고 마운틴뷰의 사무실을 찾아왔다. 대부분 남성으로 구성된 이 그룹의 사람들은 과거 외교 현장에서 올브라이트와 한 차례씩 외교적 관계를 맺은 사이였기에, 농담처럼 자신들을 "매들린의 전 남자들Madeleine's Exes"이라 불렀다. 올브라이트는 캐나다, 이탈리아, 영국, 호주, 스페인, 그리스, 멕시코, 프랑스, 이집트 등 전 세계 20여 개국의 전직 외교 수장들에게 기술이 전쟁과 평화의 양상을 어떻게 바꾸고 있는지를 직접 보여주고 싶어 했다.

우리는 유닛 X 사무실에서 AI로 작동하는 드론부터 자율항해 무인선까지 진행 중인 기술을 소개했다. 올브라이트와 장관들은 꽤 충격을 받은 듯했다. 기술이 세계를 바꿔놓을 수 있다는 점, 그리고 누구나 그 기술에 손쉽게 접근할 수 있다는 점이 분명해 보였기 때문이다.

그날 밤 우리는 벤처투자자 및 스타트업 CEO들과 함께 호텔에서 리셉션을 열었다. 크리스와 올브라이트는 유닛 X의 성과를 축하하며 건배를 들었다. 그 자리에서 크리스는 문득 깨달았다. 그 방에 있던 사람들 대부분은 기술을 편리함과 이익을 가져다주는 도구로만 여겼지만, 올브라이트는 그것이 전혀 다른 방식으로 쓰이는 모습을 목격해 온 사람이었다.

구글의 주역 에릭 슈미트와 미국의 AI 전략

이제 새 행정부가 기술 위협에 대응하기 위해 더 빠르게 움직여야 한다는 사실은 한층 명확해졌다. 라지, 에릭 슈미트, 리드 호프먼, MIT 총장이 참여한 미국 외교협회 산하 태스크포스는 절제된 문체로 "트럼프 행정부는 AI 개발을 주도하는 데 지나치게 느렸다"고 지적했다. 미국이 국가 차원의 AI 전략을 시급히 수립해야 한다는 것이 이들의 관점이었다. 이들은 이미 20여 개국이 그러한 전략을 보유하고 있다고 지적하면서, 이 공백을 메울 새 기구가 등장했음을 언급했다. 바로 인공지능 국가안보위원회(이후 'AI 위원회')였다.

이 위원회는 위기감을 느낀 연방의원들의 주도로 탄생한 결과물이었다. 국가가 방향을 잃고 표류하고 있다는 인식하에 초당적 의원 연합이 국방수권법에 명시된 입법 문구를 바탕으로 위원회를 출범시킨 것이다.

크리스가 슈미트 퓨처스에서 일을 시작한 지 넉 달째 접어들었을 때, 맥 손베리 하원의원(과거 유닛 X의 예산을 살려냈다)이 에릭 슈미트를 AI 위원회의 위원으로 임명했다. 이 사실은 마침 슈미트가 슈미트 퓨처스 팀을 위해 연말 파티를 주최하던 날 보도됐다.

"크리스, 이 AI 위원회 건을 내가 어떻게 하면 좋겠나?"

"사실 제 박사 논문 주제가 '국가안보위원회'였어요." 크리스가 답했다.

"농담이지?"

"아니요, 그만큼 제가 이 분야에 좀 깊이 빠져 있었거든요. 논문 제목이 〈국가안보 체제의 수선: 위원회와 재난·개혁의 정치〉였어요." 크리스가 웃으면서 말했다.

다른 직원들이 연말 행사를 준비하는 동안, 크리스는 슈미트에게 성공적인 위원회 운영의 요건을 간략히 설명했다.

"미국 최초의 위원회는 1794년 조지 워싱턴이 구성했어요. 위스키 반란*을 진압하려고 만든 건데, 실패했죠. 결국 워싱턴이 직접 말을 타고 펜실베이니아까지 군대를 이끌며 진압에 나서야 했으니까요. 그러니 이런 위원회들이 항상 성공하는 건 아닙니다."

"위원회에는 세 가지 유형이 있어요. 9·11 위원회 같은 '위기 대응 위원회'가 권고안 정책 반영 성공률이 가장 높아요. 1981년부터 2009년까지 구성된 55개의 국가안보위원회를 분석한 연구에 따르면 위기 대응 위원회에서 제안하는 권고안은 정책에 실제 반영될 확률이 56퍼센트에 달하

---

* 1794년. 미국 초기 정부가 주류에 부과한 세금에 반발한 펜실베이니아 농민들이 무장봉기를 일으킨 사건. 당시 조지 워싱턴 대통령이 연방군을 직접 이끌고 진압에 나섰다.

죠. AI 위원회는 그보다 성공률이 낮은 '의제 설정 위원회'예요. 당장에 터진 위기가 있는 건 아니지만 정치 시스템만으로는 쉽게 다룰 수 없는 복잡한 이슈가 있을 때 구성되는 위원회죠. 이 경우 정책 반영 성공률은 약 31퍼센트입니다. 가장 피해야 할 건 '사태 수습 위원회'예요. 정치인이 책임을 돌리거나 시간을 벌기 위해 만드는 위원회죠."

"그럼 위원회 일을 자네가 좀 도와줄 수 있겠나?" 슈미트가 물었다.

며칠 뒤 AI 위원회는 슈미트를 초대 위원장으로 선출했다. 위원 명단에는 오라클Oracle의 CEO 사프라 카츠Safra Catz, 마이크로소프트의 연구 책임자 에릭 호르비츠Eric Horvitz, 훗날 아마존의 CEO가 되는 앤드루 재시Andrew Jassy 등이 포함됐다. 유닛 X의 정식 명칭인 'DIU'의 이름을 만든 국방부 부장관 밥 워크는 부위원장으로 선출됐다. 위원회가 본격적으로 활동을 시작한 뒤에는 라지도 자문위원 자격으로 합류했다. 크리스는 위원회의 전체 작업이 성공적으로 마무리되도록 돕는 역할을 맡았다. 우리는 다시 함께 일하게 돼 무척 기뻤다.

뉴욕에서 돌아오는 비행기 안에서 크리스의 머릿속에 떠오른 첫 번째 생각은 유능한 사무총장을 찾는 일이었다. 그 역할에 가장 잘 맞는 인물이 한 명 있었다. 그의 이름은 일리 바이라크타리Ylli Bajraktari. 그는 과거 합참의장실에서 크리스와 함께 일했고, 밥 워크가 실리콘밸리에 국방부의 전초기지를 세워야 한다는 결론을 내리도록 이끌기도 했다. 에릭 슈미트의 속도에 발맞춰 일할 수 있는 사람이 있다면 바로 그였다. 그날따라 운 좋게도 유나이티드 항공편의 와이파이가 잘 작동하고 있어서 크리스는 그에게 곧바로 문자를 보냈다. 일리는 성실한 안보 참모답게 늘 통신망을 켜두고 있었다.

"네가 도움을 줄 만한 중요한 일이 있어. 이력서 좀 보내줘."

"무슨 일인데?" 일리가 답했다.

"인공지능 국가안보위원회의 사무총장 자리야. 에릭 슈미트 직속으로 일하는 자리지."

크리스와 일리가 처음 만난 건 2010년 이라크와 아프가니스탄을 순방하는 국방부 부장관 일행을 태운 C-17 공군기 안에서였다. 그들은 이후 합참의장 직속 참모진으로 다시 함께 근무했고, 나중에 유닛 X의 창설 시기에도 함께했다. 또한 크리스는 일리의 동생인 일버 바이라크타리Ylber Bajraktari와 이라크에서 함께 근무한 경험도 있었다. 당시 둘은 미군의 병력을 증파한 이른바 '서지Surge' 작전 기간 중, 안전 구역인 그린존에 위치한 후세인 궁 뒤편의 트레일러 숙소에서 민간 고문 자격으로 근무했다.

전쟁으로 폐허가 된 코소보 프리슈티나에서 쫓겨난 바이라크타리 형제의 인생 여정은 그야말로 '미국에서만 가능한 이야기'였다. 이들은 매들린 올브라이트가 주도한 북대서양 조약 기구North Atlantic Treaty Organization, NATO의 군사 개입으로 슬로보단 밀로셰비치의 민족 학살이 저지된 이후 미국으로 이주했고, 미국 시민권을 취득한 뒤 훗날 국방부 공직자가 되었다. 일버는 애쉬 카터 국방장관의 비서실 차장이 됐다. 일리는 트럼프 1기 행정부에서 H. R. 맥매스터 국가안보보좌관의 비서실장으로 일했다.

크리스는 일리의 이력서를 곧장 슈미트에게 보냈고, 슈미트도 몇 분 만에 답을 보냈다.

"훌륭하군!!!"

크리스가 샌프란시스코에 도착할 무렵, 일리는 이미 사무총장으로 낙점된 상태였다.

쌀쌀한 3월의 어느 날, 워싱턴에서 AI 위원회 위원들이 처음으로 한자리에 모였다. 아직 사무실이 마련되지 않아 임시 회의실에서 모임을 열었다. 몇몇 위원은 전용기를 타고 왔지만 대부분은 국방부가 허용한 등급인 이코노미석을 이용했다. 근거리에 거주하는 위원들은 지하철로 왔다.

회의의 시작을 맡은 크리스는 위원회가 성공하는 데 필요한 요소들에 대해 간단히 브리핑을 했다. 그다음에는 정보기관 소속 발표자가 적성국들이 AI를 어떻게 활용하려 하는지에 대한 위협 개요를 설명했다. 아직 보안 인가를 받지 못한 위원이 있었기 때문에 해당 브리핑은 비기밀 자료를 바탕으로 진행됐지만, 국가안보와 관련된 일에 처음 참여하는 이들에겐 충분히 충격적인 내용이었다.

정보기관 소속 발표자가 말했다. "AI를 위협 관점에서 보려면 세 가지 측면으로 나눠 생각해 봐야 합니다. AI를 활용해 나쁜 일을 하는 경우, AI 자체에 나쁜 짓을 가하는 경우 그리고 AI 때문에 나쁜 일이 일어나는 경우죠."

첫 번째 사례인 'AI를 활용한 위협'을 설명하며, 발표자는 러시아가 시리아에 배치한 반자율 전차 사진을 스크린에 띄웠다. 그 전차는 우란-9Uran-9 궤도식 전투 차량으로 30밀리미터 기관포, 열화상 및 전기 광학 조준기, 레이저 거리 측정기, 대전차·대공 유도 미사일을 탑재하고 있었다. 영화 〈터미네이터Terminator〉에 나올 법한 외형에, AI를 통해 자율적으로 움직일 수 있는 기능도 갖추고 있었다. 심지어 '스카이넷Skynet'이라 불리는 기능까지 탑재돼 있어서 우란-9 네 대가 동기화된 방식으로 작전을 수행하는 것도 가능했다. 물론 실제 전장에서 이 전차가 '터미네이터'처럼 활약한 것은 아니었다. 데이터 링크 문제와 작전상의 결함들로 인해 임무 수행 효과는 제한적이었다. 하지만 그것은 어디까지나 1세대 버전의 이야기였고, 개선된 모델이 곧 등장할 예정이었다.

두 번째 범주인 'AI 자체에 가해지는 위협'을 설명하면서, 발표자는 고급 컴퓨터 비전 시스템조차 쉽게 속을 수 있다는 점을 강조했다. 예를 들어 정지 신호 표지판에 작은 스티커 하나만 붙여도 일부 자율주행차는 그것을 인식하지 못하고 표지판을 무시한 채 통과해 버릴 수 있다는 것이다. 이런 방식으로 적의 AI 시스템을 교란할 수도, 반대로 우리 시스템이 교란당할 수도 있었다. 세 번째 범주는 AI 때문에 벌어질 수 있는 예기치 않은 사태였다. 그중에서도 가장 우려스러운 것은 AI 시스템이 허위 신호를 생성해 국가 간 충돌 가능성을 높이는 상황이었다.

말하자면 실제로 전쟁을 의도하지 않았던 두 나라가 AI 시스템의 오작동으로 인해 전쟁에 휘말리는 시나리오였다. 발표자는 이 상황을 넷플릭스의 공상과학 시리즈인 〈블랙 미러Black Mirror〉에 나올 법한 이야기라고 설명했다. 그러면서 그런 일이 실제로 미국에도 있었던 일이라고 덧붙였다. 예로 든 것은 1964년 8월의 '통킹만 사건'이었다. 사건이 시작된 첫날, 북베트남군과 미 해군 구축함 USS 매독스USS Maddox 사이에 짧은 교전이 벌어졌다. 다음 날 긴장이 고조된 상황에서 미군 통신병들은 곧 있을 공격에 관한 교신을 도청했다고 생각했고, 미 해군 구축함 세 척이 자신들이 교전 중이라고 보고했다. 그 결과 미국 의회는 '통킹만 결의안'을 통과시켜 공산주의 침략에 직면한 동남아시아 국가에 대해 린든 존슨 대통령이 군사 지원을 무제한 제공할 수 있도록 전권을 부여했다. 그 직후 미군은 본격적으로 남베트남에 지상군을 투입했다. 하지만 나중에 밝혀진 바로는, 그날 실제로 미국 구축함을 향해 발포된 총탄은 한 발도 없었다. 즉 교전 보고는 통신병들의 감청 정보 해석 오류와 구축함 승조원의 오판에 따른 허위 정보였다.

통킹만 사건에서 비롯된 우발적 충돌은 2003년 다큐멘터리 〈전쟁의 안개Fog of War〉의 모티브가 됐다. 그 다큐에서 로버트 맥나마라 전 국방장관은 자신이 관여한 전쟁에서 130만 명 이상이 목숨을 잃은 데 대해 깊은 후회를 표했다. 그런 우발적 충돌이 오늘날 벌어진다고 상상해 보면 어떨까? 북베트남의 순찰정을 중국의 구축함으로, 잘못 해석된 감청 기록을 AI 시스템의 허위 판정으로 대입해 보자. 그리고 베트남에서의 지상전 대신 핵보유국 간의 대결을 떠올려 보라. 그 결과는 전혀 다른 차원의 재앙이 될 수 있다.

그 시점에 회의실의 분위기는 완전히 가라앉았다. 참석자들은 자신들이 마주한 과제가 현실적으로 얼마나 어려운 일인지를 실감하고 있었다. 대통령이라고 해서 이 위기를 해결해 줄 수 없었다. 의회는 극단적 당파성에 매몰돼 있었다. 국방부의 고위직은 아직 절반 가까이 임명조차 되지 않은 상태였다. 이 문제를 나서서 해결해 줄 사람은 아무도 없었다. 결국 세계 최강국의 AI 전략을 설계하는 일은 그 자리에 있는 자원 위원 15명의 몫이었다.

그날 오후 에릭 슈미트는 위원회의 첫 비공개회의를 소집했다. 그리고 분위기를 더욱 무겁게 만드는 질문을 던졌다. 그가 보기엔 이 위원회가 반드시 답을 내야 할 가장 본질적인 문제들이었다.

"AI 연구의 상당수가 오픈소스로 공유되고 있는 상황에서 그러한 확산을 막을 방법이 과연 존재하는가?"

"만약 그런 방법이 있다면, 그로 인해 암 치료와 같은 과학적 진보의 기회를 잃는 대가를 감수할 수 있는가?"

"우리는 중국과 어떤 전략적 관계를 맺어야 하는가? 샴쌍둥이처럼 더욱 밀착하는 상호 의존 관계로 가야 하는가? 아니면 수억 명을 빈곤에서 구하고 미국의 부를 폭발적으로 키운 파트너십을 과감히 끊어내야만 하는가?"

커피와 빵으로 시작된 하루는 막중한 책임감과 두려움 속에서 끝이 났다. 이 과제는 절대 만만치 않았다. 잘못된 판단은 역사의 흐름을 바꿔놓을 수 있었다.

그 후 슈미트는 두 번째, 세 번째 회의를 캘리포니아에서 열었다. 샌프란시스코와 시애틀에 거주하는 위원들이 많다는 점을 고려한 결정이었다. 하지만 회의 분위기는 첫 번째 회의 때만큼이나 암울했다. 브리핑을 통해 확인된 사실은 이랬다. 중국은 AI 분야에서 미국과 거의 대등한 수준에 도달했다. 민간 기업들은 AI를 활용해 세계 시장을 공략 중이었으며, 과학 연구 전반에 AI를 접목해 빠르게 성과를 내고 있었다.

그리고 중국이 '하고 있는' 일에 대한 브리핑이 끝날 때마다, 미국이 '하지 않고' 있는 일에 대한 브리핑이 이어졌다. 한 분석 결과에 따르면 유닛 X를 제외하면 국방부는 미국 내 상위 100개 AI 기업 중 단 세 곳과만 협력하고 있는 것으로 드러났다. 심지어 국방부가 AI를 도입하고 싶어도 기존의 클라우드 컴퓨팅 인프라로는 첨단 AI 애플리케이션의 연산 요구를 감당할 수조차 없었다.

기술 유출을 둘러싼 보이지 않는 전쟁

2019년, 당시 유닛 X의 총책임자였던 마이크 브라운은 AI 위원회가 중국 문제와 국방부를 어떻게 흔들어 깨울지를 두고 고심하는 모습을 보며 마치 과거를 보는 듯한 기시감을 느꼈다. 그가 2016년 유닛 X에 합류하게 된 배경도 중국이 기술 강국으로 떠오르던 상황과 정확히 맞물려 있었다. 당시 그는 세계 최대 사이버보안 기업인 시만텍의 CEO 자리에서 물러난 뒤 대통령 혁신 펠로우 Presidential Innovation Fellow* 프로젝트로 유닛 X에 합류했으며, 중국의 해킹 위협으로부터 고객을 지켜온 그동안의 경험을 통해 중국은 결코 간과할 수 없는 전략적 위협임을 확신하고 있었다. 그는 유닛 X에서 진행한 첫 번째 프로젝트에서 중국이 벤처투자를 통해 미국 기술에 얼마나 깊숙이 접근하고 있는지를 조사했다. 그리고 그 결과는 모두를 충격에 빠뜨렸다.

브라운은 중국계 투자자들이 혁신적인 미국 스타트업에 얼마나 광범위하게 관여하고 있는지를 보여주는 놀라운 사실들을 밝혀냈다. 그는 〈중국의 기술 이전 전략: 신흥 기술 투자를 통해 전략적 경쟁자가 미국 혁신의 핵심 자산에 접근하는 방식〉이라는 제목의 보고서에서 중국계 투자자들이 전체 벤처투자 거래의 15~18퍼센트에 참여하고 있다고 밝혔다. 사실상 중국이 미국 스타트업의 기술과 경영 정보를 상당 부분 들여다볼 수 있는 위치에 있다는 뜻이었다.

더 심각한 문제는 중국계 투자자들이 실제 투자한 기업보다 3~4배나 더 많은 기업의 기술을 들여다보았다는 사실이다. 미국 정부는 벤처투자를 통한 기술 유출이나 초기 기술의 노하우 이전을 별도로 규제하고 있지 않았다. 어떤 기술을 보호해야 하는지, 기술 유출 속도가 얼마나 빠른지에 대한 총체적 파악도 하지 못하고 있었다. 브라운이 내린 결론은 간단했다. 미국 최대의 전략적 경쟁자는 굳이 스파이를 동원하지 않아도 기술을 빼낼 수 있다는 것이었다. 스타트업에 투자 수표만 건네주면 나머지는 그들이 알아서 해줬기 때문이다.

브라운은 이 문제의 심각성을 느끼고 보고서 초안에서 강도 높은 권고

---

* 미국 백악관이 주관하는 공공 혁신 프로그램으로, 실리콘밸리나 민간 기술 분야의 전문가들을 일정 기간 연방정부 부처에 파견해 공공 서비스나 정책 혁신을 도모하게 하는 제도.

안을 제시했다. 유닛 X가 2017년 초에 발표한 이 보고서는 냉전 종식 이후 미국의 외국인 투자 정책에 가장 큰 변화를 불러오는 계기가 됐다.

크리스는 이 보고서를 유닛 X의 정식 보고 체계를 통해 국방장관에게 전달하는 한편, 백악관과 워싱턴 일대의 핵심 인사들과도 따로 조용히 공유했다. 국방장관이 그 보고서를 읽기도 전에 워싱턴에서 흔히 벌어지는 일이 터졌다. 언론에 보고서가 유출된 것이다. 〈뉴욕타임스〉가 1면 머리기사로 〈중국, 민감한 미국 스타트업에 투자 – 국방부의 우려〉라는 제목의 보도를 내보냈다. 그 덕분에(?) 워싱턴 정가의 인사들, 특히 다섯 명의 장관은 즉시 이 보고서를 꼼꼼히 읽게 됐다.

예상대로 브라운은 곧 이 사안의 핵심 전문가로 떠올랐다. 그는 국가안전보장회의의 여름 연구 과제를 이끌며 의회 의원들에게 직접 브리핑을 진행했다. 그리고 5개월 뒤 존 코닌John Cornyn 상원의원은 외국인 투자 심사 절차를 변경하는 법안을 발의했다. 트럼프 대통령은 1년 안에 이 법안에 서명했고, 그 결과 '2018년 외국인 투자 위험 심사 현대화법Foreign Investment Risk Review Modernization Act of 2018, FIRRMA'이 제정됐다. 이 법은 미국의 외국인 투자심의위원회가 제한할 수 있는 투자 및 합작사업의 범위를 대폭 확대하는 내용이었다.

브라운의 보고서는 단순히 파장을 일으킨 수준이 아니었다. 마치 하나의 운석이 백악관 집무실에서 베이징에 이르는 거대한 분화구를 남긴 것과 같았다. 크리스는 훗날 브라운과 그 시절을 회상하며 이렇게 말했다.

"자기가 쓴 보고서가 입법으로 이어지는 일은 정말 흔치 않잖아요."

"사실 읽어만 줘도 고마운 일이지." 브라운이 웃으며 답했다.

유닛 X의 핵심 AI 프로젝트

이제 유닛 X는 자체 프로젝트들에 AI의 혁신적 가능성을 본격적으로 적용하기 시작했다. 특히 기술 인재들이 속속 합류하면서, 그 성과는 기존의 판도를 뒤바꿀 만큼 강력해졌다. 우리가 알고 지내던 젊은 AI 연구자 재러드 던몬Jared Dunnmon이 점심 자리에서 진로 상담을 청해왔다. 항상 입고 다니던 갈색 가죽 재킷과 잘 어울리는 갈색 머리카락을 지닌 그는 에너지 넘치고 붙임성 좋은 사람이었다. 스탠퍼드대에서 기계공학 박사 학위를 받고 로즈 장학생으로 옥스퍼드대에서 MBA도 취득한, 그야말로 다재다능한 인재였다.

박사후과정을 마칠 무렵, 그는 실리콘밸리의 인재라면 누구나 한 번쯤 겪는 익숙한 딜레마에 직면했다. 그가 AI 스타트업에 눈길만 줘도 수억대 연봉 제안이 이메일로 날아들 터였다. 하지만 그의 할아버지는 미 육군 특수부대인 그린베레Green Beret 출신이었고, 부모님 두 분 모두 공군 군의관이었다. 공공 분야에 헌신하려는 그의 마음은 깊고 확고했다. 스탠퍼드대에서는 카펠라 스페이스의 창업자인 파얌 바나자데와 같은 학기에 '국방 해킹' 강좌를 수강하기도 했다.

팔로알토에서 부리토를 먹으며 우리는 재러드에게 유닛 X에서 일해볼 것을 진지하게 권했다. "마이크 브라운을 만나봐. AI 포트폴리오에서 어떤 일을 할 수 있을지 감을 잡아보는 거야. AI 프로젝트를 기술적으로 관리하는 역할도 맡고, AI 정책에도 기여할 수 있을 거야."

다음에 만났을 때 그는 이미 유닛 X의 AI 포트폴리오의 기술 책임자로 일하고 있었다. 첫 번째 성과를 내기까지 거의 2년이 걸렸지만, 결국 해군의 탐사 시스템을 담당하는 PMS-408*과의 협업을 통해 첫 번째 굵직한 성과를 거두었다. 이 부서의 임무 중 하나는 수중 지뢰인 '기뢰' 제거 기술을 현장에 배치하는 것이었다. 해군 기뢰는 명나라의 포병 장교가 14세기에 쓴 병서에서 처음 언급된 이래 거의 모든 군사 분쟁에 등장해 왔다. 미국 독립전쟁 당시에는 식민지 군이 영국 군함을 델라웨어강 바닥으로 침몰시키는 데 사용하기도 했다.

PMS-408의 엔지니어들은 해군의 기뢰 대응 역량을 획기적으로 개선하기 위해, 무인 수중 기뢰 제거 차량에 AI를 탑재하고자 했다. 가장 빠른 방법은 최신 컴퓨터 비전 기술을 새로운 무인 수중 기뢰 제거 차량에 적용하는 것이었다. 유닛 X는 실제로 민간 업체에서 제작한 모듈형 수중 무인 장비 두 기종을 도입해 이를 실현했다. 이 차량들은 기존 모델보다 두 배 이상 오래 작동했지만 개발 기간은 절반에 불과했다. 무엇보다 AI 활용 방식이 훨씬 진일보해 있었다. 하지만 한 가지 문제가 있었다. 운용자들이 관찰해 보니 차량이 환경이 바뀌는 곳에 들어서면 기뢰를 탐지하는 컴퓨터 비전 모델의 성능이 떨어지는 경우가 있었다. PMS-408은 유닛 X에 전화를 걸어 이 문제에 대해 들어본 적이 있는지 물었다.

"그 얘기가 정말 반가웠습니다." 재러드는 국방부 안에서 AI를 기획부터 개발, 운용, 개선까지 전 주기에 걸쳐 적용해 볼 수 있다는 생각에 들떴다. 재러드와 PMS-408 팀은 즉시 문제 해결에 착수했고, 무인 수중 기뢰 제거 차량이 다양한 환경에서 더 효과적으로 작동하도록 성능을 개선해 나갔다.

재러드는 다음과 같이 회상했다. "기존 무인 수중 기뢰 제거 차량을 물속에 넣고 탐색 경로를 지정하면 차량이 센서를 활용해 수색을 시작합니

---

* Program Manager, System 408 또는 Expeditionary Missions Program Office. 해군의 기뢰 제거 작전 등 탐사 임무에 특화된 무인 시스템과 기술을 개발·운용하는 조직.

다. 차량이 임무를 마치고 돌아오면 수집된 센서 데이터를 사람이 일일이 들여다보며 기뢰로 의심되는 대상을 식별해야 했죠. 경우에 따라선 그걸 다시 촬영하러 가야 했고요. 그 넓은 해역 전체를 이런 방식으로 수색한 다고 상상해 보세요. 시간도, 자원도 엄청나게 들 겁니다. 차라리 차량이 스스로 '저기 기뢰가 있을지도 몰라. 여기 있는 김에 좀 더 자세히 촬영해 볼까?'라고 판단해 주는 편이 훨씬 낫죠. 동시에 새로운 환경에서 학습한 내용을 모델에 반영해 나갈 수도 있고요."

이 프로젝트는 유닛 X가 군 플랫폼에서 AI 모델을 지속적으로 개선한 첫 사례 중 하나였다. 민간 부문의 최첨단 기술 접근법을 국방부 운용자들 의 전문성과 결합했을 때 어떤 일이 가능한지를 보여준 셈이었다. 하지만 이 성공은 동시에 더 큰 문제를 드러냈다. 군이 AI를 제대로 활용하려면 이런 프로젝트가 하나가 아니라 수천 개는 더 필요하다는 사실이었다.

혁신을 가로막는 펜타곤 조직의 한계

마이크 브라운이 이끄는 유닛 X는 마침내 본격적인 궤도에 올라서는 듯 했다. 하지만 정작 그때부터 유닛 X는 외딴 광야로 내몰리는 처지가 되기 시작했다. 펜타곤과는 하는 일마다 엇박자가 났고, 거의 모든 일이 삐걱 거렸다.

브라운이 유닛 X의 총책임자로 지명됐을 때 처음 분위기는 좋았다. 브 라운은 매티스 국방장관과 15분간 나눈 첫 대화를 이렇게 떠올렸다. "매 티스 장관은 제게 세 가지를 말했습니다. '첫째, 개별 프로젝트에만 집중 하지 말고 국방부 전체의 역량을 바꿔라. 둘째, 판을 흔들어라. 말 그대로 난장판을 만들어서 새로운 변화를 이끌어라.' 솔직히 전 좀 어리둥절했습니다. 이렇게 작은 조직인 유닛 X가 과연 국방부 전체에 새로운 역량을 불어넣을 수 있을까? 하지만 그의 말이 계속 제 머릿속을 맴돌더군요. 그래서 우리는 전 군에 파급 효과가 있을 만한 프로젝트를 먼저 선별하기 시작했습니다."

세 번째로 매티스는 이렇게 말했다고 한다. "관료제는 지옥일 거야. 분명 자네를 막으려 하는 사람들이 있을 걸세. 그러니 일이 막히면 주저하지 말고 내게 전화해."

"그때는 몰랐지만, 정말 맞는 말이었어요." 브라운이 말했다.

마이크 브라운이 유닛 X의 리더로 취임한 지 90일쯤 됐을 무렵, 매티스 장관은 그를 불러 유닛 X의 프로젝트 세 가지를 소개하는 회의를 주재했다. 브라운은 당시를 이렇게 회상했다. "회의에서 장관이 보여준 태도는 정말 인상적이었습니다. 회의 첫 15분을 전투 현장에서 기술 덕분에 위기를 넘긴 경험담으로 시작했죠. 아프가니스탄 같은 전장 이야기였습니다. 그러고는 이런 말을 했어요. '중국 국방부 장관과 회담할 때 내가 바란 건 딱 하나였다. 오늘 밤이 미국과 충돌할 때는 아니라고 결론짓게 하는 것이었다.'"

이런 말투는 매티스를 상징하는 대목이었다. "요즘 밤잠을 설치게 하는 일은 무엇인가요?"라는 질문에 그가 했던 유명한 대답이 있다. "내가 밤잠을 설치는 일은 없습니다. 나는 적들이 밤잠을 설치게 만드는 쪽이죠." 회의 말미에 매티스는 유닛 X에 품은 기대를 명확히 밝혔다. 그 기대는 애쉬 카터 못지않게, 아니 어쩌면 그 이상으로 혁신적이었다. 그는 유닛 X가 군 전체의 체질을 바꾸는 데 기여하길 바랐다. "지금 자네들이 하는 일은 자기 자신을 위한 게 아니야. 자네들 후임의 후임, 또 그 후임을 위한 일이 될 거야."

그 말은 브라운에게 깊은 울림을 남겼다. 그는 이렇게 회고했다. "그 순간, 정말 리더십이란 게 뭔지를 다시 한번 느꼈습니다."

하지만 2019년 1월, 매티스가 시리아 철군 문제로 트럼프 대통령과 충돌하며 사임하자 유닛 X의 운명은 급격히 기울기 시작했다. 장관 대행으로 패트릭 섀너핸Patrick Shanahan이 잠시 자리를 채운 뒤, 이라크전 참전 이력이 있는 웨스트포인트 출신의 마크 에스퍼Mark Esper 육군장관이 후임 국방장관으로 임명됐다.

"그 순간부터 유닛 X는 사실상 고립됐습니다. 관심도, 지원도, 아무것도 없었죠. 그 시기를 우리는 '광야를 걷던 시절'이라 부릅니다." 브라운의 말이다. 그 여정은 외롭기만 한 게 아니라 불쾌하기도 했다. 유닛 X가 더 이상 국방장관에게 직접 보고하지 않고 마이크 그리핀에게 보고하게 된 탓이었다. 그리핀은 NASA의 국장을 지낸 뒤 연구·공학 담당 국방차관으로 임명된 인물이었다. 그는 유닛 X를 철저히 무시했을 뿐 아니라 국방혁신위원회의 위원들까지 해임해 버렸다.

신미국안보센터Center for a New American Security, CNAS*에서 기술·안보 프로그램을 총괄하다가 트럼프 1기 행정부에 합류한 기술 전문가인 벤 피츠제럴드Ben Fitzgerald는 당시 상황을 이렇게 회상했다. "매티스 장관은 유닛 X가 자신에게 직접 보고하는 구조라면, 이는 곧 아무에게도 간섭받지 않는다는 뜻이라 생각했어요. 그런데 매티스가 떠나고 나자 유닛 X가 누구에게 보고해야 하는가에 대한 의문이 떠올랐고, 결국 연구·공학 담당 차관실이 가장 '논리적인 후보'로 떠오른 거죠."

---

* 2007년 미국 워싱턴 D.C.에 설립된 비영리 정책 싱크탱크다. 주로 국방, 외교, 기술 및 경제 안보 등 국가안보 전반에 걸친 전략 개발을 다룬다.

하지만 당시에 거의 일흔의 나이였던 마이크 그리핀은 평판이 그리 좋은 인물이 아니었다. "회의장에 들어서면 자신이 제일 똑똑하다는 걸 반드시 보여줘야 했고, 사람들과 잘 지내려는 마음이 전혀 없는 사람이었죠." 브라운의 말이다.

피츠제럴드는 이렇게 덧붙였다. "펜타곤의 동료들과 어떻게 협업할 거냐는 질문에 그리핀은 이렇게 말했어요. '난 내가 알아서 해.' 이게 그의 정확한 워딩이었죠."

그리핀의 가장 중요한 파트너였던 국방부 획득 차관 엘런 로드Ellen Lord와의 관계도 곧바로 틀어졌다. 두 사람은 불과 며칠 만에 같은 회의실에 있는 것조차 불편해했다. "그는 엘런 로드의 사무실까지 원했어요." 피츠제럴드가 기억하기로, 전망이 더 좋다는 게 그 이유였다.

설상가상으로 국방부 내부에서는 유닛 X에 대한 수요가 점점 커지고 있었지만, 그리핀은 의회가 승인한 예산 수준조차 지지하지 않았다. 트럼프 1기 행정부 당시 유닛 X의 예산은 국방부 전체 예산의 고작 0.01퍼센트, 조달 예산 기준으로는 0.05퍼센트도 안 되는 수준이었다.

유닛 X의 우주 포트폴리오 책임자이자 당시 고위 군 장교였던 스티브 '버키' 부토우 소장은 이렇게 설명했다. "유닛 X의 연간 예산은 F-35 전투기 한 대 가격과 비슷해요." 애쉬 카터나 매티스는 유닛 X가 연간 30억 달러(약 4조 500억 원)의 예산을 집행하는 국방고등연구계획국처럼 국방부 전체에 민간 기술을 확산시키는 중추로 성장하길 바랐지만, 비교적 소규모 예산만이 배정되면서 유닛 X는 그만큼 영향력 있는 조직이 되지는 못했다.

2020년 9월 그리핀은 에릭 슈미트를 포함한 국방혁신위원회의 위원들을 해임하며 모두를 충격에 빠뜨렸다. "그리핀은 국방혁신위원회가 별 쓸

모가 없다고 생각했어요. 본인이 위원들보다 더 똑똑하다고 믿었으니까요." 피츠제럴드는 그렇게 회상했다. 결국 그리핀의 무모한 행동은 부메랑이 돼 돌아왔다. 그는 임명된 지 1년 반도 되지 않아 사임 압박을 받았다. 하지만 그가 유닛 X에 남긴 상처는 결코 작지 않았다.

이처럼 상황은 녹록지 않았고 예산도 턱없이 부족했지만, 브라운은 꿋꿋이 성과를 쌓아나갔다. 브라운은 당시를 자랑스럽게 회상했다. "우리는 내부 계약 체계를 확충한 덕분에 최대 100개의 프로젝트를 동시다발적으로 운영할 수 있게 됐습니다. 그중 절반 이상이 실제 군부대에 성공적으로 도입돼 실전에서 매일 사용되고 있었죠. 국방부와 협력하려는 민간 기업의 수도 눈에 띄게 늘었습니다. 그 시절의 유닛 X는 그야말로 쉴 틈 없이 돌아가고 있었어요."

중국발 기술 경쟁과 초당적 협력의 필요성

트럼프 1기 행정부의 국방부가 혁신을 뒷전으로 밀어놓은 사이, 에릭 슈미트는 인공지능 국가안보위원회 일에 더욱 전념했다. 2019년 봄부터 가을까지 슈미트는 끊임없이 움직였다. 회의를 주재하고 실무진의 방향을 잡아줬다. 또 라지를 비롯한 외부 전문가들과 아이디어를 논의하고, 위원회의 권고안이 정책으로 실현될 수 있도록 워싱턴 정가에서 정치적 합의를 구축해 나갔다.

양측을 중재하며 합의를 이끄는 슈미트의 '셔틀 외교'는 점차 성과를 내기 시작했다. 실무진은 중국과의 기술 경쟁이 예상보다 훨씬 심각하다는 심층 분석 결과를 잇달아 내놓았다. 위원들은 그에 반응해 점점 더 과감한 정책 제안을 지지했다. 슈미트와 밥 워크는 이러한 제안들을 들고 워싱턴 곳곳을 돌았다. 국회에서는 상·하원 보좌관들을 상대로, 언론 인터뷰와 정책 간담회에서는 대중을 상대로 그 내용을 적극적으로 공유했다.

AI 위원회의 출범이 워낙 성공적이었던 덕에, 다른 위원회들도 이를 본떠 설계되기 시작했다. 의회는 사이버안보 위원회Cybersecurity Commission를 새롭게 구성했다. 이 위원회는 특별히 현직 상원의원 두 명과 하원의원 두 명이 공동위원장으로 참여하는 독특한 구조였다. 현직 의원이 직접 위원으로 참여하게 된 것은 구조적 측면에서 탁월한 혁신이었고, 위원회의 권고안을 법률로 전환하는 메커니즘으로 작동했다. 그리고 그 구조는 실제 효과를 냈다. 위원회의 권고안 중 상당수가 법제화됐기 때문이다.

사이버안보 위원회의 사무국장은 크리스가 AI 위원회를 위해 작성한 메모를 읽고 나서 같은 내용의 브리핑을 자신들의 위원회에서도 해줄 수 있겠느냐고 요청했다. 그리하여 어느 날 크리스는 의사당을 찾았다. 당시 의회는 극단적 분열 상태로, 공화당과 민주당 의원들이 서로 대화조차 나누지 않고 있었다. 크리스는 회의실로 들어가기 전에 맞은편 남자 화장실에 잠시 들렀다. 그런데 비어 있던 딱 한 칸의 변기에서 물이 끝도 없이 계속 쏟아지고 있었다. 세찬 물줄기가 아래로 소용돌이치며 사라지는 그 장면은 당시 미국 정치의 현실을 그대로 보여주는 듯했다. 게다가 누구 한 사람 나서서 그 변기를 고치려 하지 않았다는 사실은 그 비유를 더욱 절묘하게 만들었다.

하지만 브리핑 회의실의 분위기는 워싱턴 전역을 집어삼키던 양 진영 간의 소모전과 달리, 초당적 협력이 살아 있는 반가운 휴식처 같았다. 이런 긍정적 분위기는 위원회를 이끈 위원 네 명의 비범한 헌신 덕분이었다. 메인주 출신의 무소속 상원의원 앵거스 킹Angus King은, 이라크에서 H.

R. 맥매스터와 함께 복무한 경력이 있는 위스콘신주의 온건파 공화당 의원 마이크 갤러거Mike Gallagher와 공동위원장을 맡고 있었다. 여기에 두 명의 인상적인 인물이 더 합류했다. 미국사 박사 학위를 지닌 네브래스카주의 상원의원 벤 새스Ben Sasse 그리고 미 의회 역사상 최초의 사지마비 하원의원인 짐 랜지빈Jim Langevin이 그 두 사람이다.

그날의 흥미로운 대화는 두 번째 만남으로 이어졌다. 다음 날 아침 크리스는 벤 새스 상원의원으로부터 상원 식당에서 점심을 함께하자는 메모를 받았다. 그 시절 트럼프 1기 행정부 하에서 공화당 상원의원이 오바마 정부 출신 인사를 공개적으로 초대한다는 게 가능하기나 한 일이었을까? 하지만 새스는 진정한 애국자였다. 그는 나라를 위하는 일이라면 기꺼이 당파의 벽을 넘는, 몇 안 되는 공화당 의원 중 한 명이었다.

트럼프 행정부의 AI 정상회의

AI 위원회의 사무총장 일리 바이라크타리는 이 시점에 뛰어난 인재들을 대거 영입해 놓은 상태였다. 그들은 국가안전보장회의, 중앙정보국CIA, 국무부, 상무부, 국방부 등에서 발탁된 최고의 인재들이었다. 그들의 뛰어난 분석력은 작성되는 보고서와 브리핑 자료에서 고스란히 드러났다. 위원들 간의 관계도 한층 편안해졌고, 생각의 방향 역시 점차 한 방향으로 수렴되고 있었다. 에릭 슈미트는 위원들을 이끌고 일리는 실무진의 노력을 이끄는 가운데, AI 위원회는 2019년 말 중요한 전환점을 맞았다. 이제 본격적으로 의회에 제출할 중간 보고서를 작성해야 할 시점이었다.

워싱턴에서 '중간 보고서'란 대개 별 의미 없는 문서다. 대학생이 학기

말 리포트에 모든 정성을 쏟듯, 위원회 활동은 마감이 다가와야 진짜 결과물이 나오는 경우가 다반사다. 하지만 일리와 슈미트는 의도적으로 다른 길을 택했다. 전략적 사고가 절실했고, 위원회가 AI 전략을 제시하지 않는 하루하루는 곧 중국이 한 걸음 더 앞서 나가는 시간이기도 했다. 그래서 위원회는 11월 의사당에서 세 블록 떨어진 호텔의 연회장을 하루 종일 빌려서 AI 정책을 진전시킬 수 있는 모든 주요 인사들을 초대해 심포지엄을 열었다.

이날 발표된 중간 보고서는 총 96쪽 분량에 각주만 239개에 달했다. 이보고서에는 27개의 예비 판단과 함께 AI 정책 논의의 방향을 잡기 위한 7가지 합의 원칙이 제시돼 있었다. 지난 8개월간 치열하게 작업해 온 위원회의 지적 성과는 명료한 문체 속에서 고스란히 드러났다.

행사장 무대 배경은 위원회의 로고로 꾸며놓았고, 객석은 입석까지 가득 찰 정도로 붐볐다. 무대에는 총 35명의 발표자가 올랐다. 척 슈머Chuck Schumer 상원 원내대표와 국방장관 그리고 에너지장관도 직접 연설했다.

특히 주목받은 세션은 에릭 슈미트와 합동인공지능센터의 센터장 잭 섀너핸 중장, 구글의 최고법률책임자 켄트 워커Kent Walker가 함께한 민관 협력 세션이었다. 구글의 메이븐 프로젝트 논란을 지켜보았던 사람들은 이 자리가 실질적인 화해의 장이라는 것을 알아차렸다. 이는 슈미트가 물밑에서 열심히 중재한 덕분이었다. 이날 켄트 워커는 구글이 국방부와의 협력을 일부 재개했다고 공식 발표했다. AI 활용 원칙을 정립하는 시간을 가진 후 내린 결정이었다. 구글은 직접적인 피해를 유발할 수 있는 기술은 개발하지 않겠다고 밝혔지만, 국방부와 협력하지 않겠다는 의미는 결코 아니었다. 워커는 다음과 같이 강조했다. "우리는 자랑스러운 미국 기업이며, 미국과 동맹국 그리고 전 세계의 안전과 안보를 위해 기여할 준비가 돼 있습니다."

그는 이를 입증하듯 구글이 이미 사이버보안, 의료, 딥페이크 탐지 등 다양한 분야에서 국방부와 협력해 AI를 적용하고 있다고 밝혔다. 구글 내부 직원들과의 신뢰를 회복한 뒤 워싱턴에 화해를 요청한 셈이었다. 그렇게 켄트 워커는 마이크로소프트와 아마존의 CEO들처럼 공개적으로 국방부와의 협력을 약속했다. 스노든 사태 이후 멀어진 민간 기술 기업과 국방부의 관계를 다시 잇는 흐름은 유닛 X가 실리콘밸리에 정착한 덕분에 가능해진 일이기도 했다.

늘 사려 깊은 태도를 잃지 않는 섀너핸 중장도 화답했다. "구글과 메이븐 사이에서 벌어진 일은 '광산 속 카나리아' 같은 신호였습니다. 그런 일이 실제 충돌이나 위기 상황 직전에 벌어진 게 아니라, 사전에 드러난 건 오히려 다행이었죠. 이제 그 경험을 발판 삼아 우리는 앞으로 나아갈 수 있습니다."

그리고 무엇보다 놀라운 일은 일리가 마지막 순간까지 비밀에 부친 채 엄청난 성과를 끌어냈다는 점이다. 일리는 백악관 참모진을 설득해 대통령이 백악관 집무실에서 직접 중간 보고서를 받는 자리를 성사시켰다. 현직 대통령이 중간 보고서를 공식적으로 받는 것은 역사상 처음 있는 일이었다.

"백악관 집무실에서? 정말이야?" 일리의 말을 들은 크리스가 깜짝 놀라 외쳤다.

일리는 주요 위원들과 실무진 일부를 벤에 태워 펜실베이니아 애비뉴를 따라 백악관으로 향했다.

도착해 보니 트럼프는 이미 에릭 슈미트를 알고 있었고, 많은 인원이 집무실에 들어와 자신의 책상 양옆을 둘러싸고 있는데도 전혀 개의치 않았다. 그날 오후 백악관은 트럼프가 중간 보고서를 들어 보이며 포즈를 취한 사진을 공개했다. 대통령이 이 위원회를 지지한다는 강력한 신호였다. 이 장면은 인공지능 국가안보위원회가 이제 백악관과 직접 협력하며 AI 대응 전략을 가속하게 됐음을 뜻하는 전례 없는 성과였다. 사실 트럼프 1기 행정부는 이미 백악관 주재 AI 정상회의를 개최했고, 이후 과학기술정책실을 통해 AI 관련 행정명령과 국가 전략도 발표해 놓은 상태였다.

그날 밤 위원들과 실무진은 자신들이 어떻게 국가의 AI 정책에 새로운 합의를 끌어냈는지 여전히 어리둥절해하며 의사당 근처의 바에서 조용히 축배를 들었다.

반도체를 둘러싼 글로벌 공급망 전쟁

대통령이 직접 중간 보고서를 받은 이상, AI 위원회는 더욱 과감한 전략을 고민해야 할 때였다. 그중에서도 가장 우려스러운 기술 경쟁 분야는 단연 '반도체'였다. 반도체는 우리가 사용하는 거의 모든 전자기기에 들어간다. 토스터에서 자동차, 스마트폰에 이르기까지 전기나 배터리로 작동하는 거의 모든 제품은 반도체가 있어야 돌아간다. 반도체가 없으면 현대 사회는 멈출 수밖에 없다. 게다가 AI 운용에 필수적인 연산 능력은 고성능 칩이 있어야 가능하다. 결국 최고의 반도체를 가진 쪽이 AI 경쟁의 승자가 될 수 있었다.

1947년 벨 연구소에서 트랜지스터가 처음 발명됐고, 1950년대에는 실리콘밸리 팔로알토에 반도체 생산 공장이 들어서기 시작했다. 반도체의 핵심 재료인 실리콘을 다루는 공장이 폭발적으로 늘어나면서 이 지역은

'실리콘밸리'라는 이름으로 불리게 됐다. 1980년대까지는 미국이 반도체 설계와 제조 모두에서 세계를 이끌었다. 하지만 채 한 세대도 지나지 않아 세계화의 경제 논리가 생산 흐름을 완전히 바꿔버렸다. 처음엔 일본, 그다음은 한국과 대만으로 반도체 제조 라인이 이동하기 시작했다. 인건비가 더 저렴했기 때문이다. 반도체 설계는 여전히 캘리포니아에서 이뤄졌지만 고도화된 생산시설은 점점 아시아, 특히 대만으로 몰렸다.

한편 이제 중국은 더 이상 우호적인 이웃이 아니었다. 그런 상황에서 전 세계의 첨단 반도체 생산이 대만 TSMC의 공장 세 곳에 집중돼 있다는 사실은 곧 미국의 일상 자체가 커다란 취약성에 노출돼 있다는 뜻이었다. 중국은 이미 정기적으로 대만을 침공하는 모의훈련을 벌이고 있었다. 전투기와 폭격기를 띄우며, 선박과 잠수함을 대만 영해 깊숙이 침투시키고 있었다. 만약 중국이 대만을 점령하거나 그곳 반도체 공장을 파괴한다면 미국의 기술 발전은 즉시 멈춰 설 뿐 아니라, 오히려 퇴보할 수도 있었다. 자동차와 컴퓨터를 구동하는 핵심 칩들이 고장 나도 교체할 부품조차 구할 수 없는 상황이 돼버리는 것이다. 매년 가을마다 새 버전이 출시되는 아이폰은 더 이상 진화하지 못한 채 마치 기술 박물관에 박제된 유물처럼 정체돼 버릴 것이다. 그렇게 다른 전자기기들마저 수명을 다하게 되면 미국의 일상은 인터넷 이전 시대로 돌아갈 수도 있었다. 다시 유선 전화를 쓰고 종이책을 읽는 시대로 말이다.

이제 위원회와 여러 전문가는 분명히 인식할 수 있었다. 한때 경제적 이득이라 여겼던 반도체 생산시설의 해외 이전은 사실상 미국 안보의 가장 심각한 취약점으로 드러났다. 하지만 이 문제를 바로잡는 일은 결코 쉽지 않았다. 두 세대에 걸쳐 형성된 구조였고, 이를 되돌리는 데도 한 세대는 걸릴 작업이었다. 최첨단 반도체 공장을 새로 짓는 데는 수십억 달러와 수년의 시간이 필요하다. 미국이 자본을 투자할 의지가 있다고 해도, 정작 최신 공정을 운영할 기술 인력이 없는 게 현실이었다. TSMC는 단지 생산 설비만 독점한 게 아니었다. 그 공장을 가동할 숙련된 인력도 전부 대만이라는 섬, 미국의 잠재적 적국인 중국 해안에서 불과 130킬로미터 떨어진 곳에 집중돼 있었다. TSMC가 과연 미국과 기술을 공유하려 들 것인가? 만약 그렇다 한들, 중국이 실제로 침공해 왔을 때 미국은 대만을 지켜줄 수 있을 것인가? 이런 의문이 끊임없이 제기됐다.

이제 필요한 것은 냉전 이후 최대 규모의 산업 정책이었다. 대만이 거머쥔 '비법' 기술을 미국 본토로 들여와야 했다. 미국이 사실상 중국의 기술 인질이 되지 않기 위해서라도, 이 전략은 반드시 추진돼야 했다. AI 위원회는 마침내 의회가 요청한 국가 전략 확립에 도달했다. 그 핵심 축은 명확했다. 바로 반도체 생산을 가능한 한 신속히 자국 내로 이전하는 것이었다.

이제 국방, 산업계, 의회 전반에서 전례 없는 연합 전선이 형성되기 시작했다. 반도체 업계도 본격적으로 움직였다. 자동차·전자제품 제조업체, 연구 중심 대학들, 자신의 주州를 첨단 기술의 허브로 성장시키길 바라는 주지사들까지 한목소리를 내기 시작했다.

CHIPS 법안의 초안은 척 슈머 상원의원의 사무실에서 작성됐다. 곧이어 슈미트는 위원회 이름으로 낸시 펠로시Nancy Pelosi 하원의장과 다른 의원들을 초대해 저녁 자리를 마련했다. 이 자리는 AI 위원회의 활동과 CHIPS 법안의 중요성을 논의하고, 펠로시 의장이 초당적 의원들과 위원들 앞에서 공식적으로 지지를 표명하도록 유도하기 위한 자리였다. 2019년 어느 추운 날 밤, 의사당에서 몇 블록 떨어진 식당에서 마이크 갤러거와 맥 손베리 등 국가안보 분야의 중진 의원들이 모였다.

펠로시 의장은 유럽 정상회담에서 귀국한 직후였기 때문에 조금 늦게 도착했다. 그녀의 비서진은 슈미트 측 실무진과 연락을 주고받으며 기다림에 지친 의원들이 자리를 뜨지 않도록 시간을 벌고 있었다. 여든의 나이였던 펠로시는 캐시미어 블레이저에 보라색 드레스, 굽이 있는 구두 차림이었다. 그녀는 슈미트와 마주 앉아 치즈케이크를 조금 떠먹으며 자리를 지켜준 참석자들에게 감사 인사를 전했다. 그러고는 이렇게 말했다. "제가 에릭을 처음 만난 게 언제였는지 아세요? 15년 전 샌프란시스코에서였죠. 그때 슈미트는 래리와 세르게이라는 두 창업자와 새로 일을 시작하는 단계였어요. 슈미트는 자신들이 만든 회사인 구글이 앞으로 인터넷 사용 방식을 완전히 바꿔놓을 거라고 말했죠. 솔직히 저는 회사 이름이 좀 특이하다고만 생각했어요. 그런데 맙소사, 정말 그의 말이 맞았지 뭐예요." 좀처럼 웃음을 보이지 않는 슈미트도 이때만큼은 환한 미소를 보였다.

펠로시는 이어서 위원들과 실무진에게 감사를 전했다. 또 AI 위원회의 정책 제안들, 특히 반도체 관련 내용을 거의 외우다시피 하나하나 언급했다. 그녀는 이 내용들이 반드시 법제화될 수 있도록 힘을 보태겠다고 약속했고, 이미 초당적 합의를 위한 사전 작업도 시작했다고 밝혔다. 그날 밤 그녀의 발언은 사람들을 압도할 만큼 인상적이었다. 그리고 그것은 단지 보여주기 위한 제스처가 아니었다. 펠로시는 실제로 약속을 지켰다. 이듬해 그녀는 수십 년 만에 가장 중요한 국가안보 법안 중 일부를 통과시키는 데 결정적 역할을 했다. 미국이라는 나라는 1960년대 이래 최악의 정치·문화적 혼란에 휘말려 있었지만, 다행히도 이처럼 중요한 순간에 미국의 제도는 여전히 올바른 방향을 선택하는 능력을 발휘하고 있었다.

중국의 공세와 미국의 반격

두 달 뒤 에릭 슈미트는 미국이 AI 문제를 두고 중국과 벌인 외교 접촉 가운데 가장 중대한 자리에 나섰다. 그는 중국 최고의 AI 외교관이자 외교부 부부장인 푸잉傅瑩 대사와 함께 공개 생중계 대담에 나설 예정이었다. 이 만남은 매년 2월 독일 바이에른주의 바이에리셔 호프 호텔에서 열리는 '뮌헨 안보 회의'를 위한 자리였다. 전 세계 70개국에서 약 350명의 외교관과 국가 정상들이 모여 사흘간 회의를 이어갔다. 정상들을 태운 의전 차량 행렬만으로도 교통 체증이 생길 정도로 분주한 자리였다.

일리는 워싱턴에 남았고, 크리스가 슈미트를 수행해 뮌헨으로 향했다. 일리와 실무진은 푸잉과의 본 대담에 앞서 슈미트가 충분히 준비할 수 있도록 일정을 촘촘히 구성했다. 슈미트는 실제로 까다로운 질문 세례를 받았다. 첫 번째는 NATO 정보국장들과의 만찬, 다음은 청년 리더 프로그램 세션, 마지막은 애스펀 전략 그룹이 주최한 오찬 자리였다.

회의 전반을 관통한 주제는 단연 중국의 부상과 기술 패권 경쟁이었다. 참석자들의 문제의식은 명확했다. 중국의 급부상을 우려하면서도 유럽은 여전히 자체 기술 전략 수립에서 뒤처져 있다는 사실이었다.

그런 와중에 또 다른 우려가 말 그대로 뮌헨 현지에서 조용히 '끓고' 있었다. 6주 전 중국 우한에서 시작된 원인 불명의 폐렴에 대한 보도가 나오기 시작한 것이다. 크리스는 과거 백악관 에볼라 태스크포스에서 활동하며 서아프리카에서 군사 방역 작전을 이끈 경험이 있었기에, 겨울철 세계 각국 인사들이 한 호텔에 밀집하는 이 행사가 몹시 불안하게 느껴졌다. 그때는 몰랐지만 크리스와 슈미트가 뮌헨에 머물던 시점에 코로나19는 이미 시내 전역에 확산해 있었다. 호텔에서 멀지 않은 곳에서 독일 내 첫

확진자가 발생했다. 크리스와 슈미트가 떠난 직후 독일은 학교를 폐쇄하고 통행 금지령을 내렸으며, 세상은 완전히 다른 국면으로 접어들었다.

슈미트와의 공식 대담 하루 전, 푸잉 대사는 펠로시를 향해 날 선 비난을 쏟아내며 중국 외교의 이른바 '전랑戰狼'* 스타일을 일면 드러냈다. 이 장면은 전체 회의 참석자들이 지켜보는 메인 무대 세션 때 벌어진 일이었다. 당시 기조연설을 위해 워싱턴에서 날아온 펠로시는 단호하게 발언을 시작했다. 중국의 통신장비 기업 화웨이가 자사 제품에 '백도어'를 숨겨 베이징과 연결하는 행위를 "가장 교묘하고 은밀한 형태의 침략"이라고 규정한 것이다. 펠로시는 이 문제가 단순한 상업적 이해를 넘어선다고 지적하며 이렇게 말했다. "이건 디지털 인프라를 누가 통제할 것인가? 민주주의냐, 독재냐? 그 선택의 문제입니다. 국가 권력이 소비자 개인의 주머니 안으로 들어오는 문제이고, 그게 곧 중국의 방식이죠. 우리가 왜 정보 인프라 통제권을 중국에 넘겨야 합니까? 이건 안보의 문제이자 경제의 문제, 가치와 통치의 문제입니다. 그래서 우리는 이 사안에 대해 초당적 지지를 하고 있는 겁니다. 이건 단지 경제적 유불리의 문제가 아니에요. 긴급한 가치 판단의 문제죠. 독재냐, 민주주의냐. 그리고 우리의 선택은 민주주의입니다."

푸잉 대사는 재빨리 마이크를 잡고 펠로시에게 이렇게 반문했다. "중국은 개혁개방을 시작한 지난 40년 동안 서방의 온갖 기술을 받아들이면서도 자국의 정치 체제를 그대로 유지하고 있습니다. 그 기술들이 중국을 위협하지 않았죠. 그런데 화웨이의 5G 기술이 서방에 도입된다고 해서 그 나라들의 정치 체제가 위협받는다는 말입니까? 민주주의란 체제가,

---

* 중국 영화 〈전랑〉에서 유래한 표현으로, 공격적이고 공세적인 중국의 외교 방식을 일컫는다.

화웨이라는 단 하나의 첨단 기술 기업 때문에 위협받을 만큼 그렇게 허약하다고 정말 믿으십니까?"

청중석에 앉아 이 장면을 지켜보던 크리스는 발언 자체보다 그 발언이 전달되는 방식에 더 놀랐다. 중국 당국자들이 사실과 다른 주장을 늘어놓는 건 새삼스러운 일이 아니었지만 그날 푸잉이 보인 노골적인 적대감은 분명 이례적이었다. 미국 대통령 권한 승계 서열 3위인 인물을 향해, 중국의 AI 외교 대표가 국제 무대 한복판에서 공개적으로 날을 세우는 모습만큼 유럽인들에게 중국을 위협적으로 인식하게 만들 상황이 또 있을까? 다음 날 열릴 슈미트와의 대담이 어떤 분위기가 될지는 이미 충분히 짐작이 갔다.

그날 밤 크리스와 슈미트는 다소 기이할 만큼 현대적인 호텔 방에서 푸잉과 펠로시의 공방 장면을 되짚으며 대담을 준비했다. 이튿날 대화를 진행할 사회자는 에스토니아 대통령 케르스티 칼룰라이드Kersti Kaljulaid였다. 에스토니아는 대규모 사이버 공격의 첫 희생국이 된 나라였다. 2007년 러시아의 사이버 공격 작전은 전화망부터 금융 거래까지 모든 분야를 겨냥했고, 에스토니아의 대부분 지역에서 인터넷이 마비됐다. 이후 에스토니아는 세계에서 가장 디지털 회복력이 뛰어난 국가가 되기 위해 전력을 다해왔다. 우리는 칼룰라이드가 중국과 AI에 대해 어떤 의견을 내놓을지 무척 궁금했다.

생방송 대담이 열릴 장소에 슈미트가 들어서자 푸잉은 환한 미소로 그를 맞이했다. 푸잉은 초록색 재킷에 왼쪽 옷깃에는 금빛 브로치를 달고 있어 마치 매들린 올브라이트를 연상케 했다. 슈미트는 체크무늬 블레이저 차림이었고, 칼룰라이드 에스토니아 대통령은 밝은 빨간색 드레스를 입고 있었다. 에스토니아 대통령은 먼저 유머 섞인 인사말로 행사를 시작했다. "뮌헨 안보 회의가 AI를 처음 다뤄보려 한 건 2년 전이었습니다. 그런데 곧 깨달았죠. 우리가 AI를 이해하는 수준은 조상들이 천둥을 이해했던 수준과 별반 다르지 않다는 걸요." 다시 말해, 거의 이해하지 못한다는 뜻이었다.

분위기가 부드러워진 뒤, 칼륨라이드는 가장 민감한 질문으로 직행했다. AI의 무기화 가능성과 치명적 기술로서의 위험성에 대해 슈미트의 의견을 물었다.

슈미트는 '살인 로봇' 시나리오에는 선을 그었다. "AI를 가장 단순하게 설명하자면, 학습 데이터가 충분히 많으면 다음에 어떤 일이 일어날지를 예측할 수 있다는 것입니다. 안보 영역에도 그런 예가 있죠. 다만 실제 군사 충돌은 다행히 빈도가 낮아서 학습할 데이터가 많지 않아요. 그래서 AI가 국가안보 분야에 적용되는 초기에는 주로 정보 분석이나 영상 판독, 감시 같은 분야에 집중될 겁니다."

칼륨라이드는 다시금 터미네이터 시나리오로 슈미트를 몰아붙였다.

슈미트는 더욱 단호한 어조로 응수했다. "그 이야기는 흥미롭지만, 지금 말씀하신 건 영화 속 얘기입니다."

푸잉이 받은 첫 질문은 AI와 개인정보 보호 문제에 관한 것이었다. 그런데 그녀의 답변은 누구도 직접 언급하진 않았지만 모두가 느끼던 불편한 문제를 더욱 크게 부각시켰다.

"한 회사를 방문한 적이 있습니다. 건강관리 서비스를 제공하는 업체였는데, 사용자가 거울 앞을 지나가면 그 거울이 피부 상태를 진단해 개선 방법을 알려주고 매트리스는 사용자의 수면의 질을 분석해 조언을 해주는 곳이었어요. 그럴듯하게 들렸지만 제가 직접 체험해 보고 싶진 않았어요. 제 데이터를 그들이 어떻게 활용할지 알 수 없었기 때문이죠."

푸잉은 이어서 이렇게 주장했다. "중국 정부는 거의 모든 분야에서 기업들이 개인정보를 보호할 방법을 찾도록 아주 면밀하게 지켜보고 있습니다. 중국에서는 제가 소비자라면 민간 기업보다 정부를 더 신뢰하죠. 예전에 아파트를 알아보려고 부동산 업체에 전화한 적이 있는데 그 뒤로 계속 아파트 광고 문자가 오더군요. 전화를 받은 사람이 제 번호를 외부에 판 겁니다." 그리고 그녀는 이렇게 덧붙였다. "나라마다 운영 방식이 다르기 때문에 각 나라들은 자신들의 환경에 맞춰 규칙과 제도를 발전시켜야 한다고 생각합니다."

그것은 실상을 가리기 위한 전형적인 중국식 화법에 불과했다. 물론 중국에서도 개인정보 보호는 시민들의 주요 관심사다. 특히 아동의 인터넷 접근과 관련해선 유럽이나 미국보다 정교한 보호장치를 구축해 온 것도 사실이다. 하지만 중국 기업의 데이터 수집 문제만을 언급하고, 정작 중국 정부가 구축한 감시 국가 체제와 그에 따른 데이터 활용 문제는 말하지 않는 태도는 중국과 서구 간의 AI 사용 방식의 근본적 차이를 다루기보다는 회피하는 방식에 가까웠다. 푸잉이 그 건강관리 기업에 개인정보를 넘기지 않았을지는 몰라도, 그런 가벼운 고민은 신장 수용소에 갇혀 중국 정부의 감시와 재교육 대상이 된 위구르인들이 겪는 억압에 비하면 훨씬 단순한 문제였다.

20분쯤 지났을 때 슈미트가 대화를 좀 더 긍정적인 방향으로 돌려보려 했다. 그는 AI를 통한 글로벌 협력 가능성에 관해 이야기를 시작했다. "우리는 지금, 인간의 삶을 더 나은 방향으로 바꿔줄 엄청난 시스템들이 현실화되는 전환점에 와 있습니다. 시장 효율은 더 높아지고, 교육 시스템은 더 나아질 겁니다. 물론 우리는 우리의 법과 원칙에 부합하는 방식을 지켜야 하죠. 중국의 법과 원칙이 다르다는 것도 저는 인정합니다. 하지만 우리는 서로에게서 배울 수 있어요. 예컨대 중국이 의료 분야에서 무언가를 개발한다면 그건 유럽과 미국에도 도움이 되고, 그 반대의 상황도 마찬가지입니다. 진보로 인해 전 세계가 이익을 나눌 수 있는 분야는 무궁무진하죠.”

그러자 대화는 다른 방향으로 흘러갔지만 미국과 중국 간 AI 협력이 어떤 모습이어야 하는지, 또 그 협력을 어떻게 이뤄나가야 할지에 대한 논의는 끝내 다뤄지지 못했다.

다음은 질문 시간이 이어졌다. 첫 번째 질문은 브루킹스 연구소 소장인 존 앨런John Allen 장군이 던졌다. 그는 곧바로 핵심을 짚으며 이렇게 말했다.

“이 대담을 이끄는 인물들이 지닌 상징성을 청중들도 인식하셨길 바랍니다. 지금 이 자리엔 미국과 중국 대표가 나란히 앉아 있고, 사회자는 에스토니아의 대통령입니다. 이건 앞으로 우리가 어떤 방향으로 나아가야 하는지를 보여주는 상징적인 그림이에요. AI와 다른 첨단 기술 분야에서 행동 규범을 만들려면, 미국과 중국이 공통 기반을 찾아내는 방법을 반드시 마련해야 합니다.”

하지만 앨런의 개입 역시 AI 위원회가 기대했던 의미 있는 논의를 끌어내진 못했다. 크리스는 옆에 앉아 있던 AI 위원회의 공보 담당 타라를 힐끗 바라보았다. 두 사람은 눈빛을 교환하며 ‘이번 대담에선 우리가 기대한 외교적 돌파구는 나오지 않겠구나’ 하는 불안감을 나누었다.

몇 분 뒤, 대화가 더 진지한 주제로 접어드는 듯한 순간도 있었다. 칼룰라이드는 슈미트에게 이렇게 물었다. “AI는 앞으로 우리가 서로 전쟁을 벌이는 방식이나 억지력을 행사하는 방식에 어떤 영향을 줄까요?”

슈미트는 긍정적인 메시지로 답을 시작했다. “좋은 소식은 앞으로 물리적 충돌은 줄어들 거라는 점입니다. 2차 세계대전 이후의 통계를 보면 (전쟁이나 무력 충돌로 인한) 전 세계 사망자 수는 계속 줄어들고 있어요. 사회

전반으로 보면 세상은 나아지고 있습니다. 세계화가 작동하고 있고, 사람들은 대체로 서로 협력하길 원하지, 죽이려고 하진 않아요. 숫자들이 그걸 말해주죠." 그러고 나서 그는 이렇게 덧붙였다. "하지만 동시에 비물리적 충돌은 더욱 늘어나고 있는 것도 사실입니다. 선거 개입, 상호 감시 등의 활동들은 실제로 일어나고 있어요. 하지만 아직 AI를 활용하고 있진 않습니다."

슈미트의 이 발언은 본질적인 주제를 꺼내보려는 나름의 시도였다. 바로 '각국이 AI를 활용해 타국의 내정에 개입하기 시작하면 어떤 일이 벌어질 것인가?' 하는 문제였다. 하지만 칼튤라이드는 그 주제를 더 깊이 파고들진 않았다. 남은 20분은 객석에서 나온 개별 질문들을 다루는 데 그쳤다.

결국 AI 관련 중국의 외교 대표와 미국의 실질적 외교 대표가 마주 앉은 이 자리는 의미 있는 기회를 놓친 장면으로 남았다. 그러한 자리 자체에 너무 많은 기대를 걸었던 탓일까? 혹시 사회자가 달랐다면 좀 더 첨예한 갈등 지점을 끌어낼 수 있었을까? 혹은 펠로시를 향한 푸잉의 공격이 국제 언론의 비판을 받자, 중국 정부가 더 이상 나서지 말라고 지시했는지도 모른다. 어찌 됐든 이날은 미·중이 AI 문제를 놓고 상호 이해나 해법의 실마리를 찾는 날이 되지 못했다.

그날 저녁 행사 뒤풀이에 모여 술잔을 기울이던 사람들은 코로나19가 미·중 관계를 급격히 악화시킬 것이라는 사실을 아직 모르고 있었다. 중국은 바이러스 관련 데이터를 감추고 세계보건기구WHO와의 협력도 거부했다. 이후 트럼프 대통령은 '우한 바이러스'라는 표현을 쓰며 중국 지도부를 공개적으로 비난해, AI 분야에서 미·중 협력은 사실상 불가능해졌다. 에릭 슈미트와 그의 팀은 AI를 둘러싼 외교 창구를 어떻게든 열어보려 했지만, 하나의 바이러스 때문에 그 문이 완전히 닫히려 하고 있었다.

2020년 대선과 조 바이든의 중국 견제 전략

크리스와 슈미트가 뮌헨에서 돌아온 직후, 워싱턴의 인공지능 국가안보위원회 사무실은 마치 드라마 〈워킹데드The Walking Dead〉의 한 장면처럼 변해버렸다. 자가격리 명령으로 학교와 상점들이 문을 닫았고, 위원회의 업무는 재택으로 전환됐다. 하지만 일리가 만들어 왔던 의욕적인 분위기를 집에서 이어가기는 쉽지 않았다.

봄이 지나 여름이 되자, 대선 캠페인은 코로나19 관련 뉴스와 함께 모든 방송을 장악했다. 그러던 중 크리스는 바이든 인수위로부터 국가안전보장회의를 기술 중심으로 재편하는 방안에 관한 제안서를 써달라는 요청을 받았다. 그는 이미 국가안전보장회의와 백악관 과학기술정책실 간의 검토 보고서에서 자신의 권고안을 제시해 둔 상태였기에, 어렵지 않게 작업할 수 있었다.

여름이 깊어가던 무렵 크리스는 바이든 인수위의 핵심에서 활동 중인 자신의 예전 상사에게서 의미심장한 전화를 받았다. 인사말을 주고받은 뒤 옛 상사가 이렇게 물었다. "예전처럼 다시 워싱턴에서 기술 정책 관련 일을 해볼 생각이 있나? 자네가 원한다면 자리가 하나 있어." 크리스는 깊은 한숨을 내쉬었다. 과거 국방부와 백악관, 유닛 X에서 일하던 시절의 고된 기억이 떠올랐다. '아직은 너무 이르다'는 생각이 들었다. 긴 침묵 끝에 그는 이렇게 답했다. "죄송하지만 지금은 샌프란시스코 생활에 어느 정도 자리를 잡았습니다. 새 인연을 만나 같이 살고 있기도 하고요. 돕고 싶은 마음은 큽니다만, 지금 정부에 복귀하는 건 저에겐 적절한 시점이 아닌 것 같습니다." 크리스는 그 '자리'가 어떤 자리인지 묻지 않았다. 알고 싶지도 않았기 때문이다.

같은 주, 인수위는 에릭 슈미트에게 중국을 앞지를 비대칭 전략*에 대해 독립적인 평가를 해줄 기술자 그룹을 꾸릴 수 있겠느냐고 요청했다. 에릭의 삶에 흩어져 있던 여러 조각이 하나로 엮이기 시작한 순간이었다.

에릭이 이번 프로젝트에 합류시킨 13명의 인물은 그 자체로 흥미로운 조합이었다. 이들 중에는 암호화폐와 웹3.0 분야에서 손꼽히는 천재 아비찰 가르그Avichal Garg, 구글의 양자컴퓨팅 전문가 마리사 지우스티나Marissa Giustina, 중국 기술 산업에 정통한 벤처투자자 게리 리셜Gary Rieschel, 그리고 미국 역사상 최연소 자수성가 억만장자인 스케일 AIScale AI의 CEO 알렉산드르 왕Alexandr Wang이 포함돼 있었다.

이들은 석 달 동안 매주 온라인상에 모여 미국과 중국의 기술 경쟁 구도를 분석했다. 코로나19로 인해 모든 회의는 화상으로 진행됐지만, 이 모임은 팬데믹으로 사라진 공동체를 대신해 새로운 네트워크로 자리 잡았다. 이 연구 모임은 2020년 10월에 총 34쪽 분량의 보고서를 제출했다. 급부상하는 중국이 미국에 던지는 도전 과제를 또 한 번 문서화한 작업이었다. 그리고 정확히 일주일 뒤 바이든이 대선에서 승리했다.

이번 선거 결과는 맥매스터가 앞서 추진했던 정책들을 토대로 일련의 후속 작업을 촉발했다. 백악관 국가안전보장회의는 크리스의 권고대로 사이버 및 신기술 담당 부보좌관 직책을 신설했다. 이어 바이든 대통령은 중국의 첨단 반도체 접근을 차단하고, 미국의 민감한 기술 분야에 대한 외국인 투자를 제한하는 조처를 내렸다. 이는 마이크 브라운의 보고서에서 처음 제안됐던 수준보다 훨씬 더 강도 높은 조치였다.

국방부는 최고디지털·인공지능사무국Chief Digital and Artificial Intelligence Office,

---

* 상대보다 적은 자원으로도 우위를 확보할 수 있는 전략. 정면 충돌 대신 상대의 약점을 노리거나 자국의 강점을 극대화하는 방식의 전략이다.

CDAO을 신설하면서 차량 공유 서비스 회사인 리프트Lyft에서 AI 부문을 총괄하던 인물을 수장으로 임명했다. 또한 마이크 브라운이 2017년에 제안했던 내용에 따라 2022년 말에는 전략자본국Office of Strategic Capital을 설립해 민간 자본시장과의 연결고리를 마련했다.

기술 경쟁에 관한 관심이 다시 높아지면서, 크리스는 행정부 직책을 맡지 않기로 한 결정을 재고해야 할 상황에 놓였다. 바이든 대통령이 첫 비서실장으로 론 클레인Ronald Klain을 임명했는데, 크리스는 에볼라 사태 때 클레인 밑에서 일한 적이 있었다. 당시 상황을 진두지휘하며 백악관에서 핵심적인 역할을 해 '에볼라 차르(황제)'로 불린 클레인은 크리스에겐 멘토 같은 존재였다. 그런 사람이 크리스에게 연락해 "다시 백악관으로 돌아와 뛰어줄 수 있겠나"라고 물은 것이다.

크리스는 오랜 멘토이자 의사소통 전략가인 리키 세이드먼Ricki Seidman에게 조언을 구했다. 그녀는 짧지만 날카로운 질문 세 가지를 던졌다.

"백악관에서 일했던 마지막 기억이 뭐예요?"

"새벽 두 시에 록 크릭 파크웨이를 달리면서 졸지 않으려고 안간힘을 썼던 기억이요."

"이혼한 지는 얼마나 됐어요?"

"1년쯤 됐어요."

"정말 샌프란시스코를 떠날 준비가 됐다고 생각해요?"

"아니요."

그렇게 해서 크리스의 고민은 빠르게 정리됐다.

국가안보 관련 직책은 멀리서 보면 늘 화려해 보인다. 정부 전용기, 백악관 상황실 회의, 대통령 집무실로 들어가는 순간들. 하지만 실상은 전혀 다르다. 극도의 스트레스, 생사를 가르는 결정들 그리고 결코 지울 수 없는 장면들을 마주해야 하는 자리였다. "저도 한때는 미국의 드론 타격 작전마다 보고받던 사람이었어요." 크리스는 리키에게 말하며 또 한 번 깊은 한숨을 내쉬었다. "타격 목표, 무기 플랫폼, 작전 시간까지 전부요. 더는 그런 일에 관여하고 싶지 않아요."

누군가가 크리스에게 왜 다시 정부에서 일하지 않는지 물을 때마다, 그는 리키와 나눈 이 대화를 들려줬다.

인사 시스템에서 드러난 관료제의 고질적 문제

크리스가 라지와 함께 샌프란시스코에 남아 있는 동안, 유닛 X를 총괄하던 마이크 브라운은 워싱턴 D.C.에 있는 아파트로 이사할 준비를 했다. 바이든 대통령이 브라운을 국방부 획득·유지 담당 차관으로 지명했기 때문이다. 브라운이 인준을 받게 되면 실리콘밸리 출신으로는 수십 년만에 국방부의 2,000억 달러(약 270조 원) 규모의 조달 예산을 총괄하게 될 터였다. 실리콘밸리 출신의 마지막 국방부 고위 인사는 1997년 퇴임한 국방장관 윌리엄 페리였다. 그전에는 휴렛팩커드Hewlett-Packard의 공동 창업자로 국방부 부장관을 역임한 데이비드 패커드가 있었다. 브라운의 임무는 사실상 국방부의 전체 조달 시스템을 유닛 X 수준의 속도에 맞춰 재구성하는 것이었다. 핵심은 개방형 아키텍처*와 빠른 반복 개발 그리고 실리콘밸리 스타트업들이 기존 방산 대기업들과 대등하게 경쟁

---

* 서로 다른 업체의 시스템이나 기술이 호환되고 유연하게 연결될 수 있도록 하는 설계 방식. 특정 회사나 기술에 종속되지 않아 빠른 교체 및 업그레이드가 가능하다.

할 수 있도록 돕는 데 있었다. 브라운은 당시를 이렇게 회상했다.

"처음 지명을 받았을 땐 정말 기뻤습니다. 그런데 검증 절차가 말도 안 되게 까다로웠어요. 배경, 인성, 재정 상태는 물론이고 제가 했던 클래식 록밴드 활동 중에 대통령을 난처하게 만들 만한 가사가 있는지까지 들춰 보았죠. 제가 그동안 해온 모든 일을 이 잡듯 샅샅이 뒤지더군요."

지명 이후 상원의 인준을 기다리는 동안, 브라운은 새 직책을 준비하는 데 집중했다.

"솔직히 제가 잘 모르는 분야라 걱정이 많았습니다. 그래서 어떻게든 공부를 더 해보려고 노력했죠. 국방부와 에너지부가 공동으로 주관하는 3대 핵전력*의 재정비 작업을 공동 주재해야 하는데… 제가 그 분야에 대해 얼마나 알았겠습니까?"

우리 두 사람은 곧바로 행동에 나섰다. 전직 관료들과 접촉을 시작했고, 국방부 부장관을 지낸 빌 린Bill Lynn과 조지타운에서 저녁 자리를 마련했다. 린은 브라운이 맡게 될 역할에 대해 속속들이 알고 있는 인물이었다. 라지는 주변에 연락을 돌려 브라운의 비서실에서 일할 참모진을 꾸렸고 군사보좌관까지 섭외했다. 애쉬 카터와 H. R. 맥매스터도 브라운에게 적극적으로 조언을 건넸다.

그런데 인준 청문회를 몇 주 앞둔 시점에 유닛 X의 전직 직원이 예전에 종결된 내부 고발 사건을 언론에 유출했다. 고발 내용은 브라운이 유닛 X의 책임자로 있던 시절 채용 권한을 남용했다는 것이었다. 해당 직원은 사직 당일에 이 문제를 제기했다. 유닛 X의 법무 팀은 철저한 내부 조사를 거쳐 80쪽에 달하는 보고서를 작성했고, 해당 고발이 사실무근이라는

---

* 대륙간탄도미사일(ICBM), 잠수함발사탄도미사일(SLBM), 전략 폭격기로 구성된 3대 핵전력 체계.

결론을 내렸다. 다시 말해 이 사건은 이미 명확히 종결된 사안이었다. 하지만 언론 보도가 모호한 뉘앙스를 풍기면서 마치 이 사안이 제대로 조사되지 않은 것처럼 보이게 됐다.

유닛 X의 핵심 과제 중 하나는 실리콘밸리의 인재를 안보 분야로 끌어오는 것이었다. 채용권도 유닛 X가 아닌 국방부 본부에 있었기 때문에 이 고발 자체는 이상한 구석이 많았다. 심지어 간식비를 관리하던 하급 장교들이 치토스와 커피를 사는 데 사용한 현금 회계 시스템이 '너무 허술했다'는 식의 사소한 문제까지 언급됐다. 처음엔 조사할 가치가 없다던 국방부 감사관실은 돌연 태도를 바꾸더니, 믿기 어렵게도 조사가 1년 이상 걸릴 수도 있다고 통보했다.

백악관이나 국방부 장관, 부장관이 감사관에게 조사를 서둘러 달라고 요청할 수도 있었다. 어차피 유닛 X 내부에선 조사가 끝난 사안이었기 때문에 사실관계를 파악하는 데 긴 시간이 걸릴 이유가 없었다. 하지만 어디서도 문제를 해결하려 나서는 이가 없었고, 결국 브라운의 지명은 무산됐다. 아이러니하게도 감사관실은 브라운이 유닛 X에서 물러나고서 일주일 후인 2022년 가을, 즉 18개월 만에 그를 완전히 무혐의 처리했다. 감사관 보고서는 오히려 브라운의 채용 방식이 훌륭했다고 평가했다. 브라운의 인준을 밀어붙이지 않은 바이든 인수위의 태도는 혁신을 바라는 사람들에게 큰 실망을 안겼다. 이들은 행정부 초기 인사의 방향이 곧 정책 그 자체라는 사실을 잘 알고 있었다. 그로부터 몇 년이 지난 뒤 브라운은 이렇게 회상했다.

"돌이켜 보면 이 일에서 얻은 교훈은 이겁니다. 어떤 이유로든 감사관 제도를 무기화해서 대통령이 지명한 인사의 임명을 무산시키는 상황이 벌어진다면, 그건 시스템이 잘못됐다는 뜻입니다. 상원이 인준을 거부한 것도 아닌데 그런 일이 벌어진다면 더 말이 안 되는 상황인 거죠. 조사를 받는 것 자체는 아무 거리낌이 없습니다. 하지만 다들 알다시피, 이런 일이 1년 넘게 걸릴 이유는 없지요."

결국 이 사건을 계기로 브라운은 공직 생활을 씁쓸하게 마무리했다. 그가 국방부에 불어넣으려 했던 혁신의 과제를 생각하면, 이 고발 사건이 정말 단순히 불만을 품은 전직 직원의 제보였는지조차 의심스러웠다. 브라운이 파악한 바로, 그 고발자는 방산 대기업들과만 거래하는 한 컨설팅 업체에서 일하고 있었다. 진실이 무엇인지는 끝내 알 수 없겠지만, 브라운은 대형 방산업체들이 겉으로는 지명을 지지하는 척하면서도 뒤로는 그의 인준을 반대했다는 사실만은 분명히 알고 있었다.

결국 그는 이 사건을 뒤로하고 라지가 그랬던 것처럼 유닛 X의 사명을 다른 방식으로 이어가기로 했다. 그는 라지가 이끄는 벤처캐피털 회사인 실드 캐피털Shield Capital에 파트너로 합류했다.

AI 시대, 국가 경쟁력을 지키는 법

2021년 7월 13일, 백악관에서 두 블록 떨어진 메이플라워 호텔의 연회장에는 500명이 넘는 인파가 발 디딜 틈 없이 몰려들었다. 온라인 생중계로 행사를 지켜본 이들은 수천 명이 넘었다. AI 위원회가 주최한 '글로벌 신흥 기술 정상회의'는 그해 여름 워싱턴에서 열린 행사 중 가장 주목받는 자리였다.

위원회의 최종보고서는 무려 746쪽, 무게는 약 2.5킬로그램에 달했다. 이 방대한 보고서는 'AI 시대에 미국을 어떻게 방어할 것인가'에 관한 논의로 시작해 기술 경쟁에서 승리하기 위한 전략으로 이어졌다. 마지막에는 '실행을 위한 설계도'라는 제목의 장에서 각 권고안을 실행에 옮기기 위한 단계별 조치를 상세히 포함하고 있었다. 정부 문서로서는 거의 '색칠 공부' 수준이라 할 만큼 쉽게 구성된 실행 안내서였다.

이에 못지않게 인상적이었던 건 이를 지지하기 위해 모인 고위 인사들의 면면이었다. 상무장관, 국무장관, 국방장관을 비롯해 대통령의 국가안보보좌관과 과학보좌관도 차례로 연단에 올랐다. 척 슈머 상원 원내대표, 케빈 매카시 하원 소수당 대표, 엘리스 스테파닉 하원 공화당 의원총회 의장이 영상 메시지를 보냈으며, 저신다 아던 뉴질랜드 총리와 미국 동맹국의 과학 기술 및 디지털 관련 장관과 고문 등 십여 명이 넘는 외국 인사들도 인사를 전했다. 오픈AI의 공동 창업자인 샘 올트먼은 생물공학 기업 깅코 바이오웍스Ginkgo Bioworks의 공동 창업자와 함께 무대에 올라 발언했다. 참석자들 모두 한목소리로 위원회의 성과를 높이 평가했다.

매들린 올브라이트 전 국무장관은 이날 오후 세션에 화상으로 참석해 CNN의 파리드 자카리아Fareed Zakaria가 진행하는 대담에 응했다. 올브라이트는 특유의 브로치를 옷깃에 단 채 조지타운 34번가 자택 서재에서 영상으로 모습을 드러냈다. 당시 청중들은 몰랐지만 여든넷의 나이였던 그녀는 암 진단을 받고 시간이 몇 달 남지 않은 상태였다. 이날 대담은 그녀가 생전에 기술 관련 문제에 관해 남긴 마지막 공식 발언이 됐다.

먼저 자카리아는 올브라이트가 국무장관 시절 "냉전 이후 새롭게 시작된 국제 질서 속에서 세계 민주주의 국가 간 새로운 연합을 형성하고 협력을 강화하기 위해 온 힘을 다했다"라고 언급했다. 그는 올브라이트에게 곧장 질문을 던졌다. 최근 기술 분야에서 국제 협력이 무너지고 있는 위기 상황을 어떻게 보느냐는 것이었다.

올브라이트는 이렇게 답변했다. "당시 많은 사람이 우려했습니다. '민주주의 국가들이 과연 하나로 뭉칠 수 있을까?' 과거에는 소련이라는 공통의 위협이 있었지만, 그런 적이 사라졌으니 '가치'만으로는 전략적 결속력을 충분히 다질 수 없다는 우려였죠. 제가 국무장관이 됐을 때 민주주의 국가들을 다시 묶는 방안에 대해 더 많은 이야기를 나눴습니다. 나토를 군사 동맹뿐 아니라 민주주의 동맹으로 확대할 수 있다고 본 거죠. 지금도 이건 여전히 중요한 과제예요. 21세기에는 몇 가지 거대한 흐름들이 있었고, 그중에는 기술도 포함됐죠. 기술은 분명히 사람들을 연결해 주는 엄청난 역할을 했지만, 부작용도 컸습니다. 정보가 파편화되고, 소셜미디어가 등장하고, 정보의 출처를 파악하기 힘들어지면서 사회가 더욱 분열됐죠."

이어 무대에 오른 안데르스 포그 라스무센Anders Fogh Rasmussen 전 NATO 사무총장은 기술이 자유 진영과 비자유 진영 사이에 과거의 균열선을 다시 만들어 냈다고 지적했다. 제2차 세계대전의 그늘에서 성장했고 냉전과 그 여파를 겪은 이들 베테랑 외교관은 기술, 특히 AI가 그들을 다시 한번 어두운 시대로 되돌려 놓고 있다고 느꼈다.

올브라이트는 발언을 마무리하며 이렇게 말했다. "이제 결단해야 합니다. 시간이 없어요. 이 문제는 조직적 차원에서 매우 복잡하게 얽혀 있죠. 저는 낙관적인 사람이지만 걱정이 많습니다. 문제를 바라만 보며 시간만 허비하고 있는 건 아닌지… 구체적인 해결책을 찾아야 할 텐데 말이죠."

앞서 연설을 준비할 때 그녀는 자신이 그렇게 위중한 상태인 줄 몰랐던 수행 팀에게 이렇게 말했다. "우리가 이 AI 문제의 실체를 파악할 즈음이면 난 이미 이 세상에 없을 겁니다. 결국 이 문제는 여러분 세대가 풀어야 할 과제란 뜻이에요." 파시즘과 싸우며 평생을 보낸 이 여인은 그날 조용히 그 바통을 다음 세대에게 넘겼다.

AI 위원회는 사실상 '국가 AI 전략'이라 할 만한 746쪽짜리 보고서를 완성했다. 발표 직후 위원회 구성원들은 백악관에서 몇 블록 떨어진 유명 레스토랑인 해밀턴에서 성공을 자축했다. 에릭 슈미트가 선두에 서서 코네티컷 애비뉴를 따라 레스토랑까지 모두 함께 걸어갔다. 그날 마지막까지 자리를 지킨 실무자는 국무부에서 오래 일한 충직한 베테랑으로, 훗날 한 분석가가 '기술적 질식technological asphyxiation'이라고까지 표현한 '중국으로의 첨단 반도체 수출을 제한하는 행정명령'을 작성하게 된다.

이 흐름에 마침표를 찍을 마지막 사건이 하나 더 남아 있었다. 바로 AI 위원회가 초안을 마련한 'CHIPS 법'의 통과였다. 이 법안은 초당적 지지를 받고 있었지만 다른 정치적 변수들이 얽히며 처리가 지연됐다. 그러다 2022년 8월 9일 바이든 대통령이 마침내 법안에 서명하며 정식으로 법제화됐다. 이 법은 미국 반도체 산업 재건을 위한 800억 달러(약 108조 원) 규모의 공공 자금을 푸는 조치였다. 미국 내 마이크로프로세서 생산기지를 다시 세우고, 차세대 반도체와 AI 연구를 정부 차원에서 지원하는 내용도 포함돼 있었다.

이 조치는 사실상 중국과의 디커플링을 대폭 가속한 결정이었고, 수십 년 만에 나온 중대한 산업 정책으로 기록됐다. 초당적 지지를 얻은 몇 안 되는 정책 결정 중 하나였으며, 미국과 중국 간의 신냉전을 심화시키는 한편 상용 기술에 내재한 지정학적 함의를 더욱 선명하게 드러내는 계기가 됐다.

미국은 전례 없는 새로운 국면에 들어섰지만, 이제 적어도 분명한 전략은 갖추게 됐다.

7장

기술 전쟁에 뛰어드는
벤처투자자들

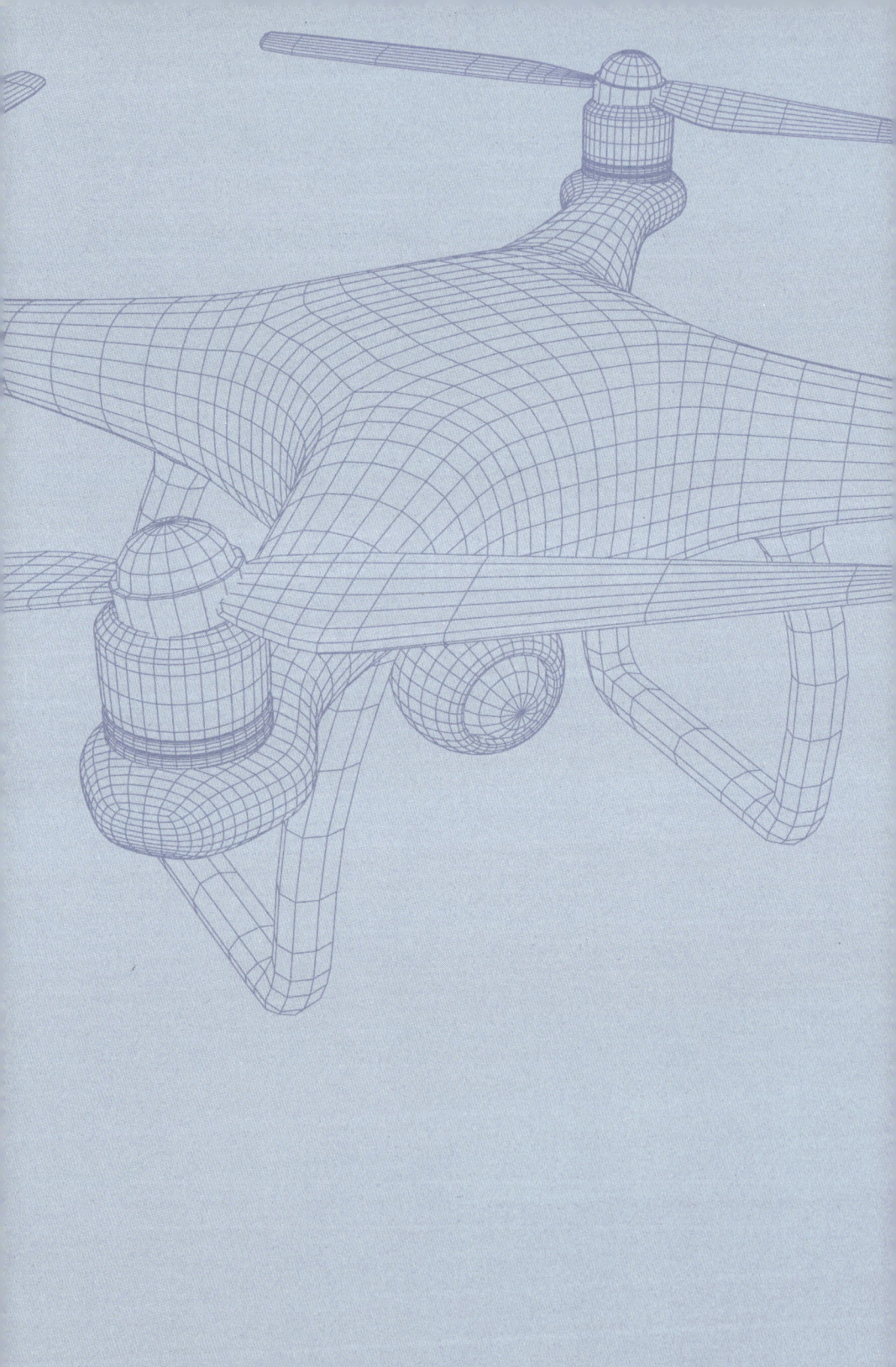

미·중 관계의 반전은 인공지능 국가안보위원회의 활동에 큰 동력을 제공했을 뿐 아니라 자본시장에도 변화를 불러오고 있었다. 그 흐름 속에서 기회를 포착한 라지는 국가안보 분야에 특화된 벤처캐피털 회사인 실드 캐피털을 창업하며 기업가적 행보를 이어갔다.

라지는 중국 공산당이 추진하는 '군민 융합' 전략에 상응하는 모델을 미국도 만들어야 한다고 믿었다. 단, 미국의 방식으로 말이다. 중국의 군민 융합은 방위산업과 민간 기술 산업을 하나로 통합해 군사력을 강화하려는 전략이다. 유닛 X와 유사해 보일 수도 있지만 권위주의 체제인 중국에서는 정부가 민간 기업에 군사 지원을 강제로 요구하거나, 필요할 경우 생산을 통제할 수 있다. 심지어 중국 공산당은 유망한 기술 스타트업의 경영진에 당 간부를 직접 심어놓기도 한다.

미국은 이런 전략을 모방하는 대신 자체적 강점을 활용해 대응하고자 했다. 첫째, 미국은 살기 좋은 나라다. 해외 주재 미국 대사관 앞에는 미국으로 이주하려는 사람들로 긴 줄이 늘어설 정도지만, 중국은 그렇지 않다. 둘째, 미국은 세계에서 가장 활발한 기술 혁신 생태계를 갖고 있다. 세계 10대 기술 기업 중 8곳이 미국에 있고, 나머지 2곳인 TSMC와 텐센트만 각각 대만과 중국에 있다. 물론 미국은 민간 기업에 군사용 제품을 만들라고 강요할 수 없다. 그러나 강력한 유인책을 제공할 수는 있다. 민간 기업과 투자자는 수익 동기에 따라 움직인다. 그러므로 정부는 그 수익 동기를 적절히 활용해 기업과 투자자들을 원하는 방향으로 유도해 낼 수 있다. 예컨대 정부가 기존의 방산업체가 아닌 비전통적 공급자로부터 첨단 기술을 구매하기 시작하면 기업과 투자자들은 그 흐름을 따라 움직이게 된다. 그리고 그런 경우 미국 기업은 일반적으로 중국의 국영 기업이나 정부 지원 기업보다 더 뛰어난 성과를 낸다.

물론 유닛 X가 많은 성과를 내긴 했지만, 2020년대에 들어서도 미국의 기업가들과 국방부 간의 대화는 소통의 물꼬를 트기 시작한 정도였다. 워싱턴과 실리콘밸리 사이의 문화적 간극은 여전히 존재했다. 라지는 두 세계가 자신들 앞에 놓인 기회의 중요성을 인식하고 이에 집중할 수 있도록 유닛 X에서 물러난 뒤 스탠퍼드대 산하 후버 연구소Hoover Institution에서 '테크 트랙 2 Tech Track 2'라는 프로젝트를 설립했다. '트랙 2'란, '트랙 2 외교'라고 부르는 개념에서 따온 말로, 미 국무부가 비공식 외교 채널을 가리킬 때 사용하는 용어다. 첫 번째 트랙 2 회의에서 전 국무장관 콘돌리자 라이스는 이렇게 말했다. "이건 원래 러시아나 중국 같은 나라들과의 외교에 쓰이던 방식이죠. 이제 정부와 산업계 사이에도 이런 통로가 필요합니다."

라지는 전 국가안보보좌관 H. R. 맥매스터 중장, 후버 연구소의 선임 연구원 에이미 제가트Amy Zegart 그리고 당시 유닛 X의 책임자였던 마이크 브라운과 함께 테크 트랙 2를 공동 설립했다. 이들은 국방부 측 인사 20명, 실리콘밸리 인사 20명, 총 40명을 초청해 종일 비공개 대화를 나누는 자리를 마련했다. 참가자들은 스탠퍼드대 캠퍼스 중앙에 위치한 아넨버그 강당에 모였다. 이곳은 원형 테이블을 중심으로 바깥쪽에 의자가 둥글게 배치된 작은 원형 회의실이었다. 라지는 참석자들이 공식적인 자리에서 꺼낼 수 없는 의견을 솔직하게 나눌 수 있도록 회의를 철저히 비공개로 진행했다. 참석자 명단도, 의제도 공개하지 않았다. 하지만 그날 스탠퍼드대 캠퍼스를 지나던 사람이라면 검은색 SUV 차량이 줄지어 도착해 인사들을 내려주는 장면을 봤을지도 모른다. 그중에는 당시 미 공군 참모총장이던 데이비드 골드파인 대장을 포함한 여러 장성과 전직 국무장관, 국방장관, 그리고 유닛 X의 세 번째 수장이 되는 더그 벡, 훗날 실드 캐피털의 공동 창업자가 되는 필립 빌든Philip Bilden도 있었다. 애쉬 카터는 화상으로 회의에 참석했다.

그날 회의가 끝날 무렵 더그 벡과 골드파인은 일종의 '인재 교류'에 합의했다. 애플이 엔지니어 다섯 명을 공군에 파견하고, 공군도 장병 다섯 명을 애플에 파견하기로 한 것이다. 서로의 조직 문화를 체험함으로써 새로운 시각과 감각을 불어넣자는 취지였다. 물론 그 10명으로 거대한 조직 문화를 단번에 바꾸길 기대할 수는 없었다. 하지만 분명한 시작점이 될 수는 있었다.

이와 동시에 라지는 후버 연구소의 객원 연구원으로도 임명돼 스티브 블랭크, 조 펠터Joe Felter와 함께 '기술과 혁신, 강대국의 경쟁'이라는 강의를 시작했다. 블랭크는 앞서 언급했듯이 성공한 기술 기업가였다. 조 펠터는 미 육군사관학교를 졸업한 육군 특수부대 레인저 출신으로, 국방부에서 남아시아·동남아시아·오세아니아 지역을 담당하는 부차관보를 지낸 인물이었다. 기술이 국가의 부상과 군사력 강화를 이끄는 방식을 다룬 이 강의는 성공적인 스타트업을 여럿 배출해 낸 '국방 해킹' 강좌의 확장판이라 할 수 있었다. 라지의 목표는 스탠퍼드대의 우수한 학부생과 대학원생들에게 국방 기술 전략에 관한 관심을 불러일으키는 것이었다. 테크트랙 2 회의가 고위 정책 결정자들과 영향력 있는 투자자들을 연결했다면, 이 수업은 좀 더 풀뿌리 접근을 취했다. 젊은 세대가 군의 문화와 사명을 제대로 이해하게 되면 자연스럽게 국가안보 분야에 자신의 역량을 기여하고자 하는 동기를 갖게 될 것이라는 믿음에서 시작된 시도였다. 수업의 특별 초청 연사로는 제임스 매티스, 애쉬 카터 그리고 전 러시아 주재 미국 대사인 마이클 맥폴Michael McFaul이 있었다. 맥폴은 과거 블라디미르 푸틴과 한 테이블에 마주 앉아 외교 협상을 벌인 인물로, 러시아 대통령의 신념과 원한, 세계관을 학생들에게 생생하게 들려주며 푸틴과 러시아가 제기하는 위협에 미국이 어떻게 대응해야 할지를 학생들에게 고민해보게 했다.

인맥을 연결하는 노력도 중요했지만, 라지가 정말로 중요하게 생각한 일은 바로 기술 기업가들이 상업적 용도와 국가안보 과제를 동시에 해결할 제품을 만들도록 돕는 일이었다. 그는 민간과 군 양쪽 모두의 수요를 맞출 기술 스타트업 투자에 관심이 많았다. 다행히 그런 비전을 공유하는 창업자들은 적지 않았다. 국방 분야에 적용할 아이디어가 있는 창업자라면 거의 누구나 라지와 접촉할 방법을 찾곤 했다. 실제로 많은 이들이 샌프란시스코 노에 밸리에 있는 그의 집을 방문해 투자 제안을 하기도 했다. 이들은 사진 공유 앱이나 음식 배달 앱을 만드는 것보다 민주주의를 지키는 데 기여하는 일을 훨씬 더 의미 있게 생각했다. 그들은 라지의 조언과 투자를 원했다.

라지는 필립 빌튼을 비롯한 몇몇 투자자들과 연합해 초기 단계의 스타트업에 엔젤 투자를 시작했다. 평균 10만 달러 규모의 소액 투자를 통해,

본격적인 시리즈 A 투자 라운드를 받기 전의 스타트업들이 첫발을 뗄 수 있도록 도운 것이다. 빌든은 운용 자산 규모만 1,000억 달러가 넘는 글로벌 사모투자 운용사인 하버베스트 파트너스HarbourVest Partners의 공동 창업자였다. 그는 홍콩에 주재하며 아시아태평양 사업을 총괄한 덕에 중국의 급부상을 누구보다 가까이에서 지켜볼 수 있었다. 라지가 유닛 X를 이끌기 전부터 두 사람은 국가안보에 특화된 벤처캐피털 회사를 만들자는 이야기를 나눈 적이 있었다. 라지가 유닛 X에서 물러난 뒤 마침내 이를 실천에 옮긴 것이다.

실리콘밸리 생태계에서 엔젤 투자자는 초기 스타트업의 성장을 견인하는 핵심 역할을 맡는다. 이들은 대형 투자사들이 꺼리는 위험을 기꺼이 떠안고, 신생 기업이 기관 투자를 받을 만큼 성장할 수 있도록 멘토 역할을 하는 것도 마다하지 않는다. 라지는 스스로 한 가지 원칙을 세웠다. 유닛 X에서 함께 일했던 회사에는 절대 투자하지 않겠다는 것이었다. 이해 충돌 소지를 피하기 위한 결정이었다. 그 원칙 때문에 안두릴이나 카펠라처럼 유닛 X 시절에 성과를 함께한 유망 기업에 대한 투자는 과감히 포기해야 했다. 이후 3년 동안 그는 200곳이 넘는 기업의 창업자들을 만나고 수많은 투자 제안을 들으며 끝도 없는 파워포인트 발표를 지켜보았다. 하지만 대부분의 경우에는 투자를 고사했다. 그렇게 선별한 초기 기업 20여 곳에 소액 투자를 했고, 그중 상당수가 국가안보에 필요한 핵심 솔루션을 만들어 내는 성공적인 기업으로 성장했다.

그중 하나가 버니바 연구소Vannevar Labs였다. 이 회사의 이름은 2차 세계대전 당시 미국 과학연구개발국을 이끌며 맨해튼 프로젝트를 총괄한 버니바 부시Vannevar Bush에서 따온 것이다. 그가 1945년에 작성한 보고서 〈과학, 무한한 프론티어 Science, the Endless Frontier〉는 이후 미국 의회가 국립

과학재단을 설립하는 계기가 됐다. 라지의 집에서 커피를 마시며, 버니바의 두 공동 창업자는 자신들의 비전을 공유했다. 자연어처리[*]라는 AI 기술을 활용해 미국 정보 분석관들이 방대한 데이터를 신속히 분석하고 핵심 정보를 추출할 수 있도록 지원함으로써 대테러 작전을 뒷받침하겠다는 구상이었다. 공동 창업자 중 한 사람은 미국 정보기관에서 대테러 요원으로 활동한 니니 무어헤드Nini Moorhead였고, 다른 한 사람은 CIA 산하 벤처캐피털 조직인 인큐텔 출신의 브렛 그랜버그Brett Granberg였다.

라지의 또 다른 초기 투자처는 호크아이 360HawkEye 360이었다. 이 회사는 지구 궤도에 소형 위성 군집을 띄워 무선 주파수 신호를 탐지하고, 이를 기반으로 목표물의 위치를 추적할 수 있는 기술을 보유하고 있다. 과거에는 미국과 소련의 정찰위성만이 가능했던 기술이다. 호크아이 360의 위성은 재난 구조 활동부터 마약 밀매 조직 추적에 이르기까지 다양한 임무를 수행할 수 있다. 이 회사의 창업자인 존 세라피니John Serafini는 훗날 실드 캐피털의 벤처 파트너로 합류하게 된다. 세 번째 투자처는 넥슬라Nexla였다. 이 회사는 AI 시스템의 성능을 극대화하는 고속 소프트웨어 '파이프Pipe'를 개발 중이었다.

이 세 회사 모두 수년간 괄목할 만한 성장을 이루며 각자의 분야에서 두각을 나타냈는데, 특히 몇 가지 공통점 덕분에 투자 대상으로서의 매력이 컸다. 첫째, 타사가 모방하기 어려운 첨단 기술을 개발하고 있었다. 둘째, 정부와 민간 고객을 동시에 확보할 수 있는 구조였다. 그리고 무엇보다 창업자들이 놀라울 만큼 열정적이고 집요할 정도로 목표에 집중했다는 점이 중요했다.

---

[*] 인공지능의 한 분야로, 컴퓨터가 사람의 언어(자연어)를 이해하고 해석하며 생성할 수 있도록 하는 기술.

가장 미래 지향적 감각이 돋보인 투자처는 단연 엘로이 에어Elroy Air였다. 이 회사를 창업한 데이비드 메릴David Merrill은 전 세계 어디든 당일 배송이 가능하도록 하겠다는 대담한 목표를 세우고 소형 자율항공기를 개발 중이었다. 그는 '차파랄Chaparral'이라는 eVTOL을 설계했는데, 이 항공기는 조종사 없이 자율 비행이 가능하며 최대 130킬로그램가량의 화물을 싣고 480킬로미터까지 비행할 수 있었다. 회사 이름인 '엘로이'는 1960년대 초반 방영된 TV 애니메이션 〈제트슨 가족The Jetsons〉(미래 도시 오빗 시티에서 하늘을 나는 자동차로 이동하는 우주 시대 가족의 이야기)에 등장하는 캐릭터 '엘로이 제트슨'에서 따온 것이다.

메릴은 서른 초반의 젊은 창업자였지만 학력과 경력 면에서 모두 남다른 인물이었다. 스탠퍼드대에서 컴퓨터공학을 전공한 뒤 MIT에서 박사학위를 받은 그는 이미 한 차례 스타트업을 창업해 성공적으로 매각한 경험이 있었다. 메릴은 엘로이 에어의 공동 창업자인 클린트 코프Clint Cope와 함께 소규모 팀원을 이끌면서 샌프란시스코 남쪽 베이쇼어의 허름한 산업단지 내 낡은 창고에서 시제품 항공기를 개발하고 있었다. 라지는 그 시제품 못지않게 메릴의 열정에 더 깊은 인상을 받았다.

처음에 메릴은 조비 항공처럼 에어택시를 만들 계획이었다. 하지만 코프와 함께 자율항공 기술 관련 콘퍼런스에 참석했다가 자신들이 개발 중인 기술이 군사적으로도 활용될 수 있다는 가능성을 깨닫게 됐다. 당시 국방부 관계자는 군이 겪고 있는 문제에 관해 설명했다. 핵심은 '분쟁지역'에 화물을 수송할 방법이 필요하다는 것이었다. 당시 군은 헬리콥터를 이용해 보급 임무를 수행하고 있었지만, 헬기는 워낙 고가일 뿐 아니라 수량도 충분치 않아 빠른 속도로 재보급 작전을 감당하기엔 역부족이었다. 무엇보다 위험 지역에 헬기를 투입하면 인명 피해 가능성이 높았다.

국방부 관계자는 이렇게 말했다. "자율항공 시스템과 관련해 군 보급과 화물 수송에 집중하실 분이 있다면 꼭 저에게 연락해 주십시오."

메릴과 코프는 순간 눈이 번쩍 뜨였다. 두 사람은 그날 오후 내내 그 육군 장교와 이야기를 나눈 뒤 이 임무를 자사의 첫 번째 목표로 삼기로 결심했다. 메릴은 당시를 이렇게 회상했다. "세계적으로 엄청난 수요가 있을 거라고 믿었어요." 이후 몇 달 동안 그들은 페덱스를 비롯해 항공으로 구호물자를 운송하는 유엔세계식량계획 관계자들을 만나며 그 믿음을 더욱 굳건하게 다졌다. "모두가 새로운 공중 화물 수송 수단이 필요하다고 말했죠. 그때 우리는 군 보급을 중요한 출발점으로 삼아 사업을 키워갈 수 있겠다는 확신이 들었습니다."

따라서 엘로이 에어는 이미 고객을 확보해 둔 상태로 제품만 만들면 되는 상황이 됐다. "창업자로서 이렇게 명확한 수요를 가진 고객의 목소리를 듣는다는 건 정말 흥분되는 일이었어요. 그 덕분에 우리 팀은 확실한 동기를 얻었죠." 메릴의 말이다.

물론 제대로 작동하는 항공기를 설계하는 일은 엄청난 도전이었다. 소프트웨어 회사를 만드는 것과는 비교도 되지 않을 만큼 막대한 자본 투자가 필요했다. 그보다 더 어려운 과제는 이 항공기를 어떻게 군에 판매할 것인가 하는 문제였다. 메릴이 라지를 찾게 된 중요한 이유 중 하나는 그가 군 조직과의 협력 구조를 잘 이해하고 있다는 점이었다.

엘로이 에어는 곧 공군 특수작전사령부와 계약을 맺었다. 회사 창업자들이 한 공군 소령을 만나면서 일이 급물살을 탔다. 그는 엘로이 에어가 개발 중인 항공기의 군사적 가치를 단번에 알아보고 개발 자금을 지원하는 데 직접 나섰다. 일부 기술 기업의 직원들은 군과 일하는 것에 거부감을 보이기도 하지만, 메릴에 따르면 엘로이 에어에서는 그런 일이 거의 없었다. 신입 직원들이 입사할 때부터 회사가 군과 민간 양쪽을 위한 기술을 개발한다는 사실을 알고 있었기 때문이다. 또 하나의 이유는 이 항공기가 '타격용'이 아니라 '수송용'이라는 점이었다. 메릴은 이렇게 말했다. "우리 팀에는 무기화된 기체를 직접 만드는 일은 하고 싶지 않다는 분들도 있어요. 공격 시스템을 개발하고 싶진 않다는 거죠. 다행히 군에서도 차파랄을 보급과 물류용으로 원한다고 분명하게 밝혔습니다. 대형 유인 수송기인 C-130이나 블랙호크 헬리콥터를 대신할 수 있는 수단을 찾고 있는 거죠."

2022년 1월, 완성된 차파랄의 기체가 공개될 당시 엘로이 에어는 이미 민간과 군, 인도적 지원 분야의 고객들과 500대 규모의 공급 계약을 체결해 둔 상태였다. 여기에는 유엔 및 유엔세계식량계획과 협력하는 AYR 로지스틱스AYR Logistics와 차파랄을 소포 배송에 활용할 메사 항공Mesa Airlines 등도 포함됐다. 군과의 계약 덕분에 초기에 시장에 진입할 수 있는 발판을 마련했지만, 메릴은 결국 엘로이 에어의 주력 시장은 민간 고객이 될 것이라고 보고 있다.

군사 전문가에서 방산 투자자로

에릭 슈미트의 자택에서 나눈 대화는 라지에게 있어 인생의 전환점이 되었다. 그날 자리에 함께한 이들은 기술과 국가안보 문제에 관여해 온 사람들이었다. 전 CIA 부국장 에이브릴 하인스Avril Haines, 2009년 허드슨강에 미 항공기 비상착륙을 성공시켜 유명해진 체슬리 '설리' 설렌버거Chesley 'Sully' Sullenberger 등도 그 자리에 있었다.

비공식 저녁 자리인 그 모임에서 라지는 앞으로 어떤 일을 해야 할지 슈미트에게 조언을 구했다. 라지는 유닛 X에서의 경험을 토대로 실리콘밸리 투자자들이 높이 평가하는 통찰을 얻었고, 실제로 여러 투자사가 그를 영입하려 하고 있었다. 이때까지도 그는 비샬 하리프라사드와 공동 창업한 두 번째 스타트업인 사이버보안 보험 회사 '리질리언스'를 이끌고 있었다. 하지만 라지는 더 큰 일을 하고 싶었다. 실리콘밸리의 기술을 군에 연결하는 사명을 계속 이어가되, 그 임무를 더 크게 확장하고 싶었다.

유닛 X의 영향 덕분에 방산 투자에 관한 관심도 높아지고 있었다. 실리콘밸리의 유수 벤처캐피털들은 방산 투자 부서를 새로 만들고자 했다. 유망한 스타트업을 식별할 기술적 '감각'과 국방부의 복잡한 관료주의를 헤쳐 나갈 '역량'을 동시에 갖춘 파트너를 원하고 있었다. 즉 포트폴리오 회사들이 군과 실제 계약을 성사할 수 있도록 도울 사람을 찾고 있었다. 그 희귀한 능력을 지닌 인물이 바로 라지였다. 실리콘밸리의 한 벤처캐피털 회사는 그에게 방산 기술 분야를 전담하는 고액의 파트너급 직책을 제안하기도 했다. 하지만 라지가 정말로 하고 싶었던 일은 상용 기술과 국가안보 기술이 교차하는 지점에 집중하는 자신만의 벤처캐피털 회사를 창업하는 것이었다. 그런 회사를 통해 그는 민간 기업과 시장의 힘으로 민주주의와 미국식 삶의 방식을 지키고 싶었다. 그는 필립 빌든과 함께 이 아이디어를 다시 꺼내 들었지만, 두 사람 모두 이 길이 20년 이상 헌신해야 할 힘든 길임을 잘 알고 있었다. 결정의 시점이 다가오고 있었다. 라지는 친구들과 멘토들에게 조언을 구했다. 크리스는 이렇게 말했다. "당신은 남 밑에서 일할 스타일이 아니야. 당신 길을 가야지." 애쉬 카터도 이 아이디어를 반겼다. H. R. 맥매스터와 전 NATO 연합사령관 제임스 스태브리디스James Stavridis 제독도 격려의 뜻을 아끼지 않았다. 세 사람은 자문역으로 기꺼이 힘을 보태겠다고 제안했다.

하지만 라지와 필립 빌든이 넘어야 할 가장 큰 현실적 과제는 신생 펀드 자금을 어떻게 조달하느냐였다. 벤처캐피털은 연기금, 대학 기금, 자산가 가문 등 '유한책임 투자자'들에게서 자금을 모은 뒤 이를 운용해 대신 투자 수익을 내주는 구조다. 이 투자자들은 시장 평균을 훨씬 웃도는 성과를 기대한다. 초기 스타트업 투자는 본래 큰 위험이 따르는 분야다. 투자자들이 주식시장보다 높은 수익을 기대하지 않는다면 굳이 그런 리스크를 감수할 이유가 없는 것이다. 따라서 신규 펀드에 대해선 투자자들 대부분이 매우 신중하며, 그럴 만한 이유도 있다. 실제로 대부분의 벤처캐피털 펀드는 장기적으로 봤을 때 주식시장의 수익률을 뛰어넘지 못한다. 반면 상위 25퍼센트의 벤처캐피털 펀드는 평균을 크게 웃도는 수익을 낸다. 그래서 많은 투자자가 첫 펀드의 성적을 지켜보고, 잘 되면 두 번째, 세 번째 펀드에 참여하겠다는 식으로 신중하게 접근한다.

첫 번째 펀드를 조성하는 일 자체도 큰 도전이지만, 더 어려운 과제는 투자할 회사를 고르고 현명한 결정을 내리는 일이다. 이 능력은 과학이라기보다는 예술에 가까운 영역이다. 직관은 물론이고 투자마다 과감한 결단이 필요하다. 아무리 화려한 실적을 자랑하는 베테랑 벤처투자자라도 손실을 보고 펀드를 접는 경우가 적지 않다. 하지만 벤처투자가 제대로 작동할 경우 상상 이상의 결과를 만들어 낸다. 상징적 기업을 일구고, 연기금과 대학 기금, 재단 등 장기 투자자들에게 막대한 수익을 안겨줄 수 있다.

슈미트도 비슷한 길을 걸은 적이 있다. 2001년 그는 당시 이름도 생소하던 한 스타트업의 CEO 자리를 맡았다. 그 회사는 스탠퍼드대의 대학원생이었던 래리 페이지와 세르게이 브린이 창업한 '구글'이라는 곳이었다. 인터넷 전반을 검색해 주는 '서치 엔진'이라는 개념 자체가 생소하던 시절이었다. 슈미트는 광고 수익이 거의 없던 이 회사에 자신의 돈 100만 달러를 직접 투자했다. 그리고 지금, 라지와 주방 테이블에 마주 앉아 이야기하는 그는 이미 세계에서 손꼽히는 부자가 돼 있었다.

그러니 슈미트의 조언은 어찌 보면 당연했다. 슈미트는 라지에게 벤처투자회사의 파트너 자리는 잊고 회사를 직접 세우라고 말했다. 꿈을 더 크게 가져야 한다는 것이었다. 게다가 이는 단순히 돈 문제가 아니라 사명의 문제였다. 국방에 특화된 펀드를 만들면 라지는 수십 개의 새로운 스타트업에 투자해 미군을 변화시키고 우리의 삶의 방식을 지켜낼 수도 있었다. 그것이야말로 유닛 X의 사명을 이어가는 가장 확실한 길이었다.

"인생은 한 번뿐이야. 세상으로 나가 자네 회사를 직접 만들어." 슈미트가 말했다.

슈미트의 열정에 자극받은 라지는 창밖으로 맨해튼의 반짝이는 불빛을 바라보았다. 세상이 온통 가능성으로 가득 차 보였다.

"좋습니다. 도전해 보겠어요." 라지가 말했다.

실드 캐피털,
새로운 방산 유니콘을 찾아라

2020년 새해가 밝았을 때, 라지는 팜비치 해변에 있는 필립 빌든의 자택 베란다에 앉아 있었다. 눈부시게 푸른 대서양이 내려다보이는 자리였다. 두 사람은 첫 번째 펀드의 방향을 구상하고, 그 비전을 실현할 팀을 꾸리기 위한 계획을 세웠다. 그리고 새로 창업할 벤처캐피털 회사의 이름을

'실드 캐피털'로 확정했다. 국가안보를 강화한다는 회사의 사명을 반영한 명칭이었다.

창업자 두 사람은 서로의 장점과 관심사를 보완하는 관계였다. 라지는 스타트업 창업자 출신으로, 실리콘밸리의 생태계를 누구보다 잘 알고 있었다. 국가안보와 관련된 기업을 세우려는 창업자들과도 깊은 인맥을 쌓아왔다. 반면 필립은 사모투자 분야의 개척자로서 전 세계 기관투자가들과 연결된 네트워크를 갖고 있었다. 두 사람 모두 군 장교 출신이었으며, 엔젤 투자자로 함께 활동해 온 시간 동안 두 사람과 서로의 가족 간 유대도 더욱 깊어졌다.

라지와 필립은 벤처캐피털 회사를 세우고 타인의 자금을 운용하는 일에는 장기적인 책임과 헌신이 뒤따른다는 걸 잘 알고 있었다. 성공을 보장해 주는 건 아무것도 없었다. 수십억 달러 규모의 기관 자금을 운용해본 필립 같은 노련한 투자자에게도 첫 번째 펀드를 조성하는 일은 만만치 않은 도전이었다.

당시 필립은 50대 중반을 넘긴 나이에, 자신이 공동으로 성장시킨 글로벌 투자사 하버베스트 파트너스에서 최근 은퇴한 상태였다. 라지는 필립이 팜비치에서 골프나 피클볼을 치며 시간을 보낼 성격이 아님을 잘 알고 있었다. 필립은 트럼프 1기 행정부에서 해군장관 후보로 거론됐으나 본인이 자진해서 고사한 이후에도 국가안보 관련 분야에 꾸준히 목소리를 내왔다. 해군 작전참모총장 직속 자문위원회에서 활동하고 있었고, 미 해군 최대 조선업체인 헌팅턴 잉걸스 인더스트리즈Huntington Ingalls Industries 의 이사회에도 몸담고 있었다. 그의 두 아들 역시 해군사관학교를 졸업한 뒤 현역 장교로 복무 중이었다. 필립에게 민간 기술 혁신은 자신의 아들들과 그 동료 장병들을 비롯한 조국의 전투원들에게 꼭 필요한 일이었다.

라지와 필립은 기술 발전 속도가 너무 빨라서 지금의 방위산업 기반이나 국방부의 체계로는 이를 따라잡거나 제대로 적용하기 어렵다는 데 뜻을 같이했다. 과거 수백 개의 기업으로 이뤄졌던 미국의 항공·방위산업은 이제 단 다섯 개의 초대형 방산업체로 재편됐다. 이들 상장 대기업은 관료주의에 젖어 국방예산에 따라 움직일 뿐, 실제 전투 현장에서 필요한 기술을 만드는 데는 소극적이었고 연구개발보다 자사주 매입에 더 많은 돈을 쓰고 있었다.

반면 중국 공산당은 크고 작은 자국 기업들을 동원해 군사 기술 개발을 강제하고 있었다. 미국의 수조 달러 규모 벤처캐피털 시장에서 국가안보 기술에 집중하는 투자사는 극소수에 불과했다. 일부는 철학적 이유로, 대부분은 정부의 기술 구매 방식을 잘 몰라서 이 분야를 꺼렸다. 이 간극을 메우기 위해서는 제대로 된 팀과 전략을 갖춘, 고도로 전문화된 벤처캐피털이 필요했다.

이젠 움직일 때였다. 남들보다 먼저 나서야 했다. 라지와 필립은 손을 맞잡고 건배를 들며 새로운 벤처캐피털 회사의 출발을 다짐했다. 필립은 창업 파트너에게 이렇게 말했다. "라지, 실드 캐피털은 앞으로 20년간 우리 인생에서 가장 뜻깊고 가치 있는 일이 될 거야. 우리가 이 회사를 제대로 만들면, 사람들은 찾아올 거야. 팀도, 투자자도, 창업자도, 물론 수익도."

방산 스타트업에 찾아온 골드러시

라지와 필립은 실드 캐피털을 아예 바닥부터 시작했다. 긴 시간의 몰입, 적은 인력, 사비로 충당해야 하는 각종 비용, 친구·가족·옛 사업 동료들을 찾아가 신뢰를 담보로 한 모금 활동에 이르기까지 모든 걸 감내해야 했다. 무엇보다 중요한 건 실드 캐피털의 미션에 공감하고 뛰어난 투자 경험까지 갖춘 '실력자'들로 팀을 꾸리는 일이었다. 이들은 투자 대상 기업들을 더욱 효과적으로 지원할 방법을 찾기 위해 항공우주 및 방위산업의 전반을 훑으며, 새로운 협력 모델에 열려 있는 전략적 파트너를 물색했다. 많은 방산 대기업이 벤처투자에 발을 담갔지만 실적은 저조했다. 두 사람은 기꺼이 새로운 방식에 도전할 수 있는 회사를 원했다. 그리고 그 결과, L3해리스 테크놀로지스L3Harris Technologies에 주목하게 됐다. 이 회사의 CEO인 크리스 쿠바식Chris Kubasik은 35건이 넘는 인수합병을 통해 회사를 대폭 성장시킨 인물이었다.

2020년 재향군인의 날, 을씨년스럽게 비가 쏟아졌다. 라지와 필립은 L3해리스의 수석부사장이자 해군장관 대행을 지낸 숀 스택리Sean Stackley를 만나 사업 구상을 설명했다. 당시 L3해리스의 본사는 코로나19 팬데믹 탓에 기이할 정도로 텅 비어 있었다. 두 사람의 설명을 들은 뒤, 스택리는 고개를 끄덕이며 말했다. "제 상사도 이 얘기를 흥미롭게 들을 것 같군요." 그로부터 몇 달 뒤, 플로리다 멜버른의 한 바닷가 레스토랑에서 라지와 필립은 크리스 쿠바식을 직접 만났다. 쿠바식은 명성대로 직관적이고 과감했다. 설명을 들은 지 불과 10분 만에 그는 이렇게 말했다. "알겠습니다. 실드 캐피털은 L3해리스가 추진하는 '신뢰를 바탕으로 한 파괴적 변화' 전략과 잘 맞을 것 같군요. 좋습니다. 제가 앵커 투자자*가 되겠습니다. 사업만 잘 끌어주세요."

연 매출 170억 달러 규모의 미국 5대 방산업체 중 하나인 L3해리스로

---

* 스타트업 초기 단계에서 선도적으로 큰 금액을 투자해 다른 투자자들이 뒤따라 투자하도록 신뢰를 제공하는 투자자를 일컫는다.

부터 '앵커 투자'를 유치함으로써 실드 캐피털은 강력한 추진력을 갖게 됐다. 얼핏 보면 이 조합은 말이 안 되는 것처럼 보일 수 있었다. 애초에 실리콘밸리 스타트업들은 이런 대형 방산업체들을 혁신하기 위한 존재가 아니던가? 하지만 쿠바식은 '혁신의 객체가 아닌, 주체가 돼라'는 실리콘밸리의 격언을 잘 이해하고 있었다. L3해리스는 실드 캐피털에 투자함으로써 방산 기술 혁신에서 이익을 얻는 동시에, 실리콘밸리의 최신 흐름을 놓치지 않고 유망한 스타트업과 협업할 기회를 먼저 포착할 수 있게 된 것이다. 쿠바식은 이렇게 말했다. "스타트업의 기술 혁신은 L3해리스가 고객에게 최상의 역량을 제공하는 데 꼭 필요한 요소입니다. 라지, 필립, 그리고 실드 팀과 협력함으로써 우리는 실리콘밸리 안팎의 유망 기업들과 연결될 수 있는 특별한 기회를 얻었습니다."

앵커 투자자를 확보한 덕에 A+ 급 인재 영입도 한결 수월해졌다. 라지와 필립은 이를 영화 〈블루스 브라더스The Blues Brothers〉에 빗대어 "다시 밴드를 모으는 일" 같았다고 표현했다. 실드 캐피털의 자문위원회에는 애쉬 카터, 제임스 스태브리디스 해군 제독, H.R. 맥매스터 중장, 국가지리정보국National Geospatial-Intelligence Agency, NGA의 초대 여성 국장인 레티샤 '티시' 롱Letitia 'Tish' Long, 유닛 X와 테크 트랙2의 초기 후원자였던 데이비드 골드파인 장군 등 이름만 들어도 든든한 인물들이 합류했다.

핵심 인력도 다양하게 포진했다. 웨스트포인트 출신의 육군 레인저이자 벤처투자자이며, 스타트업 창업자인 존 세라피니가 호크아이 360에서 합류했다. 골드만삭스Goldman Sachs 출신인 댄 홀랜드Dan Holland는 최고운영책임자로 참여했다. 라지는 유닛 X 시절 동료였던 마이크 브라운과 '계약의 달인'으로 불렸던 미 공군 출신 데이비드 로스자이드David Rothzeid도 영입했다. 해병 특수부대 장교이자 애쉬 카터의 하버드대 시절 조교였던 아킬 아이어Ahkil Iyer는 학업을 마치기도 전에 팀에 합류했다.

또한 유닛 X 시절부터 리질리언스까지 라지와 함께한 리사 힐Lisa Hill도 실드 캐피털에 합류해 투자자 관계를 총괄했다. 그녀의 남편 닉은 평생을 현역으로 복무한 네이비씰 장교였다. 리사에게 실드 캐피털은 또 다른 방식의 '국가에 대한 봉사'였다. 그녀는 이렇게 말했다. "이 일은 분명히 가치가 있어요. 세상에 영향을 주는 일이고, 변화를 만드는 일이죠." 리사가 이런 신념을 더욱 굳히게 된 계기는 2011년에 벌어진 한 비극적인 사건 때문이다. 당시 아프가니스탄에서 헬리콥터 두 대가 격추되며 닉의 네이비씰 동료 17명을 포함한 38명의 군인이 목숨을 잃었다. 리사와 닉은 독일 람슈타인 공군기지로 날아가 관에 실려 내려오는 시신들을 마주해야 했다. 그녀는 이렇게 말했다. "그날 이후 몇 주 동안 악몽에 시달렸어요. 눈을 감을 때마다 전사자의 유가족들이 떠올랐죠. 그때 마음속으로 다짐했어요. 앞으로 닉에게 무슨 일이 생기더라도 나는 내 아이들을 지킬 힘을 가진 사람이 돼야겠다고."

실드 캐피털이 지금까지 가장 크게 투자한 스타트업은 알베도Albedo였다. 이 회사는 기존 상업 위성보다 훨씬 높은 해상도의 위성 이미지를 제공하는 기술을 개발 중이었다. 예를 들어 구글 어스Google Earth의 위성 사진은 픽셀 하나가 지상 1제곱미터를 보여주는 수준이라면, 알베도의 위성 사진은 픽셀 하나가 지상 10센티미터까지 포착한다. 자동차를 '구분'하는 수준이 아니라 어떤 차종인지, 범퍼에 스티커가 붙어 있는지까지 판별할 정도다.

결과적으로 실드 캐피털의 출범 시점은 절묘했다. 2021년 가을 첫 펀드를 성공적으로 마무리한 뒤 2022년 3월 공식 출범을 선언했는데, 바로 그 몇 주 전 러시아가 우크라이나를 침공한 것이다. 이 사건은 실리콘밸리에서 방산 기술 스타트업에 대한 일종의 '골드러시'를 촉발했다. 과거에 방위산업에 투자하기를 꺼렸던 벤처캐피털들도 이제 앞다퉈 관련 스타트업에 자금을 쏟아붓기 시작했다. 2019년 160억 달러(약 21조 6,000억 원)였던 방산 투자금은 2022년에는 무려 330억 달러(약 44조 5,500억 원)로 두 배 이상 증가했다. 그 결과 안두릴과 실드 AI 같은 방위산업계 유니콘이 연이어 탄생했다. 성공 사례가 나오자 투자시장 특유의 쏠림 현상이 나타나기 시작했다.

실리콘밸리는 마침내 방위산업 분야에서 제 역할을 해내기 시작했다. 군을 위한 새로운 기술과 제품들이 속속 등장하고 있었다. 이제 나머지 책임은 국방부로 넘어갔다. 새롭게 등장한 기술들을 얼마나 빠르고 효과적으로 도입하느냐에 따라, 실리콘밸리의 관심이 계속 이어질지 아니면 다른 방향으로 돌아설지가 달려 있었다.

팜비치에서 라지와 필립 빌든이 악수를 나눈 지 4년이 지난 지금, 그들이 세운 회사는 실리콘밸리의 주요 동력이 되고 있었다. 실드 캐피털은 긴밀한 팀워크를 갖춘 내부 조직과 방산 대기업과의 전략적 파트너십, 그리고 예정된 목표를 초과 달성한 1억 8,600만 달러(약 2,511억 원) 규모의 펀드를 기반으로 본격적인 궤도에 올라섰다.

"제대로 된 회사를 만들면 고객은 찾아온다." 그 말은 현실이 돼 있었다.

군과 민간이 어떻게 손잡을 것인가

투자만으로는 새로운 외적 위협에 직면한 미국의 당면 과제를 해결할 수 없었다. 미국식 '군민 융합'을 실현하려면 훌륭한 신기술을 개발하고 스타트업을 국방부 고객에게 연결하는 것만으로는 부족했다. 지난 수십 년 간 미국이 대체로 평화로운 시기를 보내온 탓에, 역설적으로 군과 민간 사이에는 중대한 문화적 간극이 생겨났다. 우리는 오랫동안 미국은 군민 융합을 이루기는커녕 오히려 '민·군 분리', 다시 말해 문화적 단절 상태를 만들어 냈다고 거듭 지적해 왔다. 특히 베트남전 이후로 민간 사회와 군은 점점 멀어져 갔다. 미국 유수 대학의 졸업생들은 이제 국방부나 국무부, 정보기관 등에서 복무하는 경우가 눈에 띄게 줄었다. 1960년 당시만 해도 스탠퍼드대와 MIT는 100여 명 이상의 ROTC를 배출했지만 오늘날은 10명 남짓에 불과하다. 1980년에는 2차 세계대전, 6·25 전쟁, 베트남전 등의 영향으로 미 의회의 64퍼센트, 〈포천Fortune〉 500대 기업 CEO의 59퍼센트가 군 복무 경험자였지만 현재는 각각 19퍼센트와 6퍼센트까지 떨어졌다. 의회는 군대와 점점 동떨어진 존재가 됐음에도, 국방부 예산을 편성하고 자금 배분을 결정하는 건 여전히 그들이다.

또 다른 우려스러운 추세는 군 복무가 점점 세습화되고 있다는 점이다. 신병의 약 3분의 1은 부모가 복무한 경험이 있고, 60퍼센트는 가까운 가족 중 군 복무 경험자가 있다. 이는 특정 소수 계층만이 복무하고 다수는 그렇지 않은 구조를 고착시킨다. 이렇게 고립된 문화로 인해 군인 가족은 잦은 파병과 민간 사회에서는 보기 드문 독특한 문화를 경험하게 된다. 역사적으로 볼 때, 고대 로마 시절부터 시작해 전사 계층과 시민 간의 유대가 끊어지면 건강한 민주주의가 유지되지 못했다. 게다가 현재 미군의 모든 병과가 신병 모집에 어려움을 겪고 있다. 미국 전체 인구 중 군 복무 경험이 있는 사람은 1퍼센트가 채 되지 않는다.

지난 몇 년간 라지는 미군의 대비 태세를 강화할 수 있는 정책 변화들을 꾸준히 제안해 왔다. 그중 일부를 소개하면 다음과 같다.

① **전 국민 의무 복무제 도입**: 징병제는 논란의 여지가 있지만 한국, 싱가포르, 오스트리아, 스웨덴, 대만 등의 나라는 의무 복무제를 시행하고 있다. 미국은 소수의 집단에 의존하며 다수는 아무런 희생도 하지 않는 지금과 같은 상황을 더 이상 방치해선 안 된다. 국민 전체가 희생을 분담해야 한다. 의무 복무제를 통해 더 많은 민간인이 군이라는 조직과 접촉하게 되고, 무엇보다 우리의 자녀들이 군복을 입게 되면 전쟁을 벌일 가능성도 줄어든다. 이라크전 당시 상원의원 모두가 군 복무 중인 자녀를 두고 있었다면, 과연 침공이 이뤄졌을까? 아마도 아닐 것이다. 라지처럼 전쟁을 경험한 사람일수록 전쟁이 일어나는 것을 원치 않는다. 우리가 더 나은 국방 기술을 개발해야 하는 가장 큰 이유도 결국 전쟁에서 이기기 위해서가 아니라 전쟁을 예방하기 위해서다.

뉴욕의 부유한 청년과 앨라배마의 가난한 청년이 같은 참호에서 함께 생활하게 되면, 오늘날 미국 사회를 갈라놓고 있는 문화적 단절과 극단적 양극화는 서서히 무너질 것이다. 서로의 입장에서 살아보는 경험은 공감을 낳고, 지금 우리에게 부족한 '국민적 연대'를 가능하게 만든다. 지금처럼 힘 있는 양 정당이 정부를 바로잡는 데는 관심이 없고 TV 카메라 앞에서 서로 고함치는 데만 몰두하면 아무 문제도 해결할 수 없다. 서로 다른 배경을 가진 국민이 함께 복무하는 것은 시민으로서 책임을 나누는 희생의 출발점이다.

단기간만 의무 복무제를 시행해도 이런 단절 문제를 개선하는 데 도움이 될 수 있다. 물론 모든 청년이 군 복무를 하도록 기회를 마련하는 건 어려운 일이다. 하지만 국가복무는 정보기관이나 민간 정부 부처에서 일정 기간 일하는 방식도 포함할 수 있다. ROTC나 장기 복무 외에도 다양한 형태의 복무 경로가 마련되면 더 많은 이가 참여할 수 있을 것이다. 현재의 전문화된 모병제 체계는 미국 국방의 큰 성취이지만, 그만큼 군과 시민 간의 거리는 멀어졌다. 군 복무 제도가 국민 통합이라는 더 큰 목표를 이루려면 예외나 유예가 있어서는 안 된다.

② **폐쇄된 군사기지 재개방**: 지난 수십 년간 국방부는 샌프란시스코, 로스앤젤레스, 뉴욕, 보스턴 등 부유한 대도시 지역의 군 기지를 폐쇄하고 애리조나, 텍사스, 조지아처럼 물가가 저렴한 지역으로 병력과 시설들을 이전해 왔다. 우리가 살고 있는 샌프란시스코 베이에어리어에는 이제 현역 기지가 단 한 곳도 남아 있지 않다. 물가가 높은 지역에서 군이 철수하면 국방부 예산은 줄일 수 있지만, 그만큼 민과 군의 단절은 깊어진다. 이제 샌프란시스코와 보스턴처럼 미국의 기술 혁신을 선도하는 핵심 도시에도 주요 군사기지를 다시 열 필요가 있다.

한 세대 전만 해도 미국 어디에서든 제복 입은 사람들을 길에서 쉽게 볼 수 있었다. 같은 반 친구 중에는 부모가 군 복무를 하는 아이들이 있었다. 군인을 폭력의 상징으로 여기는 일도 드물었다. 오히려 사람들은 그들이 자신이 믿는 가치를 위해 일하는 평범한 사람들이며, 전쟁은 어디까지나 최후의 수단이라고 여기는 이들로 보았다. 하지만 지금은 그런 시각에 분명한 간극이 생겼다. 우리가 살고 있는 샌프란시스코의 사람들은 대개 할리우드 영화에서 본 것이 군에 대해 아는 거의 전부다. 그들이 떠올리는 모습은 현실과는 거리가 멀다고 해도 과언이 아니다. 우리가 흔히 영화에서 보는 군인들은 마하 10의 속도로 전투기를 몰고 가는 톰 크루즈 같은 사람이거나, 비밀 기지에서 테러범을 고문하는 특수부대 요원들이다. 사람들은 군 복무를 고려하지도 않을뿐더러, 국방부에서 민간인으로 몇 년간 일하는 것만으로도 의미 있는 기여를 할 수 있다는 사실조차 알지 못한다.

③ ROTC, 주 방위군, 예비군 확대: 최고 수준의 공대 졸업생들은 졸업 후 어디든 원하는 곳으로 진로를 정할 수 있다. 이들이 군 복무를 더 쉽게 선택할 수 있도록 여건을 마련해 줄 필요가 있다. 대부분의 대학은 ROTC 프로그램을 통해 학생들이 군 복무를 선택할 수 있는 진로를 열어두고 있지만, 일부 주요 대학들은 베트남전 시기에 이 프로그램을 폐지했다. 스탠퍼드대도 그중 하나다. 현재 스탠퍼드대의 ROTC 학생들은 훈련을 받기 위해 캘리포니아대 버클리 캠퍼스까지 이동해야 하는데, 교통 상황에 따라 편도에만 최대 두 시간이 걸릴 수 있다.

군 복무에 관심은 있지만 민간 부문에서의 경력도 포기하고 싶지 않은 사람들에게는 예비군 제도가 매력적인 선택이 될 수 있다. 이를 장려하려면 모든 예비군 부대를 전투 즉시 투입 가능한 수준으로 훈련하는 현재의 방식을 바꿔야 한다. 예비군의 일부는 전략 예비 전력으로 운용하면서 현역군이 보유하지 않은 전문 인력과 기술을 비축하는 방식으로 재구성해야 한다. 특히 소프트웨어 개발이나 사이버보안 등의 분야에서 예비군 인력은 큰 도움이 될 수 있다. 라지 역시 프린스턴대 재학 시절, 인근 공군의 주 방위군 부대를 통해 군 복무를 준비하면서 군 경력을 시작했다.

④ 현역 군인을 위한 더 유연한 경력 설계 마련: 군인들이 민간 기업이나 예비군 부대에서 몇 년간 일하다가 다시 현역으로 복귀할 수 있도록 유연한 제도를 마련하면 전역률도 줄이고 역량도 확장할 수 있다. 국방부는 전역 후에도 일정 기간 보안 인가(기밀 정보 취급 허가)를 유지해 주는 프로그램을 도입해야 한다. 그래야 전역자들이 예비군이나 민간 부문에서 더

쉽게 돌아올 수 있다. 이제 IBM이나 GE 같은 기업에서 30년씩 일하던 시대는 끝났다. 국방부도 인재 운영 방식과 인사 시스템을 개혁해 민간과 군 사이의 전환이 수월해지도록 해야 한다.

⑤ **이민 제도 개편**: 지금의 이민 정책은 전 세계 최고의 엔지니어들을 미국 밖으로 밀어내고 있다. 그 결과 실리콘밸리는 국방 기술 개발에 필요한 인재를 확보하는 데 어려움을 겪고 있다. 라지의 포트폴리오에 속한 거의 모든 회사가 중요한 엔지니어의 H−1B 비자 문제로 고생한 적이 있다. 미국 내에서 일하길 원하는 비시민권자들이 H−1B 비자를 더 쉽게 받을 수 있도록 제도를 개편할 필요가 있다. 더 나아가 이민자 수에 대한 상한선도 재고할 필요가 있다. 사이버보안 분야만 해도 현재 약 50만 개의 일자리가 비어 있다. AI 분야도 마찬가지다. AI 산업의 폭발적 성장에 따라 숙련된 인력은 더욱 부족해지고 있다. 미국이 전 세계에서 AI 과학자 1만 명을 영입하더라도 여전히 수요를 다 채우기 어려울 정도다. 따라서 더 적극적인 조치가 필요하다. 미국이 세계 최고의 AI 과학자 20명과 그 가족들에게 이민 비자를 제공해 정착을 유도할 수 있다면, 민주주의 진영이 AI 경쟁에서 주도권을 쥘 수 있을 것이다.

STEM(과학·기술·공학·수학) 전공 외국인 유학생들이 미국 내에 정착할 수 있도록 장려하는 정책도 필요하다. 2009년 제프 플레이크Jeff Flake 하원 의원은 STAPLE 법안을 발의한 바 있다. 이 법안은 미국에서 박사 학위를 받은 외국인 학생에게 영주권을 자동 부여하자는 내용을 담고 있었다(STAPLE은 'Stop Trained in America Ph.D.s from Leaving the Economy'의 약자로, '미국에서 교육받은 박사들이 미국 경제를 떠나지 않도록 막자'는 의미다. 이 명칭에는 상징적 메시지가 담겨 있다. 박사 학위를 받으면 졸업장에 영주권을 '스테이플러'로 꽂아주는 식으로, 즉 실제로는 아니더라도 그만큼 자동으로 영주권을 부여하자는 것이다). 결국 이 법안은 무산됐고 플레이크 의원도 정계를 떠났다. 하지만 이 아이디어는 다시 살릴 필요가 있다.

이민자는 창업가가 될 가능성이 더 높다. 미국 내 스타트업의 25퍼센트는 이민자들이 설립했고, '유니콘' 기업의 55퍼센트는 이민자들이 창업했거나 공동 창업했다. 구글, 이베이, 스트라이프Stripe, 우버, 야후Yahoo, 스페이스X, 줌Zoom, 엔비디아 등 이민자가 창업에 참여한 기업은 나열하기 힘들 정도로 많다. 그런데 왜 우리는 다음 세대 유니콘 창업자들이 미국에 정착하는 길을 어렵게 만들고 있는 걸까? 전 세계에서 가장 뛰어난 인재의 1퍼센트만 미국으로 데려올 수 있다면, 우리의 성장은 그 누구도 막지 못할 것이다.

⑥ '지시'가 아닌 '구매' 중심으로 국방 기술 도입 방식 전환: 국방부는 실리콘밸리의 벤처캐피털 펀드에 직접 투자하거나 스스로 펀드를 만들려해선 안 된다. 지금까지 국방부는 회의와 만찬을 열고, 자금을 어디에 투자해야 할지를 벤처캐피털들 측에 조언하는 방식으로 접근해 왔다. 이는 완전히 잘못된 방식이며, 방산 대기업과 거래할 때의 관행이 반영된 결과다. 국방부는 자유시장에 자본의 흐름을 맡기고 그 흐름에 '구매자'로서 영향을 미쳐야 한다. 벤처캐피털의 임무는 뛰어난 기업에 투자하는 것이다. 그렇다면 '뛰어난 기업'이란 무엇인가? 고객을 확보한 회사다. 국방부가 해야 할 일은 바로 좋은 '고객'이 되는 것이다. 국방부가 제품을 구매하면 유능한 벤처캐피털들이 그 제품을 만드는 회사에 자연스럽게 돈을 쏟아붓게 된다.

당연한 말 같지만, 국방부 편에서 보자면 큰 발상의 전환을 요구하는 일이다. 지금까지 국방부는 방산업체와의 관계에서 마치 벤처캐피털처럼 자금을 제공하고, 그 돈으로 제품 개발을 지시하는 방식에 익숙해져 있었다. 하지만 이제 실리콘밸리로 예산을 더 많이 투입하려 한다면, 국방부는 새로운 방식의 '구매자'가 돼야 한다.

중국식 군민 융합에 대응하려면 기술보다 문화가 중요하다. 중국식 모델을 그대로 따라갈 수는 없다. 그래선 안 된다. 권위주의 체제의 지시와 통제가 더 효과적으로 보일 수는 있지만, 장기적으로 보면 미국식 모델이 더 우월하다. 다만 약간의 조정은 필요하다. 미국은 세계에서 가장 활기찬 혁신 생태계를 보유하고 있다. 과학 기술에 대한 투자를 꾸준히 유지해 왔으며, 유럽과 아시아의 자유국들과도 강력한 동맹을 맺고 있다. 무엇보다 미국은 정보가 자유롭게 흐르며 경쟁을 통해 최고의 아이디어와 제품이 살아남는 시스템을 갖고 있다. 혼란스러워 보일 수는 있지만 이 방식은 지난 수십 년간 확실한 효과를 입증해 왔다.

인도든, 일본이든, 미국이든 자유민주주의 국가라면 결국 창업가들, 즉 위험을 무릅쓰고 도전하는 이들에게 승부를 걸어야 한다. 창업은 본질적으로 힘든 일이다. 모든 스타트업은 '약자'로 시작한다. 라지가 세운 두 스타트업은 세 차례나 문을 닫기 직전까지 갔다. 첫 번째 회사를 시작할 때는 전 재산을 쏟아부은 뒤 직원들에게 줄 월급이 일주일 치밖에 남지 않은 적도 있었다. 그때는 자신을 믿고 따라준 직원들을 해고하는 일보다 차라리 전쟁터로 돌아가는 것이 오히려 더 쉬워 보였다. 하지만 운 좋게도 〈포천〉 500대 기업과 극적으로 계약을 성사시키며 회사를 살려낼 수 있었다.

거의 모든 스타트업은 이런 '죽음의 고비'를 넘기면서 성공에 다가선다. 이런 도전자들을 지원하는 일이 바로 벤처캐피털의 역할이다. 오늘날 실드 캐피털은 이런 위기의 순간들을 견뎌내는 혁신 기업들을 돕고 있다. 수익을 위한 일이기도 하지만, 민주주의를 지키는 일이기도 하다. '좋은 일을 하면서도 잘살 수 있다'는 말은 허상이 아니다. 실제로 이 흐름은 점점 확산되고 있다. 펜타곤 고위 관료 중에도 스타트업과 국방부의 협력을 도우려는 이들이 늘고 있다. 국방부를 혁신 방향으로 밀어붙이는 시장의 힘은 점점 속도가 붙기 시작했다.

이제 국방부가 해야 할 일은 자신들을 위해 개발된 기술을 적극적으로 받아들이는 것이다. 조달 예산이 벤처캐피털 지원 스타트업의 제품 구매로 이어질 때, 민간 자본이 이끄는 국방 혁신의 선순환은 더욱 빨라질 것이다.

8장

우크라이나 사태로 보는
미래 전쟁

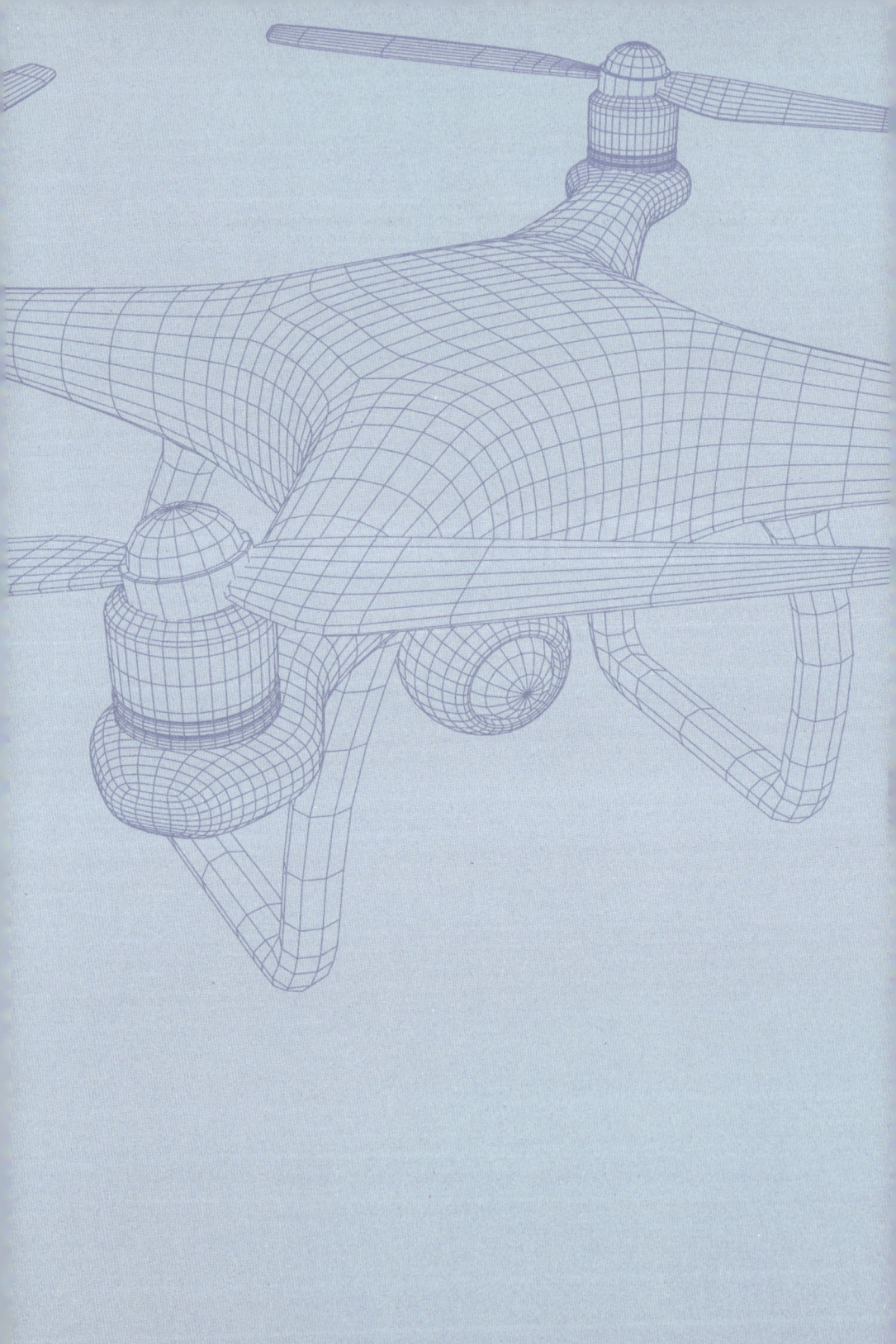

우크라이나 전쟁은 유닛 X가 그렸던 미래전의 모습 그대로였다. 드론과 위성, AI가 전면에 나섰고 양측의 해커들이 사이버 공격을 퍼붓는가 하면, 우크라이나 시민들은 스마트폰 앱으로 적의 위치를 군에 실시간으로 제보했다. 말 그대로 전차와 대포 같은 기존 무기에 디지털 기술이 결합된 '하이브리드 전쟁'이었다.

북한 감시를 위해 우리가 함께하고자 했던 카펠라 스페이스는 이제 다수의 위성을 운용하며 러시아의 우크라이나 침공을 실시간으로 포착하고 있었다. 카펠라 스페이스의 설립자 파얌 바나자데는 우리와 마지막으로 만났을 때보다 훨씬 분주한 나날을 보내고 있었다. 국방부가 약속했던 5,000만 달러의 자금을 받지 못하면서 그의 회사는 한때 파산 직전까지 몰렸다. 하지만 바나자데는 뛰어난 사업가답게 끝까지 버텼고, 결국 2022년에 SAR 위성 일곱 기를 띄우며 카펠라 스페이스를 민간과 정부에 위성 데이터를 판매하는 탄탄한 기업으로 성장시켰다. 카펠라의 차세대 위성들은 3.3미터 너비의 메시 안테나mesh antennas(망형 구조 안테나)를 탑재하고 있었다. 이 위성들은 지표면에 레이더 신호를 쏘아 되돌아오는 반사파를 분석해 50센티미터보다 더 작은 물체도 식별해 냈다. 이는 어떤 기상 조건에도 밤낮을 가리지 않고 1,900킬로미터 상공에서 농구공 크기의 물체를 포착하는 수준이다.

전쟁이 임박하자 미 국방부는 카펠라의 도움이 어느 때보다 절실해졌다. 블라디미르 푸틴은 몇 주 동안 우크라이나 국경 인근에 병력을 집결시켰다. 전차와 보병, 미사일 기지, 공중강습 부대가 벨라루스 남부에서 흑해에 이르는 1,600킬로미터 전선에 일제히 배치됐다. 이 상황은 많은 이들에게 세계에서 가장 무모한 허세처럼 보였다. 이미 국제 사회에서 고립된 푸틴은 러시아 경제가 파국으로 치닫는 상황에서도 국내의 민족주의 정서를 자극하고, 상승 중인 유가와 중국과의 새로운 동맹을 발판으로 삼으며 우크라이나 침공을 감행하겠다고 위협했다.

푸틴의 계획은 2014년부터 시작됐다. 러시아는 정체불명의 무장세력을 크림반도에 투입해 사실상 그 지역을 장악한 뒤 곧바로 병합했다. 그 후로도 우크라이나와의 갈등의 불씨는 꺼지지 않았고, 이제 푸틴은 더 많은 것을 노렸다. 그는 오랜 기간 이 문제를 고심했다. 그 사이, 러시아를 주시해 온 국가안보 전문가들 사이에서 치열한 논쟁이 벌어졌다. 대부분은 러시아가 실제로 우크라이나 침공에 나설 가능성이 매우 낮다고 생각했다. 하지만 일부는 푸틴이 옛 소련의 영토를 되찾겠다는 야망에 사로잡혀 위험을 감수할 수도 있다고 우려했다.

카펠라의 위성은 이 모든 상황을 실시간으로 포착하며, 러시아의 허위정보에 맞선 미국의 대응 전략에서 핵심적인 도구로 떠올랐다. 마이크 브라운은 이렇게 회상했다. "푸틴은 우크라이나를 침공할 계획이 없다고 줄곧 주장했습니다. 그는 탱크를 열차에 싣는 영상을 공개해 병력을 본국으로 철수시키는 듯한 모습을 보여주려 했지만, 우리는 그가 실제로는 병력을 집결시키고 있다는 걸 알았죠." 푸틴이 침공 계획을 부인하자 미 국방부는 카펠라 위성이 촬영한 사진을 CNN에 공개했다. 조 바이든 대통령은 이를 푸틴의 발언이 거짓임을 입증하는 증거로 제시했다. 파얌 바나자데는 이렇게 말했다. "러시아의 전면 침공이 임박했음을 보여주는 비기밀 오픈소스 위성 사진을 처음으로 공개한 건 우리였어요."

2022년 2월 24일 러시아군의 기갑 부대가 국경을 넘어 우크라이나의 수도 키이우를 향해 진격했다. 순항미사일이 우크라이나의 정부 통신망과 핵심 데이터 센터를 공격했고, 동시에 대규모 사이버 공격이 벌어졌다. 컴퓨터 바이러스가 우크라이나의 정부 기관 48곳과 민간 기업들을 마비시키는 한편 러시아 공수부대는 키이우 외곽의 비행장에 착륙했다. 러시아의 특수부대 스페츠나츠는 키이우에 침투해 젤렌스키 대통령 암살을 감행해 성공 직전까지 갔다. 핵탄두 5,889기를 보유한 러시아군은 NATO 방위선을 향해 서진하고 있었다. 제2차 세계대전 이후 유럽에서 벌어진 최대 규모의 지상전이 눈앞에서 현실로 펼쳐지고 있었다. 그때 크리스는 라지에게 전화로 이렇게 말했다. "국가안전보장회의에서 돌던 블랙코미디가 떠오르더군. 이제 더 나빠질 건 없겠지 싶을 때마다, 그런 생각을 한 내가 얼마나 어리석었는지를 깨닫게 되니 말이야."

그런데 믿기 힘든 일이 벌어졌다. 러시아군 입장에서 속전속결로 끝날 줄 알았던 초기 작전이 사실상 큰 실패로 끝난 것이다. 키이우에서 승전 퍼레이드를 벌일 계획이었던 러시아군은 우크라이나군의 반격에 밀려 많은 사상자를 내고 후퇴했다. 그 반전의 배경에는 우크라이나의 민간 기술 활용 능력이 있었다. 재래식 무기만 놓고 보면 우크라이나는 러시아보다 훨씬 열세였다. 하지만 기술에 능한 우크라이나군이 러시아의 전술을 예측하고 대응책을 마련해 주도권을 잡았다. 러시아가 우크라이나의 무전 주파수를 교란하자, 우크라이나군은 일론 머스크가 제공한 스페이스X의 스타링크Starlink* 인터넷 단말기와 민간용 안드로이드폰을 활용해 국방부의 명령 체계를 유지했다. 시민들은 왓츠앱WhatsApp과 시그널Signal 같은 메신저 앱을 통해 러시아군의 위치를 군에 실시간으로 제보했다. 우크라이나 병사들은 값싼 중국산 DJI 드론을 적진 상공에 띄워 적의 위치를 파악하고 포격을 조정했다. 네 개의 프로펠러로 비행하는 쿼드콥터에는 수류탄을 장착해 자폭 공격을 감행했다. DJI 드론 한 대가 러시아의 T-90 전차를 파괴하는 동안, 또 다른 드론은 그 장면을 촬영했다.

얼마 뒤 흑해에서는 무인 소형 보트가 러시아 해군 함정을 공격했다. 우크라이나는 구소련 시절의 정찰 드론에 폭약을 장착해 러시아 본토 깊숙이 있는 전략 폭격기를 파괴했다. 스타링크를 통해 실시간 영상을 송출하던 픽업트럭의 정찰 팀은 시시각각 전과를 올렸다. 튀르키예산 바이락타르 TB2Bayraktar TB2 드론은 러시아 군용 차량 행렬에 미사일을 퍼부었다. MIT 출신인 마흔두 살의 TB2 드론 설계자는 러시아군이 참패하는 장면이 담긴 영상을 SNS에 올리며 "지옥에 온 걸 환영한다"라고 적었다. 이에 맞서 러시아는 대당 2만 달러짜리 이란산 자폭 드론으로 우크라이나의 발전소를 공격했다. 이 드론들은 러시아에 비대칭 전력 우위를 안겨줬다. 이를 막으려면 우크라이나는 대당 14만~50만 달러에 이르는 서방제 미사일을 써야 했기 때문이다. 놀랍게도 이란산 드론 부품의 82퍼센트는 미국산이었다. 상용 기술이 어떻게 전장의 격차를 평준화하는지를 단적으로 보여준 사례였다. 이런 모습은 크리스가 2016년에 언급한 '평평해진 세계'라는 개념과 정확히 맞닿아 있었다.

---

* 전 세계 어디서든 위성을 통해 초고속 인터넷을 제공하는 서비스로, 일론 머스크가 설립한 우주 기업 스페이스X가 운영한다.

실리콘밸리의 기술 기업들도 우크라이나 지원에 본격적으로 나섰다. 플래닛 랩스의 전자광학 위성은 전장을 실시간으로 감시했고, 라지가 투자한 호크아이 360은 러시아의 무전 신호를 가로챘다. 미국 최초의 유니콘 드론 기업인 스카이디오는 자율비행 쿼드콥터를 우크라이나 보병 부대에 긴급 투입했다. 2,400만 달러(약 3,240억 원) 규모의 국방부 계약으로 동원된 블루헤일로BlueHalo는 머신러닝 알고리즘 기반 안테나를 탑재한 '타이탄Titan' 대드론 시스템을 전장에 공급했다. AI 기반 데이터 분석 소프트웨어 개발사인 팔란티어는 엔지니어들을 우크라이나에 파견해 국방부가 방대한 첩보 정보를 분석해 결론을 도출할 수 있도록 지원했다. 안두릴은 각종 센서를 탑재한 무소음에 가까운 자율비행 헬리콥터형 드론 '고스트'를 포함한 하드웨어 및 소프트웨어 시스템을 배치했다. 유닛 X의 지원을 받은 '섬웨어 랩스Somewear Labs'는 통신과 '메시 네트워킹*' 기술을 제공했다.

대형 IT 기업들도 적극 가세했다. "아마존은 말 그대로 정부 전체 데이터를 '스노볼Snowball'에 담아 옮긴 겁니다." 한 유닛 X의 엔지니어의 말이다. 스노볼은 아마존이 만든 여행 가방 크기의 페타바이트급 대용량 저장장치다. "그걸로 데이터를 해외로 반출한 뒤 클라우드에 백업한 거죠." 조세 정보, 부동산 기록, 은행 자료 등 약 1,000만 기가바이트에 달하는 우크라이나 정부 데이터가 백업되었다. 마이크로소프트의 대응 팀도 전시체제로 전환해 미 사이버사령부와 협력하면서 러시아의 악성코드를 무력화하는 보안패치를 신속히 배포했다. 러시아가 심어둔 코드는 마치 탱크에 튕겨 나가는 총알처럼 무력해졌다.

---

* 기지국 없이도 각각의 장치들이 서로 연결돼 통신하는 분산형 네트워크 방식.

이제 베이에어리어의 벤처투자자들에게 우크라이나군을 위한 드론, 야간 투시경, 고강도·초경량 소재의 케블라 방탄복 같은 장비 구매 요청이 쏟아졌다. 많은 이들이 직접 수표를 써서 기부했고, 지원 장비를 모아 페덱스로 전장에 보냈다. 한때 군과 협력하는 일에 거부감을 보이던 실리콘밸리 사람들도 이제는 애플의 슬로건처럼 '다르게 생각하기Think Different'를 시작한 것이다.

러시아의 침공이 시작되고 2주쯤 지났을 무렵, 크리스는 매슈 스텝카Matthew Stepka가 주최한 저녁 자리에 초대받았다. 스텝카는 구글 초창기 직원으로 샌프란시스코 러시안 힐에 살고 있었다. 유닛 X가 막 출범하던 시절에도 크리스는 같은 장소에서 열린 모임에 참석한 적이 있었지만 그때는 분위기가 썰렁했다. 테이블에 둘러앉은 실리콘밸리의 부유한 기술 인재들은 국방부가 실리콘밸리에 자리를 잡고 기업가들을 군과 협력하도록 유도하는 것을 달가워하지 않았다. 하지만 이번에는 분위기가 달랐다. 예전에는 크리스를 향해 날 선 질문을 퍼붓던 사람들이 이제는 미국제와 영국제 대전차 미사일의 차이에 대해 진지하게 물었다. '메이븐 프로젝트' 사태 이후 군과 거리를 두려 했던 기술인들 상당수가 이번 전쟁을 계기로 다시 돌아오고 있었다.

유닛 X, 우크라이나 전쟁에 뛰어들다

미 정부는 전장에 민간 기술을 신속히 투입하는 데 있어 민간 부문만큼 민첩하지 못했다. 전쟁 발발 두 달 뒤 미국과 40개 동맹국은 독일에 모여 우크라이나에 대한 군사·경제적 지원 방안을 논의했다. 미 국방부는 '우크라이나 안보지원단SAGU'이라는 새로운 지휘부를 창설해 우크라이나에 보급품을 신속히 투입하는 임무를 맡겼다. 바이든 행정부와 의회는 전쟁 초기 몇 달 동안 160억 달러(약 21조 6,000억 원)의 예산 지원을 약속했다. 그중 일부는 즉각적인 비축 물자 공급에, 나머지는 신규 생산 계약에 사용하기로 했다. 유닛 X의 지도부도 신속히 행동에 나섰다. 유닛 X의 AI 프로젝트를 총괄하던 재러드 던몬은 미 국방부 내 핵심 조직인 '우크라이나 통합조정그룹Senior Integration Group-Ukraine'의 유닛 X 대표로 참여하게 됐다. 이 기구는 원조 전달을 지연하는 국방부 내 관료적 장애물을 제거하는 임무를 맡고 있었다. 유닛 X에 딱 어울리는 역할이었다. 우크라이나는 포병 조준을 도와줄 소형 드론이 절실했고, 유닛 X는 해당 드론을 공급할 수 있는 업체 리스트를 보유하고 있었다. 또 우크라이나군은 스타링크 단말기를 가동하기 위해 소음이 심한 발전기를 사용하고 있었는데, 이 소음은 아군의 위치를 노출시킬 위험이 있었다. 마침 유닛 X는 장시간 작동되는 배터리를 개발하는 에너지 기업들을 포트폴리오로 관리하고 있었다.

하지만 국방부는 스스로 발목을 잡는 행태에서 벗어나지 못했다. 우크라이나 전쟁은 냉전 시대의 무기체계 공급에 맞춰 설계된 미 국방부 조달 시스템이 오늘날 어떤 비용을 초래하는지를 적나라하게 드러냈다. 소설 《캐치-22Catch-22》를 떠올리게 하는 황당한 상황도 벌어졌다. 우크라이나 통합조정그룹은 '대통령 긴급 군수지원 권한Presidential Drawdown Authority, PDA'을 활용해 기술 제품을 구매·수송하려 했다. 이 권한은 비상시 며칠, 심지어 몇 시간 안에도 장비를 전달할 수 있게 해주는 제도다. 문제는 규정상 '이미 구매돼 비축된 장비'만 수송이 가능하다는 점이었다. 국방부는 이미 기술 업체들과 계약을 체결한 상태였지만, 유닛 X가 7년간 개발해 온 새로운 무기와 역량을 현장에 바로 투입할 수 있는 체계는 없었다.

더 어이없는 문제는 데이터 전달 과정에서 발생했다. 카펠라 같은 민간 위성 기업들이 국방부 군용 네트워크를 통해 위성 사진을 전송하면 그 즉시 'NOFORN' 등급으로 분류됐다. 다시 말해, 외국 정부와 공유할 수 없는 기밀자료가 된다는 뜻이다. CNN에서 버젓이 보도되고 있는 공개 이미지조차 국방부의 관점에선 우크라이나에 제공할 수 없게 돼 있었다. "우리 팀은 그 데이터를 공유할 수조차 없었어요. 정말 말도 안 되는 일이었죠." 던몬의 말이다. 심지어 국방부 법률 자문 팀은 민간 위성 사진에 '개인 식별 정보'가 포함돼 있을 수 있다며, 이를 우크라이나와 공유하면 미국 개인정보 보호법을 위반할 수 있다고 주장했다.

"그건 어디서 나온 얘깁니까?" 크리스가 유닛 X 관계자에게 물었다.

"이번 건은 '개인정보와 시민 자유' 담당 쪽에서 나온 의견입니다."

"그럼 그 사람들한테 우크라이나에서 한번 살아보라고 전해주세요." 크리스가 받아쳤다.

이는 결국 시스템의 부조화 문제였다. 전쟁의 미래를 좌우할 기술 역량은 이미 국방부의 기존 보안 지원 체계가 감당할 수 있는 수준을 넘어서 있었다. 전쟁 발발 후 첫 18개월 동안 미국은 총 410억 달러(약 55조 3,500억 원)의 군사 지원을 제공했다. 다른 국가들도 130억 달러(약 17조 5,500억 원)를 지원했다. 하지만 정작 우크라이나가 요청한 첨단 민간 기술은 지원 체계의 틈새로 빠져나가기 일쑤였다. 초기 원조에는 '섬웨어 랩스'의 통신 장비도 포함돼 있었다. 이 장비는 위기 대응 시 주 방위군이 네트워크를 구축하는 데 사용하는, 배낭 크기의 장치였다. 하지만 어떻게 된 일인지 그 주문은 시스템에서 처리되지 않은 채 사라져 버렸다. 던몬은 국방부와 독일 슈투트가르트에 있는 미 유럽사령부를 상대로 며칠간 추적에 나섰지만, 연락이 닿은 사람들 대부분은 그가 무슨 얘기를 하는지조차 몰랐다.

결국 그는 직접 슈투트가르트로 날아가 미 유럽사령부 본부에서 5시간을 보낸 끝에 예산 스프레드시트 안에 묻혀 있던 섬웨어 랩스 장비 항목을 찾아냈다.

던몬은 이렇게 말했다. "지금의 조달 시스템은 5년 뒤에 패트리엇 미사일 포대를 공급하는 데는 적합할지 모르지만, 내일 당장 필요한 드론을 공급하는 데는 전혀 맞지 않습니다. 사소한 일 하나를 처리하는 데도 엄청난 노력이 필요하다는 사실이 정말 씁쓸했죠." 당시 상황을 고려하면 이 문제는 단지 실망으로 그칠 문제가 아니었다. 현실은 그야말로 참혹했다. 수많은 군인과 민간인이 죽어가고 있었다. 물론 많은 군수품이 제대로 전달되긴 했지만, 가장 중요한 일부 민간 기술은 끝내 전선에 도달하지 못했다. 더 끔찍한 사실은, 미국이 전쟁에 나선다면 지금의 군 체계가 어떻게 작동할지를 이번 상황을 통해 미리 들여다보는 것 같았다는 점이다. 그 모습은 결코 안심할 만한 수준이 아니었다.

기술과 데이터로 대응하는 우크라이나

전쟁 발발 다음 날, 우크라이나 출신 기술 기업 임원이던 안드레이 리스코비치Andrey Liscovich는 샌프란시스코에서 비행기를 타고 바르샤바 공항에 도착했다. 그 후 육로를 통해 국경에서 40킬로미터 떨어진 그의 고향 자포리자로 향했다. 리스코비치는 아직 그곳에 살고 있던 부모를 먼저 대피시킨 뒤 자원입대를 위해 군 모집소를 찾아갔다. 하지만 군 관계자들은 그가 한때 우버의 자회사였던 '우버 웍스Uber Works'의 CEO였다는 사실을 알고는 그에게 총을 들고 싸우는 대신 실리콘밸리의 인맥을 활용해 기술을 전선에 전달하는 역할을 맡기를 권했다. 이후 그는 최전방 부대를 돌며 병사들에게 필요한 것이 무엇인지 물었고, 발전기와 스타링크, 소형 드론이 필요하다는 사실을 알게 됐다. 결정적으로 그는 '보정 사격'과 '비보정 사격'의 차이를 이해하면서 중요한 사실을 깨달았다. 비보정 사격은 목표물에 명중하기까지 평균 60발을 소모하지만 하늘을 나는 쌍안경, 즉 '상용 드론' 한 대만 있으면 5발 안에 목표물을 격파할 수 있었다. 그는 자신이 할 수 있는 가장 효과적인 일은 자신들을 도와줄 수 있는 서방 기술 기업들과 우크라이나 군부대를 연결해 주는 것임을 깨달았다.

그는 비살상 장비를 지원하는 비영리 단체인 '우크라이나 방위 기금Ukraine Defense Fund'을 설립했다. 실리콘밸리를 돌며 모금 활동을 하던 그는 크리스를 찾아가 고향 집 인근에서 주운 러시아군의 포탄 파편 하나를 건넸다. 그 강철 파편은 크리스가 주방 식탁에 아침 식사로 내놓은 요리 사이에 어색하게 놓여 있었다.

기금을 모으고 장비를 구매해 유럽으로 보내는 일까지는 비교적 수월했다. 문제는 '마지막 병목 구간', 즉 장비를 전장에 전달하는 과정이었다. 리스코비치와 그의 팀은 미국에서 출발한 장비를 암스테르담을 거쳐 바르샤바로 보내고, 거기서 트럭에 실어 우크라이나까지 90시간 안에 운송하는 체계를 고안했다. 가장 빠를 때는 48시간 만에도 도달했다.

이런 사고방식은 전선 전역으로 퍼져나가고 있었다. 젤렌스키 대통령은 16~60세까지 전투 가능한 남성들을 징집했는데, 이들 가운데는 기술 역량을 갖춘 이들이 적지 않았다. 사람들은 그들을 '기술 유격대Techno-Guerrilla'라 불렀다. 우크라이나가 서방에 요구한 것은 단순했다. 무기와 상용 기술만 보내주면 나머지는 자신들이 해내겠다는 것이었다. 에릭 슈미트가 AI 위원회의 후속 연구를 위해 설립한 싱크탱크인 '특별경쟁력연구프로젝트Special Competitive Studies Project'는 "우크라이나군은 본질적으로 풀뿌리 기반의 전투 조직이며, 그 안에는 상당수의 소프트웨어 엔지니어가 분산 돼 있다"고 평가했다. 또 다른 관측통은 우크라이나군을 "실리콘밸리를 결합한 게릴라 군대"라고 표현했다. 팔란티어의 최고기술책임자인 샴 샨 카르Shyam Shankar는 "우크라이나는 지금 세계에서 가장 유능한 소프트웨어 엔지니어 30만 명을 징집해 전장에 투입하면 어떤 일이 벌어지는지를 직접 배우고 있는 셈입니다"라고 말했다. 그의 발언은 우크라이나의 프로그래머 상당수가 전쟁에 참여하고 있는 현실을 언급한 것이었다.

우크라이나는 대부분의 유럽 국가보다, 심지어 미국보다 앞선 수준의 현대적 기술 인프라를 갖추고 있었다. 미국 정부의 온라인 서비스는 부끄러울 정도로 여전히 낙후돼 있었다. 젤렌스키는 2019년 대선에서 우크라이나를 '스마트폰 국가'로 전환하겠다는 공약을 내세웠고, 그가 신설한 디지털 전환부는 '디아Diia'라는 앱을 개발했다. '행동'이라는 뜻을 가진 이 앱은 웹과 스마트폰을 통해 80여 개의 공공서비스를 안전하게 이용할 수 있도록 만든 통합 플랫폼이다. 디아 앱 이용자는 정부의 생체정보 데이터베이스를 통해 본인 인증을 할 수 있었다. 또한 세금을 내거나 여권을 갱신하고, 차량을 등록하거나 법인을 설립할 수도 있었다.

러시아의 침공 이후 디지털 전환부의 프로그래머들은 디아 앱에 러시아군을 신고할 수 있는 기능을 긴급히 추가했다. 우크라이나 국민이 매일 사용하던 앱을 기반으로 '크라우드소싱 정보체계'가 생긴 것이다. 디아 앱이 암호화된 메시징* 시스템을 통해 시민들이 촬영한 사진을 국방부 서버로 전송하면 군은 이를 분석해 목표를 식별하고 좌표를 확인했다. 이

---

* 메시지를 주고받을 때 그 내용을 제삼자가 열람하거나 가로채지 못하도록 암호화 기술을 적용한 통신 방식.

시스템은 '포병용 우버Uber for Artillery'로 불렸다. 시민들이 공격 요청을 올리면 국방부가 이를 거의 실시간으로 수행하는 방식이었다. 이어 우크라이나 국방부는 델타Delta라는 실시간 전투지휘 앱을 개발했다. 이 시스템은 시민 제보와 NATO 정보망의 데이터를 통합해 국민의 눈과 귀, 스마트폰 카메라를 상용 정보 및 기밀 정보와 하나로 엮어냈다. 우크라이나의 기술 업계도 함께 움직였다. 정부의 디지털 인프라를 단단히 방어해 러시아의 사이버 공격으로 인한 정부 서비스 및 웹 접속 차단 사태를 막아낸 것이다. 현재 우크라이나의 인터넷은 '서비스 거부DoS' 공격으로 때때로 속도가 느려지긴 하지만, 시민들은 여전히 가정에서 4G LTE 이동통신망을 통해 인터넷에 접속할 수 있다.

드론 산업을 이끄는 안두릴의 부상

안두릴의 창업자 파머 럭키가 우크라이나행을 준비하던 무렵, 그의 아내는 그를 말려보려 했다. "그런 일은 군인들이 하는 거잖아." 아내가 말했다. 하지만 당시 스물아홉 살이었던 럭키는 반드시 가야 한다는 생각을 떨칠 수 없었다. 그는 우리에게 이렇게 말했다. "만약 러시아가 전쟁에서 이기고 나중에 제가 그때 아무 역할도 하지 않았다는 자책 속에 살아야 한다면 얼마나 후회가 되겠습니까?" 떠나기 직전, 그의 아내는 농담 섞인 말로 그를 배웅했다. "죽기만 해봐. 내가 가만 안 둘 거야." 우리는 이해한다는 듯 고개를 끄덕였다. 전쟁터로 떠나기 전 사랑하는 사람과 작별인사를 하며 다들 그런 말을 나눈 경험이 있었기 때문이다. 럭키는 웃으며 말했다. "그래서요, 영화 〈팀 아메리카: 세계 경찰Team America : World Police〉

에 나오는 대사를 인용해서 아내에게 이렇게 대답했죠. '절대 안 죽을게. 약속해.' 아내는 질색하지만 제가 정말 좋아하는 대사거든요."

럭키는 2022년 8월, 전쟁이 발발한 지 6개월째에 우크라이나 국경을 넘었다. 당시 미국의 주요 방산 기업 CEO 중 우크라이나를 방문한 사람 은 그가 처음이었다. 그는 자사 드론이 실제로 어떻게 쓰이는지 확인하고 병사들이 겪는 문제를 개선할 방법을 찾고 싶었다. 이를 위해 소프트웨어 엔지니어 세 사람을 대동해 현지 병사들에게 안두릴의 '고스트' 드론과 '알티우스ALTIUS' 자폭 드론 운용법을 교육했다.

앞서 말했듯이 럭키는 2017년 트레이 스티븐스와 함께 안두릴을 창업 했다. 그들은 기존 방산업체와는 다른, 제품 중심의 새로운 '프라임' 방산 기업을 만들겠다는 목표를 세웠다. 럭키는 이렇게 설명했다. "지금의 방 위산업은 구조 자체가 잘못됐어요. 위험 부담은 국민에게 떠넘기고 속도 는 느린 데다 절차만 복잡하고, 실제적인 기술 개발보다는 제안서 작성과 로비만 잘하면 유리한 구조죠. 효율적인 기술 회사를 만들려면 절대 해선 안 될 방식으로 돌아가는 게 지금 방산업계의 현실이에요."

럭키와 우크라이나의 인연은 전쟁 전으로 거슬러 올라간다. 2019년, 젤 렌스키 대통령은 안두릴의 국경 감시 기술을 다룬 〈와이어드Wired〉지의 기 사를 읽고 럭키에게 회담을 요청했다. 러시아 인접 국경 일대에 안두릴의 '래티스' 감시탑을 배치할 수 있을지 논의하기 위해서였다. 럭키는 이렇게 회상했다. "그때부터 젤렌스키 대통령은 확신하고 있었어요. 러시아는 반 드시 침공할 거고, 그걸 막으려면 지금 당장 준비해야 한다고 말이죠."

전쟁이 발발하자 우크라이나는 안두릴의 '고스트'를 비롯한 장비들을 주문하기 시작했다. 고스트 드론은 한 사람이 휴대할 수 있을 만큼 작고, 3분 안에 설치할 수 있다. AI 소프트웨어를 탑재해 자율비행이 가능하며 정찰과 정보 수집은 물론 포격 유도 등 다양한 용도로 쓰인다.

이번 전쟁에서 드론의 역할은 그 어느 때보다 중요했다. 우크라이나 전쟁은 사실상 인류 최초의 '전면적 드론 전쟁'이라고 해도 과언이 아니었다. 양측의 보병과 포병 관측병들은 값싼 DJI 쿼드콥터를 운용했다. 러시아군은 이보다 큰 이란산 무장 드론을 사용했고, 우크라이나군은 튀르키예의 바이락타르 TB2로 그에 대응했다. 전선 어디에서든 공중에는 양측 드론이 25~50대가량 떠 있었다. 미국이 제공한 최강 무기인 '고기동 포병 로켓 시스템High Mobility Artillery Rocket System, HIMARS'조차 아마존에서 구매 가능한 드론의 도움을 받아 포격 대상을 식별했다.

우크라이나는 자국민 1만 명에게 드론 운용 기초 교육을 시행하고 60개의 드론 공격 전담 부대를 편성했다. 우크라이나 기업들도 곧바로 움직였다. 초기 집계에 따르면 60개가 넘는 신생 스타트업이 GPS 의존도를 낮춘 맞춤형 드론 모델을 개발하기 시작했다. 이들이 개발 중이던 기술에는 기체에 탑재된 가속도계가 현재 위치를 자체적으로 계산하는 방식인 '관성항법' 기술과, 저가 카메라를 이용해 지형을 시각적으로 따라가는 지형 추적 소프트웨어도 있었다. 한 영국인 교관은 우크라이나 포병의 타격 유도 방식을 가리켜 "사이버펑크cyberpunk* 작전"이라고 평가했다. 이쯤 되자 '살인 로봇'을 우려하던 이들이 실제로 우려할 만한 일이 벌어지기 시작했다. 드론 떼가 공중에서 수색하며 전투 중 도주한 병사들을 추적하는 장면이 목격된 것이다. 이에 러시아 블로거들은 드론에 쫓길 때 취해야 할 행동 요령을 담은 영상을 올리기 시작했다.

---

* 인공두뇌를 의미하는 사이버네틱스(cybernetics)와 펑크(punk)의 합성어. 컴퓨터를 비롯한 첨단 기술과 반체제적·비주류 문화를 결합한 새로운 문화적 흐름을 의미한다. 이 문맥에서는 우크라이나 포병들이 전통적 군사 방식과 달리 첨단 기술을 결합한 창의적 작전을 펼친다는 의미로 쓰였다.

우크라이나를 방문한 에릭 슈미트는 400달러짜리 소형 자폭 드론이 1.3킬로그램의 폭약을 싣고 돌진하는 모습에 놀라움을 금치 못했다. 그는 〈월스트리트저널〉 기고문에서 그런 경우에 대해 "거의 격추가 불가능하다"고 평했다. 하지만 더 무서운 건 그다음에 올 미래다. 바로 드론이 스스로 결정하고 판단해 무리를 지어 움직이는 단계다. 슈미트는 이렇게 경고했다. "머지않아 AI를 탑재한 자폭 드론 떼가 적의 전자전 방어망을 뚫고 이동 표적을 추적하며 알고리즘에 따라 협동 타격을 감행할 것이다."

유닛 X 로그 스쿼드론 팀의 리더 마크 제이콥슨은 드론이 미래 전쟁에서 얼마나 중요한 무기가 될지 오래전부터 내다보고 있었다. 그는 이렇게 말했다. "우크라이나 전쟁은 우리가 준비해 온 바로 그 전쟁입니다. 양측 모두 DJI 드론을 해킹하고 개조하는 실험실을 운영 중이고, 누가 더 빨리 기술을 활용하느냐의 싸움을 벌이고 있죠." 그의 말에 따르면 로그 스쿼드론이 개발한 기술 가운데 일부는 이미 우크라이나 전장에서 쓰이고 있다. 그중에는 로그 스쿼드론과 협력해 온 엣지소스Edgesource라는 업체가 우크라이나군에 기부한, 200만 달러(약 27억 원) 규모의 대드론 장비도 포함돼 있다.

더 중요한 변화는 드론이 전쟁의 양상을 바꾸고 있다는 사실이다. 공군 장교였던 마크 제이콥슨은 이렇게 말했다. "우리가 지금 목격하고 있는 건 정밀유도무기의 민주화입니다. 전장에 있는 모든 행위자와 모든 개인이 정밀유도무기를 가질 수 있게 됐으니까요." 이런 변화는 그에게 각별한 의미가 있었다. "예전엔 전력을 과시하려고 2억 달러(약 2,700억 원)짜리 전투기 여러 대를 전장 인근의 울타리 안 주기장에 늘어놓는 방식을 썼죠. 아프가니스탄 전쟁과 이라크 전쟁도 마찬가지였습니다. 하지만 지금은 그런 전투기가 오히려 좋은 표적이 돼버렸어요. 드론 한 대면 충분히 격파할 수 있으니까요. 그러니 이제 우리는 '힘을 어떻게 배치할 것인가'라는 질문을 근본부터 다시 고민해야 합니다."

우크라이나의 드론 전술에 놀란 러시아는 전선마다 10킬로미터 간격으로 강력한 전자전 장비 시스템을 구축했다. 이 장비는 무선 신호를 교란하고, GPS 좌표를 속였다. 그러자 우크라이나의 드론은 몇백 미터만 날아도 통신이 끊겨 무력화되기 시작했다. 한 영국 분석가는 우크라이나가 한 달에 약 5,000대의 드론을 잃고 있다고 추산했다. 러시아의 전자전 장비는 전방에서 수 킬로미터 떨어진 곳까지 영향을 미쳤다. 안드레이 리스코비치는 이렇게 말했다. "키이우의 호텔 3층 이상에서는 우버 호출도 안 됩니다. 위치를 찍으면 인도양 어딘가로 표시되거든요." 러시아는 스페이스X의 스타링크 위성통신망을 무력화하기 위해 '토볼Tobol'이라는 기밀 전자전 장비도 동원했다. 본래는 자국의 위성을 방어하기 위해 제작된 장비였으나 이제는 공격용으로 쓰이고 있었다. 토볼은 위성 자체 주파수에 가짜 신호를 섞어 넣는 방식으로 통신을 교란했다.

러시아와 우크라이나는 사이버보안 전문가와 해커 간의 소위 '쫓고 쫓기는 싸움'을 벌이고 있었다. 과거 모펫 필드의 격납고에서 유닛 X의 로그 스쿼드론 드론 팀이 DJI 드론의 소프트웨어를 역설계해 중국으로 데이터가 전송되지 못하도록 막았던 작업처럼, 한쪽이 특정 드론을 막기 위한 방어용 소프트웨어를 개발하면 다른 쪽에선 그 방어망을 뚫기 위해 새로운 코드를 빠르게 만들어 내는 식의 치열한 경쟁이 이어지고 있었다.

럭키와 안두릴의 엔지니어들이 현장에서 확인하고 싶었던 것도 바로 이 '해커들의 전투'였다. 그들은 비행기를 타고 바르샤바로 간 뒤 키이우로 이동했고, 그곳에서 젤렌스키 대통령과 악수하는 의례적인 사진을 찍었다. 젤렌스키는 미국 국방부의 관료주의로 무기 공급이 지연되고 있는 것에 불만을 토로했다. 이후 안두릴 팀은 최전방으로 향했다. 럭키와 엔지니어들은 우크라이나 병사들에게 '고스트' 드론에 최신 하드웨어 모듈을 설치하는 법을 직접 교육했다. 이어 그들은 러시아군이 안두릴 드론의 통신·항법 시스템을 어떻게 교란하는지도 확인하고 싶었다. 그 정보를 바탕으로 전자전 환경에서 버틸 수 있는 운영체제로 업데이트할 계획이었다. 어느 날, 럭키는 구소련 시절의 공군기지에서 엔지니어들과 노트북으로 코딩 작업을 하던 중에 문득 소름 끼치는 현실을 깨닫고 아찔한 생각이 들었다. "거긴 군 병력이 상당히 집중된 곳이었어요. 만약 제가 러시아군이라면 이렇게 생각했을 겁니다. '좋아, 여긴 지금 미국에서 막 들어온 최첨단 드론 기술을 배우는 사람들이 모여 있다. 고가의 미제 장비들도 널려 있고, 사실상 여기 있으면 안 되는 미국인들도 와 있다.' 그러니까 러시아 입장에서 보면, 우리가 아주 좋은 표적이 됐을 겁니다. 전혀 불가능한 얘기가 아니었죠."

그는 집에 돌아간 뒤 아내에게 이런 얘기는 일절 하지 않았다.

기술 인재들은 전장에서 무엇을 하는가

펜타곤 내부에서는 우크라이나 전쟁에서 어떤 교훈을 얻을 것인가를 두고 또 다른 전쟁이 벌어지고 있었다. 갈등의 구도는 익숙했다. 재편성된 국방혁신위원회와 유닛 X의 혁신가들은 자신들이 그간 준비해 온 미래 전쟁이 우크라이나에서 현실화되고 있는 모습을 목격하고 있었다. 그들이 구상한 '실리콘밸리식 킬체인'이 실제로 작동하고 있었기 때문이다. 에릭 슈미트는 우크라이나를 방문한 뒤 보고서에 이렇게 썼다. "이번 전쟁은 기술 인재가 정부를 위해 무엇을 할 수 있는지를 묻는 핵심 질문에 해답을 제공합니다. 그 답은 할 수 있는 일이 매우 많다는 겁니다. 프로그래머 10명만 있어도 병사 수천 명의 작전 방식을 바꿀 수 있습니다. … 우크라이나를 떠날 때는 뜻밖에도 낙관적인 생각이 들었습니다."

메이븐 프로젝트를 이끌었고 합동인공지능센터의 초대 수장을 맡았던 잭 섀너핸 중장에게 우크라이나 전쟁은 일종의 '입증의 장'이었다. 유닛 X가 메이븐 프로젝트를 통해 처음 선보였던 AI 기반 이미지 태깅 기술(AI로 사진이나 영상 속 사물을 분류·식별하고 자동으로 태그를 부여하는 기술)은 이제 미국 국가지리정보국의 시스템에 탑재돼 우크라이나 작전을 실질적으로 지원하고 있었다. 섀너핸은 지금이 매우 중요한 '과도기'라고 보았다. 창의적이고 혁신적인 전투 인재들이 기존 무기체계와 신기술을 어떻게 접목할 것인지, 그리고 새로운 방식의 전쟁 수행법을 어떻게 찾아낼 것인지가 관건이라는 것이다. 그는 이렇게 말했다. "우크라이나에서 벌어지는 일을 보면 우리가 옳았다는 확신이 듭니다. 전통적 무기체계와 민간의 첨단 기술이 묘하게 섞여 있죠. 이 두 가지 기술을 얼마나 새롭게 창의적으로 결합해 낼 수 있느냐가 전쟁의 승패를 좌우할 겁니다."

팔란티어의 CEO 알렉스 카프Alex Karp 역시 우크라이나를 방문한 뒤 앞으로 전쟁의 승패는 AI가 좌우할 것이라고 확신하게 됐다. 그는 전쟁과 AI를 주제로 한 어느 행사에서 이렇게 말했다. "우리는 구식 기술만 가지고 전쟁에 나섰는데, 상대는 AI 기반의 디지털 타격 체계를 능숙하게 운용한다면 결과는 불 보듯 뻔합니다. 우리가 압도적으로 불리할 수밖에 없어요."

하지만 우크라이나 전쟁에서 워싱턴의 기득권 보수층이 본 것은 실리콘밸리의 기술자들이 본 것과 완전히 달랐다. 방어용 참호, 전차 대 전차,

미사일 대 미사일, 겉으로만 보면 이번 전쟁은 과거 전쟁 양식의 연장선 상에 있었다. 과거와 완전히 똑같지는 않지만 큰 차이가 없다는 것이 기성 군부의 시각이었다. 결국 '우크라이나 전쟁에서 어떤 교훈을 얻을 것인가'를 두고 벌어진 싸움은 펜타곤 E - 링을 중심으로 전면전 양상으로 번졌다. 이러한 갈등은 펜타곤의 최고 무기 구매 책임자가 실리콘밸리 기술의 중요성을 공개적으로 일축하면서 수면 위로 드러났다. 전쟁이 시작되고 8개월쯤 지난 시점에 획득·유지 담당 차관, 즉 미국 무기체계의 미래를 책임지고 있던 빌 라플란테Bill LaPlante는 한 인터뷰에서 이렇게 말했다.

> "우리는 지금 실리콘밸리 기술로 우크라이나에서 싸우고 있는 게 아닙니다. 그쪽에서는 아마 자기들 공으로 돌리려 하겠지만요. 이른바 '테크 브로Tech-Bro*'들이 우크라이나 전쟁에서 크게 기여하고 있는 건 없습니다. 지금 중요한 건 아주 본격적인, 진짜 무기를 대량 생산하는 일입니다. 그게 전부예요. 누군가가 와서 유닛 X 프로젝트나 기타거래권한 계약이 어쩌고 하면서 그럴싸한 이야기 늘어놓거든, 딱 물어보세요. 그거 언제 생산됩니까? 몇 대나 나오죠? 단가는요? 중국을 상대로 통하긴 합니까? 중요한 건 그런 거예요. 그리고 제발 AI가 들어갔다느니, 양자 기술이니, 하는 말은 하지 마세요. 난 그런 거엔 관심 없습니다."

라플란테가 내세운 주장의 핵심은 '우크라이나 전장에서 상용 기술은 결정적인 역할을 하지 않았고, 국방부가 맞서야 할 주요 경쟁국들, 즉 미국

---

* 실리콘밸리의 젊고 자신만만한 남성 개발자나 창업자들, 또는 자기 확신은 강하지만 현실 인식이 떨어질 수 있는 기술계의 엘리트 남성들을 가리키는 속어.

을 위협하는 실질적 나라들에 대응하는 데도 별다른 쓸모가 없다'는 것이다. 이는 완전히 틀린 말은 아니다. 실제로 우크라이나 전쟁은 전차나 자주포 같은 대형 무기 플랫폼 그리고 이를 제조하는 전통 방산업체들의 중요성을 다시금 부각시켰다. 하지만 그렇다고 라플란테의 시각만을 채택한다면, 더 큰 그림을 놓치게 된다. 혁신 진영에서는 누구도 펜타곤의 획득·유지 담당 부서가 보여준 헌신적 리더십을 폄훼하지 않는다. 그들은 무기와 탄약을 빠르게 전장에 투입했고, 첨단 탄약의 재고가 턱없이 부족하다는 사실이 드러나자 방위산업 기반을 신속히 가동했다. 또한 우크라이나 병사들이 신형 무기체계를 숙달할 수 있도록 24시간 대응 센터를 구축했으며 15년 넘게 가동이 멈춰 있던 주요 군수 생산라인을 다시 살려냈다.

하지만 우크라이나 전쟁의 양상을 '과거 방식의 회귀'로 해석하거나, 지금의 방위산업 기반을 그대로 유지해야 한다는 정당성의 근거로 삼는 것은 잘못이다. 이는 자칫 비극적인 판단이 될 수 있다. 그러한 시각에서 본다면 우크라이나 전쟁의 복잡하고 비대칭적인 양상을 제대로 포착하지 못하게 된다. 게다가 이런 흐름은 다른 전장에서도 나타나고 있다. 아르메니아·아제르바이잔 분쟁, 서울 상공을 침범한 북한 드론 사건, 중국 인민해방군이 시진핑의 '군민 융합' 전략하에 민간 기술을 실험적으로 도입하는 사례 등에서도 유사한 변화가 감지되고 있다.

우리가 보기에 우크라이나 전쟁이 주는 핵심 교훈은 분명하다. 러시아와 우크라이나 양측 모두 기존의 정교한 무기체계와 함께 상용 기술을 전장에 병행 투입하고 있다. 그 기술은 무기의 성능을 끌어올리는 동시에 무력화하는 데도 쓰인다. 스탠퍼드대에서 열린 한 콘퍼런스에서 크리스는 이렇게 말했다. "우크라이나 전쟁에서 드러난 중요한 교훈은 대국 간 분쟁에서 상용 기술이 만들어 내는 '차이'일지도 모릅니다. 상용 기술은 적의 우월한 무기체계를 소모시킵니다. 기존의 지휘·통제·정보·정찰 체계를 대체하며, 우크라이나·러시아·NATO·미국이 보유한 재래식 무기의 전투 효율을 획기적으로 높여줍니다."

라지 역시 같은 행사에서 이렇게 강조했다. "전력의 '규모'라는 측면에서 우리는 더 많은 물량이 필요합니다." 핵심은 상용 기술을 적극 활용해 현재 보유한 무기체계의 효율을 극대화하는 것이다. "매년 민간 자본 6,000억 달러(약 810조 원)가 기술 분야에 투입되고 있어요. 우크라이나 전쟁 이후로 기술 업계와 실리콘밸리의 인식은 완전히 달라졌습니다. 이제는 국방 분야에서 일하고 싶어 하는 젊고 사명감 있는 창업가들이 많아졌고, 그들을 기꺼이 지원하려는 벤처투자사들도 점점 늘고 있습니다."

유닛 X가 주도한 기술 혁신 생태계는 실제로 성과를 내고 있다. 한 통계에 따르면 대부분 캘리포니아에 있는 스타트업들이 개발한 신제품 30여 종이 우크라이나 전선에서 사용되고 있었다. SAR 위성 제조업체인 카펠라 스페이스는 2022년에 매출이 세 배로 급증했고, 2023년에도 세 배가량 늘 것으로 예상됐다. 물론 스타트업들은 방산 대기업들에 비해 아직 비중 있는 역할을 맡진 못했다. 2022년 12월 방산 대기업들은 워싱턴 주재 우크라이나 대사관에서 일종의 감사 행사를 열었다. 초청장에는 레이시온, 노스롭 그루먼, 록히드 마틴, 프랫 앤 휘트니Pratt & Whitney의 로고가 인쇄돼 있었다. 미 합참의장 마크 밀리를 비롯해 상·하원 군사위원회의 위원 대부분이 자리를 함께했다. 축하할 일이 많았기 때문이다. 록히드 마틴은 우크라이나에 무기를 공급하며 수십억 달러 규모의 주문을 받았고, 레이시온은 육군에서만 20억 달러(약 2조 7,000억 원) 규모의 계약을 따냈다.

바이든 대통령의 임기 중반에 이르러 국방부의 정책 기조는 점차 윤곽을 드러냈지만, 이를 바탕으로 방위 혁신의 성과를 평가하면 결과는 엇갈릴 수밖에 없었다. 각 군과 국방부 장관실 산하에는 그 어느 때보다 많은 혁신 조직이 생겨났다. '민간 기술 신속획득사업'을 통한 계약도 확대돼 지금까지 누적 700억 달러(약 94조 5,000억 원) 규모의 구매가 이뤄졌다. 하지만 민간 기술을 전면적으로 통합해 새로운 형태의 통합 전투 체계를 구축하는 포괄적 군사 비전이나 접근법은 여전히 제대로 확립되지 못하고 있다. 애쉬 카터가 강조했던 '빠른 추격자fast-follower'* 전략을 실현하기엔 국방부의 혁신 투자 규모는 아직도 턱없이 부족한 실정이다.

푸틴이 우크라이나를 침공했을 당시 미국의 군과 민간 지도부가 내놓은 전략은 대부분 기존의 프로그램과 예산 기조를 그대로 유지하는 수준에 머물렀다. 눈에 띄는 변화가 거의 없었지만, 해병대의 결정은 예외적으로 주목할 만한 사례다. 더 이상 실전에 쓰일 일이 없다고 판단한 전차를 퇴역시키고 그 대신 장거리 미사일과 전자전 체계를 도입하기로 한 것이다. 겉으로 보면 이런 변화는 나름 합리적으로 보일 수도 있다. 하지만 만약 '미래에 중국과의 전쟁에서 패하기 위한 전략'이란 것이 존재한다면, 그게 바로 이런 전략일 것이다. 라플란테가 실리콘밸리 기술을 공개적으로 평가절하한 직후, 노스롭 그루먼은 새로 개발한 B-21 전략 폭격기를 공개했다. 라플란테는 공군에서 획득 책임자로 재직하던 시절 이 폭격기 사업을 총괄한 인물이다. B-21 한 대당 가격은 약 6억 9,200만 달러(약 9,342억 원)로 알려져 있다. 총 100대를 개발·운용하는 데 드는 전체 사업비는 2,000억 달러(약 270조 원)를 넘어설 전망이다. 이에 비해 안두릴의 알티우스 자폭 드론 한 기는 약 25만 달러(약 3억 원)에 불과하다. 물론 특정 핵심 임무에는 스텔스 폭격기가 필요하겠지만, 그처럼 막대한 비용은

---

* 기술·산업 전략 용어로, 최초 혁신을 주도하진 않지만, 선도자가 개발한 기술이나 제품을 신속히 모방·개선해 따라잡는 전략 또는 그런 주체를 뜻한다.

다른 대안들과 비교할 때 결코 무시할 수 없다는 점도 고려해야 한다.

　라플란테의 주장과 달리 '테크 브로'들은 분명 우크라이나에 있었고, 전쟁에서 중요한 역할을 했다. 이제 남은 질문은 그들이 앞으로 다른 전쟁에서 어떤 일을 할 수 있느냐는 것이다.

오늘의 우크라이나, 내일의 대만

우크라이나는 유닛 X의 '민간 기술과 전통 무기의 결합' 접근법을 시험하는 실험장이자, 중국의 대만 침공 시나리오를 미리 들여다볼 수 있는 모의 전장으로 작동하고 있다. 마크 제이콥슨은 이렇게 말했다. "현재 국방부가 직면한 가장 중요한 과제는 중국의 대만 침공을 억지하는 일입니다. 양국 모두에게 파국적인 전쟁이 될 수 있고, 핵 확전 가능성까지 있기 때문이죠." 중국 전략가들 역시 우크라이나 전쟁을 '초강대국 간의 충돌'로 인식하고 있다. 중국 연구자들은 전쟁이 발발한 첫해에만 100편이 넘는 논문을 발표하며 우크라이나 전쟁의 양상과 그 의미를 분석했다. 러시아가 이처럼 고전할 줄은 예상하지 못했지만, 중국 분석가들은 중국 국방예산이 2,250억 달러(약 303조 7,500억 원)로 러시아의 세 배에 이르며, 러시아가 갖추지 못한 드론이나 기타 무기를 중국은 자국의 제조 역량으로 직접 생산할 수 있다는 점에 주목했다. 중국이 다음 전쟁에 대비하고 있다는 신호도 분명했다. 중국의 군사 로켓 과학자들은 "스타링크의 위협에 맞서기 위해 우리도 자체적인 저궤도 위성을 개발·배치해야 한다"고 썼다. 그들 중 한 명은 "소프트 킬soft-kill*과 하드 킬hard-kill** 능력을 개발하는 데 한순간도 허비할 수 없다"고 밝혔다. 한 서방 분석가는 이런 상황에 대해 다음과 같이 평가했다. "중국은 이 전쟁을 이라크나 아프가니스탄과는 다르게 받아들이고 있습니다. 언젠가 자신들이 러시아처럼 미국과 전면전을 치를 가능성을 현실적으로 고려하고 있는 거죠."

안두릴의 창업자 파머 럭키는 이미 대만을 둘러싼 잠재적 충돌을 염두에 두고 있다. "우리 회사의 모든 내부 로드맵은 중국을 억지하는 데 초점이 맞춰져 있습니다. 대만뿐 아니라, 대만을 넘어선 영역까지 포함해서 대비하고 있죠." 안두릴은 우크라이나에 드론을 공급하면서 재정적 손해를 보고 있지만, 실제 전장에서 자사 기술을 시험해 볼 수 있는 기회를 통해 귀중한 실전 데이터를 얻고 있다. "우크라이나 전쟁은 안두릴에 재정적으로는 손해를 가져왔지만, 그럼에도 꼭 필요한 우회로였습니다. 지금 우리가 우크라이나에서 하고 있는 많은 일들이 장차 태평양에서 벌어질 수 있는 전쟁에도 그대로 적용될 수 있으니까요."

하지만 대만은 우크라이나보다 방어하기 훨씬 더 까다로운 곳이다. 키이우는 주요 NATO 기지에서 690킬로미터밖에 떨어져 있지 않지만, 타이베이와 미군의 주요 전력 사이에는 무려 1만 1,000킬로미터의 바다가 가로놓여 있다. 우크라이나는 과잉 설계된 전력망 덕분에 정전 사태를 피할 수 있었는데, 아이러니하게도 이 전력망은 냉전기에 NATO의 공습을 염두에 두고 소련이 구축한 것이다. 반면 대만은 사정이 다르다. 전쟁이 시작되자마자 중국은 대만의 전력망, 통신망, 인터넷 인프라를 무력화시키고 해상 봉쇄를 통해 식량과 연료 수입을 끊어버릴 가능성이 높다. 개

---

* 물리적 파괴 없이 적의 통신·레이더·GPS 신호 등을 방해하는 '재밍(jamming),' 미사일·폭탄·드론 등의 유도 시스템이 목표를 정확히 추적하지 못하도록 방해하는 '유도 교란', 사이버 공격 등을 통해 적의 무기나 시스템을 혼란시키거나 무력화하는 방식.

** 물리적인 타격으로 적의 무기 및 공격 수단을 직접 파괴하거나 요격하여 무력화하는 방식. 미사일 요격, 드론 격추 등이 여기에 해당한다.

선 초기에 이런 식으로 상황이 빠르게 전개되면 미국이 개입하기도 전에 사실상 전쟁이 끝날 수도 있다. 2023년 12월 크리스는 타이베이에서 국가안보 자문역 궈린우郭林偶와 전 국회의원 제이슨 쉬Jason Hsu를 만났다. 쉬는 대만도 유닛 X와 같은 조직을 조속히 만들어야 한다면서, 인구 규모가 58대 1로 밀리는 상황에서 상대의 침공에 대비하려면 대만도 '고슴도치 전략'을 취해야 한다고 강조했다.

우리에게는 더 어두운 교훈도 있었다. 푸틴의 우크라이나 침공은 러시아의 장기적 이익에 반하는 선택이었다. 크리스가 라지에게 말했다. "그런데도 푸틴은 감행했지. 중국의 시진핑이나 러시아의 푸틴처럼 한 사람이 국가를 장악해 버리면 결국 그가 하고 싶은 대로 하게 되는 거야. 그게 가장 위험한 상황이지. 지금 우리는《역사의 종말The End of History and the Last Man》이 그렸던 세계와는 너무 멀리 떨어져 있어." 크리스는 자유시장과 민주주의의 승리가 인류에 영원한 평화를 가져오리라고 예측한 프랜시스 후쿠야마Francis Fukuyama의 책을 언급하며 안타까움을 내비쳤다.

"투키디데스를 다시 꺼내야 할 때인가?" 라지가 조용히 말했다. 펠로폰네소스 전쟁의 연대기를 남긴 고대 그리스 역사가 투키디데스는 국가들이 공포와 명예, 그리고 이익에 따라 움직인다고 보았다.

"그리고 홉스도." 크리스가 덧붙였다.

17세기 영국 철학자 토머스 홉스Thomas Hobbes는 폭력 행사에 대한 독점이 사라지면 인간은 언제든 타인에 의한 폭력적 죽음을 두려워하는 '자연 상태'*로 퇴보할 수 있다고 경고했다.

---

* 여기서 말하는 자연 상태(state of nature)란, 토머스 홉스가 《리바이어던》에서 제시한 개념으로, 법과 권력이 존재하지 않는 상태를 말한다. 그는 이를 "만인의 만인에 대한 투쟁"이라 표현하며, 이런 상태에선 인간이 서로를 위협으로 여기며 끊임없이 충돌한다고 보았다. 그래서 질서 유지를 위해 폭력을 독점하는 강력한 권력이 필요하다고 주장했다.

9장

강철에서 실리콘으로 진화하는 세계

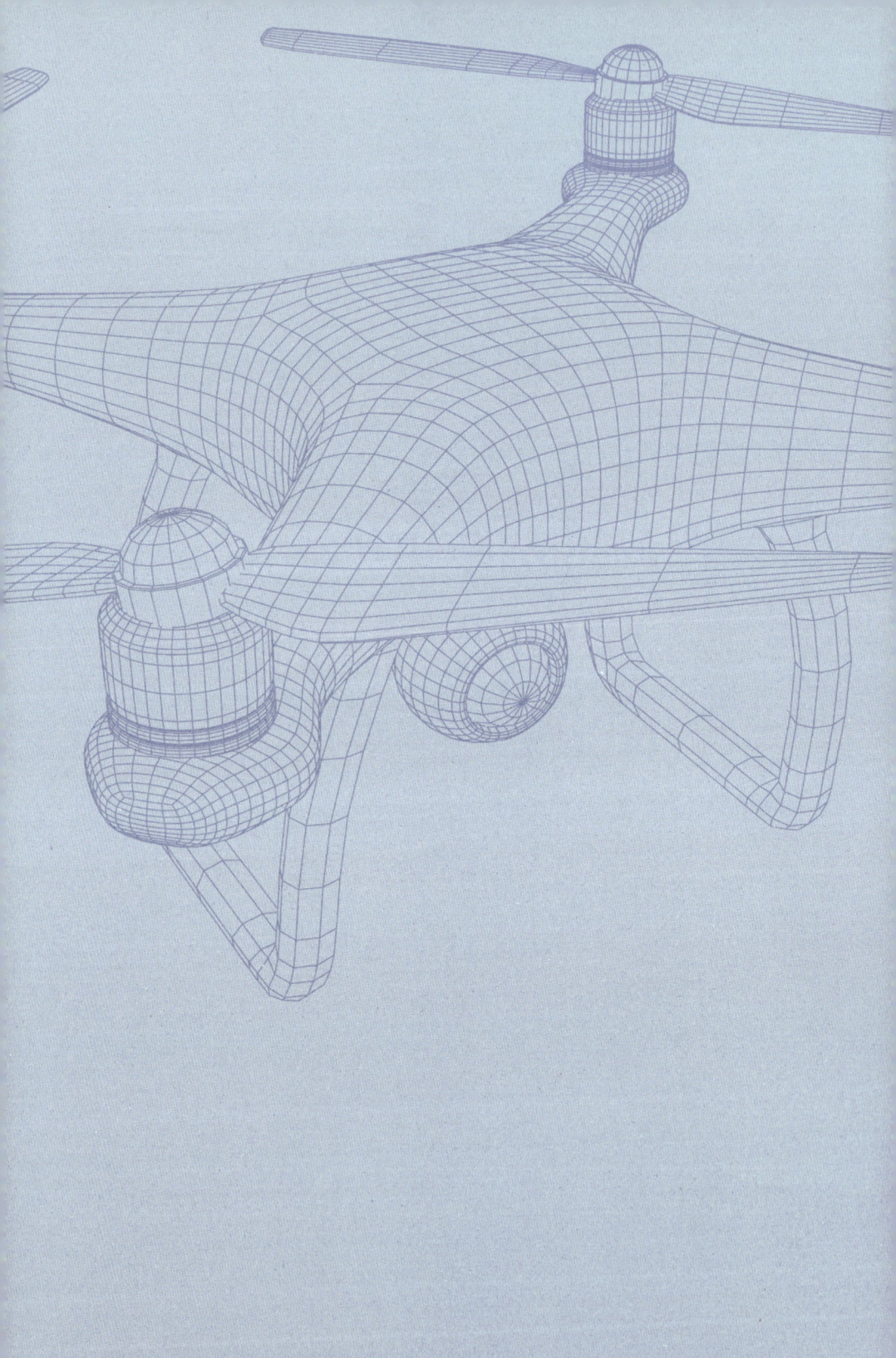

2022년 10월 어느 화요일 오전 6시 4분, 애쉬 카터의 개인 이메일 계정으로부터 한 통의 메시지가 도착했다. "전 국방장관 애쉬 카터의 가족은 깊은 슬픔과 애도를 담아 안타까운 소식을 전합니다. 카터 장관께서 월요일 저녁, 보스턴에서 심장마비로 갑작스럽게 별세하셨습니다."

이내 깊은 슬픔이 밀려왔다. 당시 카터는 겨우 예순여덟 살로, 건강해 보였기에 충격은 더욱 컸다. 그날 아침, 라지는 카터가 세상을 떠나기 불과 몇 시간 전에 새로운 스타트업 투자 건으로 그와 이야기를 나눴다. 일리 바이라크타리는 그날 저녁 카터와 기술과 지정학을 주제로 한 펠로우십 프로그램을 논의하기 위해 통화 약속이 잡혀 있었다. 크리스는 카터가 강의 중이던 하버드대에서 나흘 뒤 그와 만나기로 돼 있었다. 비보에 넋이 나간 채, 크리스는 하버드 케네디 스쿨 3층에 있는 카터의 사무실로 홀로 올라갔다. 어김없이 들리던 "어이, 친구"라는 그의 인사말은 들리지 않았다. 불이 꺼진 사무실 문 양옆으로 추모 메시지와 꽃다발만 수북이 쌓여 있었다.

그로부터 10주 뒤 추운 1월의 어느 날, 워싱턴 전역의 인사들이 카터의 마지막 길을 배웅하기 위해 모였다. 장례식은 워싱턴 국립대성당에서 열렸다. 아폴로 11호의 대원들이 기증한 달 암석 표본이 박힌 스테인드글라스를 통해 햇살이 환하게 스며들고 있었다. 카터가 있었다면 아마 그 모습을 흐뭇하게 바라보았을 것이다. 그가 꿈꾸던 미래를 믿는 사람들이 다시 한자리에 모여 있었다. 조 바이든 대통령은 추도사를 낭독했고, 국무장관과 국방장관도 단상에 올랐다. 합참의장단 전원은 한 줄에 나란히 앉아 그를 기렸다.

카터는 그해 잇따라 세상을 떠난 두 명의 거물급 인사 중 한 명이었다. 9개월 전에는 같은 장소에서 매들린 올브라이트 전 국무장관의 장례식이 열렸다. 워싱턴의 주요 인사들이 대거 조문에 나설 것으로 예상되자, 비밀경호국은 성당 일대에 통제선을 설치했고 참석자들에게 장례식 시작 시간보다 두 시간 더 일찍 도착하도록 안내했다. 보안 검색을 마친 크리스는 녹색 출입증을 건네받았다. 의전실이 미리 준비한 일곱 가지 색 중 하나였다. 이곳이 워싱턴인 만큼 좌석 배치는 철저히 계산돼 있었다. 녹색 구역은 카터의 개인 참모진에게 배정된 자리로, 대성당 북쪽 측면인 단상 바로 앞에 있었다. 크리스는 일리 바이라크타리, 에릭 슈미트와 함께 그 자리에 앉았다. 더그 벡은 두 줄 뒤에 자리했다. 2016년 우리가 유닛 X에 합류할 당시에 계약 조건을 조율했던 카터의 비서실장 에릭 로젠바흐도 참석해 있었다.

장례식이 시작되기 전, 워싱턴에서만 있을 법한 광경이 몇 가지 눈에 띄었다. 크리스가 남자 화장실에서 미국 외교협회 회장과 마주친 것도 그중 하나다. 전직 펜타곤 관계자 한 명은 방산업체 로비스트로 변신해 입구 근처에서 사람들과 인사를 나누며 명함을 돌리고 있었다. 애국심을 드러내려는 듯 양복 깃에 성조기 배지를 꽂고 있었지만, 정작 배지는 90도로 삐딱하게 기울어져 있었다.

2016년 당시 유닛 X 1.0이 잘못된 방향으로 가고 있다고 카터에게 직언한 전직 백악관 최고기술책임자인 토드 박은 장례식 내내 눈물을 멈추지 못했다. 그는 크리스에게 이렇게 말했다. "카터 장관님이라면, 지금 우리가 뭘 하길 바라셨을까? 우리에게 맡겼던 임무를 이어가길 바라셨을 거야. 우린 아직 할 일이 많아." 토드는 유닛 X가 펜타곤 안에서 고군분투하는 모습을 지켜보았고, 조직을 되살리는 데 힘을 보태고 싶어 했다.

해병대 군악대가 성당의 오르간 연주자와 성가대에 합류하자 바흐의 〈예수, 인간 소망의 기쁨〉과 함께 〈아름다운 미국America the Beautiful〉이 성당 안에 울려 퍼졌다. 군 예복을 갖춘 군 의장대도 자리를 지키고 있었다. 반짝이도록 닦은 구두를 신은 의장대원들이 완벽히 정돈된 동작으로 카터의 유골함을 정중히 들고 중앙 통로를 따라 천천히 걸어 나왔다. 그 뒤로는 국방장관의 휘장 깃발이 조용히 따라왔다.

바이든 대통령은 단상에 올라 울림 있는 조사를 낭독했다. 깊은 상실을 겪어본 그에게 이번 죽음은 더욱 아프게 다가왔다. 그는 이렇게 말했다. "이 일이 얼마나 가슴 아픈 일인지, 얼마나 비현실적이고 부당하게 느껴지는지 저도 잘 압니다. 앞으로 수십 년은 더 함께할 수 있었던 사람을 이렇게 갑작스럽게 잃는다는 건… 이 예기치 못한 비극은 슬픔을 더욱 깊게 만듭니다. 벗어날 수 없게 만들죠."

그는 카터와의 인연을 되짚으며 그의 삶을 이렇게 요약했다. "애쉬는 40년에 걸쳐 펜타곤 안팎으로, 부지런히 현장을 누비며 일했습니다. 애쉬의 발자취는 먼 미래에도 영향력을 남길 것입니다."

바이든은 카터와 개인적으로도 각별한 인연이 있었다. 2007년 카터는 이라크와 아프가니스탄에 파병된 미군이 급조 폭발물에 희생당하는 걸

막기 위해 지뢰방호차량MRAP 생산 예산을 상원에서 통과시키는 데 앞장 섰다. 그 MRAP는 바이든의 장남, 보 바이든이 이라크에 파병됐을 당시 그의 생명을 지켜준 차량이기도 했다. 그 차량의 생산을 앞당긴 인물이 바로 카터였다. 그의 노력 덕분에 무려 2만 4,000대가 전장에 배치될 수 있었다. 바이든은 카터에게 받은 사진 한 장을 떠올리며 이렇게 말했다. "가로 1.2미터, 세로 30센티미터쯤 되는 사진인데, MRAP 차량들이 일렬 로 줄지어 서 있는 모습이 담겨 있었어요. 사진 아래엔 이렇게 적혀 있었 죠. '감사합니다 — 애쉬 카터' 그 사진은 지금도 제 집무실에 걸려 있습니 다. 그의 진심은 꺾이지 않았어요. 숨겨진 의도 같은 건 전혀 없었죠. 그러 한 진심 덕분에 그가 실제로 수백, 수천 명의 생명과 사지를 지켜냈다고 저는 믿습니다."

조사를 이야기하던 도중, 바이든은 카터 특유의 급한 성격을 언급하며 분위기를 잠시 누그러뜨렸다. 그는 단상에서 고개를 돌려 녹색 출입증을 받은 사람들(카터의 참모진이 앉아 있는 구역)을 바라보며 이렇게 말했다. "애쉬는 단지 일을 끝내는 걸로는 만족하지 않았습니다. 최대한 빨리 끝 내야 직성이 풀렸죠. 그와 함께 일했던 분들이라면 다 아실 겁니다." 녹색 구역에서 웃음이 터져나왔고, 바이든은 고개를 끄덕이며 말했다. "이쪽 반응이 좋군요." 그 말은 카터의 비전을 현실로 만들어 낸 이들에게 보내 는 바이든식의 경의였다.

"오늘 이 자리에 함께한 모든 이들, 앞으로 국가안보를 이끌 차세대 인 재들, 수많은 그의 제자들 그리고 미군 전체는 애쉬 카터가 남긴 발자취 를 영원히 간직하게 될 것입니다. 신께 감사합니다."

패권을 둘러싼 미국과 중국의 선택

애쉬 카터의 장례식을 치른 지 2주 뒤, 크리스는 스탠퍼드대에서 열린 비공개 콘퍼런스에서 강도 높은 비판을 담은 발표문을 내놓았다. 후버 연구소는 이 행사를 위해 상당한 자원을 들여 연구를 의뢰하고 핵심 인사들을 초청했다. 라지와 함께 연단에 오른 이들 가운데는 국방장관을 지낸 제임스 매티스와 리언 패네타, 전 합참의장 마이크 멀린, 그리고 하원 군사위원회를 이끌었던 맥 손베리 의원이 포함돼 있었다. 크리스의 글은 애쉬 카터에게 헌정된 '분노에 찬 탄식문'이었다. 제목은 〈국방 혁신의 진혼곡? 우크라이나, 펜타곤의 혁신자 딜레마 그리고 미국이 전략적 기습을 감수하는 이유A Requiem for Defense Innovation? Ukraine, the Pentagon's Innovator's Dilemma, and Why the U.S. Risks Strategic Surprise〉였다.

행사 주최 측은 발표 수위를 낮춰달라고 요청했지만 크리스는 물러서지 않았다. 그는 국방부 장관과 부장관을 공개적으로 지목하며 리더십 부족을 지적했다. 특히 캐슬린 힉스Kathleen Hicks 부장관이 실리콘밸리를 방문하고도 유닛 X에 들르지 않았다는 사실을 짚으며 날을 세웠다. 이와 같은 발언은 정부에 다시는 돌아갈 생각이 없을 때나 할 수 있는 발언이었다. 크리스는 이렇게 단언했다. "특정 분야에서 제한된 규모로는 진전이 있었습니다. 하지만 애쉬 카터가 출범시킨 혁신 조직들은 펜타곤 전체가 새로운 기술을 받아들이거나 미래의 전쟁을 대비한 대규모 시스템을 조달하는 방식에 의미 있는 변화를 만들어 내진 못했습니다."

크리스의 발표문은 최근의 어이없는 사례도 지적하고 있었다. 하이디 슈Heidi Shyu는 마이크 그리핀의 뒤를 이은 연구·공학 담당 차관으로, 신기술을 신속히 실전에 적용하기 위해 새로운 기금을 운용하고 있었다. 이는 당시 국방장관 로이드 오스틴Lloyd Austin이 직접 주도한 대표적인 혁신 계획이었다. 이 계획에 선정된 14개 핵심 기술 분야 중 11개에서는 민간 부문이 주요 방산업체들보다 앞서 있었다. 그러나 슈 차관이 발표한 10건의 계약 중 벤처기업이 수주한 계약은 단 한 건에 불과했다.

스탠퍼드대 행사에서 맥 손베리 의원은 크리스의 주장을 전폭적으로 지지하는 발표문을 내놓았다. 그 역시 글의 서두부터 강한 어조로 시작했다. 마태복음 6장 21절의 '네 보물이 있는 곳에 네 마음도 있다'를 인용한 뒤, 영화 〈제리 맥과이어Jerry Maguire〉의 유명한 대사인 "쇼 미 더 머니Show me the money"*를 덧붙였다. 이 두 구절을 나란히 인용한 손베리 의원의 의도는 분명했다. 혁신과 기술의 중요성에 대해 옳은 말을 하는 사람들은 많지만, 실제 국방예산은 여전히 잘못된 방향으로 쓰이고 있다는 비판이었다.

애쉬 카터의 사망 이후 쏟아진 수많은 추모의 말 중에는 이런 표현도 있었다. "유닛 X는 카터 장관이 세상에 남긴 진정한 선물입니다." 하지만 2023년 1월, 카터의 장례가 끝난 지 얼마 지나지 않아 유닛 X는 또다시 선장을 잃고 표류하고 있었다. 마이크 브라운은 하이디 슈의 결정으로 인해 임기가 연장되지 못한 채 떠났고, 그 자리는 한 실무급 인사가 대행하고 있었다. 슈 차관실은 브라운의 후임을 찾아야 할 책임이 있었지만 사실상 그 일을 손 놓고 있었다. 그사이 바이든 행정부 전체가 유닛 X와 실리콘밸리의 존재를 완전히 잊고 있는 듯했다. 그런 와중에도 우크라이나는 유닛 X를 통해 도입한 상업용 첨단 기술을 전쟁터에서 적극적으로 활

---

* 영화 속에서 미식축구 선수 로드 티드웰(Rod Tidwell)이 자신의 에이전트에게 말로만 충성이나 미래를 약속하지 말고 실제로 계약금(돈)을 가져와서 능력을 증명하라며 외치는 대사. 이 대목에선 국방부가 말뿐인 기술 혁신에 그치지 말고 실질적인 국방예산 투입을 통해 진정으로 기술 전환 의지를 드러내야 한다는 의미로 쓰였다.

용하고 있었다.

물론 펜타곤 E-링에서 일하는 사람들은 명예롭고 유능한 인사들이었다. 하지만 중요한 순간에 책임 있는 결정을 내려야 할 책무를 다하지 못하고 있는 것도 사실이었다. 국가안전보장회의의 참모들은 그 현실을 잘 알았다. 특히 기술 담당 부서는 당시 상황에 분노하고 있었다. 그들은 변화를 이끌어 내기 위해 할 수 있는 모든 압박을 가했지만, 펜타곤은 마치 거대한 유조선과 같아서 방향을 바꾸기가 쉽지 않았다.

한편 우려는 계속해서 커지고 있었다. 그 대상은 우크라이나뿐만이 아니었다. 중국은 세계 최초로 핵 탑재가 가능한 극초음속 무기를 발사했다. 이 무기는 음속의 10배 속도로 날며 기존의 어떤 방어체계로도 요격이 불가능했다. 외피는 티타늄으로 덮여 있어, 바다 위의 어떤 군함이라도 단숨에 침몰시킬 수 있었다. 당시 미 해군 참모총장 존 리처드슨John Richardson 제독은 이를 공개 석상에서 언급하며 이렇게 말했다.

"중국에 대한 우리의 억지력은 구멍 난 배처럼 서서히 가라앉고 있습니다." 합참의 일원이 대중 앞에서 이처럼 노골적인 우려를 표하는 일은 매우 드물었다. 보통은 민간 고위 지도자와의 비공개회의에서나 나올 법한 말이었다. "그들은 우리보다 더 빠르게 전력을 실전에 투입하고 있습니다. 지금 우리가 맞닥뜨린 이 우크라이나 사태는 말 그대로 예고편일 뿐입니다. 곧 진짜 위기가 닥칠 겁니다. 머지않아 우리는 오랫동안 겪어보지 못한 방식으로 시험대에 오르게 될 겁니다."

2022년 8월 낸시 펠로시 하원의장이 대만을 방문해 미국의 지지 의사를 표명하자, 중국은 말 그대로 발칵 뒤집혔다. 이후 두 달간 중국 인민해방군은 무려 1,200회의 모의 침공 비행을 감행했으며 그중 40퍼센트는 대만의 방공식별구역을 침범하는 노골적인 도발이었다. 대만 상공에서는 통신과 GPS 신호가 순간적으로 끊기는 전자교란 현상도 포착됐다. 러시아는 우크라이나 전장에서 정교한 전자전 역량을 동원해 수천 대의 드론을 격추하고 있었지만, 중국이 보유한 역량에 비하면 아무것도 아니었다. 만약 미·중 간에 충돌이 발생한다면 중국은 훨씬 더 강력한 전자전 역량을 동원할 것이 분명했다.

이듬해 중국은 미국 본토를 겨냥한 도발도 감행했다. 2023년 초 중국은 정찰용 풍선 한 기를 알래스카에서 사우스캐롤라이나까지 띄워 보내, 미군의 핵무기 기지와 주요 군사시설 상공에서 장시간 선회하게 했다. 북미항공우주방위사령부NORAD가 수십억 달러를 들여 운용 중인 센서들은 이 풍선을 초기에 포착하지도 못했다. 놀랍게도 이 풍선은 외형만 보면 마치 유닛 X의 전술을 본뜬 듯, 내부는 상용화된 미국산 부품들로 가득 채워져 있었고 거기에 중국산 특수 센서만 결합한 구조였다.

모든 군사 영역에서 상용 기술은 판세를 바꾸고 있었다. 스페이스X는 어느덧 4,500기의 스타링크 위성을 쏘아 올렸으며, 이는 지구 궤도를 도는 전체 위성 수의 절반 이상에 달했다. 여기에 더해 앞으로 3만 7,000기가 더 올라갈 예정이었다. 이제 일론 머스크는 세계 어느 강대국보다 더 강력한 위성통신망을 갖추고 있었다. 실제로 그는 우크라이나군이 크림반도 인근의 러시아 군함을 자폭 드론으로 공격하려 했을 때, 스타링크 기능을 해당 작전 범위까지 확장해 달라는 요청을 거절한 적이 있었다. 이제 이 전쟁은 미국이나 우크라이나 정부의 판단이 아니라 한 개인의 의사결정에 따라 좌우되기 시작한 것이다.

이처럼 이례적인 방식으로 우크라이나 전쟁에 개입했던 머스크가 과연 대만에는 자사의 기술을 제공할 수 있을까? 특히 그의 핵심 사업인 테슬라는 중국과 깊이 얽혀 있는 만큼, 이는 더욱 복잡한 문제다. 지정학적 복잡성은 갈수록 깊어졌고, 미국 정부는 그 흐름에 뒤처지고 있었다. 반면 중국은 스페이스X를 따라잡기 위해, '귀왕國網'이라는 이름의 1만 3,000기 규모의 위성 군집을 구축하는 데 박차를 가하고 있었다. 크리스토퍼 놀런Christopher Nolan 감독의 2014년 작 우주 스릴러 영화인 〈인터스텔라Interstellar〉는 2067년이라는 먼 미래를 배경으로 했지만, 그 영화 속 궤도상의 모험은 이제 훨씬 가까운 현실처럼 느껴지고 있었다.

러시아는 우크라이나 전장에서 고전하는 동안에도 신무기 개발에는 더욱 박차를 가했다. 예컨대 레이더에 포착되지 않고 날아가 미국 도시를 초토화할 수 있는 핵 탑재 순항미사일부터 항공모함 전단 전체를 무력화할 수 있는 초공동 핵어뢰super-cavitating nuclear torpedo*까지 크리스토퍼 놀런조차 상상하지 못했을 법한 소름 끼치는 무기들을 잇달아 개발하고 있었다. 심지어 푸틴은 지구 궤도에서 폭발시켜 전 세계 통신망을 마비시킬 수 있는 우주 기반 중성자탄의 발사 가능성까지 검토하고 있었다. 이러한 기술들은 현재 미군이 운용 중인 여러 전력을 무력화할 수 있다. 여기에 더해 러시아와 중국은 양자 기술 개발에도 몰두하고 있었다. 여기에는 스텔스 기능을 무력화하는 초소형 센서, 관성항법장치의 성능을 획기적으로 강화하는 장치를 비롯해 현존하는 모든 암호 체계를 무너뜨릴 수도 있는 양자컴퓨팅 기술도 포함돼 있다.

미군은 전면적인 기술 쇄신이 절실한 상황이었다.

그때, 한 줄기 희망이 비쳤다.

---

* 물속에서 음속에 가까운 속도로 항해하며 항공모함 전단 전체를 일거에 파괴할 수 있는 무기.

새로운 국면을 준비하는 유닛 X 3.0

2023년 4월, 로이드 오스틴 국방장관은 과감한 결정을 내렸다. 더그 벡을 유닛 X의 새 총책임자로 임명한 것이다. 더그는 애플의 부사장이자 해군 출신으로, 유닛 X의 예비군 부대를 지휘한 경력도 있었다.

그는 오랫동안 조용히 국방 분야에서 인맥을 쌓아왔다. 해군 참모총장 세 명의 자문역을 맡았고 해군 대학원에서 강의했으며, 워싱턴에서는 국방 관련 자문직을 여러 차례 수행했다. 애쉬 카터는 더그에게 마이크 브라운의 후임을 맡을 것을 강력히 권유하면서, 애플이라는 꿈의 직장을 내려놓고 국방에 헌신해야 할 이유가 있다면 그건 바로 '책무' 때문이라고 말하기도 했다.

더그는 캐슬린 힉스 국방부 부장관의 요청으로 무보수 혁신 자문역을 맡기도 했다. 힉스는 국방부 내에서 혁신 임무를 실질적으로 수행하는 조직들을 파악하기 위해 '혁신 조정 그룹Innovation Steering Group'을 꾸렸다. 이 그룹은 각 군이 자체적으로 만든 소규모 유닛 X 조직 덕분에 전체적으로 50개가 넘는 관련 조직 생태계가 존재한다는 사실을 밝혀냈다. 이들 간의 보고 체계를 설명하기 위해 국방부는 이른바 '말 담요horse-blanket' 차트를 제작했는데, 이는 차트가 워낙 커서 말도 덮을 수 있을 정도라는 뜻의 펜타곤 은어다.

하지만 단지 조직도를 만드는 것과 실제로 국방부 전반에 혁신을 확산시키는 전략을 실행하는 것은 전혀 다른 문제였다. 일부 고위급 인사들에게 혁신 전담 조직은 혁신에 대한 말뿐인 명분을 제공하고, 실제로는 기존 권한과 예산을 지키는 방패막이가 되기도 했다.

이러한 장벽을 돌파할 수 있는 사람이 있다면, 바로 더그였다. 오스틴 국방장관이 그를 임명한 것은 유닛 X를 본격적으로 키우겠다는 의지를 드러낸 신호였다. 실제로 오스틴은 애쉬 카터 시절과 마찬가지로 유닛 X의 국방장관 직보 체계를 복원했다. 더그는 유닛 X의 수장뿐 아니라 오스틴의 '혁신 자문역'도 겸하며 전략적 파급력을 지닌 기술을 발굴하는 임무도 함께 맡게 됐다.

더그가 오스틴 국방장관의 제안을 두고 고심하던 시기, 우리는 2016년에 우리가 처음 유닛 X에 합류하기 전에 그랬던 것처럼, 그가 내세울 조건과 요구사항을 정리할 수 있도록 옆에서 도왔다. 이후 더그는 공식 임명을 받았고 우리에게 다시 유닛 X 팀에서 일해달라고 요청했다. 그리하여 크리스는 무보수 특별직 공무원으로 자문역을 맡게 됐고, 라지는 더그가 과거에 맡았던 유닛 X의 예비군 부대 지휘관직을 이어받았다. 이 직책은 민간 기술 기업에서 일하면서 군복도 입는 100여 명의 기술자들을 이끄는 자리로, 최첨단 상용 기술과 유닛 X의 프로젝트를 연결하는 핵심 고리 역할을 했다.

더그가 임명된 직후 우리는 샌프란시스코 워싱턴 스퀘어의 유명한 로컬 식당인 마마스Mama's에서 그를 만났다. 그는 새로운 임무를 잘 해내기 위해 우리의 솔직한 조언을 기대하며 그 자리에 나왔겠지만, 그렇게까지 솔직한 조언을 듣게 될 줄은 아마 몰랐을 것이다. 사실 우리는 그가 유닛 X의 책임자로 처음 워싱턴을 방문해서 마주하게 될 현실을 받아들일 준비가 돼 있는지 걱정이 많았다.

물론 더그는 펜타곤과 의회 곳곳에 인맥을 쌓아두고 있었다. 여러 자문위원회의 활동과 전투 경험을 통해 고위 인사들과도 연결돼 있었다. 그런 네트워크는 오스틴 장관이 그를 지명한 이유 중 하나였다. 하지만 우리는 그 관계들도 곧 달라질 거라고 경고했다.

크리스는 이렇게 말했다. "더그, 당신은 그 사람들을 자꾸 '친구'라고 하는데, 그들은 친구가 아니에요. 그냥 아는 사람들이지. 당신도 그들을 좋아하고, 그들도 당신을 좋아하겠죠. 하지만 이제 당신은 자문역이 아니라 실제로 결정을 내리는 위치에 있어요. 처음으로 그들의 영역을 위협하게 될 거고, 그들에게 어려운 요구를 하게 될 거란 말이죠."

이어 라지가 덧붙였다. "워싱턴은 제로섬 게임이에요. 실리콘밸리처럼 힘을 합쳐서 파이를 키우는 곳이 아니죠. 워싱턴에서 권력은 예산과 인력입니다. 그걸 늘리는 유일한 방법은 남의 것을 뺏는 거예요. 그러니 충돌은 불가피하죠."

이어서 크리스가 말했다. "장관에게 직접 보고한다니, 그건 잘됐군요. 하지만 당신이 로이드 오스틴과 한 시간을 보내는 동안, 그만큼 누군가는 소외될 거예요."

라지가 덧붙였다. "그러니 늘 조심하세요. 언제 어디서나 등 뒤를 잘 살펴요. 봤잖아요, 우리가 어떻게 당했는지. 그때 우리의 등을 찌른 건 '친구'들이었어요."

—

더그와 오스틴 국방장관은 유닛 X의 방향을 재정립하며 똑똑한 첫수를 뒀다. 우리가 유닛 X에서 일하던 시기와 그 뒤를 이은 마이크 브라운의 임기 동안, 유닛 X는 다양한 군사 임무에 활용할 수 있는 상용 기술 전반을 폭넓게 다뤄왔다. 하지만 더그 체제에서 유닛 X는 초점 반경을 대폭 좁혔다. 이제 유닛 X는 중국, 대만, 우크라이나, 러시아를 겨냥한 전쟁 계획과 직결된 기술에 전략적으로 집중하기로 했다. 나머지 분야의 기술 혁신은 각 군의 다른 혁신 조직들이 맡도록 했다.

오스틴 장관은 유닛 X의 평가 기준 자체를 바꾸고 있었다. 과거처럼 유닛 X가 매년 체결한 계약의 건수나 규모를 따지는 대신, 이제는 실제 '작전계획Operational Plan'(군사 용어로 O-플랜)에 변화를 끌어내는 능력을 핵심 지표로 삼았다. 그리고 이러한 능력을 토대로 상상 가능한 모든 전쟁 시나리오, 특히 인도·태평양 지역에서의 전쟁에 대비한 실전 계획 수립에 유닛 X가 기여하길 기대했다. 이를 위해 유닛 X는 전투사령부 및 작전기획 참모진과 긴밀히 협력해 최신 기술을 접목한 새로운 합동작전 개념을 개발하기로 했다. 그렇게 마련한 전략적 통찰과 기술 방향은 장관에게 직접 보고돼, 향후 5개년 '국방예산 편성' 과정에서 어떤 기술을 도입하고 투자할지 결정하기 위한 중요한 기준으로 삼을 예정이었다.

아마 애쉬 카터가 이 광경을 보았다면 무척이나 감격했을 것이다. 자신이 그토록 바랐던 비전이 마침내 본격적으로 작동하고 있었으니 말이다.

국방장관 애쉬 카터의 꿈과 함께 부상하는 유닛 X

애쉬 카터의 장례식을 치르고 4개월 뒤, 그날 대성당에 모였던 이들 중 상당수가 다시 워싱턴에 모였다. 하루 종일 이어진 이 행사는 카터가 생전에 남긴 사명을 앞으로 더욱 발전시켜 나가기 위한 자리였다.

그 자리에는 훌륭한 패널이 많이 참석해 있었다. 라지에 이어 국방고등연구계획국의 국장이 연단에 올랐다. 더그는 유닛 X의 책임자로서 첫 공식 발언을 했다. 하지만 워싱턴에서 일어나고 있는 변화를 가장 뚜렷하게 보여준 건 프랭크 켄들 공군 장관과 마크 밀리 합참의장의 발언이었다.

켄들 장관은 연단에 올라, 유인 전투기와 편대를 이뤄 '윙맨' 역할로 보조 임무를 수행하는 초음속 드론을 1,000~2,000대까지 도입하겠다는 계획을 밝혔다. 이 프로젝트는 우리가 유닛 X에 몸담고 있을 때부터 시작된 것이었다. 이 드론들은 독자적으로 작전을 수행할 수도, 유인기와 연계해 임무를 수행할 수도 있었다. 항속거리는 중국 전역을 가로지를 정도였고, 타격 임무부터 정보 수집, 감시, 정찰까지 다양한 역할을 수행할 수 있었다. '협동 전투기 Collaborative Combat Aircraft'로 명명된 이 사업은 공군이 지금까지 시도한 전략 변화 가운데 가장 과감한 시도였다.

한 대에 7,000만 달러(약 945억 원)에 달하는 고가의 F-35 전투기에 비해, 윙맨 드론은 대당 300만 달러(약 41억 원)에 불과했다. 공군 전략가들이 말하는 '감당 가능한 물량 affordable mass', 즉 저비용으로 대규모 전력을 확보할 수 있는 수단으로, 태평양 지역의 어떤 전투에도 효과적으로 투입될 수 있었다.

그날 가장 인상 깊은 순간은 마지막에 찾아왔다. 마크 밀리 합참의장이 열띤 마무리 연설로 청중의 마음을 압도한 것이다. 그는 먼저 카터를 기리며 말했다. "그의 결단 덕분에 전장에서 미군의 생명을 구할 수 있었고, 저 역시 목숨을 부지할 수 있었습니다." 그는 카터가 "기술이 전쟁의 본질을 뒤바꾸고 있으며, 그 대가 또한 막대할 것임을 누구보다 먼저 꿰뚫어 보았다"고 했다. 또한 우리의 최우선 과제는 대국 간 전쟁이 발발하는 것을 막는 것이라며 다음과 같이 강조했다. "이 자리에 있는 누구도, 그리고 지구상의 어떤 군인도 진짜 '강대국 간의 전면전'을 겪어본 적은 없습니다." 밀리의 가족은 1차 세계대전과 2차 세계대전에 모두 참전했다. 그 30년 동안 1억 5,000만 명이 전쟁으로 목숨을 잃었다. "지금 우리는 그런 대전환의 한가운데에 있습니다. 국방에 새로운 기술을 효과적으로 결합할 수 있는 국가만이 결정적인 군사적 우위를 확보하게 될 것입니다."

이어지는 밀리의 발언은 전율을 자아냈다. "앞으로 15년 안에 우리는 완전 무인 혹은 부분 무인으로 운영되는 공군과 해군, 전차 부대를 보게 될 것입니다." 이 발언은, 전통적인 군 조직이 애쉬 카터가 유닛 X를 창설하며 제시했던 비전을 얼마나 빠르게 수용하게 됐는지를 상징적으로 보여줬다. 밀리의 연설은 8년 전 카터가 국방장관으로서는 수십 년 만에 처음으로 실리콘밸리를 방문해 기술자들에게 도움을 요청하며 했던 연설에 응답하는 듯한 완벽한 마무리였다.

이 행사가 끝난 직후 바이든 대통령은 차기 합참의장 지명자를 발표했다. 그 주인공은 테크 트랙 2의 행사 때 라지가 수행했던 인물, 진취적인 성향의 공군 참모총장인 찰스 브라운Charles Brown 장군이었다.

그리고 그보다 더 놀라운 일이 벌어졌다. 미 의회가 유닛 X의 연간 예산을 무려 10억 달러(약 1조 3,500억 원)로 대폭 증액한 것이다. 국방부 내타 부서 예산까지 합치면 유닛 X의 신기술 투자 규모는 연간 20억 달러(약 2조 7,000억 원)를 넘어설 전망이었다. 2024년 국방수권법에는 유닛 X에 관한 전용 조항이 새로 마련됐다. 이 법은 유닛 X에 법적 권한을 부여하며 조직의 위상을 더욱 강화했다. 의회는 유닛 X의 국방장관 직보 체계를 법제화했으며, 유닛 X의 국장이 "국방부 내 다른 인사의 승인이나 동의 없이 장관에게 직접 의견을 전달할 수 있다"는 조항까지 명문화했다. 또한 유닛 X가 단독으로 최대 5억 달러(약 6,750억 원)까지 계약을 체결할 수 있는 권한도 부여했다.

새로 명문화된 권한 조항의 분량은 법안 최종본에서 무려 4쪽, 총 1,392단어에 달했다. 마치 연필로 가볍게 적은 듯했던 권한들이, 이제는 돌에 새겨 넣은 듯 확고해진 셈이었다. 그로부터 5일 뒤 상원은 스티브

'버키' 부토우의 소장 진급을 만장일치로 인준했다. 현장의 전투력을 높이기 위해 기득권을 거스르는 일조차 마다하지 않았던, 유닛 X의 '우주계 이단아'에게 두 번째 별이 수여된 순간이었다.

우리는 애쉬 카터가 마운틴뷰로 내려와 우리의 임명을 발표했던 바로 다음 날, 얼마 되지도 않는 유닛 X의 3,000만 달러 예산을 '제로'로 만든 에블린과 에드라는 속 좁은 예산 담당자들과 싸우던 시절과는 한참 멀어져 있었다. 이제 더그 벡은 오스틴 국방장관이 유럽 출장을 떠날 때 그와 함께 비행기에 탑승해, 우크라이나에 무기와 원조를 제공하는 연합국 대표들과 직접 회동하는 위치에 있었다.

우크라이나의 악몽은 계속될 것인가

크리스는 폭스바겐 세단의 조수석에 앉아 한밤중에 우크라이나 국경을 넘었다. 운전자는 전쟁 초기 몇 달 동안 스타링크 인터넷 단말기를 전선까지 실어 나르던 사람이었다. 우리는 우크라이나 합참과 '우크라이나 방위기금'의 CEO 안드레이 리스코비치의 초청을 받아 입국했다. 전선에서 몇 킬로미터 이내의 지역을 제외하면, 우크라이나인 대부분은 전쟁을 크게 의식하지 않은 채 일상을 이어가고 있었다. 사람들은 식당에 가고, 따뜻한 오후엔 야외 카페에서 시간을 보냈다. 순항미사일이 언제든 날아올 수 있다는 사실을 알고 있었지만 그것에 위축되지 않겠다는 태도가 분명했다. 우크라이나는 폭력이 도시 전체를 뒤덮은 이라크나 아프가니스탄보다 훨씬 안전했다.

우크라이나가 치르고 있는 이 전쟁은 유닛 X가 상상했던 모습 그대로였다. 혁신가들은 최전방의 병사들과 머리를 맞대고 일했다. 차고에서 만든 신형 무기가 곧바로 전장에 투입되고, 소프트웨어는 매일같이 업데이트됐다. 모든 노력이 독재 정권을 물리치는 데 집중된 형태였다.

크리스가 우크라이나군 총참모부와 처음으로 만난 장소는 다소 비현실적인 느낌을 자아내는 공간이었다. 그곳은 키이우에 위치한 한 화장품 회사의 본사 건물이었는데 군 복무에 징집된 프로그래머와 엔지니어들로 구성된 팀이 이를 점거해 본부로 쓰고 있었다. 리스코비치는 무장 경비병들을 지나 안뜰의 엘리베이터를 타고 크리스를 안내했다. 화장품 모델 사진이 인쇄된 유리문이 열리자 특수부대 병사들이 신분증을 확인하는 모습이 보였다. 마치 〈007〉 영화의 한 장면 같았다.

문 뒤에서는 수백 명의 우크라이나 기술자들이 군용 소프트웨어를 개발하고 있었다. 이들은 카터가 만든 국방디지털서비스Defense Digital Service를 본떠 창설된 부대였다. 이들은 지휘관들이 레이저 프린터와 여분의 토너를 들고 다니며 종이로 작성하던 보고 체계를, 완전히 디지털 방식으로 전환해 나가고 있었다. 이들이 만든 앱 덕분에 장교들은 평범한 문서 작업에 몇 시간씩 붙잡혀 있지 않고 태블릿 하나로 몇 분 만에 보고를 끝낼 수 있었다.

두 번째 회의는 우크라이나 국방부가 임시로 사용 중인 공공건물에서 열렸다. 여기서 크리스는 러시아군 표적 식별을 총괄하는 정보 책임자와 만났다. 그 팀은 카펠라 스페이스의 SAR 위성 이미지에 호크아이 360의 신호 정보를 중첩시켜 러시아군의 위치를 파악했다. 미국의 정찰위성이 제공하는 정보가 일부 우크라이나 고위 관리자들에게만 공유되는 것과 달리, 상업 데이터는 기밀 문제 없이 전선의 병력과 널리 공유할 수 있었다. 그 장면은 미래를 엿볼 수 있는 한 단면이었다. 이제는 누구라도 신용

카드 한 장만 있으면, 예전엔 초강대국만이 접근할 수 있었던 위성 이미지와 신호 정보를 살 수 있는 시대가 열린 것이다.

국방부의 공식 체계 바깥에서는 다양한 기술자와 제작자들이 키이우 전역에서 활동하고 있었다. 이들은 골목길 안쪽이나 간판도 없는 사무실 공간에 비밀 작업장을 차려놓고 자신들만의 방식으로 전쟁에 기여하고 있었다. 전쟁이 발발한 지 1년 반이 지난 시점에 무려 200개에 달하는 소규모 업체들이 드론과 드론 대응 시스템, 자율주행 차량, 자율 지뢰 제거 로봇, 원격조종 기관총까지 설계하고 있었다. 이 시점에서 드론은 이미 포탄이나 폭탄, 탄환처럼, 군대 간 교전에서 '소모품'처럼 쓰이는 장비가 돼 있었다. 키이우에 있는 한 대형 드론 공장은 과거 전자제품을 판매하던 매장(미국으로 치면 '베스트바이' 같은 곳)의 점포 자리에 들어서 있었다. 비어 있는 전시장 한쪽 벽에는 여전히 대형 TV를 홍보하는 간판이 남아 있었다. 이곳 조립라인은 몇 분 만에 4엽 회전 날개를 단 자폭 드론을 조립해 냈고, 여기에 탄두 1.75킬로그램짜리 폭약을 결합했다. 탄두는 두 종류였다. 하나는 황동색의 관통용 탄두로 장갑차를 뚫는 데 쓰였다. 다른 하나는 강철 침이 들어찬 원형 탄두로 보병을 공격하는 데 사용됐다. 이러한 드론 무기들은 러시아군이 아우디우카의 시내, 철도 요충지, 석탄 지대를 점령하려던 시도를 막는 데 투입됐다. 우크라이나의 드론 조종사들은 전선 뒤편에서 쿼드콥터를 조종하며, 병력이 장갑차에서 내리는 순간을 포착해 소대 단위의 러시아군을 전멸시켰다. 장갑 관통탄으로 200대가 넘는 전차와 무한궤도 차량을 무력화했다.

우크라이나산 드론이 예상외로 큰 위력을 발휘하자, 러시아는 이들 공장을 순항미사일로 공격하기 시작했다. 이에 많은 업체가 서부의 르비우로 공장을 옮겼다. 이곳은 폴란드 국경에서 불과 한 시간 거리라 대부분

러시아 미사일의 사정거리에서 벗어나 있었다. NATO의 신생 벤처캐피털 펀드에서 온 투자자 두 명과 라지는 그곳에서 크리스와 합류했다. 그들은 야간열차를 타고 르비우로 와서 직접 투자하거나 합작 투자할 회사를 물색하고 있었다. 그곳에서 우리가 마주한 현실은 놀랍기도 하고 실망스럽기도 했지만, 동시에 엄청난 기회도 숨어 있었다.

그날 아침 우리의 첫 방문지는 우크라이나 최고의 로봇 제조업체였다. 현장에 도착했을 때, 멀리서 순항미사일 폭발음이 들려와 우리가 전쟁의 한가운데 있음을 실감할 수 있었다. 두 번째 방문지는 미국 공군에서 운용 중인 정찰기 'U-2'를 축소한 듯한 정찰 드론을 만드는 회사였다. 이 드론에 장착된 디지털카메라는 잔디 깎는 기계처럼 전장을 빠짐없이 훑으며 촬영했고, 이렇게 확보한 영상을 실시간 지도와 표적 이미지로 즉시 전환했다. 이후로 공격 드론은 AI를 활용해 러시아군의 위치를 자동으로 추적했고, '표적'으로 인식하도록 학습된 대상을 찾아가 타격했다. 세 번째 방문지는 전자전 대응 장비와 드론이 가상 교전을 벌이는 시험장이었다. 전날 밤 팀원들이 업데이트한 소프트웨어를 활용해 모의 전투를 벌이는 방식으로 시험이 진행됐다. 이곳에서 우리는 증강현실 안경을 쓴 우크라이나 드론 조종사가 드론에 실제 탄두를 장착한 상황을 시뮬레이션하기 위해 드론의 무기 적재 칸에 콜라병을 매단 채 비행시켜 표적 지점에 정확히 떨어뜨리는 모습을 지켜보았다.

우리는 장거리 정찰 드론도 직접 조종해 보았다. 조이스틱을 이용해 10킬로미터 떨어진 시험 구역 상공에 있는 드론의 열 감지 센서와 광학 센서 영상을 회전시키고 확대하며 관찰했다. 이 드론의 가격은 비슷한 서방 장비의 100분의 1 수준이었지만, 광학 성능이 워낙 뛰어나서 드론이 보내준 영상으로 시험장에 모인 사람들 가운데 우리 자신까지 쉽게 식별할 수 있었다. 드론의 자동 추적 기능은 걸어가는 사람의 움직임을 정확히 따라갔다. 그날 시험장에서 운용된 어떤 전자전 장비도 드론을 무력화하지 못했다. 서방 방산업체가 제작한 수억 원짜리 장비든, 우크라이나산 소총형 전자전 장비든 결과는 마찬가지였다. 라지는 과거 F-16 전투기에서 이런 기술을 직접 사용해 본 경험이 있었지만, 기술이 이렇게나 빠르고 저렴하게 발전하는 모습에 감탄을 금치 못했다.

기술 자체는 인상적이었지만, 무인기와 대응 무인기를 실험 중인 우크라이나 내 200여 개 조직을 전통적인 초기 스타트업처럼 보는 것은 명백한 착각이었다. 이들 대부분은 장기적 사업 목표보다는 러시아군을 소탕하는 데 목적을 둔 소규모 팀이었고, 몇몇 부유한 우크라이나인의 개인 자금에 의존하고 있었다. 대부분은 경영 역량이 부족했고 공급망 병목을 해결할 수 있는 능력도, 우크라이나 국방부나 해외 투자자에게 제품을 마케팅할 수 있는 역량도 갖추지 못했다. 실제로 어떤 신기술과 무기가 전방에 배치되는지는 군부대와의 개인적 인맥이 좌우했다. 이 모든 요인은 시장 메커니즘이나 국방 수요에 기반한 전장의 성과를 확산시키는 것을 어렵게 만들었다.

이런 구조라고 해서 기술력이 부족했다는 뜻은 아니다. 오히려 그 반대였다. 우리는 '에어로스탯aerostat'이라 불리는, 조종이 가능한 정찰용 풍선 비행체를 확인했다. 수백 킬로미터 떨어진 러시아 본토 깊숙한 곳까지 소형 공격 드론을 쏘아 올리는 '모선 드론mothership drone*'도 목격했다. 흑해에서 러시아 해군 자산을 파괴하고 크렘린궁 건물을 타격하는 등, 이번 전쟁에서 가장 성공적인 공격 작전을 수행한 기업들도 만날 수 있었다.

---

* 소형 드론 여러 대를 탑재한 뒤, 목표 지역 근처에서 이를 공중에서 분리·투하하거나 발사해 작전을 수행하도록 하는 모체 역할의 드론.

담배 밀수에 쓰이던 드론이 폭격기로 전환된 사례도 있었다. 이들 시스템은 서방 방산업체가 만드는 장비보다 훨씬 저렴했지만, 전쟁의 판도를 바꿀 만큼의 확장력은 갖추지 못한 상태였다.

이 확장성 문제를 논의하기 위해 유닛 X는 바르샤바에서 이틀간 회의를 주최했다. 우리는 차로 13시간을 달려 우크라이나를 빠져나왔고, 새벽 2시에야 바르샤바의 호텔에 도착했다. 짧은 휴식을 취한 뒤 미국과 우크라이나의 관계자 200여 명과 함께 회의에 참석했다. 우크라이나의 드론 기업 대표, 벤처캐피털 투자자, 서방 방산업체의 사업개발 담당자들이 한자리에 모여 있었다. 더그 벡은 펜타곤에서 곧장 날아와 개회 연설을 맡았다. 이 회의의 취지는 수요자와 공급자, 전술적 실사용자와 기술 전문가를 한자리에 모으는 것이었다.

"전쟁은 이제 전자전 스펙트럼 안에서 벌어지고 있습니다." 양측의 치열한 전파 방해와 GPS 교란, 신호 왜곡 경쟁을 언급하며 한 우크라이나 장교는 이렇게 말했다. 또 하나의 의제는 드론 위협이 우크라이나만의 문제가 아니라는 점이었다. 한 우크라이나 정부 관계자는 이렇게 말했다. "장기적으로 볼 때, 모든 나라는 지금 우크라이나가 겪고 있는 상황과 비슷한 '드론 악몽'을 마주하게 될 겁니다." 우크라이나의 국회의원 한 명은 이렇게 덧붙였다. "우리가 여기서 배우는 교훈은 모든 민주주의 국가에 똑같이 중요합니다." 서방 드론의 실전 성능에 대한 실망도 자주 언급됐다. 실전에서 미군 드론을 처음 써본 한 우크라이나 병사는 "실망감이 컸다"라고 표현했다. 유닛 X 관계자도 이를 인정했다. "우크라이나의 전자전 상황은 블루 UAS 기업들이 기존에 준비해 왔던 작전 환경과는 차이가 있었습니다." 미국산 드론은 대부분 투입 직후 몇 분 만에 러시아의 전자전 시스템에 무력화됐다. 스펙상으로는 월등해 보였지만 실제 전장에서의 성과는 참담했다. 한마디로 속 빈 강정이나 다름없었다. 미국이 러시아와 드론 전쟁을 벌인다면 패할 수도 있는 상황이었다.

라지는 '무인 항공 산업의 비즈니스'라는 주제로 분과 세션을 이끌며 산업 확장을 가로막는 구조적 장벽과 해결책을 논의했다. 그는 우크라이나 유수의 기업들이 서방과 함께 성장할 수 있는 기반을 닦고자 했다. 기술 이전 관련 세션에서는 크리스와 한 우크라이나 의원이 현행 펜타곤의 안보 지원 절차보다 유닛 X가 훨씬 더 빠르게 움직일 수 있는 방식을 도식화해서 설명했다. 이 행사는 여러모로 특별했다. 남자 화장실 세면대에 자폭 드론이 올려져 있었던 상황조차 그리 낯설지 않을 만큼 이례적인 모임이었다. 하지만 동시에 매우 인간적인 회의이기도 했다. 회의에 참석한 모든 우크라이나인의 얼굴에 깃든 슬픔은 전쟁을 직접 겪지 않은 이들에게도 깊이 각인됐다.

회의 첫날 밤, 바르샤바에서 가장 오래된 레스토랑에서 열린 NATO 주최 만찬에서 크리스는 우크라이나의 군사 혁신 조직인 '브레이브 원Brave 1'의 최고운영책임자 나탈리야 쿠슈네르스카Nataliia Kushnerska와 마주 앉았다. 그녀의 남편은 저격수로 복무 중이었고, 그녀는 네 살과 일곱 살 두 아이를 키이우에서 최대한 평온하게 키우려 애쓰고 있었다. 그녀의 다른 가족 대부분은 침공 초기에 러시아 점령 지역에 갇혀 있었다. 그들은 농민이나 상인이었고, 많은 이들이 살아남지 못했다. 모든 대화의 이면에는 전쟁의 상처가 배어 있었다. 극심한 상실감은 회의가 끝난 뒤에도 이어졌다.

귀국길 비행기에서 크리스는 체르노빌 출신의 우크라이나 난민 가족과 나란히 앉게 됐다. 그들은 캐나다로 이주 중이었고 영어를 할 줄 아는 세 아이(15살의 데니스, 7살의 소피, 5살의 알렉산더)는 몹시 긴장해 있었다.

크리스는 부모를 도와 아이들의 긴장을 풀어주려 애썼지만 별다른 도움이 되지 못했다. 전쟁은 그만큼 참혹한 것이다. 크리스는 이후 우크라이나 총참모부로부터 국제 군사 자문 역할을 제안받고 이를 수락했다. 그렇다고 해서 데니스와 소피, 알렉산더에게 특별히 도움 될 일은 없었다. 이제 그 아이들은 앞으로 정착할 캐나다의 학교 친구들과 동네 이웃의 온정에 기대 살아가야 했다. 회의가 끝난 다음 날, 라지와 그의 아내는 아우슈비츠를 방문해 무거운 시간을 보냈다. 그들은 집으로 돌아가는 비행기 안에서 자신들의 네 살배기 아들이 앞으로 살아갈 세상에 대해 깊은 생각에 잠겼다.

이번 회의는 역사의 메아리를 불러일으키는 자리이기도 했다. 1944년 말 폴란드 저항군이 독일군을 공격하자 나치는 바르샤바를 초토화했다. 인구 120만의 도시는 불과 수천 명만 남긴 채 폐허가 됐다. 이번 유닛 X 회의는 재건된 도시에서 열렸지만, 참석자들이 모인 호텔은 나치가 50만 명의 유대인을 감금한 바르샤바 게토에서 불과 1.6킬로미터 거리에 있었다. 게토 수감자들은 나중에 트레블링카와 아우슈비츠로 이송돼 대부분 목숨을 잃었다. 1945년 1월 소련군이 해방자로 바르샤바에 입성했지만 곧 새로운 억압자로 돌변했다. 폴란드는 베를린 장벽이 무너지기 전까지 자유를 되찾지 못했다. 그리고 지금은 폴란드의 이웃 국가인 우크라이나가 크림반도의 러시아계 주민을 '신나치 집단의 위협'으로부터 지키겠다는 명분을 내세운 러시아의 침략 아래 또다시 신음하고 있었다.

속이 빤히 들여다보이는 푸틴의 선동이 러시아 국민의 지지를 얻는다는 사실은 도무지 이해하기 어려웠다. 우리는 《역사의 종말》에서 그렸던, 자본주의 시장이 민주주의를 강화하는 세계와는 분명 멀리 떨어져 있었다.

강철에서 실리콘으로 진화한다는 것

2024년은 산업 정책과 군 현대화를 둘러싼 중대한 결정이 내려질 중요한 해였다. 이 결정들은 차세대 군사 역량과 새로운 방산 스타트업, 그리고 이를 지원하는 벤처펀드의 성패, 나아가 실리콘밸리와 국방부 간의 역학 구조까지 좌우할 수 있는 사안이었다.

라지가 특히 인상 깊게 여긴 것은 저비용 드론을 비롯한 최신 기술이 전투 항공 분야의 구도를 얼마나 빠르게 바꿔놓고 있는가 하는 점이었다. 20여 년 전 이라크에서 그가 조종하던 F-16 전투기에는 실시간 지도조차 없었다. 조종사가 실수로 이란 영공을 침범하거나 대공포 사정권에 들어가지 않으려면 이 기능은 꼭 필요했다. 라지는 컴팩 태블릿을 자기 무릎에 묶어두고 그걸로 지도를 띄워 사용하는 일종의 '해킹' 방식으로 문제를 해결했고, 몇 년 뒤 F-16에 실시간 지도가 탑재되기 전까지 그 방법으로 그럭저럭 버텼다. 하지만 오늘날 우크라이나 전선에 있는 무인기의 위협을 생각하면 그 어떤 '해킹' 방식도 라지를 보호해 주진 못할 것이다.

F-16은 구소련의 미그 전투기를 격추하도록 설계된 기체다. 만약 2024년에 미그 전투기가 미국을 위협하고 라지가 F-16 조종석에 있다면, 그는 아마 상대 전투기를 격추하고 무사히 귀환할 수 있을 것이다. 그러나 오늘날의 전투 조종사들은 전혀 다른 적과 싸우고 있다. 전투기가 이륙하기도 전에 값싼 자폭 드론에 의해 파괴될 수 있기 때문이다. 2023년 9월 우크라이나군이 러시아의 프스코프 공군기지를 공격했을 때 정확히 그런 일이 벌어졌다.

그와 마찬가지로 적군은 수백 대의 드론을 트럭 한 대에 싣고 미군의 고정 기지 몇 킬로미터 내로 접근할 수 있었다. 문제는 대부분의 미 공군

기지에 드론 떼의 공격을 막을 정교한 대응 체계가 없었다는 것이다. 게다가 F-16을 비롯한 현대식 전투기는 소형 드론을 요격할 무기조차 갖추고 있지 않았다. 만약 드론이 공격해 오면 라지는 경보가 울리는 즉시 재빨리 이륙을 시도할 수는 있겠지만, 그 과정에서 목숨을 잃을 가능성이 크다. 국민을 지켜달라고 부탁받은 이들이 이런 상황에 처하는 것은 결코 용납될 수 없다. 또한 이러한 전력 공백이 미군의 전투 체계를 위협해 국가 방어에 실패할 수 있다는 것 역시 받아들일 수 없다.

우리는 지금, 우리 세대가 한 번도 겪어보지 못한 위기 속에 살고 있다. 충격적인 사실은 미국인 대부분이, 적들이 전장에 투입하는 민간 기술로 인해 우리의 군사력이 이미 크게 밀리고 있다는 사실조차 모른다는 점이다. 이 상황을 벗어날 길은 혁신뿐이다.

일리 바이라크타리는 특유의 직설적 어투로 사태의 본질을 짚었다. "계속 이 모양일 순 없어요. 우리는 더 나아져야 합니다. CHIPS 법 하나를 통과시키는 데도 3년이 걸렸어요. 의회와 행정부의 반대도 없었고, 지지 연대도 탄탄했는데 말이죠. 대체 왜 우리 시스템은 뭐든 이렇게 힘든 겁니까? 지금 2035년에야 기술이 전력화된다는 얘길 하고 있는데, 그게 무슨 소용이죠? 진짜 위험한 시점은 2025년부터 2030년까지입니다. 바로 다음 예산 주기란 말입니다."

일리의 말은 2차 세계대전 직전에 더글러스 맥아더 장군이 했던 경고를 떠올리게 한다. 1940년에 그는 이렇게 말했다. "전쟁에서 실패의 역사는 단 두 단어로 요약된다. '너무 늦었다'"라고. 일본군은 제2차 세계대전을 '강철의 태풍'이라 불렀다. 그렇다면 미국은 '실리콘의 태풍'에 맞설 준비가 돼 있을까?

몇 가지 희망적인 소식은 있었다. 2023년 미 육군은 18만 명의 장병에게 구글 협업 도구인 구글 워크스페이스Google Workspace를 지급했다. 국방부 전용 네트워크 대신 상용 IT 솔루션을 활용하자는 유닛 X의 흐름을 이어가는 조치였다. 마크 밀리 합참의장은 임기를 마치기 전 마지막으로 '합동 미래 조직Joint Futures Organization'의 구성을 제안했다. 이 조직은 각 군이 운용 중인 혁신센터 간의 협력을 도모하고, 서로 다른 기술 플랫폼을 유기적으로 연결할 수 있도록 지원하는 역할을 맡게 될 예정이었다. 국방부는 '기타거래권한' 계약의 적용 범위도 더욱 확대했다. 특히 기존에 불가능했던 작전·유지비 항목에도 활용할 수 있게 허용함으로써 후속 대량 생산 계약을 원활히 이어갈 수 있게 했다.

미국의 동맹국들도 발 빠르게 움직였다. 미국·호주·영국은 양자 센서와 핵잠수함 등 첨단 기술을 공동 개발하고 제조 기반을 긴밀히 연계하겠다는 계획을 발표했다. 중국의 막대한 산업 역량에 효과적으로 맞서기 위해 공동 대응 체제를 구축하겠다는 전략이었다. 일본도 중국과의 경쟁에 대비해 군사력 강화를 추진하며 한국 및 아시아 동맹국들과의 협력을 확대했다. 바이든 대통령은 취임 후 첫 캠프 데이비드 정상회의를 개최해 일본 총리와 한국 대통령과 함께 중국 위협에 대해 논의했다.

또 다른 성과로는 국방부가 생성형 AI의 혁신을 전격 수용한 점이다. 국방부는 '리마 태스크포스Task Force Lima'를 출범시켜 챗GPT와 같은 대형 언어모델을 전군에 적용하는 실험을 본격화했다. 실리콘밸리의 스타트업인 스케일 AI의 CEO 알렉산드르 왕은 백악관의 대중국 기술 자문역으로 크리스와 함께 활동하며 국방부에 생성형 AI 역량을 최초로 제공했다. 스케일 AI의 소프트웨어 플랫폼인 '도노번Donovan'은 군사 작전 기획과 전장 감시 등에 생성형 AI 모델을 적용하고 있다. 미 중부사령부는 구글 클라우드 AI 부문의 전 책임자이자 인공지능 국가안보위원회의 위원으로 활동했던 앤드루 무어Andrew Moore를 영입했다. 유닛 X는 유럽·태평양 사령부 내에 AI 전투 실험실까지 구축했다. 국방부 직원들을 주요 방산 스타트업과 벤처캐피털에 단기 파견하는 신규 펠로우십 프로그램도 출범했다. 참여 기업은 조비 항공, 실드 캐피털, 비콘 AIBeacon AI 등 40곳에 달했다.

　그러던 중, 국방산업협회의 연례 회의에서 뜻밖의 발표가 나왔다. 방산 대기업들이 모두 참석한 가운데 캐슬린 힉스 국방부 부장관이 '레플리케이터 이니셔티브Replicator Initiative'를 전격 공개한 것이다. 이는 자율주행 기반의 공중·수상·수중 AI 드론의 개발을 위해 수십억 달러를 투입하는 대규모 프로젝트였다. 유닛 X는 이 계획의 설계를 도우며 스타트업의 첨단 기술과 대형 방산업체의 정밀 시스템을 어떻게 통합할지 구상했다. 이 프로젝트는 미래를 위한 과감한 투자이자, 우크라이나 전쟁이 국방부 고위층의 사고방식에 얼마나 큰 영향을 미쳤는지를 보여주는 상징적인 조치였다. 얼마 후 힉스와 로이드 오스틴 국방장관은 유닛 X를 직접 방문해 레플리케이터 관련 기술 시연을 지켜보았고, 해당 시스템을 개발할 스타트업 CEO들과도 만났다. 게다가 오스틴 장관은 유닛 X에서 오커스AUKUS[*] 회담을 열어 영국·호주의 국방장관과 중국을 견제할 수 있는 기술 협력에 대해 논의했다.

　이런 급격한 변화에 일부 대형 방산업체들이 불만을 터뜨렸다. 그들에게 익숙한 기존 방식대로, 새로운 프로젝트를 시작하기 전에 국방부가 계획을 더 구체화하고 예산부터 확보해야 한다는 것이었다. 그러자 국방부

---

[*] 미국(America), 영국(UK), 호주(Australia)가 참여하는 안보 동맹. 2021년 출범했으며, 중국 견제를 위한 군사·기술 협력이 핵심이다. 핵 추진 잠수함, AI, 사이버보안, 드론 등 첨단 국방기술 공유가 주요 내용이다.

에 제품을 납품하던 일부 스타트업들이 격앙된 반응을 보였다. 안두릴의 최고전략책임자인 크리스천 브로즈는 링크드인에 이렇게 글을 올렸다. "그동안 방산 기업들은 국방부에 더 빠르게 움직이고 더 큰 규모로 새로운 기술을 구매하도록 요청해 왔습니다. 그래서 국방부 부장관이 '레플리케이터 이니셔티브'를 통해 18~24개월 이내에 자율 운용 무기 수천 대를 도입하겠다고 했어요. 그러면 잘된 일 아닙니까? 그런데 아닌 것 같군요. 체계가 없고 혼란스럽다고요? 대체 뭐에 비해서 그렇단 말입니까? 수십 년씩 시간을 끌면서 다들 불만만 터뜨리는 그 '좀비 프로그램'들과 비교해서요?"

한편 러시아는 이미 1년 전부터 자체 '레플리케이터' 버전을 진행 중이었다. 이란에 10억 달러(약 1조 3,500억 원)를 지급해 연간 6,000대의 자폭 드론을 생산할 수 있는 공장을 세운 것이다. 러시아 전략가들은 이처럼 군집 비행이 가능하고, 자율적이며, 비용이 저렴한 드론이야말로 전쟁의 판세를 바꿀 무기라고 판단했다.

미국과 이스라엘 정보기관이 눈치채지 못한 사이, 팔레스타인의 무장단체 하마스 역시 축소 버전의 '레플리케이터 계획'을 비밀리에 추진하고 있었다. 2023년 이들은 쿼드콥터 드론을 활용해 가자지구 접경에 설치된 이스라엘 감시탑의 발전기를 타격했고, 그 틈을 타 무장대원 1,400여 명이 이스라엘 영내로 침투해 민간인 1,000명 이상을 학살했다. 이에 이스라엘이 가자지구에 지상군을 투입하며, 중동은 1973년 이후 가장 격렬한 전쟁에 휘말렸다.

같은 주, 레바논의 무장정파 헤즈볼라가 발사한 드론이 시리아와 이라크에서 임무 중이던 미군과 계약 인력 20여 명을 공격해, 일부는 외상성 뇌손상을 입었다. 이에 대한 보복으로 미국은 시리아 내 드론 공장을 여러 차례 공습했지만 연말까지 100건 이상의 공격이 이어졌고, 미군 부상자는 46명에 달했다. 이어 예멘을 근거지로 이란의 지원을 받는 무장 세력인 후티 반군이 홍해에서 선박들을 공격하기 시작했다. 이란의 첩보함이 목표를 지정하면 후티 반군은 순항미사일과 드론을 유조선에 발사했다. 미군과 동맹국의 해군 구축함은 단가 200만 달러(약 27억 원)에 달하는 요격 미사일로 고작 2,000달러(약 270만 원)짜리 자폭 드론을 막아내야 했다. 글로벌 해상 물동량의 12퍼센트가 통과하는 홍해 항로에 차질이 생길 수 있다는 우려가 커지면서 국제 유가도 급등했다. 2024년 1월에는 요르단 주둔 미군 기지가 드론의 공격을 받아 미군 세 명이 숨지자, 미국과 영국은 보복 공습에 나섰다.

이처럼 새로운 전쟁 방식이 더욱 가시화되고 있음에도 불구하고, 쉽지 않은 선택이 기다리고 있었다. 항공모함 한 척의 가격이면 무인 세일드론을 1만 8,000대나 확보할 수 있었다. 이 정도면 미국이 방어 의무를 지는 50여 개 조약 동맹국에 무인 세일드론을 350대씩 배치할 수 있는 규모다. 유닛 X였다면 당연히 세일드론을 택하겠지만, 외국에 대한 공습 임무를 부여받은 해군 제독의 판단은 다를 수 있다.

미군은 중대한 선택의 기로에 서 있다. 앞으로 어떤 전략을 취할지는 양자택일의 문제가 아니다. 모든 것을 새로 바꿀 수도, 낡은 것을 그대로 고수할 수도 없다. 중요한 건 균형이다. 국방부는 기존 전력을 신기술로 재편하는 동시에 새로운 작전 개념에 맞춘 완전히 새로운 플랫폼도 함께 구축해야 한다. 적어도 이제 모두가 인식하고 있는 한 가지는 미국이 미래 전쟁에서 승리하려면, 적국 못지않게 신기술을 과감히 수용해야 한다는 것이다.

우리는 유닛 X의 가장 큰 성과가 '혁신은 가능하다. 그것도 대규모로 빠르게'라는 사실을 국방부에 증명해 낸 것이라고 믿는다. 그동안 수많은 기술적 시도가 실전 배치로 이어지지 못한 채 '죽음의 계곡'에서 사라졌다. 1990년대 무렵에 소비자 기술이 폭발적으로 성장한 이후, 수많은 정책 전문가가 이 간극을 어떻게 뛰어넘을지 고민했다. 그리고 유닛 X가 마침내 그 해법을 찾아낸 것이다. 우리가 발견한 이 성공 공식은 일곱 가지 핵심요소로 구성돼 있으며, 내부로부터 혁신을 시도하는 다른 대규모 조직들에도 유효한 모델이 될 수 있다. 사실 국방부만이 이런 딜레마를 겪은 것은 아니다. 많은 조직이 성공 이후, 자신을 강하게 만들었던 시스템과 문화에 의해 발목 잡히는 일을 겪는다.

그 일곱 가지 핵심은 다음과 같다.

첫째, 실전 병력이 직면한 핵심 문제에 집중하는 것이다. 물론 후방 시스템을 개선하는 것도 군 장병들에게 도움이 되지만, 창끝에 더 가까운 문제에 집중할수록 그만큼 외부의 반대가 무력해진다. 생사와 직결된 문제에 효과가 입증된 해법을 반대하는 사람으로 낙인찍히고 싶은 사람은 없기 때문이다.

둘째, '진짜 기술'을 활용하는 것이다. 방산 세계에서는 기존 계약자들이 자신들에게 유리한 구조 속에서 낡은 기술을 새롭게 포장해 '신기술'인 양 파는 일이 비일비재하다. 단순 통계 기법을 AI라고 소개하며 문외한인 공무원들에게 태연하게 팔아넘기는 식이다. 우리는 기존 체계를 뒤흔드는 혁신가로서, 최신 기술로 기존 대비 10배 이상 더 나은 결과를 낼 수 있는 문제와 해법을 골라내는 법을 배웠다. 개선된 결과의 차이가 뚜렷할수록, 수십 년째 계약을 독점해 온 기존 방산업체를 밀어내고 판을 바꿀 가능성도 훨씬 커진다.

셋째, 강력한 상부의 지원이다. 변화는 본래 어려운 법이다. 세계 최대 관료 조직인 국방부에서는 더더욱 그렇다. 그래서 변화를 이끄는 사람들에게는 보호막이 필요하고, 보호 주체의 지위가 높을수록 더 효과적이다. 우리에게 그 역할을 해준 인물이 애쉬 카터와 제임스 매티스 국방장관이었다. 이후 다른 혁신 조직들도 국방 분야에서 잇달아 출범했지만 공군처럼 최고위층의 지지를 받은 조직은 성공했고, 육군처럼 그러지 못한 경우는 고전했다.

넷째, 권위에 얽매이지 않는 태도다. 국방부의 절차는 너무나 복잡해서, 마치 고대 메소포타미아의 성탑 지구라트를 발굴하는 고고학자처럼 오랜 시간 공들여 해석해야만 이해할 수 있을 정도로 난해하고 낡았다. 때로는 아예 절차를 무시하고 정면 돌파를 시도할 필요가 있다. 허락을 구하기보다 나중에 사과하는 편이 더 나을 때도 있다.

다섯째, '적절한 연료', 즉 적정한 규모의 유연한 예산이다. 유닛 X는 소규모 조직이지만 자율적으로 운용할 수 있는 자금을 확보한 덕분에 민첩하게 방향을 전환하거나 시행착오를 감수할 수 있었다. 빠듯한 예산으로 매일 실험을 이어가는 스타트업들이 증명하듯이, 혁신에 진짜 필요한 건 막대한 예산이 아니라 변화에 유연하게 대응할 수 있는 '재량'이다.

여섯째, 기득권과 싸우되 동시에 이들을 전략적으로 포섭하는 것이다. 결국 우리의 작업을 확장하려면 기득권 세력이 적어도 적대 행위를 멈추거나, 가능하다면 아예 우리 편에 서도록 만들어야 한다. 여기에는 의회, 중간급 관료, 기존 방산업체들이 포함된다. 실제로 가장 성공적인 프로젝트들은 이들을 각기 다른 방식으로 협조적으로 끌어들인 결과였다. 돈키호테처럼 혼자 싸워서는 판을 키울 수 없다.

가장 중요한 일곱째는 '끝까지 해내겠다는 의지'를 지닌 팀이다. 비샬 하리프라사드, 아이작 테일러, 최고운영책임자 어니 바이오 그리고 100

여 명에 이르는 유닛 X의 군인과 민간 팀원들은 각자 다른 능력을 지닌 이들이었다. 그들은 낮은 보수를 감수하고, 진급 기회를 포기하고, 프로젝트 완수를 위해 때로는 밤을 새워가며 일했다. 그러나 모두가 하나의 목표를 위해 뭉쳤고, 그 목표를 위해 기꺼이 헌신했다. 우리가 성공할 수 있었던 이유는 바로 그 팀이 끝까지 미션을 완수해 냈기 때문이다.

한편 우리는 또 한 가지 교훈도 배웠다. 국방 혁신만으로는 지정학적 안정을 보장할 수 없다는 것이다. 미래의 전쟁을 억지하려면 군사력만으로는 충분하지 않다. 동일한 기술 혁신에 의해 뒷받침되는 세계 무역에 영향력을 행사하는 것이 필요하다. 그런 점에서 중국의 '군민 융합 전략', 더 나아가 국가 권력과 자원을 세계 시장에서 경쟁하는 자국 기업에 결합시키는 방식은 미국은 물론 동맹국 경제에도 지속적인 위협이 되고 있다.

중국의 이런 전략은 일정 부분 성과를 내고 있다. 최근 몇 년 동안 중국은 21세기판 실크로드 재건 사업인 '일대일로_一带一路_'* 프로젝트에 참여한 국가들에 2,400억 달러(약 324조 원) 이상을 투입해 구제금융을 제공했고, 사실상 이들 국가를 정치·경제적으로 중국에 예속시켰다. 필리핀, 베트남, 싱가포르처럼 원래 미국에 우호적인 국가들조차 최대 교역국이 중국이라는 현실 때문에 미국 쪽으로 기울어지지 못하고 있다.

중국의 포섭 전략은 노골적인 '영토 장악' 형태로도 나타났다. 지난 10년 사이 중국은 남중국해의 분쟁지역에 대규모 군용 비행장을 다수 건설했다. 시진핑 주석은 2024년 신년사에서 "대만과의 통일은 필연"이라고 역대 가장 강경한 표현을 사용해 방위 전문가들을 더욱 긴장시켰다. 중국은 이제 서반구로도 영향력을 확장하고 있다. 미국 플로리다 해안에서 불

---

* 하나의 벨트와 하나의 길이라는 뜻으로, 중국 중심의 글로벌 교통·물류·인프라 네트워크를 구축한다는 전략이다.

과 100킬로미터 떨어진 쿠바와는 군사·정보 분야의 중대한 협력 협정을 체결했다. 동시에 시진핑 주석은 군 수뇌부를 숙청하고 국방부장을 전격 해임한 뒤 자신에게 충성하는 인물을 후임으로 앉혔다. 하지만 겉으로 공고해 보이는 체제에도 균열이 나타나고 있다. 오랫동안 중국을 주시해 온 전문가들은 시진핑의 강경한 통치가 오히려 장기적인 국가 전략에 치명타가 될 수 있다고 본다. 중국의 유력 기업인들과 기술 인재들이 잇따라 해외로 탈출하고 있으며, 자산을 국외로 빼돌리는 흐름까지 나타나고 있다. 이는 중국 경제를 회복하기 어려운 악순환의 길로 내몰 수 있다.

우리는 동맹국과 함께 자유민주주의의 이상을 실현할 의지와 이를 뒷받침할 도구, 인재, 자본시장을 모두 갖추고 있다. 하지만 그 이상을 실현하려면 먼저 내부의 분열과 갈등을 극복해야 한다. 국방부의 E-링에서 백악관, 의회에 이르기까지 대대적인 변화가 필요하다. 다행히 희망의 조짐은 나타나기 시작했다. 먼저 제118대 연방의회는 중국 공산당 특별위원회를 새로 출범시키면서, 유닛 X의 든든한 지지자 중 한 명인 위스콘신주 공화당 출신의 마이크 갤러거 하원의원에게 위원장직을 맡겼다. 이 위원회는 중국의 군민 융합 전략에 자금을 공급하고 있는 서방 자본과의 연결고리를 끊는 난제에 대해 집중적으로 조명해 왔다. 갤러거 의원은 "미국 자본이 계속 중국의 군수 기업에 흘러간다면, 우리는 결국 스스로를 파괴하는 데 자금을 대는 셈이 될 것"이라고 경고했다. 실제로 2021년 중국 기업에 유입된 벤처 자금은 미국 기업에 투자된 금액을 넘어섰다. 그러나 2023년 상반기에 이르러 미국의 대중국 투자액은 30퍼센트 감소했고, 중국 스타트업에 대한 미국의 벤처 자금은 무려 80퍼센트나 급감했다. 이후 바이든 행정부는 AI, 양자 기술, 첨단 반도체 등 주요 전략 산업에 대한 대중국 투자를 사실상 중단하는 추가 제재를 시행했다. 이러한 디커플링의 영향으로, 멕시코는 20년 만에 처음으로 미국의 최대 교역국 자리에 올랐다.

2023년에는 NATO가 상용 기술의 흐름에 본격적으로 동참하면서 처음으로 기술 스타트업 투자를 위한 10억 유로(약 1조 6,170억 원) 규모의 '혁신 펀드Innovation Fund'를 출범시켰다. 라지는 이 펀드의 이사회 멤버로 임명됐다. 미국·영국·호주 간의 3자 안보동맹인 오커스 역시 기술 공유를 확대하며 핵잠수함뿐 아니라 더 광범위한 분야로 협력을 확장하고 있다. 이 밖에도 싱가포르, 영국, 프랑스, 인도, 우크라이나, 호주, 대만, 일본, 한국 등 여러 동맹국이 자국 판 유닛 X를 출범하고 있다. 미 의회는 심지어 국방부뿐 아니라 자신들까지 개혁의 대상으로 삼았다. 1960년대 로버트 맥나마라 국방장관 시절 이후 한 번도 바뀌지 않았던 국방예산 편성 시스템을 개혁하기 위해 '기획·편성·예산·집행 개혁위원회Commission on Planning, Programming, Budgeting, and Execution Reform'를 출범시켰다. 군이 기술적 기회를 보다 신속히 활용할 수 있도록 예산 편성 과정을 더 유연하게 만들겠다는 취지였다. 라지는 이 위원회의 위원으로도 참여하고 있는데, 임명 직후 축하 인사와 함께 위로 인사도 똑같이 받았다. 2024년 3월 그는 다른 위원들과 함께 기존 예산 체계를 폐기하고, 민첩하고 유연한 구조로 전환할 것을 의회에 권고했다. 지금처럼 수천 개의 예산 항목이 국방수권법의 세부 조항에 묶여 고정되는 방식으로는 현대 기술 개발의 속도를 따라갈 수 없기 때문이다.

정치 외적 과제로는 군대 조직 자체의 보수성이 가장 큰 걸림돌이다. 안보 정책을 연구해 온 학자들은 군 조직이 위협에 대응하는 능력을 발전시키기보다, 정치와 조직 이익에 더 민감하게 반응한다는 점을 지적해 왔다. 이와 관련된 방대한 연구문헌을 읽다 보면 암울한 생각이 들 정도다.

기존의 전쟁 수행 방식과 조직의 사적 이익이 거의 항상 새로운 위협 인식이나 변화의 필요성보다 우선시돼 왔기 때문이다. 예를 들어 영국 해군은 처음에 증기선을 거부했고, 기병 부대는 전차가 성공하지 못할 것으로 생각했다. 육군은 현대 전장에 비행기를 도입하는 것에 극도로 반대했으며, 결국 공군이라는 완전히 새로운 군종이 탄생해야 했다. 하지만 공군을 이끌게 된 조종사들이 이번에는 다시 탄도미사일과 순항미사일의 도입에 반대했다. 유인 폭격기만이 유일한 해법이라고 믿었기 때문이다. 이후 공군은 드론 도입에도 처음엔 반대했으며, 기존의 조직 내부 문화를 유지하기 위해 이를 굳이 "원격 조종 항공기"라고 불렀다.

우리는 진정한 애국자란 조국의 이상을 진심으로 소중히 여기기에, 그 이상을 지키는 제도에 대해서도 과감하게 의문을 제기할 수 있는 사람이라고 믿는다. 의회 구성원들은 지역구의 기존 방산 일자리를 내려놓는 한이 있더라도, 국민의 안전을 지켜내기 위한 선택에 책임 있게 나서야 한다. 국방장관은 국방부를 그 어느 때보다 빠르게 변화시켜야 하며, 합참의장단도 군의 전통을 존중하되 과감한 개혁을 이끌어야 한다. 오늘날처럼 정파 간은 물론 정당 내부에서도 갈등의 골이 깊은 정치 환경에서는 정체 상태에 빠질 가능성이 더욱 크다. 그렇기에 지금 우리에게 가장 필요한 것은 존 F. 케네디 대통령이 1956년에 남긴 저서의 제목처럼 '용기 있는 사람들Profiles in Courage'이다.

궁극적인 목표는 전쟁에서 이기는 게 아니라, 전쟁을 억지하는 데 있다. 기술 혁신은 우리가 평화를 달성하고 지키기 위한 비대칭적 수단이다. 이제 남은 과제는 유닛 X가 그동안 키워온 전장의 혁신 기술들을 국방부가 과연 대규모로 발전시킬 수 있느냐는 것이다.

혁신을 지지하는 사람들은 아무리 끝이 없어 보이는 개혁의 길일지라도 포기하지 말고 밀고 나아가야 한다. 그리고 지도자들은 그들을 전폭적으로 뒷받침해야 한다.

유닛 X에서 우리가 얻은 교훈이 있다면 그것은 바로, '유리가 깨지는 소리야말로 진보의 출발'이라는 것이다.

감사의 말

우리의 직업적·개인적 삶에 지대한 영향을 줬을 뿐 아니라, 이 원고 작업에 직접적으로 도움을 준 모든 분께 깊이 감사한다.

댄 라이언스는 이 원고의 모든 페이지를 함께 다듬어 줬다. 이야기의 흐름을 꿰뚫는 제다이 같은 감각 덕분에, 독자를 사로잡는 문장을 쓰는 법을 배울 수 있었다. 또한 유나이티드 탤런트 에이전시의 에이전트, 크리스티 플레처는 방향을 정확히 잡으며 우리를 이끌어 줬다. 그리고 작가라면 누구나 꿈꿀 만한 행운도 찾아왔다. 100여 권의 베스트셀러를 편집해 온 전설적인 편집자 릭 호건이 이 프로젝트를 맡아준 것이다. 그는 단지 책 편집을 맡는 데 그치지 않고 우리가 추구한 사명까지 진심으로 공감해 줬다. 릭의 헌신적인 보조원 소피 기마레스와 출판사 사이먼 앤 슈스터의 모든 팀원도 여러 방면에서 큰 힘이 돼줬다.

책이 잉태되던 시기에 데이비드 릿, 존 마코프, 세라 푸엔테스는 핵심적인 피드백을 아낌없이 전해줬다. 고탐 마쿤다와 조너선 라이버는 책 제목을 함께 고민해 줬을 뿐 아니라 끊임없는 응원으로 힘을 보태줬다. 리리존 카드리우는 인상적인 표지 디자인을 제작하는 데 도움을 줬다. 기술 분야를 다뤄온 여러 저자들의 열정 또한 우리에게 큰 용기를 줬다. 특히 니컬러스 톰슨, 트립 미클, 조시 코언, 데이비드 E. 생어, 케이트 콩거, 오리 브래프먼, 월터 아이작슨에 감사의 마음을 전한다.

필립 빌든, 리처드 댄지그, 일리 바이라크타리, 조한나 스팽겐버그 존스, 리사 힐, 잭 섀너핸 중장, 마이크 브라운, 존 초우는 이 책의 초기 원고를 읽어준 독자들이다. 특히, 책의 문체와 내용에 관해 중요한 방향을 제시해 준 필립과 리처드, 일리에게 깊은 감사의 마음을 전한다.

우크라이나 방위기금의 CEO 안드레이 리스코비치는 우리를 비롯한 NATO 혁신 기금의 관계자들을 우크라이나에서 따뜻하게 맞아줬다. 우리는 그곳에서 열정적이고 집요한 수많은 혁신가들을 만났다. 그들의 용기는 우크라이나 국민 전체의 강인함을 대변하는 듯했다. 특히 인상 깊었던 곳은 우크라이나판 유닛 X인 '브레이브 원'이었다. 그 중심에는 단단한 리더십을 보여준 최고운영책임자 나탈리야 쿠슈네르스카가 있었다.

우리가 공식적으로 인터뷰하거나 서면으로 의견을 나눈 분들께도 감사의 마음을 전한다. 파얌 바나자데, 라이언 비얼, 조벤 비버트, 크리스천 브로즈, 마이크 브라운, 스티브 '버키' 부토우 소장, 로런 데일리, 재러드 던몬, 라이언 패리스, 벤 피츠제럴드, 데이비드 골드파인 대장, 비샬 'V8' 하리프라사드 중령, 제프리 해리기언 대장, 리사 힐, 마크 제이콥슨 대령, 리처드 젠킨스, 안드레이 리스코비치, 파머 럭키, 브렌던 매코드, 데이비드 메릴, 데이비드 로스자이드, 잭 섀너핸 중장, 루번 소런슨, 웨인 스타 중위, 트레이 스티븐스, 샌디 위너펠드 제독, 그리고 밥 워크 전 국방부 부장관께 감사를 전한다.

펜타곤의 출판 및 보안 사전검토국 소속의 폴 제이콥스마이어와 더그 맥콤, 그리고 국방부의 과거를 보존함으로써 미래를 설계하려는 지도자들에게 나침반이 돼준 국방장관실의 공식사료 담당관인 글렌 애즈너와

에린 마한에게도 감사를 전한다.

또한 우리는 크리스의 논문 〈국방 혁신의 진혼곡? 우크라이나, 펜타곤의 혁신자 딜레마 그리고 미국이 전략적 기습을 감수하는 이유〉를 의뢰해 준 후버 연구소 산하 국방예산개혁 실무그룹과 마이클 보스킨, 키란 스리다르에게도 감사를 전한다. 이 논문은 이 책의 전체 구상을 잡는 데 중요한 토대가 됐다. 크리스가 애스펀 전략 그룹을 통해 집필한 〈더 평평해진 세계: 기술은 어떻게 세계 질서를 재편하고 있는가〉와 〈신기술 시대의 국가안보 기관 개편〉 역시 결정적인 기여를 했다. 크리스를 전략 그룹 회의에 초대해 준 조 나이, 콘돌리자 라이스, 닉 번스, 안야 마누엘에게도 깊이 감사한다. 또한 이 책의 출간 제안서를 준비하는 동안 크리스가 활동했던 '특별경쟁력연구프로젝트'에도 감사한다. 이와 더불어 라지가 이 책의 작업을 위해 자주 자리를 비웠음에도 그를 열렬히 지원해 준 리질리언스와 실드 캐피털 팀에도 감사를 전한다.

물론 이런 변화를 일찍이 감지하고 국방부를 준비시키기 위해 조용히 힘을 모았던 핵심 인물들도 있다. 그 중심에는 고 애쉬 카터 국방장관이 있었고, "실리콘밸리의 드래곤과 맞서 싸우라"고 당부했던 전 합참의장 마티 뎀프시 장군도 있었다. 국방부 부장관 밥 워크와 지칠 줄 모르는 그의 팀, (그리고 우리의 진정한 전우) 일리 바이라크타리도 빼놓을 수 없다. 라이언 패리스, 루번 소런슨, 합참차장 샌디 위너펠드와 폴 셀바, 국가안보국의 국장 키스 알렉산더 장군, 폴 나카소네 장군, 마이크 로저스 제독, 해군 특수전 사령관 출신 와이먼 하워드 제독, 데이비드 골드파인 장군, 합참 소속의 짐 베이커, 샘 닐, 맷 코르도바는 모두 중요한 동지였다. 국방혁신위원회의 초대 상임이사 조시 마르쿠제, 부이사 마이크 게이블, 그리고 원년 위원들인 의장 에릭 슈미트, 제프 베이조스, 애덤 그랜트, 대니 힐리스, 리드 호프먼, 월터 아이작슨, 에릭 랜더, 마른 레빈, 마이클 매쿼이드, 윌리엄 맥레이븐 제독, 마일로 메딘, 리처드 머레이, 제니퍼 팔카, 캐스 선스타인, 닐 디그래스 타이슨은 모두 우리에게 큰 힘이 됐다. 국방디지털서비스의 초대 책임자 크리스 린치를 비롯해, 일버 바이라크타리, 윈 엘더, 스네이크 클라크, 제러미 배시, 빌 그린월트, 제이슨 머시니, 윌 로퍼의 기여도 빼놓을 수 없다. 의회에서는 고 존 매케인 상원의원, 잭 리드, 벤 새스 상원의원, 맥 손베리, 마이크 갤러거, 세스 몰턴, 엘리사 슬롯킨 하원의원이 변함없는 지지자였다. 백악관에서는 국가안보보좌관 수전 라이스, 부보좌관 애브릴 헤인스, 전략기획 선임 국장 살만 아흐메드, 미국 최고기술책임자 메건 스미스, 대통령 과학보좌관 존 홀드렌이 핵심적 역할을 했다. 존 포데스타, 데니스 맥도너, 고 매들린 올브라이트 전 국무장관, 국방고등연구계획국의 국장 레지나 듀건과 아라티 프라바카의 지지도 각별했다. 뒤이은 행정부에서는 국가안보보좌관 H. R. 맥매스터, 부보좌관 나디아 샤들로, 국방장관 제임스 매티스, 부장관 패트릭 섀너핸, 국방차관 엘런 로드, 부차관보 조 펠터가 든든한 후원자였다.

다시 유닛 X를 재정비할 때, 전직 미국 최고기술책임자인 토드 박과 부책임 데이터 과학자 DJ 파틸은 실리콘밸리에서 그들을 상징적인 존재로 만든 뛰어난 감각과 역량으로 이 전환 작업을 주도했다. 이 과정에는 국방부 E - 링에서 활동하던 에릭 로젠바흐와 사샤 베이커도 함께했다.

우리와 초기부터, 특히 유닛 X 2.0과 첫 계약들을 과감히 체결해 준 창업자들과 투자자들 역시 언급을 빼놓을 수 없다. 책에서 이미 이름이 나온 이들 외에도 마크 안드리센, 샘 올트먼, 브랜든 쳉, 에릭 디마르코, 반달 카라노, 가우라브 가르그 등이 있다.

끝으로 이 책은 공공과 민간 부문을 오가며 우리가 직접 경험한 여정의 산물이다. 우리에게 영감을 준 수많은 분께 진심으로 감사를 전한다.

라지에게는 다음과 같은 이들이 있다. 전문가이자 교수, 공직자로서 귀감이 된 노먼 어거스틴과 프레드 히츠, 그리고 오랜 조언자로 함께해 준 빌 크레이븐, 폴 마데라, 필립 빌든, 존 헐리, 스티브 블랭크, 스탠퍼드 테크 트랙 2의 리더들이었던 에이미 제가트, H. R. 맥매스터, 마이크 브라운, 그리고 '미션'과 '동지애'의 의미를 몸소 가르쳐 준 어니 '리코' 바이오, 브라이언 '스파이더' 브래드키, 댄 '레이즌' 케인, 마이크 '코스' 코스비, 뱌스 'V' 데슈판데, 브래드 '프랜시스' 에버먼, 제이슨 '자이로' 할보르센, 제드 '클렙토' 험버트, 케빈 '그레이스' 켈리, 폴 파울룩, 제프 '모타운' 라우스, 야레마 '야르코' 소스, 그리고 고 브라이언 '스파이더' 웹스터에게 고마움을 전한다.

크리스에게는 다음과 같은 인물들이 있다. 학문적 기반을 다져준 실라 자사노프 교수, 그가 정부에서 일할 때 모셨던 상관들인 할 게먼 제독과 고 샐리 라이드, 스튜어트 보웬, 빌 린, 마티 뎀프시, 샌디 위너펠드, 존 포데스타, 게일 스미스, 살만 아흐메드, 론 클레인에게 깊이 감사한다. 또한 이라크, 국방부, 백악관 시절 그를 지지해 준 전 파트너 카트리크와 리키 사이드먼에게도 고마움을 표한다. 브라이언 세체스메키와 폴 피에로도 언급하지 않을 수 없다. 그리고 크리스의 반려견이자 유닛 X의 첫 공식견이었던 골든 리트리버 루쿠 역시 빼놓을 수 없다. 루쿠는 올해 열여섯 살이 돼 공식 활동에서 은퇴했다.

에릭 슈미트는 우리 두 사람 모두에게 중요한 인물이었다. 크리스에게는 상사로, 라지에게는 투자자로, 그리고 무엇보다 비할 데 없는 스승이자 변화의 주도자로 귀감이 되어주었다.

가장 큰 공로는 결국 유닛 X 2.0의 창립 멤버들에게 돌아가야 마땅하다. 우리의 공동 창립 파트너인 비샬 'V8' 하리프라사드, 아이작 테일러를 비롯해 최고운영책임자 어니 바이오, 최고기술책임자 버나데트 존슨, 예비역 부대 지휘관이자 유닛 X의 세 번째 책임자가 된 더그 벡, 대통령 혁신 펠로우 출신으로 유닛 X의 두 번째 지휘관을 맡은 마이크 브라운 그리고 자퍼 아흐마드, 아제이 암라니, 태머 바르코우키, 라이언 비얼, 팀 부허, 스티브 부토우, 로런 슈미트 데일리, 잭 대널리, 제임슨 다비, 레이프 에릭슨, 해리슨 포드, 크리스 포셰이, 맷 '닥' 골드먼, 브라이스 굿맨, 션 헤리티지, 리사 힐, 오린 호프먼, 마크 제이콥슨, 브랜든 존스, 조한나 스팽겐버그 존스, 마이크 콜, 린다 로리, 존 마버거, 브렌던 매코드, 마이크 맥긴리, 케빈 맥기니스, 그렉 오슬란, 엔리케 오티, 벤 패리시, 안젤라 폰마카, 트렉 포터, 벤 렌다, 데이비드 로스자이드, 토니 슈마허, 댄 시츠, 타지마카이 시투, 션 싱글턴, 웨인 스타, 롭 트레호, 잭 워커, 톰 웨스터, 데이비드 윌러드, 니사 브라츠코, 애널리즈 요더 등이 함께했다. 또한 애쉬의 아내 스테퍼니 카터 여사도 우리의 명예 원년 멤버나 다름없다. 그녀는 혁신과 국가안보를 주제로 매년 열리는 '애쉬 카터 포럼'을 통해 애쉬의 뜻을 이어가는 데 큰 역할을 해왔다. 그녀의 헌신에 깊은 경의를 표한다.

약어 목록(ABC순)

- AT&L(Undersecretary for Acquisition, Technology & Logistics): 획득·기술·물류 담당 차관
- A&S(Undersecretary for Acquisition & Sustainment): 획득·유지 담당 차관
- CAOC(Combined Air Operations Center): 연합항공작전본부
- CCP(Chinese Communist Party): 중국 공산당
- CENTCOM(U.S. Central Command): 미 중부사령부
- CFIUS(Committee on Foreign Investments in the United States): 미국 외국인 투자심의위원회
- CSO(Commercial Solutions Opening): 민간 기술 신속획득사업
- DARPA(Defense Advanced Research Projects Agency): 국방고등연구계획국
- DEPSECDEF(Deputy Secretary of Defense): 국방부 부장관
- DEVGRU(Naval Special Warfare Development Group – SEAL Team Six): 해군 특수전 개발단(SEAL 팀 6)
- DIB(Defense Innovation Board): 국방혁신위원회
- DIU(Defense Innovation Unit): 국방혁신단
- DIUx(Defense Innovation Unit Experimental): 국방혁신실험단

- DoD(Department of Defense): 미국 국방부

- EUCOM(U.S. European Command): 미 유럽사령부

- FAR(Federal Acquisition Regulations): 연방조달규정

- I&W(Indications and Warning): 징후 및 경고

- INDOPACOM(U.S. Indo-Pacific Command): 미 인도·태평양 사령부

- IQT(In-Q-Tel): 인큐텔(CIA 지원 벤처투자 회사)

- JAIC(Joint Artificial Intelligence Center): 합동인공지능센터

- NETCOM(Army Network Enterprise Technology Command): 육군 네트워크 기술사령부

- NDAA(National Defense Authorization Act): 국방수권법

- NSA(National Security Agency): 국가안보국

- NSCAI(National Security Commission on Artificial Intelligence): 인공지능 국가안보위원회

- OSD(Office of the Secretary of Defense): 국방장관실

- OTA(Other Transactions Authority): 기타거래권한

- R&E(Undersecretary for Research & Engineering): 연구·공학 담당 차관

- SAR(Synthetic Aperture Radar): 합성개구레이더

- SCSP(Special Competitive Studies Project): 특별경쟁연구프로젝트

- SECDEF(Secretary of Defense): 국방장관

참고문헌

기본 자료

38th Commandant of the Marine Corps. "Commandant's Planning Guidance." July 16, 2019.

Beck, Douglas. "DIU 3.0: Scaling Innovation for Strategic Impact." Center for New American Security, February 2024.

Brown, Michael Pavneet Singh. "China's Technology Transfer Strategy: How Chinese Investments in Emerging Technology Enable a Strategic Competitor to Access the Crown Jewels of U.S. Innovation." Defense Innovation Unit Experimental, January 2018.

Carter, Secretary of Defense Ash. "Remarks Announcing DIUx 2.0," May 11, 2016, Mountain View, CA.

———. "Memorandum to Chair of the House Armed Services Committee Rep. Mac Thornberry re: DIUx Budget." October 19, 2016.

———. Memorandum to the Department of Defense, "Expansion of Defense Innovation Unit Experimental." July 5, 2016.

Defense Innovation Board. "AI Principles: Recommendations of the Ethical Use of Artificial Intelligence by the Department of Defense." October 31, 2019.

———. "Software Is Never Done: Refactoring the Acquisition Code for Competitive Advantage." May 3, 2019.

Defense Innovation Unit. "DIUx Commercial Solutions Opening How-to Guide." November 30, 2016.

———. "DIUx Dog Friendly Policy." August 31, 2016.

"Defense Innovation Unit Experimental Organizational Procedures." May 16, 2016. Signed by Chief of Staff to the Secretary of Defense Eric Rosenbach and Raj M. Shah.

Department of the Navy. "Force Design 2030." US Marine Corps, March 2020.

DIUx official charter, "DoD Directive 5105.85 Defense Innovation Unit Experimental (DIUx)." Office of the Deputy Chief Management Officer of the Department of Defense, July 5, 2016. Federal Register.

"Enabling DIUx to Work at Silicon Valley Speed." DIUx memorandum to Secretary Ash Carter requesting additional authorities, May 22, 2017.

Federal Register. "Defense Federal Acquisition Regulation Supplement: Modification of Authority of the Department of Defense to Carry Out Certain Prototype Projects." DFARS Case 2023–D006, May 25, 2023.

Kirchhoff, Christopher et al. Working group report to Secretary of Defense Ash Carter on DoD Silicon Valley Outpost, "Point of Partnership—Silicon Valley Whitepaper," v. 2.0, April 9, 2015.

National Defense Authorization Act, H.R. 2670, pp. 230 – 33.

Office of the Deputy Assistant Secretary of the Air Force for Operational Energy. "Optimizing Aerial Refueling Operations with Jigsaw." *Planning Tools: Developing at the Speed of Relevance.* 2022.

Office of the Undersecretary of Defense for Acquisition. "Other Transactions Guide for Prototype Projects." January 2017.

Office of the Under Secretary of Defense for Acquisition and Sustainment. "State of Competition within the Defense Industrial Base." February 2022.

"Readout of Deputy Secretary of Defense Kathleen Hicks' Visit to Silicon Valley, California." Press release. December 12, 2023.

Schmidt (nee Schmidt, now Dailey), Lauren. "Ideas on Acquisition." Internal DIUx working paper. May 2016.

"SecDef Visits Defense Innovation Unit X and Hosts AUKUS Ministers." Photo album. Secretary of Defense photo stream, December 1, 2023.

"Secretary of Defense Lloyd J. Austin III Announces New Director of the Defense Innovation Unit." Press release. April 4, 2023.

Shah, Raj M. "Memorandum for Department of Defense Senior Information Security Officer Re Commercial Service Provider Policy Waiver for Defense Innovation Unit Experimental (DIUx)." July 2016.

Shanahan, Deputy Secretary of Defense Patrick. "Redesignation of the Defense Innovation Unit." Memorandum. August 3, 2018.

United States Congress. Sec. 815, "Amendments to Other Transaction Authority,"

2016 National Defense Authorization Act, Public Law 114 – 92, passed November 25, 2015.

United States Congress, Sec. 913, "Codification of The Defense Innovation Unit." 2024. Work, Deputy Secretary of Defense. "Establishment of an Algorithmic Warfare Cross–Functional Team (Project Maven)." April 26, 2017.

———. Memorandum to the Department of Defense, "Creation of New 'Point of Presence' Defense Innovation Unit Experimental." July 2, 2015.

유닛 X에 관한 주요 기사 및 언론 노출

"Bridging the Gap Between the Military and Silicon Valley." A conversation with David E. Sanger, national security correspondent, *New York Times*; Eric Schmidt, executive chairman, Alphabet; Norton Schwartz, president and CEO, Business Executives for National Security (BENS), former chief of staff, United States Air Force; Raj M. Shah, managing director, Defense Innovation Unit (DIUx). Milken Conference, June 26, 2017.

Cerre, Michael. "How the Pentagon joins forces with Silicon Valley startups." "The Leading Edge" segment, *PBS Frontline*, August 15, 2018.

"Chris Kirchhoff, formerly of the Pentagon's Silicon Valley office, on Recode Decode." Podcast with Kara Swisher, March 2018.

"Chris Kirchhoff, Laying the Foundation for DIUx." *The DIU-ex Podcast*, July 16, 2020, https://www.youtube.com/watch?v=7aI2lJ-ztu8.

Council on Foreign Relations. "National Security and Silicon Valley." A conversation with David E. Sanger, Eleonore Pauwels, Mary Wareham, and Christopher Kirchhoff. January 15, 2019.

Kaplan, Fred. "The Pentagon's Innovation Experiment." *MIT Tech Review*, December 19, 2016.

Shah, Raj M., and Enrique Oti. "A Story of Change." Presentation, Code for America Annual Conference, May 2018.

"Spurring Innovation Between the Pentagon and Private Sector: A Conversation with David E. Sanger and Raj M. Shah." Modern War Institute at West Point, November 2018.

Sullivan, Mark. "Silicon Valley Wants to Power the U.S. War Machine: Amid Rising Tensions With China, A Cadre of Defense Insiders and Tech Players Want to Remake the Pentagon in Silicon Valley's Image." *Fast Company*, November 1, 2021.

해설 및 연구 자료

Ackerman, Elliot, and James Stavridies. *2034: A Novel of the Next World War*. Penguin Press, 2021.
———. *2054: A Novel*. Penguin Press, 2024.

Biddle, Stephen. "Back in the Trenches: Why New Technology Hasn't Revolutionized Warfare in Ukraine." *Foreign Affairs*, September/October 2023.

Bird, Kai, and Martin J. Sherwin. *American Prometheus: The Triumph and Tragedy of J. Robert Oppenheimer*. Alfred A. Knopf, 2005.

Blank, Steve. *Four Steps to the Epiphany*. K&S Ranch, 2nd ed., July 2013.
———. "Hidden in Plain Sight: The Secret History of Silicon Valley." Lecture, November 2008, and slide deck. See https://steveblank.com/secret-history/.
———. "Why the Lean Start-Up Changes Everything." *Harvard Business Review* (May 2013).

Boot, Max. *War Made New: Weapons, Warriors, and the Making of the Modern World*. Gotham Books, 2006.

Boskin, Michael J., John N. Rader, and Kiran Sridhar, eds. *Defense Budgeting for a Safer World: The Experts Speak*. Stanford, CA: Hoover Institution Press, 2023.

Brose, Christian. *The Kill Chain Defending America in the Future of High-Tech Warfare*. Hachette, 2020.

Brown, Michael. "Department of Defense Budgeting: The Unrecognized National Security Threat." In Michael J. Boskin, John N. Rader, and Kiran Sridhar, eds., *Defense Budgeting for a Safer*

World: *The Experts Speak*. Stanford, CA: Hoover Institution Press, 2023, pp. 249–64.

Carter, Ash. *Inside the Five Sided Box: Lessons from a Lifetime of Leadership in the Pentagon*. Penguin Random House, 2020.

Carter, Ashton B., Marcel Lettre, and Shane Smith. "Keeping the Technological Edge." In *Keeping the Edge: Managing Defense for the Future*, ed. Ashton B. Carter and John P. White. MIT Press, 2001, pp. 129–64.

Casteau, Jeff, and Michael Levin. *The Complete Idiot's Guide to the Pentagon*. Alpha, 2002.

Christensen, Clayton. *The Innovator's Dilemma: When New Technologies Cause Great Firms to Fail*. Harvard Business Review Press, 1997.

Cockburn, Andrew. *Kill Chain: The Rise of the High-Tech Assassins*. Henry Holt, 2015.

Council on Foreign Relations. "Innovation and National Security: Keeping Our Edge." Independent Task Force Report No. 77, September 2019.

———. "U.S.–Taiwan Relations in a New Era: Responding to a More Assertive China." Independent Task Force Report No. 81, June 2023.

Danzig, Richard. "Driving in the Dark: Ten Propositions About Prediction and National Security." Center for New American Studies, October 26, 2011.

———. "Surviving on a Diet of Poisoned Fruit: Reducing the National Security Risks of America's Cyber Dependencies." *Center for New American Studies*, July 2014.

———. "Technology Roulette: Managing Loss of Control as Many Militaries Pursue Technological Superiority." *Center for New American Studies*, May 30, 2018.

Dixon, Norman. *On the Psychology of Military Incompetence*. Basic Books, 1976.

Dower, John. Cultures of War: Pearl Harbor, Hiroshima, 9–11, Iraq. W. W. Norton, 2010.

Duffel Blog. "B-21 Nukes DoD Budget," December 9, 2022, https://www.duffelblog.com/p/pentagon-debuts-new-stealth-budget.

Dugan, Regina E., and Kaigham J. Gabriel. "'Special Forces' Innovation: How DARPA Attacks Problems." *Harvard Business Review* (October 2013).

Eisenhower, Dwight D. "Farewell Address." Speech, January 17, 1961. https://www.archives.gov/milestone-documents/president-dwight-d-eisenhowers-farewell-address.

———. "Notes for Address to the Industrial Associations, Chicago," 1947. Eisenhower Presidential Library, https://www.eisenhower.archives.gov/all_about_ike/speeches.html.

———. "Scientific and Technological Resources as Military Assets." Memorandum for Directors and Chiefs of War Department General and Special Staff Divisions and Bureaus and the Commanding Generals of the Major Commands. Office of the Chief of Staff, War Department, Washington, D.C., April 30, 1946.

Fox, J. Ronald. *Defense Acquisition Reform, 1960–2009: An Elusive Goal*. U.S. Army Center of Military History, 2011.

Herman, Arthur. *Freedom's Forge: How American Business Produced Victory in World War II*. Random House, 2012.

Hoen, Andrew, and Thom Shanker. *Age of Danger: Keeping America Safe in an Era of New Superpowers, New Weapons, and New Threats*. Hachette, 2023.

Horowitz, Michael C. "The Algorithms of August: The AI Arms Race Won't Be Like Previous Competitions, and Both the United States and China Could Be Left in the Dust." *Foreign Policy*, September 12, 2018.

———. *The Diffusion of Military Power: Causes and Consequences for International Politics*. Princeton University Press, 2010.

Isaacson, Walter. *Elon Musk*. Simon & Schuster, 2023.

Jasanoff, Sheila. "Democracy in an Unknowable World." 2022 Holberg Prize Lecture, June 2022, https://holbergprize.org/en/news/holberg-prize/2022-holberg-lecture-sheila-jasanoff.

———. *The Ethics of Invention: Technology and the Human Future*. W. W. Norton, 2016.

———. "Technologies of Humility: Citizen Participation in Governing Science." *Minerva* 41, no. 3, Special Issue: Reflections on the New Production of Knowledge (2003): 223-244.

Karp, Alex. "Our Oppenheimer Moment: The Creation of A.I. Weapons." *New York Times*, July 20, 2023.

Kempner, Jesse, and Brooke Storkes. "Funding of Emerging-Technology Areas Pursued by Nontraditional Companies." McKinsey & Company, September 23, 2022.

Kirchhoff, Christopher. "Ebola Should Have Immunized the United States to the Coronavirus: What Washington Failed to Learn from the National Security Council's Ebola Report." *Foreign Affairs*, March 28, 2020.

———. "An Even Flatter World: How Technology Is Remaking the World Order." *The World Turned Upside Down: Maintaining American Leadership in a Dangerous Age*. Proceedings of the Aspen Strategy Group, 2017, pp. 93-99.

———. "Fixing the National Security State: Commissions and the Politics of Disaster and Reform." Ph.D. Dissertation. University of Cambridge, September 19, 2010.

———. "A Requiem for Defense Innovation?: Ukraine, the Pentagon's Innovator's Dilemma, and Why the United States Risks Strategic Surprise." *In Defense Budgeting for a Safer World: The Experts Speak*, ed. Michael J. Boskin, John N. Rader, and Kiran Sridhar. Stanford, CA: Hoover Institution Press, 2023, pp. 219-48.

———. "Reshaping National Security Institutions for Emerging Technology." *Reshaping National Security*. Proceedings of the Aspen Strategy Group, 2016, pp. 86-96.

———. "The Rise in Unconventional Military Power: Implications for Joint Force 2020." Memorandum for Chairman of the Joint Chiefs Martin Dempsey, unclassified, November 8, 2011.

———. "Why Silicon Valley Must Go to War." Op-ed, *New York Times*, May 2, 2018.

Kosar, Kevin R. "The Quasi Government: Hybrid Organizations with Both Government and Private Sector Legal Characteristics." *Congressional Research Service*, June 22, 2011.

Krepinevich, Andrew, and Barry Watts. *The Last Warrior: Andrew Marshall and the Shaping of Modern American Defense Strategy*. Basic Books, 2015.

Lerner, Josh, Kevin Book, Felda Hardymon, and Ann Leamon. "In-Q-Tel." *Harvard Business School Case 9-804-146*, May 2003.

Lynn, William. "Defending a New Domain: The Pentagon's Cyber Strategy." *Foreign Affairs*, March/April 2010.

———. "Remarks at the Global Security Forum, CSIS," June 8, 2011.

Mahnken, Thomas. *Technology and the American Way of War since 1945*. Columbia University Press, 2008.

Mallaby, Sebastian. *The Power Law: Venture Capital and the Making of the New Future*. Penguin Press, 2022.

Markoff, John. "Pentagon Turns to Silicon Valley for Edge in Artificial Intelligence," *New York Times*, May 11, 2016.

———. *What the Dormouse Said: How the Sixties Counterculture Shaped the Personal Computer Industry*. Viking, 2005.

Mazzucato, Mariana. *The Entrepreneurial State: Debunking Public vs. Private Sector Myths*. Anthem Press, 2013.

McMaster, H. R. *Battlegrounds: The Fight to Defend the Free World*. Harper Collins, 2021.

———. *At War with Ourselves: Overcoming Chaos in the Trump White House*. Harper Collins, 2024.

Metz, Cade. *Genius Makers: The Mavericks Who Brought AI to Google, Facebook, and the World*. Dutton, 2021.

Miller, Chris. *Chip War: The Fight for the World's Most Critical Technology*. Scribner, 2022.

National Security Commission on Artificial Intelligence. "Final Report." March 2023, https://www.nscai.gov/wp-content/uploads/2021/03/Full-Report-Digital-1.pdf.

O'Mara, Margaret. *The Code: Silicon Valley and the Remaking of America*. Penguin Books, 2020.

———. "Silicon Valley Can't Escape the Business of War: Many in the tech industry don't want to be part of the military–industrial complex. But defense work is already part of Silicon Valley's DNA." Op-ed, *New York Times*, October 26, 2018, https://www.nytimes.com/2018/10/26/opinion/amazon-bezos-pentagon-hq2.html.

Osama, Athar. "Washington Goes to Sand Hill Road: The Federal Government's Forays into the Venture Capital Industry." Research brief. Woodrow Wilson Center for Scholars. January 2008.

Pahlka, Jennifer. *Recoding America: Why Government Is Failing in the Digital Age and How We Can Do Better*. Metropolitan Books, 2023.

Petraeus, David, and Andrew Roberts. *Conflict: The Evolution of Warfare from 1945 to Ukraine*. HarperCollins, 2023.

Psalm 23. "A Psalm of David." *King James Bible*.

Reiber, Jonathan. "The Lessons Ash Carter Taught Me." Blog post. *Attack IQ*, October 31, 2022.

Rich, Ben R., and Leo Janos. *Skunk Works: A Personal Memoir of My Years at Lockheed*. Little, Brown, 1996.

Rosen, Steven. *Winning the Next War: Innovation and the Modern Military*. Cornell University Press, 1994.

Sanders, Gregory, Nicholas Velazquez, Emily Hardesty, and Audrey Aldisert. "Defense Acquisition Trends 2023: A Preliminary Look." Center for Strategic and International Studies, December 7, 2023.

Sanger, David E. *The Perfect Weapon: War, Sabotage, and Fear in the Cyber Age*. Penguin Random House, 2019.

———. *The Perfect Weapon*, documentary. HBO, 2020, https://www.hbo.com/movies/the-perfect-weapon.

Sapolsky, Harvey, Eugene Gholz, and Caitlin Talmadge. US Defense Politics: The Origins of Security Policy, 4th ed. Routledge, December 2020.

Schmidt, Eric. "Innovation Power: Why Technology Will Define the Future of Geopolitics." *Foreign Affairs*, March/April 2023.

———. "Remembering Ash Carter: The Innovative Secretary of Defense Who Changed the Pentagon, Silicon Valley, and the Trajectory of Our Nation." Special Competitive Studies Project, January 26, 2023.

———. "Trip Report from Ukraine." Special Competitive Studies Project, September 2022.

Schneider, Jacquelyn. "Investing in Emerging Technology: Lessons from Unmanned Systems." In Boskin, Michael J., John N. Rader, and Kiran Sridhar, eds. *Defense Budgeting for a Safer World: The Experts Speak*. Stanford, CA: Hoover Institution Press, 2023, pp. 185–200.

Shah, Raj M. "Testimony before the National Commission to Explore the Civil-Military Divide and Military Service Policy Options During Hearings." May 16, 2019.

———. "Testimony of Mr. Raj M. Shah, Future of Defense Task Force, House Armed Services Committee U.S. House of Representatives." Hearing Titled: "Supercharging the Innovation Base." February 5, 2020.

Singer, Peter W., and August Cole. *Ghost Fleet: A Novel of the Next World War*. Eamon Dolan/Houghton Mifflin Harcourt, 2015.

———. *Wired for War: The Robotics Revolution and Conflict in The 21st Century*. Penguin Random House, 2009.

Spence, Matt. "Ash Carter's Lasting Legacy: The Former Defense Secretary Leaves Behind a Much Stronger Pentagon-Silicon Valley Relationship." *Defense One*, October 26, 2022.

Weinberger, Sharon. *Imaginary Weapons: A Journey Through the Pentagon's Scientific Underworld*. Nation Books, 2007.

———. *The Imagineers of War: The Untold Story of DARPA, The Pentagon Agency That Changed the World*. Penguin Random House, 2018.

Wilson, Mark B. "U.S. Defense Budget Reform: Historical Perspectives (1940s-2020s)." *In Defense Budgeting for a Safer World: The Experts Speak*, ed. Michael J. Boskin, John N. Rader, and Kiran Sridhar. Stanford, CA: Hoover Institution Press, 2023, pp. 393–428.

Wittes, Benjamin, and Gabriella Blum. *The Future of Violence: Robots and Germs, Hackers and Drones—Confronting a New Age of Threat*. Basic Books, 2015.

Zegart, Amy. *Spies, Lies, and Algorithms: The History and Future of American Intelligence*. Princeton University Press, 2022.

Zelikow, Philip. "Defense Entropy and Future Readiness, Fast and Slow." In *The Future of American Defense, Proceedings of the Aspen Strategy Group*, Nicholas Burns, Jonathon Price, eds., pp. 49–74, https://www.aspeninstitute.org/wp-content/uploads/2014/02/FutureAmericanDefense.pdf.

Zenko, Micah. *Red Team: How to Succeed by Thinking Like the Enemy*. Basic Books, 2015

주석

서문: 펜타곤은 왜 실리콘밸리를 선택했는가

아마존에서 파는 취미용 드론을 무기로 쓰는 IS: 토머스 기번스-네프, 〈ISIS 드론이 미군을 공격하며 라카 공습을 방해하다〉, 워싱턴 포스트, 2017년 6월 14일, https://www.washingtonpost.com/news/checkpoint/wp/2017/06/14/isis-drones-are-attacking-u-s-troops-and-disrupting-airstrikes-in-raqqa-officials-say/. 에밀 아르샹보와 야닉 베유-르파주, 〈드론 영상을 활용하는 이슬람 국가 선전물: 국가처럼 비행하다〉,《인터내셔널 어페어스》96권 4호, 2020년 7월, 955-73, https://academic.oup.com/ia/article/96/4/955/5813533.

미 항공모함 전단, 모의 전투 개시 몇 분 만에 침몰: 스티븐 첸, 〈남중국해에서 미국 항공모함 전단에 대한 초음속 타격 시뮬레이션을 벌이는 중국 과학자들〉, 사우스 차이나 모닝 포스트, 2023년 5월 23일, https://www.scmp.com/news/china/science/article/3221495/chinese-scientists-war-game-hypersonic-strike-us-carrier-group-south-china-sea#. 존 하퍼, 〈인커밍: 항공모함은 초음속 무기를 견딜 수 있는가?〉, 내셔널 디펜스, 2019년 3월 22일, https://www.nationaldefensemagazine.org/articles/2019/3/22/incoming-can-aircraft-carriers-survive-hypersonic-weapons.

무너지기 시작한 기술 우위: 리처드 댄지그, 〈기술 룰렛: 세계 각국의 군대가 기술 우위를 추구하다 통제에서 벗어나는 과정〉, 신미국연구센터, 2018년 5월 30일, https://www.cnas.org/publications/reports/technology-roulette.

중국판 스푸트니크 순간: 디미트리 세바스토풀로, 〈중국 초음속 무기 시험, '스푸트니크 순간' 임박—미군 고위 장성 발언〉, 파이낸셜 타임스, 2021년 10월 27일, https://www.ft.com/content/4a317b8c-d433-4f74-91d9-0be47fc0f04a, 데이비드 E. 생어, 윌리엄 브로드, 〈중국 무기 시험, '스푸트니크 순간' 임박…미군 장성 발언〉, 뉴욕타임스, 2021년 10월 27일, https://www.nytimes.com/2021/10/27/us/politics/china-hypersonic-missile.html.

시가총액 기준 세계에서 가장 큰 기업들: 〈시가총액 기준 최대 기업〉, CompaniesMarketcap.com, 2023년 12월, https://companiesmarketcap.com.

국방부의 '죽음의 골짜기': '죽음의 골짜기'는 시편 23편(다윗의 시)에서 유래한 표현이다. '내가 음침한 죽음의 골짜기로 다닐지라도 해를 두려워하지 아니하리니 주께서 나와 함께하심 이라. 주의 지팡이와 막대기가 나를 안위하리로다', 킹 제임스 성경.

실리콘밸리, 군과 계약 체결 거부: 이러한 문화적 긴장에 대한 탐구는 다음을 참조. 미국외교협 회, 〈국가 안보와 실리콘밸리〉, 데이비드 E. 생어, 엘레오노어 파우웰스, 메리 웨어햄, 크 리스토퍼 키르히호프와의 대화, 2019년 1월 15일, https://www.cfr.org/event/national-security-and-silicon-valley-0.

국방부의 사이버 전략: 윌리엄 린 국방부 차관은 2009년과 2010년 국방부의 사이버 전략 수 립 과정에서 실리콘밸리를 방문했으며, 구글과 페이스북을 포함한 기업들을 만났다. 윌 리엄 린, 〈새로운 영역 방어: 국방부의 사이버 전략〉, 포린 어페어스, 2010년 3월/4월 호, https://www.foreignaffairs.com/articles/united-states/2010-09-01/defending-new-domain, 및 윌리엄 린, 〈글로벌 안보 포럼(CSIS) 연설〉, 2011년 6월 8일, https://go.gale. com/ps/i.do?id=GALE%7CA258415558&sid=sitemap&v=2.1&it=r&p=AONE&sw=w&u serGroupName=anon%7E8b6bb609&aty=open-web-entry. 합참의장 마틴 뎀프시는 취임 직후 실리콘밸리를 방문해 구글, 페이스북, 벤처캐피털 회사 클라이너 퍼킨스를 찾았다. 이후 그는 의장 재임 기간 동안 혁신을 핵심 과제로 삼았다. 〈안보 역설—합참의장 마틴 E. 뎀프시 장군의 공개 연설〉, 하버드 정치연구소, 2012년 4월 12일, https://iop.harvard. edu/events/security-paradox-public-address-general-martin-e-dempsey-chairman-joint-chiefs-staff 및 〈마틴 뎀프시 합동전투회의 연설문〉, 2012년 5월 16일, https://www. jcs.mil/Portals/36/Final%20-%20Selected%20Works%20Dempsey_1.pdf.

기술 우위 유지에 관한 2001년 논문: 애쉬 카터, 마르셀 레트르, 셰인 스미스, 〈기술적 우위 유지 하기〉, 《미래를 위한 국방 관리: 우위 유지하기》, 애쉬 B. 카터와 존 P. 화이트 편집, (MIT 프레스, 2001), 129~164쪽, https://www.belfercenter.org/sites/default/files/legacy/files/ kte_ch6.pdf.

애쉬 카터, 실리콘밸리와 협력 관계 구축: 〈애쉬 카터 국방장관, 사이버 전략을 발표하며 실 리콘밸리와 새로운 협력 관계 구축 촉구〉, 스탠퍼드 국제안보협력센터, 2015년 4월 23 일, https://cisac.fsi.stanford.edu/news/secretary-defense-ashton-carter-unveils-cyber-strategy-calls-renewed-partnership-silicon-valley.

정부 지원 연구를 바탕으로 제품 개발: 스티브 블랭크, 〈눈앞에 숨겨진 실리콘밸리의 비밀사〉, 강연 슬라이드 자료, 2008년 11월, https://steveblank.com/secret-history/. 참조: 마거릿 오 마라, 《코드: 실리콘밸리와 미국의 재창조》(펭귄 북스, 2020).

구글의 창업 배경: 마리아나 마추카토, 《기업가적 국가: 공공 부문과 민간 부문에 관한 신화를 해체하다》(앤섬 프레스, 2013).

유닛 X 2.0의 시작: 애쉬 카터 국방장관, 〈유닛 X 2.0 출범 발표〉, 미국 국방부, 2016년 5월 11일, 캘리포니아주 마운틴뷰, https://www.defense.gov/News/Speeches/Speech/Article/757539/ remarks-announcing-diux-20/. 참조: 댄 라모스, 〈국방부 장관, 실리콘밸리 사무소 개 편〉, 워싱턴 포스트, 2016년 5월 11일, https://www.washingtonpost.com/news/checkpoint/

wp/2016/05/11/pentagon-chief-overhauls-silicon-valley-office-will-open-similar-unit-in-boston/. 존 마코프, 〈인공지능 우위를 확보하기 위한 국방부의 실리콘밸리 협력 전략〉, 뉴욕타임스, 2016년 5월 11일, https://www.nytimes.com/2016/05/12/technology/artificial-intelligence-as-the-pentagons-latest-weapon.html.

모펫 기지 명칭의 유래: 필립 D. 메이어 중위, 〈기술 혁신 주도: 모펫 소장에게 배운 교훈〉, 미국 해군 연구소 회보 146권 3호, 2020년 3월, https://www.usni.org/magazines/proceedings/2020/march/leading-technological-change-lessons-rear-admiral-moffett. 윌리엄 F. 트림블, 〈해군 항공력의 설계자, 윌리엄 A. 모펫 제독〉, 네이벌 인스티튜트 프레스, 2014년.

벤처캐피털 회사의 힘 활용: 벤처캐피털의 역사에 대해서는 다음을 참조. 세바스티안 말러비, 《힘의 법칙: 벤처캐피털과 새로운 미래의 형성》(펭귄 프레스, 2022).

1장. 기술 혁신을 찾아 나선 국방혁신단 '유닛 X'

유닛 X 1.0 출범 6개월 후: 밥 워크 국방부 부장관, 국방부 메모, 〈유닛 X 현장 거점 신설〉, 2015년 7월 2일.

밥 워크 국방부 부장관이 유닛 X를 감독: 밥 워크 국방부 부장관은 냉전 당시 처음 도입한 '첨단 역량 및 억지력 위원회(Advanced Capabilities and Deterrence Panel)' 계획의 두 번째 버전을 출범시켰다. 이 계획은 미국이 어떻게 적국에 대해 기술적 우위를 달성할 수 있을지 연구하기 위한 것이었다. 재구성된 위원회는 실리콘밸리의 기술이 어떻게 육군·해군·공군의 적대국 격퇴 능력을 강화할 수 있을지 모색하는 회의를 소집했다. 이 그룹은 크리스토퍼 키르히호프의 브리핑을 받고 유닛 X 창설을 열렬히 지지했다. 또한 이후 메이븐 프로젝트와 특수 임무 미사일 격퇴 태스크포스로 발전한 조직을 설립했으며, 이는 유닛 X의 카펠라 스페이스 투자로 이어졌다. 이 중요한 계획의 초기 역사에 대해서는 다음을 참조. 지안 젠틸레 외, 〈제3의 상쇄 전략 역사, 2014-2018〉, 랜드 코퍼레이션, 2021년, https://www.rand.org/pubs/research_reports/RRA454-1.html.

애쉬 카터의 회고록: 애쉬 카터, 《오각형 건물에서: 펜타곤에서 리더로 지내며 얻은 교훈》(펭귄 랜덤하우스), p. 327.

전략기획국장: 전략기획 및 미래 시나리오 개발에 관한 일반적 입문서는 다음을 참조. 마이카 젠코, 《레드 팀: 적처럼 사고해 성공하는 법》(베이직 북스, 2015). 리처드 댄지그, 〈어둠 속에서 운전하기: 예측과 국가안보에 관한 열 가지 명제〉, 신미국연구센터, 2011년 10월 26일, https://www.cnas.org/publications/reports/driving-in-the-dark-ten-propositions-about-prediction-and-national-security%C2%A0.

크리스토퍼 키르히호프의 국방부 지원을 요청: 미국 국방부, 〈협력의 요점: 실리콘밸리 백서〉, v. 2.0, 2015년 4월 9일. 일리 바이라크타리와 크리스토퍼 키르히호프의 요청으로 밥 워크가 팀을 구성했다. 밥 워크는 합참차장 샌디 위너펠드와 함께 실리콘밸리를 여러 차례 방문했으며, 국방부 산하 조직 설립 방안에 대해 더그 백을 비롯한 현지 지도자 다수와 협의했다. 밥 워크는 2015년 4월 10일 이 그룹의 구상을 승인하고 설립을 추진하라고 지시했다. 참조: 크리스토퍼 키르히호프, 합참의장 마틴 뎀시 및 합참차장 샌디 위너펠드에게 보낸 이메일, 〈국방부 실리콘밸리 진출에 관한 DSD 결정〉(비기밀), 2015년 4월 10일 오후 3시 57분 28초(미 동부 표준시). 참조: 더그 백, 제임스 위너펠드 등에게 보낸 이메일, 〈예비 아이디어 후속 조치〉, 2015년 3월 28일 오후 9시 41분 7초(CST), 더그 백, 제임스 위너펠드 등에게 보낸 이메일, 2015년 1월 26일, 〈사이버 관련 문서, V4 변경 내용 추적 + 정리본〉.

미국이 보유한 4,018개의 핵탄두: 미국 국무부, 〈자료해설: 미국 핵무기 보유량 투명성〉, 2021년 10월 5일, https://www.state.gov/wp-content/uploads/2021/10/Fact-Sheet_Unclass_2021_final-v2-002.pdf. 미국과학자연합, 〈세계 핵전력 현황〉, 2023년 3월 31일, https://fas.org/initiative/status-world-nuclear-forces/.

에릭 로젠바흐의 서명이 가진 의미: 국방혁신단 조직 절차, 2016년 5월 16일, 에릭 로젠바흐와 라지 샤 서명.

애쉬 카터가 유닛 X 창설을 문서화: 애쉬 카터 국방장관, 국방부 지시 메모, 〈실험적 국방혁신단(DIUx) 확대〉, 2016년 7월 5일. 이러한 권한은 유닛 X의 공식 헌장인 〈국방부 지침 5105.85 국방 혁신단(DIUX)〉에 의해 비준됨, 국방부 부관리차관실, 2016년 7월 5일, https://www.esd.whs.mil/Portals/54/Documents/DD/issuances/dodd/510585p.pdf?ver=201 8-11-23-075056-577.

우리는 결국 선배들처럼 실패할 것: 유닛 X 2.0의 시작과 역사는 다음을 참조. 크리스토퍼 키르히호프, 〈유닛 X의 기초를 다지다〉, The DIU-ex Podcast, 2020년 7월 16일, https://www.youtube.com/watch?v=7aI2lJ-ztu8.

유닛 X 초대 디렉터가 국방부에 보낸 주간 보고서: 유닛 X 기록 보관소, 조지 듀책이 국방부 조달·기술·유지국에 보낸 〈조지 듀책 주간 보고서〉.

2장. 관료제와 예산의 벽에 부딪힌 유닛 X의 위기

유닛 X의 특권: 유닛 X는 사상 처음으로 규정 면제 권한을 행사해 최고정보책임자실의 반대를 극복했다. 애쉬 카터 국방장관은 유닛 X의 의견에 동의했고, 다음 날 유닛 X는 국방부 통신망에서 벗어난 지메일 주소를 확보했다. 라지 샤, 〈국방부 수석 정보 보안 책임자(SISO)에게 보내는 국방혁신단(DIUx)의 상업 서비스 공급자 정책 면제에 관한 각서〉, 2016년 7월.

로런 데일리의 제안: 로런 데일리, 〈민간 기술 신속획득에 관한 제언〉, 유닛 X 내부 작업 문서, 2016년 5월.

국방 기술 조달 절차 개혁: 로널드 폭스, 《국방 조달 개혁, 1960-2009: 끝내 이루지 못한 목표》(미 육군 군사사 센터, 2011), https://history.defense.gov/Portals/70/Documents/acquisition_pub/CMH_Pub_51-3-1.pdf.

기술 거래에 관한 조항: 미국 의회, 제815조, 〈기타 거래 권한 개정안〉, 2016년 국방수권법, 공법 114-92, 2015년 11월 25일 통과, https://www.congress.gov/114/plaws/publ92/PLAW-114publ92.pdf. (f)항의 핵심 조항은 다음과 같다. 후속 생산 계약 또는 거래: (1) 본 조항에 따라 체결된 시제품 프로젝트 거래는 해당 거래 참여자와 후속 생산 계약 또는 거래를 체결할 수 있도록 규정한다. (2) 제1항에 따른 거래에서 규정된 후속 생산 계약 또는 거래는 다음의 요건을 모두 충족하는 경우, 본 법 제2304조의 요건에도 불구하고 경쟁 절차를 거치지 않고 해당 거래 참여자와 거래를 체결할 수 있다: (A) 거래 참여 당사자 선정에 경쟁 절차가 사용되었고, (B) 해당 거래의 참여자가 거래에서 규정된 시제품 프로젝트를 성공적으로 완료한 경우. (3) 본 항에 따라 체결한 계약 및 거래는 (a)항의 권한, 본 법률 제137장의 권한, 또는 국방부 장관이 규정으로 정할 수 있는 절차, 조건 및 규정에 따라 체결할 수 있다. 이 조항은 국방부에 다음과 같은 권한을 부여했다. 참조: 〈2016 회계연도 국방수권법 제815조〉, C5 우주 지휘통제통신 컨소시엄, https://cmgcorp.org/wp-content/uploads/2016/07/Section_815_MEMO.pdf.

빌 그린월트는 조달 시스템 혁신을 원했다: 프레드 캐플런, 〈국방부의 혁신 실험〉, MIT 테크리뷰, 2016년 12월 19일, https://www.technologyreview.com/2016/12/19/155246/the-pentagons-innovation-experiment/.

로런 데일리의 기타거래권한 관련 지침 업데이트: 〈유닛 X 상업 솔루션 개시 방법 안내서〉, 국방혁신부, 2016년 11월 30일, https://apps.dtic.mil/sti/pdfs/AD1022451.pdf.

2004년 이후 국방부 OTA 지침에 대한 첫 번째 업데이트: 국방부, 〈시제품 프로젝트를 위한 기타 거래 가이드〉, 2017년 1월, https://www.acqnotes.com/wp-content/uploads/2014/09/Tab-5-OSD-OTA_Guide-17-Jan-2017-DPAP-signature-FINAL-002.pdf.

피카티니 병기창에 배치된 민간인 요원들: 캐롤린 웡, 〈유닛 X와 ACC 협력 강화〉, 랜드 연구소 작업 보고서, https://www.rand.org/content/dam/rand/pubs/working_papers/WR1100/WR1177/RAND_WR1177.pdf.

로런의 기술 조달 기법을 활용해 700억 달러 상당의 기술 구매: 〈국방부 OTA 지출 내역, 2016-2023〉, 연방 조달 데이터를 통합한 GovWinIQ 자료, 2023년 12월 기준 최신, https://iq.govwin.com/neo/home. 이 지출 내역에 대한 분석은 다음을 참조. 조지 샌더스 외, 〈2023년 국방 조달 동향: 예비 분석〉, 전략국제문제연구소(CSIS), 2023년 12월 7일, https://www.csis.org/analysis/defense-acquisition-trends-2023-preliminary-look, 제시 켐프너 및 브룩 스토크스, 〈비전통적 기업들이 추구하는 신기술 분야 자금 조달〉, 맥킨지앤컴퍼니, 2022년 9월 23일, https://www.mckinsey.com/industries/aerospace-and-defense/our-insights/funding-of-emerging-technology-areas-pursued-by-nontraditional-companies.

3장. 2차 세계대전에서 멈춰버린 미군의 현실

연합항공작전본부(CAOC): 미 공군 중앙사령부, 〈연합항공작전본부(CAOC)〉, https://www. afcent.af.mil/About/Fact-Sheets/Display/Article/217803/combined-air-operations-center-caoc/.

국방혁신자문위원회(DIB) 위원: 〈애쉬 카터 장관, 국방혁신자문위원회 추가 위원 임명〉, 미 국방부 보도자료, 2016년 7월 26일, https://www.defense.gov/News/Releases/Release/ Article/857710/secretary-carter-names-additional-members-of-defense-innovation-advisory-board/#:~:text=. 신규 위원은 아마존, 그리고 닐 디그래스 타이슨을 포함.

그들은 14개의 앱을 사용하고 있었다: 제프리 해리건, 저자들과의 인터뷰, 2023년 3월 6일.

26,000회에 달하는 공중 공격: 〈결연한 의지와 작전 합동 태스크포스〉, 미국 국방부, https:// dod.defense.gov/OIR/. 베카 와서 외, 〈ISIS 격퇴에서 미국 공군의 역할〉, 랜드 코퍼레이션, 2021년, https://www.rand.org/pubs/research_briefs/RBA388-1.html.

96톤에 달하는 연료: 다음을 참조. 〈KC-46A 페가수스: 세계에서 가장 진보한 다목적 공중급유기〉, 보잉, https://www.boeing.com/defense/kc-46a-pegasus-tanker/.

공중급유 프로젝트에 엔리케 오티 합류: 라지 샤 및 엔리케 오티, 〈변화의 이야기〉, 발표 자료, 코드 포 아메리카 연례 콘퍼런스(2018년 5월), https://www.youtube.com/ watch?v=XU8b3jX2JYk&t=3s.

공군 안에 숨어 있는 코딩 인력: 웨인 스타, 저자들과의 인터뷰, 2023년 1월 26일.

항공 연료 연간 2,500만 갤런 절감: 〈지그소(Jigsaw)를 활용한 공중급유 작전 최적화〉, 기획 도구: 관련성 속도로 개발하기, 공군작전에너지 담당 차관보실, https://www.safie.hq.af.mil/ Portals/78/documents/IEN/21st%20Century%20Tools%20Leave-Behind.pdf?ver=nYyKQ 9Awy55LcBEfgBVmnA%3D%3D.

위키리크스가 공개한 크리스토퍼 키르히호프의 이메일: 〈도난 이메일, 군 지도부에 대한 가감 없는 시각 제시〉, AP 통신, 2016년 10월 30일, https://apnews.com/united-states-presidential-election-events-304acd84f0c4443fb12b7ad8f5e7f11b. 토머스 E. 릭스, 〈일부 장군들에 대한 솔직한 평가를 내린 국방부 인사에 대한 비난: 민간인들이 최고 군 장교들에 대해 어려운 질문을 하는 것보다 더 나쁜 것은 무엇일까? 그들에게 질문하지 않는 것보다 더 나쁜 것은 무엇일까?〉, 포린 폴리시, 2017년 11월 1일, https://foreignpolicy. com/2016/11/01N/poetnEtaSgon-official-takes-fire-for-giving-his-honest-assessments-of-some-generals/.

상원의원 존 매케인과 잭 리드의 성명 발표: 〈공군의 AOC 10.2 현대화 계약 취소 결정에 관한 상원 군사위원회 성명〉, 상원 군사위원회, 2017년 7월 13일, https://www.armed-services. senate.gov/press-releases/sasc-statement-on-air-forces-decision-to-cancel-aoc-102-modernization-contract.

크리스의 골든리트리버: 크리스의 골든리트리버 루쿠(Ruku)는 반려견 친화 정책에 따라 유닛 X 최초의 반려견이 되었다. 〈유닛 X 반려견 친화 정책〉, 국방혁신단(DIU), 2016년 8월 31

일. 이 정책은 유닛 X가 위치한 사무 공간 관리를 담당하는 주 방위군 인력에게 이의를 제기당했다. 다행히 유닛 X는 교묘한 수를 써서 정책을 유지하는 데 성공했다.

공군 '소프트웨어 공장' 설립: 국방혁신위원회는 2019년 5월 3일 보고서 〈소프트웨어는 완성되지 않는다: 경쟁 우위를 위한 획득 코드 리팩토링〉에서 국방부 소프트웨어 관행 현대화 방안을 제시했다. https://media.defense.gov/2019/May/01/2002126689/-1/-1/0/SWAP%20COMPLETE%20REPORT.PDF.

아들과 형제자매를 위해 미국에서 삶을 꾸릴 것: 롭 슈미츠, 〈미국 최대 공수 작전의 중심에 있는 공군기지〉, 국립 공영 라디오(NPR), 2021년 9월 2일, https://www.npr.org/2021/09/02/1030307280/afghan-refugees-airlift-ramstein-air-base-germany.

슬랩샷 앱 개발: 다마니 콜먼, 〈케슬런의 슬랩샷이 생명을 구하다〉, 미 공군, 2021년 9월 28일, https://www.aflcmc.af.mil/NEWS/Article-Display/Article/2791602/kessel-runs-slapshot-saves-lives/.

애쉬 카터 국방장관의 지원: 애쉬 카터는 맥 손베리 하원의원에게 유닛 X의 예산 요청을 지지할 것을 촉구하는 서한을 보냈다. 참조: 국방장관 애쉬 카터, 〈하원 군사위원회 위원장 맥 손베리 의원에게 보내는 유닛 X 예산 관련 각서〉, 2016년 10월 19일.

4장. 북한의 위협을 무력화할 킬체인

핵미사일 저지 신기술 개발, 대통령이 직접 추진한다: 루번 소런슨, 저자들과의 인터뷰, 2023년 1월 27일. 참조: 〈국가정보평가서, 북한: 2030년까지 핵무기 활용 시나리오〉, 2023년 6월 15일 기밀 해제, https://www.dni.gov/files/ODNI/documents/assessments/NIC-Declassified-NIE-North-Korea-Scenarios-For-Leveraging-Nuclear-Weapons-June2023.pdf.

문제는 북한 핵무기다: 라이언 패리스, 저자와의 인터뷰, 2023년 2월 2일. 참조: 〈북한 로켓 발사: 김정은이 지금 미사일을 발사한 이유는?〉, BBC, 2016년 2월 7일, https://www.bbc.com/news/world-asia-35516199.

특별 태스크포스의 일부: 첨단 역량 및 억지력 위원회가 설립한 이 태스크포스는 공식적으로 '미사일 격퇴 특별 태스크포스'로 명명되었다.

실리콘밸리 위성으로 북한 미사일 추적: 데이비드 E. 생어, 윌리엄 J. 브로드, 〈실리콘밸리의 소형 위성, 북한 미사일 추적에 도움 될 수 있다〉, 뉴욕타임스, 2017년 7월 6일, https://www.nytimes.com/2017/07/06/world/asia/pentagon-spy-satellites-north-korea-missiles.html.

정보기관이 파악한 북한의 군사력: 〈북한의 군사 능력〉, 외교관계협의회, 2022년 6월 28일, https://www.cfr.org/backgrounder/north-korea-nuclear-weapons-missile-tests-military-capabilities. 국방정보국, 〈북한 군사력: 증가하는 지역 및 글로벌 위협〉, 2021년 9월, p. 21, https://www.dia.mil/Military-Power-Publications/.

과학 저널에 게재된 북한 핵실험 연구: 〈2017년 9월 3일 북한 핵실험으로 인한 만탑산의 융기, 붕괴 및 압축〉, 사이언스 361, no. 6398, 2018년 5월 10일, https://www.science.org/

doi/10.1126/science.aar7230.

북한의 핵미사일 위협: 〈미국 전략적 태세에 관한 위원회 보고서〉, 미국 하원 군사위원회, 2023
년 10월, https://armedservices.house.gov/sites/republicans.armedservices.house.gov/files/
Strategic-Posture-Committee-Report-Final.pdf. 참조: 알렉산더 워드, 〈북한, 미 방어체계
를 압도할 만한 ICBM 보유량 공개〉, 폴리티코, 2023년 2월 8일, https://www.politico.com/
news/2023/02/08/north-korea-missile-capability-icbms-00081993. 안킷 판다, 《김정은
과 핵폭탄》(허스트, 2020년 6월).

최초의 미국 정찰위성 KH-1 코로나: 〈우주에서의 냉전: 극비 정찰위성 공개〉, 미국 공군 박물
관, https://www.nationalmuseum.af.mil/Visit/Museum-Exhibits/Fact-Sheets/Display/
Article/195923/cold-war-in-space-top-secret-reconnaissance-satellites-revealed/.

미사일 요격 성공률: 〈미사일 방어체계〉, 미사일 방어국, 미국 국방부, https://www.mda.mil/
system/system.html.

미사일 발사 전 단계의 해결책: 테레사 히친스, 〈'탄환 대 탄환'을 넘어: 북미사령부
(NORTHCOM)의 새 방어 계획, 미사일 발사 전 격추 목표〉, 브레이킹 디펜스, 2023년 8
월 9일, https://breakingdefense.com/2023/08/beyond-bullet-on-bullet-northcoms-new-
defense-plan-looks-to-kill-missiles-before-they-launch/.

우리는 훌륭한 '발사 이후 요격' 해결책을 가지고 있었다: 샌디 위너펠드 제독(퇴역), 저자와의 서
신 교환, 2023년 2월 20일.

위너펠드 참모진이 작성한 그래프: 샌디 위너펠드 제독, 저자들과의 서신 교환, 2023년 7월 18일.
라이언 패리스, 저자들과의 인터뷰, 2023년 2월 2일.

미국의 방어체계를 압도할 만한 KN-08 미사일: 라이언 패리스, 저자들과의 인터뷰, 2023년 2월
2일.

나이키 방공 시스템에 대한 불신: 국방장관 로버트 맥나마라, 〈맥나마라 국방장관이 존슨 대통령
에게 보내는 메모, 제목: 나이키-X의 생산 및 배치〉, 1967년 1월, https://history.state.gov/
historicaldocuments/frus1964-68v11/d173.

샌디 위너펠드는 우리가 유일한 선택지라고 믿었다: 샌디 위너펠드 제독(퇴역), 저자들과의 서신
교환, 2023년 2월 20일.

북한 상공을 감시하는 높은 '재방문율': 샌디 위너펠드 제독(퇴역), 저자들과의 서신 교환, 2023년
2월 20일.

NASA보다 저렴한 우주 탑재체 발사: 매슈 바인지어와 메핵 사랑, 〈상업 우주 시대가 도래했다〉,
하버드 비즈니스 리뷰, 2021년 2월 12일, https://hbr.org/2021/02/the-commercial-space-
age-is-here.

데이터 허브가 가동되기 시작한 시점: 데이터 허브 시범 운영의 성공은 2016년 밥 워크 국방부 부
장관이 공개적으로 발표했다. 참조: 〈인큐텔 CEO 서밋에서 국방부 부장관 발언〉, 캘리포니
아주 산호세, 2016년 2월 25일. 〈국방부 워크 부장관, 플래닛 랩스 방문〉, 2016년 2월 25일,
https://www.defense.gov/Multimedia/Photos/igphoto/2001459490/.

록히드 마틴, SR-71 블랙버드에 SAR 센서 탑재: 〈합성개구레이더: 24시간 정찰〉, 록히드 마틴,

2020년 10월 1일, https://www.lockheedmartin.com/en-us/news/features/history/sar.html.

그는 아직 시제품조차 만들지 못했다: 스티브 '버키' 부토우 소장, 저자들과의 인터뷰, 2023년 1월 16일 및 4월 4일. 파얌 바나자데, 저자들과의 인터뷰, 2023년 1월 20일 및 25일.

실마리를 찾아가다: 스티브 블랭크, 〈린 스타트업이 모든 것을 바꾸는 이유〉, 하버드 비즈니스 리뷰, 2013년 5월, https://hbr.org/2013/05/why-the-lean-start-up-changes-everything. 또한 참조: https://steveblank.com/about/.

실리콘밸리의 비밀사: 스티브 블랭크, 〈눈앞에 숨겨진 실리콘밸리의 비밀사〉 강연, 2008년 11월, 및 슬라이드 자료, https://steveblank.com/secret-history/.

깨달음에 이르는 네 단계: 스티브 블랭크, 《깨달음에 이르는 네 단계》(K&S Ranch, 제2판, 2013년 7월).

우리는 매우 빠른 보복-재보복 악순환에 진입할 수 있다: 빈센트 브룩스 장군의 국방혁신위원회 발언(비기밀), 대한민국 서울, 2017년 9월 8일.

우리는 더 나쁜 상대인 김정은을 마주하고 있다: 빈센트 브룩스 장군의 국방혁신위원회 발언(비기밀), 대한민국 서울, 2017년 9월 8일.

한 시간마다 서울에 미사일 1만 6,000발 발사 가능: 김정민, 〈서울 당국자, 북한이 남한 공격에 '하마스 전술' 사용 가능성 시사〉, NK 뉴스, 2023년 10월 11일, https://www.nknews.org/2023/10/seoul-officials-suggest-north-korea-capable-of-hamas-tactics-to-attack-south/.

북한이 남한 공격 시 인명 피해가 엄청나게 클 것: 빈센트 브룩스 장군의 국방혁신위원회 발언(비기밀), 대한민국 서울, 2017년 9월 8일.

실리콘밸리 위성으로 북한 미사일 추적: 데이비드 E. 생어, 윌리엄 브로드, 〈실리콘밸리의 소형 위성, 북한 미사일 추적에 도움 될 수 있다〉, 뉴욕타임스, 2017년 7월 6일, https://www.nytimes.com/2017/07/06/world/asia/pentagon-spy-satellites-north-korea-missiles.html.

카펠라, 마침내 국방부 사업 추가 수주: 〈카펠라 스페이스, 국가정찰국으로부터 상업용 레이더 계약 수주〉, 카펠라 스페이스, 2022년 1월 21일, https://www.capellaspace.com/press-releases/capella-space-awarded-commercial-radar-contract-by-national-reconnaissance-office/.

5장. 유닛 X, 실험 조직에서 공식 조직이 되다

프로젝트 계약: 유닛 X 연례 보고서 2017 및 유닛 X 연례 보고서 2018.

프로젝트 두 개를 시범 단계에서 생산 단계로 전환: 〈태니엄, 사이버보안 분야에서 국방부와 7억 5,000만 달러 계약 체결〉, 메리토크, 2017년 11월 2일, https://www.meritalk.com/articles/tanium-gets-750-million-dod-contract-for-cybersecurity/.

메이헴의 잠재력 인정: 현대 사이버 전쟁의 역사에 관하여 다음을 참조. 데이비드 E. 생어, 《완벽한 무기: 사이버 시대의 전쟁, 사보타주, 공포》(펭귄 랜덤하우스, 2019). 동명의 다큐멘터리, HBO, 2020, https://www.hbo.com/movies/the-perfect-weapon/. 리처드 댄지그, 〈독이 든 과일로 생존하기: 미국의 사이버 의존도가 초래하는 국가안보 위험 감소 방안〉, 신미국연구센터, 2014년 7월, https://s3.us-east-1.amazonaws.com/files.cnas.org/documents/CNAS_PoisonedFruit_Danzig.pdf.

1억 5,000만 달러 규모로 100건 계약: 〈메이헴이란 무엇인가?〉, 메이헴 시큐리티, https://www.mayhem.security/about.

전투에 투입된 최초의 자율 로봇: 엘리엇 애커먼, 〈해군 특수부대원, 쿼드콥터, 그리고 전투 현장에서 생명을 구하려는 도전〉, 와이어드, 2020년 10월 30일, https://www.wired.com/story/shield-ai-quadcopter-military-drone. 크리스토퍼 밈스, 마이클 부커, 〈로봇의 100년〉, 월스트리트저널, 2021년 1월 23일, https://www.wsj.com/story/100-years-of-robots-d44df980?mod=e2twd.

중국산 드론이 미국의 데이터를 훔칠 수 있다: 헤이 케스텔루, 〈국방부, 중국산 DJI 드론을 포함한 상용 무인 항공기 시스템 구매 즉시 금지〉, 2018년 6월 7일, https://dronedj.com/2018/06/07/department-of-defense-bans-the-purchase-of-commercial-over-the-shelf-uas-including-dji-drones/.

미군, 중국산 드론 운용 중단 명령: 릴리 헤이 뉴먼, 〈미 육군, 보안 우려로 중국산 DJI 드론 운용 중단〉, 와이어드, 2017년 8월 7일, https://www.wired.com/story/army-dji-drone-ban/.

로그 스쿼드론: 마크 제이콥슨, 〈유닛 X와 로그 스쿼드론〉, markdjacobsen.com, https://markdjacobsen.com/portfolio/rogue-squadron/. 마크 제이콥슨, 〈비행 IED 위협이 이제 막 시작된 이유〉, War on the Rocks, 2016년 10월 19일, https://warontherocks.com/2016/10/why-the-flying-ied-threat-has-barely-started/.

로그 스쿼드론, 중국산 DJI 드론 해킹 내용 공개: 국방부와 미 특수작전사령부는 미군용 DJI 드론 안전을 위한 해당 소프트웨어의 수정 사항을 공식 인정했다.—"DJI 드론에 내재된 사이버보안 문제를 제거하기 위해 (해당 모델 전용) 소프트웨어 개발 및 적용", https://www.voanews.com/a/usa_us-military-still-buying-chinese-made-drones-despite-spying-concerns/6175967.html.

국방부 회계감사관실, RIZER 프로그램과 예산에 대한 비기밀 요약본 공개: https://comptroller.defense.gov/Portals/45/Documents/defbudget/fy2022/budget_justification/pdfs/03_RDT_and_E/WHS_PB2022.pdf. 라이언 비얼, 저자들과의 인터뷰, 2023년 5월 1일.

드론 조종사를 잡을 수 없다: 라이언 비얼, 저자들과의 인터뷰, 2023년 5월 1일.

실시간 복구 불가능: 마크 제이콥슨, 저자들과의 서신 교환, 2023년 7월.

라이언 비얼, 안드로이드 앱 완성: 앱에 대한 설명은 마크 제이콥슨의 웹 게시물 참조. https://markdjacobsen.com/portfolio/wicker/.

나는 코딩을 스스로 배웠다: 라이언 비얼, 저자들과의 인터뷰, 2023년 5월 1일.

하루 40건에 달하는 드론 침입: 마크 제이콥슨, 저자들과의 인터뷰, 2023년 4월 27일.

그는 그저 동료 해커일 뿐이었다: 라이언 비얼, 저자들과의 인터뷰, 2023년 5월 1일.

주요 공급업체가 된 스카이디오: 〈스카이디오—단거리 정찰〉, 유닛 X, 2021, https://www.diu.mil/solutions/portfolio/catalog/a0Tt0000009En3rEAC-a0ht000000AYgy9AAD.

더 큰 프로그램인 블루 UAS: 〈승인 목록: 모든 블루 UAS에 대한 빠른 참조 가이드〉, 유닛 X, https://www.diu.mil/blue-uas-cleared-list.

매티스 국방장관, 나는 유닛 X를 열렬히 환영한다: 〈유닛 X와 매티스 장관의 미디어 인터뷰〉, 미국 국방부, 2017년 8월 10일, https://www.defense.gov/News/Transcripts/Transcript/Article/1275373/media-availability-with-secretary-mattis-at-diux/. 참조: 타자 샤플레-라니어, 〈매티스 국방장관, 유닛 X를 적극 수용할 준비가 됐다〉, 페드스쿱, 2017년 8월 11일, https://fedscoop.com/secretary-mattis-ready-enthusiastically-embrace-diux/. 톰 시모나이트, 〈제임스 매티스 국방장관, 실리콘밸리의 AI 부상을 부러워하다〉, 와이어드, 2017년 8월 10일, https://www.wired.com/story/james-mattis-artificial-intelligence-diux/.

국방혁신단이 공식 부서로 승격, 명칭에서 'X'가 빠지다: 패트릭 섀너핸 국방부 부장관, 〈국방혁신단 유닛 X 재지정〉, 메모, 페드스쿱, 2018년 8월 3일, https://www.fedscoop.com/wp-content/uploads/sites/5/2018/08/REDESIGNATION-OF-THE-DEFENSE-INNOVATION-UNIT-OSD009277-18-RES-FINAL.pdf.

로그 스쿼드론 이전: 〈로그 스쿼드론, 유닛 X에서 국방 디지털 서비스로 전환〉, 국방 디지털 서비스, 2020년 2월 12일, https://www.dds.mil/media/2020-05-rogue-squadron-transitions-from-defense-innovation-unit-to-defense-digital-service.

세일드론 창업자 리처드 젠킨스, 나는 국방장관이 누군지도 몰랐다: 리처드 젠킨스, 저자들과의 인터뷰, 2023년 6월 16일.

이란 해군이 세일드론 선박 두 척을 압류: 앤드루 정, 〈이란, 미국 해군 개입 후 홍해에서 압류한 세일드론 선박 석방〉, 워싱턴 포스트, 2022년 9월 2일, https://www.washingtonpost.com/world/2022/09/02/iran-us-navy-drone-capture/.

러시아 함대를 격침한 우크라이나군: 마크 산토라, 〈전함이 없는 우크라이나는 어떻게 러시아 해군을 저지하고 있는가〉, 뉴욕타임스, 2023년 11월 12일, https://www.nytimes.com/2023/11/12/world/europe/ukraine-navy-admiral-black-sea.html.

조비 항공, 헌터 리겟 공군기지에서 드론택시 시험: 〈조비 항공과 미국 정부, 공중 이동 혁명 시작〉, 조비 항공, 2022년 2월 8일, https://www.jobyaviation.com/blog/joby-us-government-kickstart-air-mobility-revolution/.

조비 항공, 국방부와 전기 수직이착륙기 공급 계약: 조벤 비버트, 저자들과의 인터뷰, 2023년 6월 28일.

eVTOL 항공기 공급을 위한 1억 3,100만 달러 계약: 〈조비 항공, 에드워즈 공군기지에 예정보다 앞서 첫 eVTOL 항공기 인도〉, 조비 항공, 2023년 9월 25일, https://www.jobyaviation.com/news/joby-delivers-first-evtol-edwards/. SR-71 및 F-117 개발이 수십 년이 아닌 수개월 및 수년 만에 이루어진 것을 역사적 기준과 비교하여 주요 기업들의 기술 개발이 얼마나 관료화되었는지 확인하려면 다음을 참조. 벤 R. 리치, 레오 야노스, 《스컹크 웍스: 록히드에서 보낸 세월, 개인적 회고록》(리틀 브라운, 1996).

메이븐 프로젝트: 밥 워크 국방부 부장관, 〈알고리즘 전쟁 크로스-기능 팀(메이븐 프로젝트) 설립〉, 2017년 4월 26일, https://www.govexec.com/media/gbc/docs/pdfs_edit/

establishment_of_the_awcft_project_maven.pdf.

시범 프로젝트로 설계된 메이븐: 존 '잭' 섀너핸 중장(예비역), 저자들과의 인터뷰, 2023년 4월 17일.

인공지능 발전에 대한 강력한 촉구: 브렌던 매코드, 저자들과의 인터뷰, 2023년 5월 3일.

공군 분석가들의 실시간 영상 데이터 분석 역량, 5퍼센트에 불과: 〈고르곤 스테어 광역 동작 영상(WAMI)〉, SNC, Inc., https://www.sncorp.com/capabilities/wide-area-motion-imagery/. 참조: 〈고르곤 스테어〉, 위키백과, https://en.wikipedia.org/wiki/Gorgon_Stare.

악의적 행위자 추적 가능: 존 '잭' 섀너핸 중장, 〈소프트웨어 정의 전쟁: 국방부의 디지털 시대로의 전환 설계〉, 전략국제문제연구소(CSIS), 2022년 9월 7일.

구글, 국방부 드론용 AI 개발 지원: 케이트 콩거, 델 캐머런, 〈구글, 국방부 드론용 AI 개발 지원〉, 기즈모도, 2018년 3월 6일, https://gizmodo.com/google-is-helping-the-pentagon-build-ai-for-drones-1823464533#:~:text=Google%20has%20partnered%20with%20the,they%20learned%20of%20Google's%20involvement.

구글은 전쟁 사업에 관여해서는 안 된다: 메이븐 프로젝트 논란에 대한 포괄적인 설명은 다음을 참조. 케이드 메츠, 《천재 메이커스: 구글, 페이스북, 그리고 세계에 인공지능을 가져온 개척자들》(더턴: 2021).

미국 방어 지원: 시위 운동이 기술과 실리콘밸리 문화를 어떻게 형성했는지에 대한 역사적 고찰은 다음을 참조. 존 마코프, 《도마뱀쥐가 말한 것: 60년대 문화는 어떻게 개인용 컴퓨터 산업을 형성했는가》(바이킹 어덜트, 2005).

실리콘밸리는 왜 전쟁에 참여해야 하는가: 〈실리콘밸리는 왜 전쟁에 참여해야 하는가〉, 크리스토퍼 키르히호프, 뉴욕타임스 사설, 2018년 5월 2일, https://www.nytimes.com/2018/05/02/opinion/silicon-valley-pentagon.html. 기술과 윤리에 대한 심층적 탐구는 다음을 참조. 쉴라 자사노프, 《발명의 윤리: 기술과 인간 미래의 윤리적 문제들》(W. W. Norton, 2016). 〈겸손의 기술: 과학 통치에 대한 시민 참여〉, 《미네르바》 41권 3호, 특별호: 새로운 지식 생산에 대한 성찰(2003): 223-44. 〈알 수 없는 세계에서의 민주주의〉, 2022 홀베리상 수상 강연, 2022년 6월, https://holbergprize.org/en/news/holberg-prize/2022-holberg-lecture-sheila-jasanoff. 전쟁에서 기술을 어떻게 적용할지 고려할 때, 전쟁에서 기술을 잘못 적용한 길고도 어려운 역사를 인지하는 것이 필수다. 참조: 존 다우어, 《전쟁의 문화: 진주만, 히로시마, 9-11, 이라크》(W. W. Norton, 2010). 앤드루 콕번, 《킬체인: 첨단 기술 암살자의 부상》(헨리 홀트, 2015). 샤론 와인버거, 《전쟁의 상상가들: 세계를 바꾼 국방부 산하기관 DARPA의 알려지지 않은 이야기》(빈티지 북스, 2018).

빈트 서프와 메이븐 프로젝트: 트로이 울버턴, 〈인터넷 공동 발명가 빈트 서프, 구글의 프로젝트 메이븐 옹호〉, 비즈니스 인사이더, 2018년 12월 13일, https://www.businessinsider.com/vint-cerf-defended-googles-project-maven-defense-pilot-program-2018-12.

국방혁신위원회 원칙 마련: 국방혁신위원회, 〈인공지능 원칙: 국방부의 인공지능 윤리적 사용 권고안〉, 미국 국방부, 2019년 10월 31일, https://media.defense.gov/2019/Oct/31/2002204458/-1/-1/0/DIB_AL_PRINCIPLES_PRIMARY_DOCUMENT.PDF.

어떤 장관도 당황스러운 상황을 원하지 않는다: 에릭 로프그렌, 〈미국 공군의 스페이스X 대우 방식이 부끄러운 일인가?〉, 2020년 1월 30일, https://acquisitiontalk.com/2020/01/did-spacexs-experience-doing-business-with-the-us-air-force-embarrass-the-service/. 〈합참차장 존 하이튼 장군과의 대화〉, 전략국제문제연구소(CSIS), 2020년 1월 17일, https://www.csis.org/events/conversation-general-john-hyten-vice-chairman-joint-chiefs-staff.

안두릴 창업자 트레이 스티븐스: 트레이 스티븐스, 저자들과의 인터뷰, 2023년 6월 20일.

인큐텔 펀드의 사업 확보 시도: 정보계의 벤처캐피털 펀드인 인큐텔은 실리콘밸리와 협력하는 정부 산하 기관 중 가장 오래됐다. 정부 자금 지원 벤처캐피털 프로그램이라는 독특한 지위는 벤처투자 임무를 가진 다른 정부 기관들과 마찬가지로 광범위하게 연구됐다. 참조: 아타르 오사마, 〈워싱턴의 샌드힐 로드 진출: 연방 정부의 벤처캐피털 산업 진출 시도〉, 연구 브리프, 우드로 윌슨 학자 센터, 2008년 1월, https://www.wilsoncenter.org/article/washington-goes-to-sand-hill-road/. 하버드 비즈니스 스쿨 사례 연구 3편, 조시 러너, 케빈 북, 펠다 하디몬, 앤 리먼, 〈인큐텔〉, 하버드 비즈니스 스쿨 사례, 9-804-146, 2003년 5월. 케빈 R. 코사르, 〈준정부 기관: 정부와 민간 부문의 법적 특성을 모두 지닌 하이브리드 조직〉, 의회 연구 서비스, 2011년 6월 22일, https://sgp.fas.org/crs/misc/RL30533.pdf.

안두릴, 기술계에서 가장 논란 많은 스타트업: 조슈아 브루스타인, 〈기술계에서 가장 논란이 많은 스타트업, 공격용 드론 제작〉, 블룸버그, 2019년 10월 3일, https://www.bloomberg.com/news/features/2019-10-03/tech-s-most-controversial-startup-now-makes-attack-drones.

안두릴의 전투용 드론: 〈자율 운동에너지 요격: 적 드론을 추적해 파괴하는 앤빌 드론〉, 안두릴, https://www.anduril.com/hardware/anvil/.

'고스트' 스텔스 드론: 〈자율비행: 미래 대비형 UAS 플랫폼〉, 안두릴, https://www.anduril.com/hardware/ghost-autonomous-suas/.

래티스 AI 소프트웨어 프로그램: 〈안두릴의 래티스: 공공 안전, 보안 및 방위를 위한 신뢰할 수 있는 이중 용도(상업 및 군사) 플랫폼〉, 안두릴 블로그, https://blog.anduril.com/andurils-lattice-a-trusted-dual-use-commercial-and-military-platform-for-public-safety-770b83c082e9.

기술 기업 CEO들, 대통령과의 회동 위해 백악관 도착: 톨루서 올로룬니파, 〈트럼프, 드론·사물인터넷 논의 위해 기술 기업 최고경영진과 회동〉, 블룸버그, 2017년 6월 21일, https://www.bloomberg.com/news/articles/2017-06-22/trump-to-meet-with-tech-executives-on-drones-internet-of-things?leadSource=uverify%20wall.

6장. 미·중 기술 패권 전쟁의 승자는 누구인가

AI는 영원한 독재 정권을 만들 수 있다: 누르 알 시바이, 〈오픈AI 최고경영자, 진보된 AI는 이미 의식을 가질 수 있다〉, 더 바이트, 2022년 2월 13일, https://futurism.com/the-byte/openaialready-sentient.

기술과 국가안보, 미국의 우위 유지: 애스펀 연구소, 2019년 1월 31일, https://www.amazon.com/Technology-National-Security-Maintaining- Americas/dp/0578427958.

당신은 2025년에 끝장난다: 댄지그는 마더 존스 잡지 기사에서 이 비유를 접했다. 케빈 드럼, 〈로봇 지배자들, 환영합니다. 우리를 해고하지 말아 주세요〉, 마더 존스, 2023년 5월/6월호, https://www.motherjones.com/media/2013/05/robots-artificial-intelligence-jobs-automation/.

중국 대사관에 주둔한 중국 공안 부대: 메가 라자고팔란, 윌리엄 K. 라쉬바움, 〈FBI 수사로 미국, 중국 경찰 전초기지에 대한 글로벌 대응 수위 높여: 중국은 해당 기지가 경찰 업무를 수행하지 않는다고 주장하지만, 중국 국영 매체 보도에 따르면 이들은 '정보 수집'을 하고 관할권 밖에서 범죄를 해결한다〉, 뉴욕타임스, 2023년 1월 12일, https://www.nytimes.com/2023/01/12/world/europe/china-outpost-new-york.html.

군사력을 증강하는 시진핑: 중국의 폭발적인 군사력 증강은 다른 곳에서도 중요하게 언급됐다. 미국 국방부, 〈중화인민공화국 관련 군사 및 안보 동향, 2022〉. 미국 국방부, 〈2022년 미국 정보 커뮤니티 연례 위협 평가〉. 국가정보국장, 2022년 2월. 〈2022년 의회 보고서〉, 미중경제안보검토위원회, 2022년 11월.

중국을 적으로 간주하는 미국: 커트 캠벨, 엘리 래트너, 〈중국: 베이징은 어떻게 미국의 기대를 무시했는가〉, 포린 어페어스, 2018년 2월 13일, https://www.foreignaffairs.com/articles/china/2018-02-13/china-reckoning.

미국은 미래에 대해 아무 계획이 없었다: 크리스천 브로즈, 《킬체인: 첨단 전쟁 시대에 미국 방어하기》(Hachette, 2020).

중국은 미국의 88퍼센트에 달하는 연구비를 지출한다: 〈혁신과 국가안보: 우리의 우위 유지〉, 독립 태스크포스 보고서 제77호, 외교협회, 2019년 9월, pp. 36-37, https://www.cfr.org/report/keeping-our-edge/pdf/TFR_Innovation_Strategy.pdf.

신호를 탐지하는 알고리즘으로 스텔스 전투기 무력화: 독일 센서 제조사 헨솔트는 자사의 수동 레이더가 2018년 베를린 에어쇼 개최지 인근의 조랑말 농장에서 두 대의 F-35를 탐지하고 추적했다고 주장한다. 참조: 세바스티안 슈프렝거, 〈독일 레이더 제조사, 2018년 조랑말 농장에서 F-35 스텔스 전투기 추적했다고 주장〉, 비즈니스 인사이더, 2019년 9월 30일, https://www.businessinsider.com/german-radar-maker-hensoldt-says-it-tracked-f35-in-2018-2019-9.

시진핑은 이를 군민 융합이라 불렀다: 에밀리 와인스타인, 〈중국의 군민 융합 노력을 과소평가하지 마라〉, 포린 폴리시, 2021년 2월 5일, https://foreignpolicy.com/2021/02/05/dont-underestimate-chinas-military-civil-fusion-efforts/.

더 평평해진 세계: 크리스토퍼 키르히호프, 〈더 평평해진 세계: 기술이 세계 질서를 재편하는 방식〉, 《뒤집힌 세계: 위험한 시대에 미국의 리더십 유지하기》, 애스펀 전략 그룹 회의록, 2017, pp. 93-99, https://www.aspeninstitute.org/wp-content/uploads/2017/11/FINAL-ASG-World-Upside-Down-FINAL.REV_.pdf. 참조: 크리스토퍼 키르히호프, 〈신흥 기술을 위한

국가안보 기관 재편〉,《국가안보 재편》, 애스펀 전략 그룹 회의록, 2016, pp. 86-96.

트럼프 행정부는 느리게 움직였다: 〈혁신과 국가안보: 우리의 우위 유지하기〉, 독립 태스크포스 보고서 제77호, 외교협회, 2019년 9월, pp. 46-48, https://www.cfr.org/report/keeping-our-edge/pdf/TFR_Innovation_Strategy.pdf.

국가안보위원회에 관한 박사 학위 논문: 크리스토퍼 키르히호프, 〈국가안보 체제의 수선: 위원회와 재난·개혁의 정치〉, 박사 학위 논문, 케임브리지대학교, 2010년 9월 19일, https://www.repository.cam.ac.uk/items/1a2e1953-6494-440c-bcd1-80659b1ec334.

국가안보위원회가 주도하는 개혁: 조던 타마,《테러리즘과 국가안보 개혁: 위기 상황에서 위원회가 변화를 주도하는 방법》(케임브리지대학교 출판부, 2011).

백악관에 들어간 일리 바이라크타리: 〈연방 공무원들의 업무: 국방부 최고 관리들의 오른팔〉, 공공서비스 파트너십, 2016년 7월 11일, https://medium.com/@RPublicService/feds-at-work-right-hand-men-to-the-pentagons-top-officials-ca99b6c93fbf.

인공지능 국가안보위원회 창립: 〈인공지능 국가안보위원회 창립 회의 개최〉, 인공지능 국가안보위원회, 2019년 3월 12일, https://www.nscai.gov/2019/03/12/national-security-commission-on-artificial-intelligence-holds-inaugural-meeting/.

안보위원회에 대한 크리스의 발언: 조던 타마, 크리스토퍼 키르히호프, 〈위원회 성공 요인—과거 위원회에 관한 정치학 문헌의 교훈〉, 인공지능 안보위원회에 제출한 메모, 2019년 1월 11일, https://static1.squarespace.com/static/5a644faef14aa1dadc5db4f1/t/65866c0489358d3cadd85873/1703308293046/Tama-Kirchhoff+Memo+for+National+Security+Commission+on+AI.pdf.

터미네이터는 아직 나타나지 않았다: 세바스티앙 로블랭, 〈러시아의 우란-9 로봇 전차가 시리아에서 전쟁에 투입됐다(하지만 잘되지 않았다)〉, 내셔널 인터레스트, 2019년 1월 6일, https://nationalinterest.org/blog/buzz/russias-uran-9-robot-tank-went-war-syria-it-didnt-go-very-well-40677.

중국의 기술 이전 전략: 마이크 브라운, 파브닛 싱, 〈중국의 기술 이전 전략: 신흥 기술에 대한 중국의 투자가 어떻게 전략적 경쟁자가 미국 혁신의 핵심 기술을 확보하도록 하는가〉, 유닛 X, 2018년 1월, https://nationalsecurity.gmu.edu/wp-content/uploads/2020/02/DIUX-China-Tech-Transfer-Study-Selected-Readings.pdf.

중국, 민감한 미국 스타트업에 투자: 폴 모저, 제인 페를레즈, 〈중국, 민감한 미국 스타트업에 베팅하며 국방부를 불안하게 하다〉, 뉴욕타임스, 2017년 4월 7일, https://www.nytimes.com/2017/04/07/business/china-defense-start-ups-pentagon-technology.html.

외국인 투자 위험 심사 현대화법: 〈2018년 외국인 투자 위험 심사 현대화법 요약〉, 미국 재무부, https://home.treasury.gov/system/files/206/Summary-of-FIRRMA.pdf.

모듈식 기뢰 제거 차량 프로토타입 제작: 〈유닛 X와 PMS-408, 예정보다 2년 앞당겨 함대에 첨단 기뢰 탐지 능력 도입 협력〉, 유닛 X, 2022년 4월, https://www.diu.mil/latest/defense-innovation-unit-and-pms-408-partner-to-bring-advanced-mine-detection.

미 해군, 인공지능 활용 방식에서 훨씬 더 진보: 스튜 매그너슨, 〈해군 기뢰 제거, 속도 향상 및 위험 감소를 위해 인공지능 활용〉, 내셔널 디펜스, 2022년 2월 9일, https://www. nationaldefensemagazine.org/articles/2022/2/9/navy-minesweepers-look-to-ai-to-boost-speed-reduce-risk.

재러드 던몬과 기뢰 제거 차량 프로젝트: 재러드 던몬, 저자들과의 인터뷰, 2023년 4월 18일 및 23일.

더 광범위한 영향을 미칠 프로젝트 선정: 마이크 브라운, 저자들과의 인터뷰, 2023년 7월 7일.

유닛 X는 누구에게 보고해야 하는가?: 벤 피츠제럴드, 저자들과의 서신 교환, 2023년 1월 26일.

브라운의 성과: 마크 설리번, 〈실리콘밸리가 미군에 동력 공급: 중국과의 긴장 고조 속에서 국방 내부자 및 기술 기업인 집단이 국방부를 실리콘밸리처럼 재편〉, 패스트 컴퍼니, 2021년 11월 1일.

인공지능 국가안보위원회 중간 보고서: 인공지능 국가안보위원회, 2019년 11월, https://www. nscai.gov/wp-con tent/uploads/2021/01/NSCAI-Interim-Report-for-Congress_201911. pdf.

마이크로소프트, 국방부와 협력 약속: 마이크로소프트 CEO 사티아 나델라는 이 분야에서 강력한 옹호자로서 공개적으로 "우리는 민주주의 체제에서 자유를 보호하는 정부 기관들 측에 기술 제공을 거부하지 않겠다는 원칙을 세웠다"라고 말했다. 찰스 라일리, 새뮤얼 버크, 〈일부 직원들의 비난 가운데, 마이크로소프트 CEO가 미군 계약을 옹호하다〉, CNN 비즈니스, 2019년 2월 25일, https://www.cnn.com/2019/02/25/tech/augmented-reality-microsoft-us-military/index.html. 제프 베이조스 역시 "대형 기술 기업들이 국방부를 외면한다면 이 나라는 위기에 빠질 것이다. … 이 나라는 위대한 나라이며 반드시 방어해야 한다"라고 말했다. 헤더 켈리, 〈제프 베이조스: 아마존은 국방부와 계속 협력할 것〉, CNN 비즈니스, 2018년 10월 15일, https://www.cnn.com/2018/10/15/tech/jeff-bezos-wired/index.html. 참조: 마거릿 오마라, 〈실리콘밸리는 전쟁 사업에서 벗어날 수 없다: 많은 기술 업계 종사자들은 군산복합체에 속하길 꺼린다. 그러나 방산업은 이미 실리콘밸리의 DNA에 스며들어 있다〉, 뉴욕타임스 사설, 2018년 10월 26일, https://www.nytimes.com/2018/10/26/opinion/amazon-bezos-pentagon-hq2.html.

AI 안보를 위한 파트너십: 〈NSCAI 컨퍼런스—점심 기조 연설: AI, 국가안보 및 공공-민간 파트너십〉, 인공지능 국가안보위원회, 2019년 11월 15일, https://www.youtube.com/watch?v=3O]iUl1Tzj3c.

인공지능에 관한 행정 명령 및 국가 전략: 백악관 과학기술정책실, 〈미국 국민을 위한 인공지능〉, 2019년, https://trumpwhitehouse.archives.gov/ai/executive-order-ai/.

아시아로 이전한 첨단 반도체 공장: 크리스 밀러, 《칩 워, 누가 반도체 전쟁의 최후 승자가 될 것인가》(부키, 2023).

백악관 에볼라 대응팀에서 근무했던 크리스토퍼: 크리스토퍼 키르히호프, 〈미국은 코로나19를 만나기 전 에볼라로부터 배워야 했다: 워싱턴이 국가안보회의 에볼라 보고서에서 배우지 못한 것〉, 포린 어페어스, 2020년 3월 28일, https://www.foreignaffairs.com/united-states/ebola-should-have-immunized-united-states-coronavirus.

2020년 인공지능 논의 시도: 〈인공지능에 관한 타운홀미팅〉, 뮌헨 안보 포럼, 2020년 2월

2일, https://securityconference.org/en/medialibrary/asset/townhall-on-artificial-intelligence-20200215-1600/.

국가안보회의 재편에 관한 논문: 〈과거를 돌아보며 앞으로 나아가기: 플랫폼 기술의 전략적 관리 실패와 미래를 향한 경쟁〉, 독일 마셜 기금, 민주주의 안보를 위한 연합 대통령직 인수 위원회 보고서, 2020년 7월 22일, https://securingdemocracy.gmfus.org/looking-back-to-go-forward-strategic-mismanagement-of-platform-technologies-and-the-race-for-the-future/.

에릭 슈미트와 기술자 그룹의 34쪽짜리 보고서: 에릭 슈미트 외, 〈비대칭적 경쟁: 중국 및 기술 전략〉, 2020년 10월, http://industrialpolicy.us/resources/SpecificIndustries/IT/final-memo-china-strategy-group-axios-1.pdf.

국방부, 최고 디지털 책임자 직책 신설: 최고디지털·인공지능사무국(CDAO), 〈국방장관, 전략적 자본 사무소 설립〉, 미 국방부 보도자료, 2022년 12월 1일.

전략적 자본 사무소: 미국 국방부 전략적 자본 사무소, https://www.cto.mil/osc/.

내부 고발자 신고서 언론 유출: 제이슨 바넷, 〈유닛 X 전 CFO, 마이크 브라운 국방부 획득·유지 담당 차관 후보자가 '비윤리적' 계약 및 채용을 강요했다고 주장〉, 페드스쿱, 2021년 4월 29일, https://fedscoop.com/mike-brown-diu-ig-investiation-unethical-contracting-former-cfo-says/.

마이크 브라운 국방부 획득·유지 담당 차관 후보자 지명 철회: 조 굴드, 〈국방부 획득·유지 담당 차관 후보자 마이크 브라운 지명 철회〉, 디펜스 뉴스, 2021년 7월 14일, https://www.defensenews.com/congress/2021/07/14/bidens-nominee-for-top-dod-weapons-chief-withdraws/.

감사관실, 마이크 브라운 전 유닛 X 책임자 완전 무혐의 처리: 코트니 알본, 〈감사관실, 전 유닛 X 책임자 마이크 브라운의 윤리 위반 의혹 무혐의 처리〉, 디펜스 뉴스, 2022년 9월 13일, https://www.defensenews.com/pentagon/2022/09/13/inspector-general-clears-former-diu-chief-of-ethics-allegations/.

마이크 브라운의 접근 방식에 대한 찬사: 〈조사 보고서: 마이크 브라운 전 유닛 X 디렉터〉, 국방부 감사관실, 2022년 9월 9일, https://media.defense.gov/2023/Jan/05/2003140631/-1/-'20201102-067934-CASE-01.PDF.

746쪽짜리 위원회 최종 보고서: 최종 보고서, 인공지능 국가안보위원회, 2023년 3월, https://www.nscai.gov/wp-content/uploads/2021/03/Full-Report-Digital-1.pdf.

척 슈머 상원의원, 케빈 매카시 소수당 대표: 〈글로벌 신흥 기술 정상회의〉, 인공지능 국가안보위원회, 2021년 7월 13일, https://www.nscai.gov/all-events/summit/.

한 분석가가 '기술적 질식'이라고 부른 것: 다음을 참조. 크리스 밀러, 《칩 워, 누가 반도체 전쟁의 최후 승자가 될 것인가》(부키, 2023).

7장. 기술 전쟁에 뛰어드는 벤처투자자들

엘로이 에어의 데이비드 메릴: 데이비드 메릴, 저자들과의 인터뷰, 2023년 5월 1일.

엘로이 에어, 국방부와 전기 수직이착륙기 500대 공급 계약 체결: 〈엘로이 에어, 세계 최초의 자율주행 하이브리드 전기 수직이착륙기 '차파랄' 공개〉, 엘로이 에어, 2022년 1월 26일, https://elroyair.com/company/news/press-releases/chaparral-autonomous-vtol-unveil/.

라지와 필립이 인정한 기술: 라지 샤, 〈라지 M. 샤의 증언〉, 미 하원 군사위원회 산하 국방 미래 태스크포스 〈혁신 기반 강화〉 청문회, 2020년 2월 5일, https://www.congress.gov/116/meeting/house/110475/witnesses/HMTG-116-AS00-Wstate-ShahR-20200205.pdf.

미국 항공우주 및 방산업 통합: 국방부, 〈방위산업 기반 내 경쟁 현황〉, 조달·유지보수 담당 국방부 차관보실, 2022년 2월, p. 25, https://media.defense.gov/2022/Feb/15/2002939087/-1/-1/1/STATE-OF-COMPETITION-WITHIN-THE-DEFENSE-INDUSTRIAL-BASE.PDF.

실드 캐피털, 첫 펀드 마감: 〈실드 캐피털, 1억 8,600만 달러 규모 첫 벤처캐피털 펀드 마감〉, 실드 캐피털, 2023년 10월 16일, https://shieldcap.com/announcements/shield-capital-closes-186-million-inaugural-venture-capital-fund#:~:text=Shield%20Capital%20announced%20the%20final,of%20institutional%20and%20private%20investors.

벤처캐피털이 330억 달러 투자: 마리나 템킨, 〈방위 기술 붐 규모 파악하기〉, 2023년 11월 3일, 피치북, https://pitchbook.com/news/articles/defense-tech-boom-ukraine-china-Israel. 참조: 크리스탈 후, 〈2022년 벤처캐피털의 방산 기술 투자 규모, 330억 달러〉, 로이터, 2023년 6월 16일.

유니콘 기업 중 55퍼센트는 이민자들이 창업: 피터 밴도르, 〈연구: 이민자가 기업가가 될 가능성이 더 큰 이유〉, 하버드 비즈니스 리뷰, 2021년 8월 4일, https://hbr.org/2021/08/research-why-immigrants-are-more-likely-to-become-entrepreneurs.

국방부 고위 관리들의 스타트업 지원 증가: 에릭 립턴, 〈회전문 현상의 새로운 양상: 벤처캐피털 리스트로 변신한 국방부 관리들: 퇴역 장교 및 국방부 퇴직 관리들이 투자 회사들로 집중, 방위 기술 스타트업에 더 많은 자금을 지원하도록 정부에 촉구〉, 뉴욕타임스, 2023년 12월 20일, https://www.nytimes.com/2023/12/30/us/politics/pentagon-venture-capitalists.html?smid=nytcore-ios-share&referringSource=articleShare. 에릭 립턴, 〈펜타곤에서 벤처캐피털로 이어지는 경로: 국방부 및 기타 정부 부처에서 이직해 방산 기술 스타트업을 지원하는 벤처캐피털 기업으로 자리를 옮긴 인물들의 명단〉, 뉴욕타임스, 2023년 12월 20일, https://www.nytimes.com/2023/12/30/us/politics/the-pentagon-road-to-venture-capital.html?action=click&module=RelatedLinks&pgtype=Article.

8장. 우크라이나 사태로 보는 미래 전쟁

카펠라 위성의 실시간 목격: capellaspace.com 및 https://www.capellaspace.com/press-releases/capella-space-awarded-commercial-radar-contract-by-national-reconnaissance-office/.

푸틴은 계속 침공하지 않겠다고 말했다: 마이크 브라운, 저자들과의 인터뷰, 2023년 7월 7일.

국방부가 CNN에 공개한 카펠라의 이미지: 〈2022년 2월 24일 러시아-우크라이나 뉴스〉, CNN 인터내셔널, 2022년 2월 25일, https://edition.cnn.com/europe/live-news/ukraine-russia-news-02-24-22-intl/index.html.

최초로 기밀 해제된 공개 위성 이미지: 파얌 바나자데, 저자들과의 인터뷰, 2023년 1월 20일 및 25일.

지옥에 온 것을 환영한다: 스티븐 워트, 〈영향력의 무기: 새로운 드론이 전쟁의 본질을 바꾸고 튀르키예의 부상을 가능케 하다〉, 뉴요커, 2022년 5월 16일, https://www.newyorker.com/magazine/2022/05/16/the-turkish-drone-that-changed-the-nature-of-warfare.

이란 드론 부품의 82퍼센트는 미국 것: 나타샤 버트랜드, 〈바이든 태스크포스, 우크라이나 공격용 이란 드론에 미국 기술 유입 경로 조사 중〉, CNN, 2022년 12월 21일, https://www.cnn.com/2022/12/21/politics/iranian-drones-russia-biden-task-force-us-tech-ukraine/index.html.

호크아이 360: 마리나 템킨, 피치북, 2022년 10월 26일, 2022년 10월 13일까지의 데이터.

스카이디오: 헤더 서머빌, 〈우크라이나, 중국 드론에 경보 올리며 미국 스타트업에 영공 개방〉, 월스트리트저널, 2022년 4월 22일, https://www.wsj.com/articles/ukraine-sounds-alarm-on-chinese-drones-opening-skies-to-u-s-startups-11650619800.

블루헤일로: 〈우크라이나, 미국으로부터 타이탄 무인기 시스템 공급받는다〉, 우크라이나 국방부 보도자료, https://mil.in.ua/en/news/ukraine-will-receive-titan-counter-uav-systems-from-the-usa/.

팔란티어: 데이비드 이그네이셔스, 〈알고리즘이 우크라이나 전세를 뒤집은 방법〉, 워싱턴 포스트, 2022년 12월 19일, https://www.washingtonpost.com/opinions/2022/12/19/palantir-algorithm-data-ukraine-war/.

섬웨어 랩스: 마크 설리번, 〈실리콘밸리가 미국 전쟁 기술에 동력 공급〉, 패스트컴퍼니, 2021년 11월 1일.

눈덩이 위에 선 정부: 러스 미첼, 〈아마존이 우크라이나의 '정부를 상자에 담았다'라는 이야기—그리고 러시아로부터 우크라이나 경제를 구한 방법〉, 로스앤젤레스타임스, 2022년 12월 15일, https://www.latimes.com/business/story/2022-12-15/amazon-ukraine-war-cloud-data/.

마이크로소프트 신속 대응팀: 브래드 스미스, 〈우크라이나 방어: 사이버 전쟁에서 얻은 교훈〉, 마이크로소프트 블로그, 2022년 6월 22일, https://blogs.microsoft.com/on-the-issues/2022/06/22/defending-ukraine-early-lessons-from-the-cyber-war/. 로렌 나니체, 자퍼 아마드, 조 왕, 〈우크라이나 사태에서 얻은 교훈: 외부 침략으로부터 국가의 디지털 자유 보호하기〉, 특별경쟁력연구프로젝트, 2022년 12월 16일, https://scsp222.substack.

com/p/lessons-learned-from-ukraine-protecting.

즉각적인 대응 메커니즘이 없었다: 재러드 던몬, 저자들과의 인터뷰, 2023년 4월 18일 및 23일.

데이터를 공유할 수 없었다: 재러드 던몬, 저자들과의 인터뷰, 2023년 4월 18일 및 23일.

노력의 양: 재러드 던몬, 저자들과의 인터뷰, 2023년 4월 18일 및 23일.

우크라이나는 세상에서 무슨 일이 일어나는지 배우고 있었다: 특별경쟁력연구프로젝트, 〈우크라이나 전쟁 기술의 교훈〉, 2023년 6월 28일, https://scsp222.substack.com/p/ukraine-war-tech-lessons.

나는 절대 죽지 않겠다고 약속했다: 파머 럭키, 저자들과의 인터뷰, 2023년 7월 26일.

드론으로 사격 지휘: 〈게임 체인저: 러시아-우크라이나 전쟁이 지상전의 미래에 미치는 시사점〉, 애틀랜틱 카운슬, 2023년 4월, https://www.atlanticcouncil.org/wp-content/uploads/2023/04/Game-Changers-or-Little-Change-Lessons-for-Land-War-in-Ukraine-.pdf. 참조: 특별 경쟁력연구프로젝트, 〈우크라이나 전쟁 기술 교훈〉, 2023년 6월 28일, https://scsp222.substack.com/p/ukraine-war-tech-lessons.

에릭 슈미트가 경탄한 소형 자폭 드론: 에릭 슈미트, 〈우크라이나 현장 보고서〉, 특별경쟁력연구프로젝트, 2022년 9월, https://scsp222.substack.com/p/the-first-networked-war-eric-schmidts.

격추가 거의 불가능한 드론: 에릭 슈미트, 〈우크라이나에서 전쟁의 미래를 보다: 드론 군집〉(칼럼), 월스트리트저널, 2023년 7월 7일, https://www.wsj.com/articles/the-future-of-war-has-come-in-ukraine-drone-swarms-kamikaze-kyiv-31dd19d7.

우크라이나는 한 달에 5,000대씩 드론을 잃고 있다: 잭 왓링과 닉 레이놀즈, 〈고기 분쇄기: 러시아의 우크라이나 침공 2년 차 전술〉, 왕립국방안보연구소, 2023년 5월 19일, https://static.rusi.org/403-SR-Russian-Tactics-web-final.pdf.

통신 교란 장비 토볼의 혼합 작동 방식: 알렉스 호튼, 〈러시아, 우크라이나에서 스페이스X 스타링크 표적화 비밀 무기 시험〉, 워싱턴 포스트, 2023년 4월 18일, https://www.washingtonpost.com/national-security/2023/04/18/discord-leaks-starlink-ukraine/.

전쟁에 관한 핵심 질문에 답하다: 에릭 슈미트, 〈우크라이나 현장 보고서〉, 특별경쟁력연구프로젝트, 2022년 9월, https://scsp222.substack.com/p/the-first-networked-war-eric-schmidts.

구식 기술로 전투에 임한다면: 에릭 립턴, 〈군산복합체에 실리콘밸리의 정신을 불어넣은 신생 기업들〉, 뉴욕타임스, 2023년 5월 21일, https://www.nytimes.com/2023/05/21/us/politics/start-ups-weapons-pentagon-procurement.html.

과거와의 강한 연속성: 분석가 스티븐 비들은 20세기에 벌어진 고전적인 지상 소모전의 역사적 연속성과 우크라이나에서 벌어지고 있는 상황을 비교했다. 스티븐 비들, 〈참호 속으로: 우크라이나에서 신기술이 전쟁 양상을 혁신하지 못한 이유〉, 포린 어페어스, 2023년 9월/10월호, https://www.foreignaffairs.com/ukraine/back-trenches-technology-warfare.

우린 지금 우크라이나에서 실리콘밸리와 함께 싸우는 게 아니다: 발레리 인신나, 〈빌 라플란테, 실리콘밸리 '테크 브로'를 비판하며 우크라이나 무기 생산 증대 촉구〉, 브레이킹 디펜스, 2022년 11월 8일. 라플란테의 전체 발언은 다음을 참조. Acquisition Talk 팟캐스트, 〈USD A&S 빌 라플란테와 함께 무기 생산에 들어가기〉, 2022년 11월 10일, https://acquisitiontalk.com/2022/11/podcast-getting-weapons-into-production-with-usd-as-bill-laplante/.

넓은 시각을 놓치고 있다: 전 미국 최고기술책임자(CTO) 닉 시아니는 빌 라플란테를 상대로 강력하게 반박하며 이렇게 말했다: "현재 분쟁에서는 상용 기술의 중요성이 이전 어느 전투 작전보다 크다. 국방부에서 상용 기술이 충분히 확장되지 않는다면, 이는 국방부가 상용 기술 확장에 집중하지 않은 탓이다. 그 책임은 국방부 획득을 총괄하는 라플란테 박사의 책상 위에 놓여 있다." 닉 시아니, 〈디지털 시대를 위한 방위산업 기반 구축〉(논평), 디펜스 스쿱, 2022년 12월 1일, https://defensescoop.com/2022/12/01/forging-the-defense-industrial-base-for-the-digital-age/.

펜타곤이 놓치고 있는 혼종성과 비대칭성: 우크라이나와 펜타곤 혁신의 역사에 대한 분석 그리고 8장과 9장의 여러 구절은 다음을 참조. 크리스토퍼 키르히호프, 〈국방 혁신을 위한 진혼곡?: 우크라이나, 펜타곤의 혁신가 딜레마, 그리고 미국이 전략적 기습 위험에 처한 이유〉, 마이클 J. 보스킨, 존 N. 레이더, 키란 스리다르 편, 《더 안전한 세계를 위한 국방예산 편성: 전문가들의 목소리》(캘리포니아주 스탠퍼드: 후버 연구소 출판부, 2023), pp. 219-48.

가장 중요한 교훈 중 하나: 크리스토퍼 키르히호프, 〈국방 혁신을 위한 진혼곡?: 우크라이나, 펜타곤의 혁신가 딜레마, 그리고 미국이 전략적 기습 위험에 처한 이유〉, 마이클 J. 보스킨, 존 N. 레이더, 키란 스리다르 편, 《더 안전한 세계를 위한 국방예산 편성: 전문가들의 목소리》(캘리포니아주 스탠퍼드: 후버 연구소 출판부, 2023), pp. 219-48, https://static1.squarespace.com/static/5a644faef14aa1dadc5db4f1/t/65788b081dd2036095820802/1702398730938/Requiem_for_Defense_Innovation.pdf.

국방부, 현재까지 700억 달러 규모 기술 구매: 〈국방부 OTA 지출, 2016-2023〉, GovWinIQ 데이터(연방 조달 데이터 통합), 2023년 12월 기준 최신, https://iq.govwin.com/neo/home. 참조: 존 하퍼, 〈2021년, OTA에 또 다른 호황의 해〉(특별 보고서), 내셔널 디펜스, 2021년 2월 3일, https://www.nationaldefensemagazine.org/articles/2022/2/3/2021-brought-another-banner-year-for-otas.

해병대 퇴역 전차: 제38대 해병대 사령관, 〈사령관 계획 지침〉, 2019년 7월 16일. 미국 해군부, 〈2030년 군 설계〉, 미국 해병대, 2020년 3월 참조.

216억 달러의 단위 비용 보고: W. J. 헤니건, 〈독점: 미군의 신형 스텔스 폭격기 탄생기〉, 타임지, 2022년 12월 3일, https://time.com/6238168/b-21-raider-bomber-us-military-exclusive/.

대형 방산기업이 국방부 예산을 잡아먹다: 군 관련 풍자 매체 더펠 블로그는 B-21 전투기의 높은 단가를 주제로 〈B-21이 국방부 예산을 초토화하다〉라는 기사를 실었다. 핵심 풍자는 세 번째 단락에 등장하는데, 노스롭 그루먼 CEO 캐시 워든의 말을 교묘하게 비틀어 이렇게 말했다. "우리가 저피탐(레이더에 탐지되지 않는 스텔스) 성능을 말할 때, 그건 믿기 어려울 정도로 낮은 탐지율을 의미합니다. 비행하는 소리가 들리기는 하겠지만, 이 전투기가 국방부 방위예산을 잠식하는 모습은 너무 늦은 순간까지도 거의 보이지 않을 것입니다."〈B-21이 국방부 예산을 초토화하다〉, 더펠 블로그, 2022년 12월 9일, https://www.duffelblog.com/p/pentagon-debuts-new-stealth-budget.

중국의 대만 침공 위험: 크리스 버클리, 〈러시아의 패배에서 교훈을 얻은 중국: 우크라이나 전쟁을 분석하며 보급로의 중요성과 핵 위협의 힘 등 다양한 통찰을 얻은 중국 분석가들〉, 뉴욕타임스, 2023년 4월 1일, https://www.nytimes.com/2023/04/01/world/asia/china-russia-ukraine-war.html.

대만 전쟁의 초반 움직임: 대만의 경제적·안보적 취약점에 대한 개요는 다음을 참조. 미국 외교협회, 〈새로운 시대의 미-대만 관계: 더욱 공격적인 중국에 대응하기〉, 독립 태스크포스 보고서 제81호(2023년 6월). https://live-tfr-cdn.cfr.org/sites/default/files/2023-06/TFR81_U.S.-TaiwanRelationsNewEra_SinglePages_2023-06-05_Online.pdf.

대만, 중국 위협에 맞서 고슴도치로 변신: 전 대만 국가안보 자문역 귀린우(國林武) 및 전 국회의원 제이슨 쉬(徐建邦)와의 면담, 타이베이 시장 관저, 2023년 12월 31일, 타이베이, 대만.

9장. 강철에서 실리콘으로 진화하는 세계

애쉬 카터 서거: 〈애쉬 카터 전 국방장관 추모식〉, C-SPAN, 2023년 1월 12일, https://www.c-span.org/video/?525318-1/memorial-service-defense-secretary-ashton-carter.

40년에 걸친 애쉬 카터의 헌신: 카터 전 국방장관의 두 전직 보좌관과 에릭 슈미트는 그의 사망 후 며칠 동안 그의 강인함과 깊은 인품을 잘 담아낸 감동적인 추도문을 썼다. 매트 스펜스, 〈애쉬 카터의 지속적인 유산: 전 국방장관이 남긴 훨씬 더 강력한 국방부-실리콘밸리 관계〉, 디펜스 원, 2022년 10월 26일, https://www.defenseone.com/ideas/2022/10/ash-carters-lasting-legacy/378954/. 조너선 라이버, 〈애쉬 카터 장관이 내게 준 교훈〉(블로그 게시물), Attack IQ, 2022년 10월 31일, https://www.attackiq.com/2022/10/31/the-lessons-ash-carter-taught-me/. 에릭 슈미트, 〈애쉬 카터 장관을 기억하며: 국방부, 실리콘밸리, 그리고 우리 국가의 궤적을 바꾼 혁신적인 국방장관〉, 특별경쟁력연구프로젝트, 2023년 1월 26일, https://scsp222.substack.com/p/remembering-ash-carter.

애쉬 카터의 흔적: 조 바이든 대통령의 애쉬 카터 추모식 연설, 백악관, 2023년 1월 12일, https://www.whitehouse.gov/briefing-room/speeches-remarks/2023/01/12/remarks-by-president-biden-at-a-memorial-service-for-secretary-ash-carter/?stream=top.

국방 혁신의 진혼곡: 크리스토퍼 키르히호프, 〈국방 혁신을 위한 진혼곡?: 우크라이나, 펜타곤의 혁신가 딜레마, 그리고 미국이 전략적 기습 위험에 처한 이유〉, 마이클 J. 보스킨, 존 N. 레이더, 키란 스리다르 편, 《더 안전한 세계를 위한 국방예산 편성: 전문가들의 목소리》(캘리포니아주 스탠퍼드: 후버 연구소 출판부, 2023), pp. 219-248, https://static1.squarespace.com/static/5a644faef14aa1dadc5db4f1/t/65788b081dd2036095820802/1702398730938/Requiem_for_Defense_Innovation.pdf.

하이디 슈가 발표한 10개 계약: 국방부 CTO실의 〈핵심 기술〉, 기타 참조: 〈경쟁 시대를 위한 기술 비전〉, 하이디 슈 메모, 2022년 2월 1일. 〈국방부, 혁신 기술 조달 및 배치 가속화 시범 프로그램(APFIT) 첫 지원 프로젝트 발표〉, 미 국방부 보도자료, 2022년 7월 19일.

기술 구매를 위한 국방예산 편성: 맥 손베리, 〈말하는 것처럼 기술을 구매할 수 있는가〉, 마이클 J. 보스킨, 존 N. 레이더, 키란 스리다르 편, 《더 안전한 세계를 위한 국방예산 편성: 전문가들의 목소리》(캘리포니아주 스탠퍼드: 후버 연구소 출판부, 2023), 471-86쪽. 손베리는 스탠퍼드에서 발표한 작업 초안에 포함했던 〈제리 맥과이어〉 인용문을 최종 출판본에서 삭제했음에 유의.

중국의 핵 탑재 초음속 무기: 사라 소처, 카룬 데미르지안, 〈미국 최고 장성, 중국의 초음속 무기 시험을 '스푸트니크 순간'에 매우 근접한 사건으로 규정〉, 워싱턴 포스트, 2021년 10월 27일, https://www.washingtonpost.com/nation/2021/10/27/mark-milley-china-hypersonic-weapon-sputnik/.

미국이라는 배가 서서히 가라앉고 있다: 케일럽 라론, 〈서서히 가라앉고 있다: 미 해군 제독, 중국에 대한 억지력 약화 경고〉, 내셔널 인터레스트, 2022년 11월 7일, https://nationalinterest.org/blog/buzz/'sinking-slowly'-admiral-warns-deterrence-weakening-against-china-205759.

미국 기술로 만든 중국의 감시 풍선: 낸시 유셀, 〈중국 풍선, 미국 감시에 미국 기술 활용〉, 월스트리트저널, 2023년 7월 29일, https://www.wsj.com/articles/chinese-balloon-used-american-tech-to-spy-on-americans-2e3f5039. 참조: 크리스 버클리, 〈중국 최고 비행선 과학자, 상공에서 세계 감시 프로그램 추진〉, 뉴욕타임스, 2023년 2월 13일, https://www.nytimes.com/2023/02/13/world/asia/china-spy-balloon.html.

일론 머스크가 거머쥔 우주 통제권: 애덤 사타리아노 외, 〈우주에서 타의 추종을 불허하는 일론 머스크의 힘: 위성 인터넷 기술 분야에서 지배적인 세력으로 거듭난 기술 억만장자, 전 세계적인 경각심을 불러일으키다〉, 뉴욕타임스, 2023년 6월 28일, https://www.nytimes.com/interactive/2023/07/28/business/starlink.html.

일론 머스크, 스타링크 기능 확장 거부: 빅토리아 킴, 〈일론 머스크, 우크라이나 공격 저지 위해 위성 서비스 차단 인정: 일론 머스크의 스페이스X가 운영하는 스타링크 위성 인터넷 서비스, 우크라이나군과 민간인에게 디지털 생명줄 역할〉, 뉴욕타임스, 2023년 9월 8일, https://www.nytimes.com/2023/09/08/world/europe/elon-musk-starlink-ukraine.html.

일론 머스크는 대만에 서비스를 판매할 것인가: 케이드 메츠, 애덤 사타리아노, 창 체, 〈일론 머스크는 어떻게 지정학적 혼란의 주체가 되었는가〉, 뉴욕타임스, 2022년 10월 26일, https://www.nytimes.com/2022/10/26/technology/elon-musk-geopolitics-china-ukraine.html. 참조: 월터 아이작슨, 《일론 머스크》(21세기북스, 2023).

러시아의 신형 무기: 윌리엄 J. 브로드, 아이나라 티펜탈러, 〈푸틴이 과시한 5가지 강력한 무기, 위협인가?〉, 뉴욕타임스, 2018년 3월 2일, https://www.nytimes.com/2018/03/02/world/europe/putin-weapons-video-analysis.html.

러시아의 우주 기반 중성자 폭탄: 데이비드 E. 생어, 〈미국, 동맹국에 경고: 러시아가 올해 핵

무기를 궤도에 배치할 수 있다〉, 뉴욕타임스, 2024년 2월 21일, https://www.nytimes.com/2024/02/21/world/europe/us-russia-nuclear-weapon-space.html.

양자 기술의 등장: 〈과학 기술 스포트라이트: 양자 기술〉, 미국 정부회계감사원, 2020년 5월 28일, https://www.gao.gov/products/gao-20-527sp.

로이드 오스틴, 유닛 X 디렉터로 더그 벡 임명: 다음을 참조. 〈국방부 장관 로이드 J. 오스틴 3세, 유닛 X 신임 디렉터 발표〉, 미 국방부 보도자료, 2023년 4월 4일, https://www.defense.gov/News/Releases/Release/Article/3351281/secretary-of-defense-lloyd-j-austin-iii-announces-new-director-of-the-defense-i/. 국방부 차관, 〈국방부 고위 지도부에게 보내는 메모〉, 2023년 4월 4일, https://media.defense.gov/2023/Apr/04/2003192904/-1/-1/1/REALIGNMENT-AND-MANAGEMENT-OF-THE-DEFENSE-INNOVATION-UNIT.PDF.

별도 혁신 조직: 〈혁신 조직〉, 미국 국방부, https://www.ctoinnovation.mil/innovation-organizations.

초음속 드론 2,000대 도입: 프랭크 켄들 공군 장관, 애쉬 카터 교환 프로그램 연설, 2023년 6월 30일, https://www.buzzsprout.com/2212972/13138615-the-honorable-frank-kendall.

인공지능 드론 전장 투입: 에릭 립턴, 〈인공지능이 공중전에 로봇 윙맨을 도입하다〉, 뉴욕타임스, 2023년 8월 27일, https://www.nytimes.com/2023/08/27/us/politics/ai-air-force.html.

향후 15년간 미국의 목표: 합참의장 마크 밀리 장군의 발언, 애쉬 카터 교환 프로그램, 2023년 6월 30일, https://www.buzzsprout.com/2212972/13138567-general-mark-a-milley.

국방장관에게 의견 전달: 미국 의회, 제913조, 〈국방혁신부서 법제화〉, 2024년 국방수권법, H.R. 2670, pp. 230-233, 2023년 12월 14일 통과, https://www.congress.gov/118/bills/hr2670/BILLS-118hr2670enr.pdf.

우크라이나의 드론 조종사들: 칼로타 갤, 〈양측 모두 우크라이나 주요 도시 쟁탈전으로 피비린내 나는 대가 치러〉, 뉴욕타임스, 2023년 10월 30일, https://www.nytimes.com/2023/10/30/world/europe/ukraine-avdiivka.html.

바르샤바 회의: 〈유닛 X, 바르샤바에서 우크라이나 및 무인 항공 시스템의 미래 포럼 개최〉, 국방혁신단, 2023년 10월 30일, https://www.diu.mil/latest/diu-hosts-ukraine-and-the-future-of-unmanned-aerial-systems-forum-in-warsaw. Brave 1 링크드인 게시물, https://www.linkedin.com/posts/brave1ukraine_brave1-defensetech-ugcPost-7125146625102032896-jr7x?utm_source=share&utm_medium=member_desktop.

강철의 태풍: 크리스 밀러, 《칩 워, 누가 반도체 전쟁의 최후 승자가 될 것인가》(부키, 2023).

미군, 구글 협업 제품군 도입: 콜린 디머레스트, 데이비스 윙키, 〈미 육군, 18만 명 이상의 군인 대상 구글 협업 제품군 도입〉, C4ISRNET, https://www.c4isrnet.com/battlefield-tech/it-networks/2023/01/13/us-army-rolls-out-google-collaboration-suite-to-180000-plus-personnel/.

시제품 프로젝트를 위한 국방부 권한 수정: 연방관보, 〈연방조달규정 국방 보충 규정: 특정 시제품 프로젝트 수행을 위한 국방부 권한 수정〉, DFARS 사건 2023-D006, 2023년 5월 25일,

https://www.federalregister.gov/documents/2023/05/25/2023-11140/defense-federal-acquisition-regulation-supplement-modification-of-authority-of-the-department-of.

생성형 AI 혁명: 이 중요한 순간에 대한 역사적 맥락을 고려한 설명은 다음을 참조. 알렉스 카프, 〈우리의 오펜하이머 순간: AI 무기의 탄생〉, 뉴욕타임스, 2023년 7월 20일, https://www.nytimes.com/2023/07/25/opinion/karp-palantir-artificial-intelligence.html.

리마 태스크포스: 〈국방부, 생성형 AI 태스크포스 설립 발표〉, 미국 국방부, 2023년 8월 10일, https://www.defense.gov/News/Releases/Release/Article/3489803/dod-announces-establishment-of-generative-ai-task-force/. 〈리마 태스크포스에 오신 것을 환영합니다〉, 미국 국방부, https://www.dds.mil/taskforcelima.

인공지능 전투 연구소 설립: 〈국방부, 유럽사령부·인도태평양사령부에 인공지능 전투 연구소 설립〉, 미국 국방부, 2023년 9월 27일, https://www.defense.gov/News/Releases/Release/Article/3540283/dod-to-establish-ai-battle-labs-in-eucom-indopacom/.

레플리케이터 이니셔티브: 〈캐슬린 힉스 국방부 차관 기조 연설: '혁신의 시급성'〉, 미국 국방부, 2023년 8월 28일, https://www.defense.gov/News/Speeches/Speech/Article/3507156/deputy-secretary-of-defense-kathleen-hicks-keynote-address-the-urgency-to-innov/.

우크라이나 사태가 국방부 고위층(E-링)의 대응 방식 형성: 에릭 립턴, 〈국방부, 중국 위협에 따라 신속히 드론을 추가 구매하겠다고 다짐〉, 뉴욕타임스, 2023년 8월 28일, https://www.nytimes.com/2023/08/28/us/politics/pentagon-drones-china.html.

로이드 오스틴 국방장관, 유닛 X 방문: 〈로이드 오스틴 국방장관, 유닛 X 방문 및 오커스 장관단 접견〉, 국방부 장관 사진 스트림, 2023년 12월 1일, https://www.flickr.com/photos/secdef/albums/72177720313099274/. 〈캐슬린 힉스 국방부 차관 실리콘밸리 방문 결과 요약〉, 미 국방부 보도자료, 2023년 12월 12일, https://www.defense.gov/News/Releases/Release/Article/3615717/readout-of-deputy-secretary-of-defense-kathleen-hicks-visit-to-silicon-valley-c/.

펜타곤과 오커스의 협력: 롤리타 발도르, 〈펜타곤, 중국 대응을 목표로 호주·영국과 새로운 첨단 기술 협정 체결〉, AP 통신, 2023년 12월 1일, https://www.whec.com/national-world/pentagon-forges-new-high-tech-agreement-with-australia-united-kingdom-aimed-at-countering-china/. 〈로이드 오스틴 국방장관과 리처드 말스 호주 부총리 겸 국방장관 회담 결과 요약〉, 미 국방부 보도자료, 2023년 12월 1일, https://www.defense.gov/News/Releases/Release/Article/3604612/readout-of-secretary-of-defense-lloyd-j-austin-iii-meeting-with-australian-depu/.

국방부 개혁에 대한 일부 인사들의 불만: 맷 버그, 〈무질서와 혼란: 일부 의원 및 업계, 국방부의 드론 계획에 비판 쏟아내… 비평가들은 국방부의 레플리케이터 프로그램에 대해 지불 계획을 포함한 더 구체적인 내용 요구〉, 폴리티코, 2023년 12월 17일, https://www.politico.com/news/2023/12/17/pentagon-drones-replicator-program-funding-00132092.

안두릴 최고전략책임자 크리스천 브로즈의 비판: 크리스천 브로즈, 링크드인 게시물, 2023년 12월 18일, https://www.linkedin.com/posts/christian-brose-50b026ab_disorganized-andconfusing-lawmakers-activity-7142570681048735744-kXfw/.

이란, 러시아에 첨단 자폭 드론 6,000대 공급: 줄리언 반스와 크리스토프 쾨틀, 〈미 당국, 이란이 러시아에 지원하는 드론 공장이 내년 가동될 수 있다고 밝혀〉, 뉴욕타임스, 2023년 6월 9일, https://www.nytimes.com/2023/06/09/world/europe/iran-russia-drone-factory.html.

러시아 전략가들이 전장에서 목격한 것: 달튼 베넷, 메리 일류시나, 〈이란의 도움으로 공격용 드론 6,000대를 제작하려는 러시아의 계획〉, 워싱턴 포스트, 2023년 8월 17일, https://www.washingtonpost.com/investigations/2023/08/17/russia-iran-drone-shahed-alabuga/.

이스라엘을 습격한 하마스 전투원 1,400명: 아릭 톨러, 〈하마스가 이스라엘 통신탑을 공격한 방법〉, 뉴욕타임스, 2023년 10월 10일, https://www.nytimes.com/2023/10/10/world/middleeast/hamas-israel-attack-gaza.html?smid=url-share.

드론 공격으로 미군 24명 부상: 코트니 큐브, 모셰 게인스, 〈미국 기지 드론 공격으로 미군 24명 부상〉, NBC 뉴스, 2023년 10월 24일, https://www.nbcnews.com/politics/national-security/drone-attacks-american-bases-injured-two-dozen-us-military-personnel-rcna121961.

미군, 시리아와 이란에서 다중 공습: 에릭 슈미트, 헬렌 쿠퍼, 〈미국, 보복 차원에서 시리아 내 이란 연계 시설 공습〉, 뉴욕타임스, 2023년 11월 8일, https://www.nytimes.com/2023/11/08/us/politics/us-iran-airstrikes.html?smid=url-share. 에릭 슈미트, 〈미국, 이란 연계 목표물에 또 다른 공습 수행〉, 뉴욕타임스, 2023년 11월 12일, https://www.nytimes.com/2023/11/12/us/politics/us-airstrikes-syria.html.

중동에서 100건 이상 공격당한 미군: 메건 마이어스, 〈이라크와 시리아 주둔 미군, 10월 이후 100건 이상의 공격에 직면〉, 밀리터리 타임스, 2023년 12월 21일, https://www.militarytimes.com/news/your-military/2023/12/21/us-troops-in-iraq-and-syria-have-faced-over-100-attacks-since-october/.

200만 달러짜리 미사일과 2,000달러짜리 드론: 헬렌 쿠퍼, 〈미 해군 구축함, 홍해에서 드론 3대 격추: 국방부 관계자는 미 해군 카니함이 지난 일요일 인근 상선 여러 척이 공격받는 가운데 드론을 격추했다고 보고, 미 중부사령부는 이 공격이 이란이 지원하는 예멘 후티 반군의 소행이라고 발표〉, 뉴욕타임스, 2023년 12월 3일, https://www.nytimes.com/2023/12/03/world/middleeast/navy-red-sea-attack-pentagon.html. 로라 셀리그먼, 맷 버그, 〈200만 달러 미사일 VS 2,000달러 드론: 후티 공격 비용에 대한 국방부 우려〉, 폴리티코, 2023년 12월 19일, https://www.politico.com/news/2023/12/19/missile-drone-pentagon-houthi-attacks-iran-00132480. 베누아 포콩, 독 리버, 고든 루부드, 〈이란 정찰선, 홍해 선박 공격 지휘하는 후티 반군 지원: 이 지원으로 예멘 기반 반군에 대한 이스라엘과 미국의 대응 압박 증가〉, 월스트리트저널, 2023년 12월 22일, https://www.wsj.com/world/middle-east/iranian-spy-ship-helps-houthis-direct-attacks-on-red-sea-vessels-d6f7fd40.

밤사이 원유 가격 상승: 샤리크 칸, 〈홍해 해운 우려로 거래자들 불안해하며 원유 가격 1퍼센트 상승〉, 로이터, 2023년 12월 19일, https://www.reuters.com/markets/commodities/oil-prices-extend-gains-red-sea-attacks-disrupt-supply-chains-2023-12-19/.

무인 셰일드론 1만 8,000대: 벤 왓슨, 〈지도로 보는 미국의 집단 방위 협정〉, 디펜스 원, 2017년 2

월 3일, https://www.defenseone.com/ideas/2017/02/mapped-americas-collective-defense-agreements/135114/.

국방부는 미래 전쟁에서 승리하지 못할 것이다: 에릭 슈미트, 〈혁신의 힘: 기술이 지정학의 미래를 정의할 이유〉, 포린 어페어스, 2023년 3월-4월호, https://www.foreignaffairs.com/united-states/eric-schmidt-innovation-power-technology-geopolitics.

시진핑의 2024년 신년사: 〈시진핑, 대만과의 '통일' 불가피하다고 밝혀〉, 로이터, 2024년 1월 1일, https://www.reuters.com/world/asia-pacific/china-calls-taiwan-president-frontrunner-destroyer-peace-2023-12-31/.

중국군 고위 지도부 숙청: 크리스 버클리, 〈중국, 해군 사령관 국방부장 임명: 둥쥔(董俊) 제독 국방부장으로 승진, 전임 장관 리상푸(李尚福) 장군 실종 이후 불확실성 진정〉, 뉴욕타임스, 2023년 12월 29일, https://www.nytimes.com/2023/12/29/world/asia/china-defense-minister.html.

중국 경제, 죽음의 소용돌이 진입: 에반 오스노스, 〈불안의 시대를 맞은 중국: 당 간부들은 사라지고, 젊은 노동자들은 '누워 있기'를 선택하며, 기업가들은 국외로 도피… 중국 내부의 혼란이 의미하는 바는 무엇인가?〉, 뉴요커, 2023년 10월 23일, https://www.newyorker.com/magazine/2023/10/30/chinas-age-of-malaise.

기획·편성·예산·집행 개혁위원회: 기획·편성·예산·집행 개혁위원회, 〈위원회 소개〉, https://ppbereform.senate.gov. 제2차 세계대전 이후 국방예산 편성의 역사적 개요는 다음을 참조. 마크 B. 윌슨, 〈미국 국방예산 개혁: 역사적 관점(1940-2020년대)〉, 마이클 J. 보스킨, 존 N. 레이더, 키란 스리다르 편, 《더 안전한 세계를 위한 국방예산 편성: 전문가들의 목소리》(캘리포니아주 스탠퍼드: 후버 연구소 출판부, 2023), pp. 393-428.

국방예산 항목 3,000개: 마이크 브라운, 〈크리스 버클리의 국방예산 편성: 인식되지 않은 국가안보 위협〉, 마이클 J. 보스킨, 존 N. 레이더, 키란 스리다르 편, 《더 안전한 세계를 위한 국방예산 편성: 전문가들의 목소리》(캘리포니아주 스탠퍼드: 후버 연구소 출판부, 2023), pp. 249-64.

미국의 미래 안보 정책: 하비 서폴스키, 유진 골츠, 케이틀린 탤매지, 《미국 국방 정치: 안보 정책의 기원》, 4판 (Routledge, 2020년 12월). 참조: 마이클 C. 호로위츠, 《군사력의 확산: 국제 정치에 미치는 원인과 결과》(프린스턴대학교 출판부, 2010). 스티븐 로젠, 《차세대 전쟁에서 승리하기: 혁신과 현대 군대》(코넬대학교 출판부, 1994).

원격 조종 차량: 군사 조직의 문화와 정체성을 위협하는 기술 발전 관련 흥미로운 연구는 다음을 참조. 재클린 슈나이더, 〈신흥 기술 투자: 무인 시스템에서 얻은 교훈〉, 마이클 J. 보스킨, 존 N. 레이더, 키란 스리다르 편, 《더 안전한 세계를 위한 국방예산 편성: 전문가들의 목소리》(캘리포니아주 스탠퍼드: 후버 연구소 출판부, 2023), pp. 185-200.

사진 출처

색인

[ㄱ]

[ㅈ]

옮긴이 **박선영**

영문학 학사, 영어 교육학 석사 과정을 마치고 영국 복지 단체와 외국계 기업에서 근무했다. 현재 바른 번역 소속 출판 전문번역가로 활동 중이다. 옮긴 책으로는 《깃털 도둑》, 《다윈의 실험실》, 《니체의 삶》, 《고통의 비밀》, 《오래도록 젊음을 유지하고 건강하게 죽는 법》, 《마지막 선물》, 《가짜 불안》, 《성공을 만드는 실패의 과학》 등이 있다.

실리콘밸리와 펜타곤의 비밀 전략실
유닛 X

초판 1쇄 인쇄 2026년 2월 15일
초판 1쇄 발행 2026년 2월 20일

지은이 크리스토퍼 키르히호프, 라지 샤
옮긴이 박선영

발행인 유영준
편집팀 이하정, 임찬규
마케팅 이운섭
교정교열 고혜림
디자인 STUDIO 보글
인쇄 두성P&L
발행처 와이즈맵
출판신고 제2017 - 000130호(2017년 1월 11일)

주소 서울시 강남구 봉은사로16길 14, 나우빌딩 4층 쉐어원오피스(우편번호 06124)
전화 (02)554 - 2948
팩스 (02)554 - 2949
홈페이지 www.wisemap.co.kr

ISBN 979 - 11 - 24011 - 07 - 2 (03320)